NAÎTRE ET SURVIVRE

Wendy Holden

NAÎTRE ET SURVIVRE

Les bébés de Mauthausen

Traduit de l'anglais (Grande-Bretagne)
par Karine Reignier-Guerre
et Agathe Peltereau-Villeneuve

PRESSES DE LA CITÉ

Titre original : *Born Survivors*

L'édition originale de cet ouvrage a paru en 2015 aux éditions Sphère, en Grande-Bretagne.

ISBN 978-2-258-11637-5

Presses de la Cité — un département **place des éditeurs**

place des éditeurs

Je dédie ce livre au courage et à la ténacité
de trois femmes et de leurs enfants,
nés dans un monde qui refusait leur existence.

Eva, Mark et Hana

Les « bébés » de Mauthausen

© Pr Albert Lichtblau

Nous sommes extrêmement reconnaissants à Wendy Holden d'avoir su retracer avec tant d'énergie et d'empathie les épreuves terribles que nos mères ont endurées pendant la guerre. En écrivant ce livre, elle nous a permis d'accéder à des informations que nous ignorions jusque-là, mais aussi de renforcer les liens quasi fraternels qui nous unissent, nous les trois « bébés » de cette histoire. De cela, nous ne la remercierons jamais assez.

Nous la remercions également d'avoir témoigné, recherches à l'appui, de l'infinie bonté dont firent preuve les habitants de Horní Bříza, un petit village de l'actuelle République tchèque, qui mirent tout en œuvre pour apporter nourriture et vêtements à nos mères, ainsi qu'aux prisonniers de deux autres camps enfermés avec elles dans le « train de la mort » qui les emmenait à Mauthausen. Nous éprouvons une admiration sans réserve pour la détermination et l'efficacité avec lesquelles Wendy a mis au jour et décrit les efforts menés par les soldats de la 11e division blindée de la 3e armée américaine qui ont participé à la libération du camp de Mauthausen, permettant ainsi à nos mères – et à nous-mêmes – d'entamer une nouvelle vie.

Nous sommes absolument convaincus que nos mères respectives auraient été honorées de voir leur histoire enfin racontée dans sa totalité après tant d'années. Wendy a consacré à chacune d'elles un tiers de cet ouvrage extraordinaire, dont la parution coïncide opportunément avec le soixante-dixième anniversaire de notre naissance et de la fin de la guerre.

Nous te remercions, Wendy, notre nouvelle sœur de cœur, au nom de tous ceux qui sont nés, comme nous, sous un régime qui prévoyait de les exterminer, et qui sont maintenant les derniers survivants de la Shoah.

Hana Berger Moran, Mark Olsky et Eva Clarke, 2015

Note de l'auteur

J'ai minutieusement reconstitué le parcours de ces trois rescapés de Mauthausen d'après les souvenirs que leurs mères ou eux-mêmes ont évoqués dans leur correspondance, partagés avec leurs proches ou confiés à des historiens au cours des décennies écoulées. Je me suis également appuyée sur d'autres témoignages – de personnes vivantes ou décédées – et sur l'ample documentation réunie pour écrire ce livre.

J'ai veillé, dans la mesure du possible, à ce que des témoignages avérés ou des documents historiques viennent corroborer les souvenirs des survivants. Lorsque leur mémoire se faisait plus hésitante, sur des détails matériels ou sur la teneur de certains échanges par exemple, je les ai recréés ou résumés à partir des informations dont je disposais. Dans ce cas précis, il se peut que les faits évoqués diffèrent légèrement de la perception que d'autres en ont pu garder.

SUÈDE
DANEMARK
MER DU NORD
Hambourg
Westerbork
PAYS-BAS
Hanovre
Berlin
ALLEMAGNE
Leipzig
Dresde
Bonn
BELG.
Terezín
Most
Francfort
LUX.
Prague
Horní Bříza
Plzeň
Metz
Nuremberg
FRANCE
Linz
Freiberg
Munich
Mauthausen
Bâle
SUISSE
AUTRICHE

L'Europe en 1939

Camps de transit, de travail et d'extermination

« Parfois, le seul fait de vivre est un acte de courage. »

Sénèque

1

Priska

© Hana Berger Moran

Photo de la carte d'identité de Priska Löwenbeinová

— *Sind sie schwanger, fesche Frau ?* (Etes-vous enceinte, charmante dame ?)

L'officier SS qui inspecte Priska Löwenbeinová de la tête aux pieds avec une fascination morbide affiche un sourire affable.

Quelques heures après son arrivée à Auschwitz-Birkenau, l'enseignante slovaque de vingt-huit ans est debout, nue et tremblant de gêne, sur la place d'appel du camp, face au Dr Josef Mengele, le médecin en chef du camp des femmes de Birkenau.

Nous sommes en octobre 1944.

Du haut de son petit mètre cinquante, Priska ne fait pas son âge. Autour d'elle se tiennent quelque cinq cents femmes d'origine juive qui ignorent tout les unes des autres. Elles sont aussi hébétées que Priska. Arrachées à leur domicile ou aux divers ghettos d'Europe, elles ont été entassées par groupes de soixante dans des wagons plombés, puis envoyées jusqu'en Pologne dans ces convois pouvant comprendre jusqu'à cinquante-cinq voitures.

Lorsqu'elles ont émergé, suffocantes, sur la « rampe aux Juifs » d'Auschwitz – le quai de débarquement menant au cœur du plus efficace centre de mise à mort nazi –, elles ont été assaillies de tous côtés par les « *Raus !* » (Dehors !) ou les « *Schnell, Judenschwein !* » (Vite, sales porcs de Juifs !).

Dans la confusion et le vacarme, cette marée humaine a rapidement été encadrée par des prisonniers sans expression vêtus de pyjamas rayés, sous le regard d'officiers SS hiératiques dans leurs uniformes immaculés. Hommes et femmes ont été séparés ; des êtres chers se sont quittés sans un adieu ; les enfants ont été écartés et envoyés vers la file des malades et des personnes âgées.

Ceux qui étaient trop faibles pour tenir debout, ou trop courbatus par le voyage, ont été fouettés ou frappés à coups de canon de fusil. Tandis que les chiens de garde des SS tiraient sur leur laisse, des cris déchirants – « Mes enfants ! Mes bébés ! » – se sont élevés dans l'air froid et humide.

Au loin, devant les files interminables de déportés, se découpaient deux longs bâtiments en brique rouge, surplombés d'une immense cheminée crachant une épaisse fumée noire dans un ciel de plomb. L'air gris semblait chargé d'une odeur putride et écœurante qui attaquait les narines et le fond de la gorge.

Séparées de leurs amis et de leur famille, des centaines de femmes, jeunes et moins jeunes, ont été poussées entre deux hautes clôtures électrifiées pareilles à toutes celles qui entourent le camp polonais. Abasourdies, trébuchant les unes contre les autres, elles ont dépassé les cheminées, longé quelques mares, et débouché devant le *Sauna*, un vaste bâtiment d'accueil caché entre les bouleaux.

C'est ainsi que les nazis les ont introduites sans cérémonie à la vie de *Häftlinge*, les détenus des camps de concentration. Le processus consiste en premier lieu à les déposséder de leurs derniers biens et à les obliger à se mettre entièrement nues. Les femmes ont protesté dans toutes les langues d'Europe, mais elles ont dû plier sous les coups et les menaces des SS.

Conduites jusqu'à une pièce immense, la plupart de ces femmes – mères, filles, épouses, sœurs – ont alors été rasées de la tête aux pieds par des détenus hommes ou femmes sous les regards mauvais des gardes allemands.

Parvenant à peine à se reconnaître les unes les autres après le passage des rasoirs électriques, elles ont été sommées de sortir par rangées de cinq sur la place d'appel où elles ont attendu pendant plus d'une heure, debout sur la terre froide et boueuse, la seconde *Selektion* effectuée par l'homme qui serait vite surnommé « l'Ange de la mort ».

Le Dr Mengele – impeccable dans son uniforme kaki au col orné de têtes de mort et de chevrons rutilants, ses cheveux noirs soigneusement lissés et pommadés – tient une paire de gants en chevreau à grandes manchettes, qu'il balance nonchalamment de gauche à droite en parcourant les files, examinant une à une les nouvelles prisonnières. Après les avoir scrutées de la tête aux pieds, il leur demande poliment si elles sont enceintes.

Quand vient son tour, Priska Löwenbeinová n'a que quelques secondes pour décider de la réponse à apporter à cet officier qui montre ses dents du bonheur à chaque sourire. Elle n'hésite pas. Secouant vivement la tête, la linguiste accomplie rétorque « non » en allemand.

Enceinte de deux mois d'un enfant longtemps désiré, elle ne sait si la vérité les sauvera, son bébé et elle, ou les condamnera. En revanche, elle se sait en danger. Cachant d'un bras sa poitrine, de l'autre ce qu'il reste de ses poils pubiens, elle prie pour que Mengele accepte son démenti. Pendant une seconde, l'officier SS aux airs affables regarde fixement la *fesche Frau*, puis il passe son chemin.

A trois rangées de Priska, il presse brutalement le sein d'une femme qui recule aussitôt : quelques gouttes de lait maternel ont trahi sa grossesse. D'un coup de gant à gauche, la malheureuse est sortie du rang et envoyée vers un groupe de femmes enceintes qui tremblent dans un coin.

Elles ignorent encore qu'un coup de gant vers la droite signifie la vie, tandis qu'un coup à gauche les condamne à mort. Le sort exact des déportées sélectionnées par Mengele ce jour-là n'a pu être retracé.

Josef Mengele constituait la plus grande menace que la jeune Priska avait affrontée jusqu'alors. Ainsi qu'elle le découvrirait au cours des mois suivants, la faim se révélerait un ennemi tout aussi implacable que ce sinistre officier SS. Cousine de la faim, la soif la torturerait durant sa vie concentrationnaire, ainsi que l'épuisement, l'angoisse et les maladies. Mais c'est à sa grossesse, avec son cortège d'exigences impérieuses, qu'elle devrait ses pires moments de faiblesse.

Lorsque ses tiraillements d'estomac deviendraient insupportables, elle convoquerait à son esprit le souvenir d'une pâtisserie située dans la rue qui la conduisait à l'école. Enfant, elle pressait son nez contre la vitrine avant d'entrer pour s'offrir un gâteau, le plus souvent un *babka* à la cannelle saupoudré de *streusel*. Le souvenir de l'instant où elle mordait dans la pâte, faisant tomber les miettes en cascade sur son chemisier, résumait son enfance idyllique, et l'aiderait à endurer le pire.

La région où Priska avait grandi, au sud-ouest de la Slovaquie, à une centaine de kilomètres de Bratislava, était connue pour ses rivières aurifères. Avec son église imposante, ses écoles, ses rues commerçantes, ses cafés, ses restaurants et son hôtel, la ville de Zlaté Moravce – littéralement « Moravce dorée » – était presque aussi prospère que le suggérait son nom.

Une grande partie de la vie locale tournait autour du café d'Emanuel et de Paula, les parents de Priska. Idéalement situé sur la place centrale, ce café casher très respecté donnait sur une charmante cour intérieure. A l'aube de ses quarante ans, Emanuel Rona avait repéré dans un journal l'annonce qui le proposait à la location. En quête de prospérité, il avait pris la décision audacieuse de quitter, avec sa femme et ses enfants, leur ville natale de Stropkov, dans les montagnes qui bordaient la Pologne, à deux cent cinquante kilomètres de Zlaté Moravce.

Née le 6 août 1916, Priska avait huit ans lors du déménagement. Dès qu'ils le pouvaient, les Rona retournaient à Stropkov pour rendre visite à David Friedman, le grand-père maternel de Priska. Ce jeune veuf, connu pour ses pamphlets, dirigeait une taverne dans leur ville d'origine.

Le beau café familial de Zlaté Moravce, expliquera Priska, était impeccablement tenu par ses parents et par un groupe d'employées dévouées. L'endroit comprenait une scène délimitée par un rideau que sa mère appelait fièrement *la chambre séparée*[1], sur laquelle huit musiciens en costumes sombres pouvaient jouer pour les clients. « Nous avions de la belle musique et des danseurs merveilleux. La vie de café était importante à l'époque. J'ai tant aimé ma jeunesse ! » confiera Priska.

Paula Ronová – ainsi nommée une fois mariée, par l'ajout du traditionnel suffixe slovaque *ová* –, la mère de Priska, qui avait quatre ans de moins et une tête de plus que son mari, était une femme superbe, doublée d'une mère et d'une cuisinière hors pair. Discrète mais néanmoins ambitieuse, cette femme extrêmement digne parlait peu, mais réfléchissait beaucoup. « Ma mère était ma meilleure amie », précisera Priska.

1. En français dans le texte. *(Toutes les notes sont des traductrices.)*

Très strict en matière de discipline, Emanuel Rona parlait allemand ou yiddish à sa femme quand il ne voulait pas que ses enfants les comprennent. Une précaution bien inutile en ce qui concernait Priska : douée pour les langues depuis son plus jeune âge, elle décryptait à leur insu toutes leurs conversations. Sans être un fervent pratiquant de la religion juive, Emanuel estimait nécessaire de prendre part à la vie de la communauté. Il emmenait toute sa famille à la synagogue lors des grandes fêtes juives.

« C'était très important de se comporter correctement quand j'étais jeune, expliquera Priska. Il fallait que nous soyons une bonne famille, de bons amis, de bons gérants, sinon les clients n'auraient pas fréquenté le café. »

Piroška, que tout le monde appelait Priska, était la quatrième enfant d'une fratrie de cinq. Andrej, l'aîné, répondait au surnom de Bandi. Puis venaient Élisabeth, surnommée Boežka, et Anička, « la petite Anna ». Le benjamin, né quatre ans après Priska, s'appelait Eugen – Janíčko ou Janko dans le cercle familial. Entre Priska et Janko, Paula avait donné naissance à un autre bébé, mort au berceau.

La famille habitait derrière le café, dans un appartement suffisamment spacieux pour que chaque enfant y ait sa chambre. Sportive et extravertie, la petite Priska se baignait souvent avec ses amis, ou jouait au tennis dans le grand jardin au bas duquel coulait une rivière. Celle que tous surnommaient Piri, parfois Pira, respirait la joie et la santé sous sa belle chevelure noire. Ses sœurs et elle étaient très appréciées des enfants du quartier.

« Je me moquais de savoir s'ils étaient juifs ou pas. J'étais amie avec tout le monde. Il n'y avait pas de différence. »

Priska et ses sœurs grandirent entourées de mères de substitution, ces dames aimables qui aidaient à la bonne marche du café. Les repas étaient généreux. Il y avait toujours un plat de viande casher élégamment présenté. Aux succulents rôtis succédaient souvent des assiettes de pâtisseries préparées pour les clients du café. Priska, qui aimait les sucreries, avait un faible pour la *Sachertorte* viennoise, un succulent gâteau au chocolat et à la confiture d'abricot.

Les enfants n'étudiaient pas la religion, mais ils devaient aller à la prière du vendredi soir et se laver soigneusement les mains avant de s'asseoir à l'élégante table du shabbat, traditionnellement ornée de linge délicat et de bougies.

La classe de Priska ne comptait que six filles pour trente élèves. Très brillante, sa sœur Boežka semblait capable d'assimiler ses leçons sans aucun effort, mais elle préférait de loin les activités manuelles, notamment les travaux d'aiguille, pour lesquels elle se montrait particulièrement douée.

La petite Priska dut initialement travailler davantage que sa sœur. Très studieuse, elle surmonta ses difficultés et prit vite goût à l'étude. Apprendre devint sa passion. « J'aimais savoir des choses », admettra-t-elle. Ce vif désir de comprendre le monde la distinguait également de sa sœur Anna, qui préférait se faire belle ou jouer à la poupée. Fascinée par le christianisme, Priska allait souvent se promener dans le cimetière catholique après l'école. Elle admirait les mausolées et se posait des questions sur les défunts, imaginant leur histoire et la vie qu'ils avaient pu mener.

Paula Ronová, qui encourageait sa fille à accroître ses connaissances, fut fière de la voir admise au Gymnázium Janka Král'a, le lycée de la ville, où elle étudia l'anglais et le latin, en plus du français et de l'allemand. Le lycée, un bel édifice de trois étages en stuc blanc, avait ouvert en 1906. Situé en face du cimetière et de la mairie, il accueillait cinq cents élèves de dix à dix-huit ans. En dehors de Priska et de Bandi, qui suivit des cours de comptabilité, les enfants Rona interrompirent tous leurs études à la fin du collège.

Priska, qui avait l'esprit de compétition, remportait beaucoup de prix. Les professeurs se réjouissaient de ses progrès. Elle attirait également l'attention des garçons de sa classe, qui la suppliaient de les aider en anglais, et se réunissaient religieusement dans son jardin pour suivre son enseignement. « Je garde un souvenir merveilleux de mon enfance à Zlaté Moravce », confiera Priska.

Sa meilleure amie, Gizelle Ondrejkovičová, dite Gizka, n'était pas aussi studieuse qu'elle : la jolie adolescente adorait s'amuser avec ses nombreux camarades. Conscient des risques que son tempérament insouciant faisait peser sur ses études, son père, un non-Juif chef de la police locale, fit une proposition aux Rona : si Priska veillait à ce que Gizelle termine sa scolarité dans de bonnes conditions, le café familial pourrait rester ouvert sans limite d'heure, et sans que la famille ait à payer davantage de taxes.

Priska joua donc un rôle essentiel dans le succès de la modeste entreprise familiale, qui devint le café le plus couru de la ville. La jeune fille prit ses responsabilités très au sérieux, sacrifiant de bonne grâce son temps libre pour des heures de soutien scolaire à Gizka, qu'elle adorait. Toutes deux poursuivirent ensemble leur scolarité au lycée, dont elles sortirent brillamment diplômées.

La jeune Priska opta alors pour l'enseignement des langues. Chanteuse enthousiaste, elle intégra aussi une chorale d'enseignants qui sillonnait le pays avec un répertoire de chansons traditionnelles nationalistes, dont l'une proclamait fièrement : « Je suis slovaque, slovaque je resterai ! » – un air que Priska continua volontiers de chantonner sa vie durant.

A Zlaté Moravce, elle jouissait d'une excellente réputation. Saluée par tous ceux qu'elle croisait, elle était courtisée par un professeur non-Juif qui venait la chercher le samedi soir pour l'emmener danser, boire un café ou dîner à l'hôtel de la ville.

Respectées au sein de leur communauté, Priska et sa famille n'avaient aucune raison de craindre l'avenir. Si les Juifs avaient été persécutés en Europe au cours des siècles précédents, particulièrement lors des pogroms en Russie, ils avaient vu leurs conditions de vie s'améliorer nettement après la Première Guerre mondiale et l'effondrement des empires germanique, austro-hongrois et russe. Bien intégrée en Tchécoslovaquie, la communauté juive occupait désormais le devant de la scène. Elle contribuait à l'essor économique et industriel des jeunes Etats nés de la Grande Guerre. De nombreuses écoles et synagogues voyaient le jour dans les grandes et les petites villes. En ce début de XXe siècle, les Juifs d'Europe centrale se montraient particulièrement actifs dans les domaines scientifiques et artistiques. Ils animaient bien souvent la « vie de café », cette effervescence intellectuelle et littéraire qui caractérisait la Mitteleuropa de l'époque. Estimée et appréciée, la famille Rona n'était quasiment jamais confrontée à l'antisémitisme.

La grande crise des années 1920 avait néanmoins commencé à peser sur les mentalités de l'autre côté de la frontière. Depuis 1921, Hitler, qui dirigeait le parti national-socialiste des travailleurs allemands – ou parti « nazi » en référence aux deux premières syllabes du mot allemand « *Nazional* » –, accusait la communauté juive de contrôler les richesses du pays et la rendait responsable des nombreux maux de la société allemande. A la suite des élections fédérales de 1933 où les nazis obtinrent 17,2 millions de voix, Hitler fut invité à prendre part au gouvernement de coalition et nommé chancelier. Son arrivée au pouvoir marqua la fin de la république de Weimar et le début du Troisième Reich.

Les discours radicaux de Hitler fustigeaient aussi bien les capitalistes que les partisans de l'Armée rouge et de la révolution bolchevique. L'homme qui, en 1925, avait écrit dans son manifeste autobiographique, *Mein Kampf* : « le Diable en tant que symbole du mal se manifeste sous la forme vivante du Juif », promit de débarrasser l'Allemagne des Juifs et d'autres indésirables grâce à ce qu'il définissait comme une « solution méthodique ».

Le nouveau pouvoir – qui refusait les conditions « iniques » imposées à l'Allemagne à l'issue de la Première Guerre mondiale – encourageait les membres des « Sections d'assaut », les fameuses chemises brunes, à harceler les Juifs allemands et à boycotter leurs entreprises. Sur les ondes berlinoises, les jeunesses hitlériennes endoctrinées hurlaient le *Sieg Heil !* (Salut à la victoire !), leur cri de ralliement. En un temps relativement court, le nouveau chancelier sembla tenir ses promesses : le rétablissement économique parut si foudroyant aux Allemands que le nombre de ses adeptes ne cessa de croître. Fort de son succès, le gouvernement imposa une série de lois excluant les Juifs de la vie politique, économique et sociale. Les livres juifs « dégénérés » furent brûlés. Les professeurs non-aryens furent chassés des universités, et les éminents Juifs allemands qui se trouvaient à l'étranger, comme Albert Einstein, ne purent plus revenir sur leur terre natale.

A mesure que l'antisémitisme gagnait du terrain, un nombre croissant de synagogues fut profané ou incendié. Les trottoirs des villes et des villages brillaient chaque matin sous les éclats de verre brisé des devantures souillées ou barbouillées de graffitis insultants et d'étoiles de David. Les non-Juifs furent encouragés à dénoncer les Juifs. Dans cette atmosphère de méfiance et de trahison, ces derniers, qui avaient vécu en bonne entente pendant des années, et dont les enfants avaient grandi au milieu d'enfants non-juifs, redoutaient désormais d'être passés à tabac ou arrêtés. Partout, des anonymes se muaient en espions amateurs, prêts à dénoncer leurs voisins dans l'espoir de mettre la main sur leurs biens. Des centaines de foyers furent mis à sac par des pillards qui faisaient irruption chez eux et emportaient tout ce qui leur faisait envie.

Les non-Juifs étaient poussés à inspecter et à s'attribuer les appartements les plus enviables, forçant des familles entières à quitter leur maison dans des délais très brefs. Les nouveaux occupants emménageaient « avant que le pain du four n'ait refroidi », comme on le disait à l'époque. Les expulsés n'avaient droit qu'à de petits logements dans des quartiers défavorisés, ce qui les coupait brutalement de la vie qu'ils avaient menée jusqu'alors.

Les handicapés et les malades mentaux, Juifs et non-Juifs confondus, furent déclarés indignes de vivre. Nombre d'entre eux furent déportés ou sommairement exécutés. La population n'avait pas d'autre choix que de se conformer aux lois de Nuremberg, appliquées sans merci et élaborées pour aliéner toujours davantage les Juifs et les « indésirables ». Conformément à ce que les nazis nommaient le « racisme scientifique », qui visait à « préserver la pureté du sang allemand », ces lois avaient pour but d'identifier les personnes « racialement acceptables » et de réduire les droits civils fondamentaux des Juifs, des Gitans, des Noirs et de leur progéniture « bâtarde ». La Loi pour la protection du sang et de l'honneur allemands frappa d'invalidité tous les mariages « mixtes ». Afin de prévenir la « pollution raciale », les Juifs soupçonnés d'avoir des relations sexuelles avec les Allemands étaient punis de mort.

Bientôt, les Juifs furent dépouillés de leur citoyenneté. Les individus considérés comme antisociaux ou dangereux – une catégorie nébuleuse comprenant les communistes, les opposants au régime, les alcooliques, les prostituées, les mendiants, les sans-abri et les témoins de Jehovah qui niaient l'autorité de Hitler – furent arrêtés et enfermés dans les premiers *Konzentrationslager*, ou KZ, installés généralement dans d'anciennes casernes.

Les non-Juifs ne furent plus autorisés à employer des Juifs. D'autres lois, encore, interdirent aux Juifs d'exercer les professions d'avocat, de médecin et de journaliste. Les enfants juifs durent quitter l'école à quatorze ans. Plus tard, l'accès aux hôpitaux d'Etat, aux jardins publics, aux aires de jeux, aux rivières, aux piscines, aux plages, aux bibliothèques fut également interdit aux Juifs. Ils furent consignés dans un rayon de trente kilomètres autour de leur domicile. Malgré leur nombre considérable, les noms de tous les soldats juifs furent effacés des monuments aux morts de la Première Guerre mondiale.

Dès le milieu des années 1930, des cartes et des bons de rationnement furent émis par l'administration du Reich, mais les Juifs n'eurent droit qu'à la moitié de la ration des non-Juifs. Ils devaient se ravitailler dans des magasins spécifiques, entre trois et cinq heures de l'après-midi quand la plupart des aliments frais avaient déjà été vendus. Les cinémas et les théâtres leur furent interdits et ils furent confinés à l'arrière des tramways, souvent bondés et étouffants. Ceux qui possédaient des radios durent les remettre à la police. Enfin, ils furent soumis à un couvre-feu très strict, de 20 heures à 6 heures du matin.

Spoliés et privés de leurs droits fondamentaux, des milliers de Juifs allemands s'enfuirent vers la France, les Pays-Bas, la Belgique ou encore la toute nouvelle République de Tchécoslovaquie, proclamée en 1918, où ils furent très nombreux à chercher asile. Le pays bénéficiait de frontières solides et de puissants alliés comme la France, l'Angleterre et la Russie. A l'instar de la famille de Priska, les Juifs s'y sentaient en sécurité.

En mars 1938, à la suite d'une succession d'événements connus sous le terme d'*Anschluss*, Hitler annexa l'Autriche. Proclamant l'autodétermination de l'Allemagne, il revendiqua un vaste *Lebensraum*, un « espace vital » pour son peuple. En août, les permis de résidence de tous les étrangers habitant le Reich furent révoqués. Du jour au lendemain, douze mille Juifs polonais furent expulsés de chez eux.

Encore choqué par la Première Guerre mondiale, le Premier ministre britannique, Neville Chamberlain, voulut aussitôt signer un accord de paix. Il conduisit des pourparlers internationaux qui aboutirent aux Accords de Munich en septembre 1938. En l'absence des Russes et des Tchèques, les grandes puissances européennes autorisèrent Hitler à annexer les Sudètes, une vaste région couvrant l'ouest de la Tchécoslovaquie et peuplée principalement de germanophones. Cet accord, que de nombreux Tchèques appelleraient la « trahison de Munich », fit perdre au pays toute frontière stratégique.

En novembre 1938, un jeune Juif polonais révolté par l'expulsion forcée de sa famille assassina un fonctionnaire allemand en poste à Paris. En représailles, le haut commandement nazi ordonna le déclenchement de la *Reichspogromnacht*, bientôt surnommée *Kristallnacht,* la Nuit de cristal. En une nuit, des milliers de foyers, de synagogues et de commerces juifs allemands furent pris pour cible. Une centaine de personnes furent assassinées. Trente mille autres furent arrêtées. Dans les mois qui suivirent, les partisans de Hitler continuèrent à favoriser les émeutes antisémites. De l'autre côté de la frontière, l'armée tchèque se tenait prête à intervenir. En mars 1939, le président tchèque, Emil Hácha, et le dirigeant limogé du gouvernement autonome slovaque, Jozef Tiso, tous deux de confession catholique, furent convoqués à Berlin par Hitler, qui leur posa un ultimatum : soit ils acceptaient de placer leurs nations sous la protection de l'Allemagne, soit ils seraient envahis par les nazis qui les « protégeraient » de la Hongrie et de son intérêt grandissant pour ses territoires frontaliers.

Tiso et son gouvernement collaborationniste acceptèrent immédiatement les exigences de Hitler. Sans autre forme d'intervention, Tiso fut institué président du nouveau protectorat de Slovaquie, censément indépendant. Emil Hácha, le président tchèque alors âgé de soixante-six ans, faillit succomber à une crise cardiaque avant d'accepter les termes allemands. L'accord fut signé, mais la résistance demeura vive au sein du peuple tchèque. Le 15 mars 1939, les troupes allemandes entrèrent dans le pays, qui devint le protectorat de Bohême-Moravie. Lorsque les nazis occupèrent la Pologne six mois plus tard, dévoilant leur pacte secret avec les Soviétiques qui envahirent simultanément le pays par l'est, l'Angleterre et la France leur déclarèrent la guerre.

Dès lors, les conditions de vie des Juifs d'Europe ne cessèrent de s'aggraver. Dans les Etats annexés, les Juifs devinrent des parias du jour au lendemain. Le signe *Juden nicht zuganglich* (interdit aux Juifs) apparut partout sur les bâtiments publics. Parfois on pouvait même lire : *Interdit aux chiens et aux Juifs*. Lorsque les Juifs d'Allemagne, d'Autriche et de Pologne eurent vent des atrocités que subissait leur peuple, ils se rendirent massivement dans les ambassades et supplièrent les autorités étrangères de leur délivrer des visas, ce qui leur fut refusé. Confrontés à un avenir désespérant, certains se suicidèrent.

Priska et sa famille n'eurent d'autre choix que de se soumettre au régime nazi et à ses décrets anti-juifs. La jeune femme fut particulièrement blessée par certains détails : le professeur qui la courtisait ne vint plus la chercher pour l'emmener danser ; les villageois qui la saluaient dans la rue cessèrent tout bonnement de lui dire bonjour, ou détournèrent la tête sur son passage. « Les contrariétés se multipliaient, dira-t-elle, mais pour pouvoir vivre, il fallait les accepter. » Certains amis demeurèrent loyaux. Ce fut notamment le cas de Gizka et d'une camarade d'école issue d'une famille de paysans qui continuèrent à fournir du lait frais aux Rona. D'autres mirent un point d'honneur à saluer publiquement leurs amis juifs et à les soutenir du mieux possible.

Alertée par des rumeurs concernant certains projets nazis de « réinstallation » forcée des Juifs à l'est du Reich, la communauté juive de Slovaquie se mit à stocker vivres et consommables. Plusieurs chefs de famille enterrèrent leurs biens ou demandèrent à des amis de les cacher, malgré la peine de mort encourue. D'autres parvinrent à s'enfuir en Palestine, alors sous mandat britannique, où ils espéraient instaurer un Etat sioniste. Ce fut le cas de Bandi, le frère aîné de Priska. Sentant poindre la catastrophe, il partit seul en 1939. L'un des premiers flirts de Priska, un jeune homme riche, émigra sans la prévenir en Belgique, puis au Chili, alors que Priska et lui venaient de se fiancer et avaient entrepris les préparatifs d'un mariage arrangé par leurs familles respectives.

Les autres frères et sœurs de Priska tentèrent de faire face, autant que possible, à leurs nouvelles conditions de vie. Pour échapper à une existence vouée au service du café familial, Anička s'était mariée en 1932, à dix-neuf ans. Elle avait eu un fils, Otto, mais son mariage n'avait pas duré. Après son divorce, elle adopta un nom aux accents plus « aryens », Helena Hrubá, et trouva un travail dans un autre café. Janko, son plus jeune frère, ingénieur électricien de formation, fut enrôlé dans une unité de travailleurs juifs. Il devint l'un de ces *Robotnik Zid* (ouvrier juif) aux uniformes bleus très reconnaissables, à qui l'on confiait les pires travaux. Boežka, encore célibataire à trente ans, demeura chez ses parents, où elle confectionnait des vêtements pour la famille et les amis.

Priska, qui avait toujours été fière de son long nez – son « charmant proboscis », s'amusait-elle à dire –, se félicitait de porter les créations de sa sœur, grâce auxquelles elle se sentait un peu moins marginale. « Je n'ai jamais été une beauté, mais j'ai toujours veillé à avoir belle allure, dira-t-elle. J'étais considérée comme une fille distinguée. Tout le monde savait que mon père gérait le café de la place, et on me témoignait beaucoup de sympathie. »

Cette sympathie lui fut bientôt refusée. En 1940, ses parents durent quitter le commerce qu'ils faisaient prospérer depuis seize ans. Peu instruits et dénués d'autres compétences professionnelles, ils ne purent passer à autre chose. « Ils ont tout perdu, dira Priska. C'étaient des gens bien. » L'administrateur non-Juif à qui fut confiée la gestion du café continua à traiter Priska avec gentillesse, appréciant le fait qu'elle parlait anglais, français, hongrois et allemand : « Ma maîtrise des langues étrangères m'a toujours été très utile. »

Forcés au désœuvrement, les Rona décidèrent de s'installer à Bratislava, la nouvelle capitale du Protectorat slovaque, située sur les rives du Danube. David Friedman, le grand-père maternel, qui avait dû renoncer, lui aussi, à son auberge, quitta Stropkov et vint les rejoindre. Ils avaient réussi à cacher quelques économies et pensaient passer inaperçus dans la grande ville. Leur intuition se révéla exacte. Lorsque les nazis envahirent la Slovaquie, les Juifs de Bratislava – quinze mille personnes environ, soit douze pour cent de la population – étaient bien assimilés et peu confrontés à l'antisémitisme.

En dépit des restrictions imposées par les nazis, les Rona trouvèrent un appartement rue Špitálska. Priska devint répétitrice et put à nouveau fréquenter les cafés qui faisaient partie intégrante de sa vie depuis l'enfance. Elle avait une prédilection pour le café Astorka que fréquentait l'intelligentsia. Un jour d'octobre 1940, alors qu'elle venait d'arriver, elle remarqua l'homme svelte et moustachu assis à une table proche de la sienne. « Lui et mon amie Mimi, qui était pharmacienne, discutaient avec passion. Soudain, elle s'est levée pour venir me dire qu'il me trouvait séduisante. » Tibor Löwenbein s'approcha et se présenta. Ce journaliste d'origine polonaise parlait couramment l'allemand et le français. Issu d'une famille juive, il avait grandi à Püchov, une bourgade du nord-ouest de la Slovaquie. Quoique flattée par ses compliments, Priska le jugea légèrement éméché et le lui dit. Voulant l'impressionner, Tibor lui promit qu'il ne toucherait plus une goutte d'alcool. Il tint parole.

En revanche, c'était un fumeur de pipe. Il en possédait quarante modèles que Priska n'avait pas le droit de toucher. Soucieux de son apparence, son charmant prétendant possédait également quarante chemises. Ecrivain en herbe, il griffonnait souvent dans de petits carnets qu'il sortait de ses poches. Enfin, Tibor collectionnait les timbres, même si plus tard Priska avouerait avec un sourire malicieux qu'après leur rencontre elle devint vite son unique passe-temps.

Fils unique de petits fermiers – Heinrich Löwenbein et son épouse Élizabeth, surnommée Berta –, Tibor aspirait à un autre métier que celui de paysan. Décidé à devenir journaliste, il s'était installé à Bratislava où il couvrait l'actualité sportive, ainsi que la politique locale pour l'*Allgemeine Jüdische Zeitung*. Il était également l'auteur d'un court essai intitulé *Slovensko-Židovské hnutie a jeho poslanie* (« Le Mouvement juif slovaque et sa mission ») qui traitait de l'intégration totale des Juifs dans la société slovaque.

© Hana Berger Moran

Le mari de Priska, l'auteur
et journaliste Tibor Löwenbein

Lorsqu'il fut contraint de quitter le journal à cause des lois de Nuremberg, le propriétaire grec de la banque Dunajská de Bratislava lui offrit un emploi. Tibor était un homme mince et bien mis, aux manières agréables, aux cheveux châtains et au teint clair. Il n'avait pas l'air particulièrement juif – ce qui n'était pas anodin à l'époque, comme le soulignera Priska. Il était si bien considéré à la banque que ses supérieurs l'envoyaient en mission à Prague et à Brno, au mépris des restrictions de déplacement imposées aux Juifs. Son employeur jouissait de relations en haut lieu, et Tibor semblait pouvoir tout se permettre sans être jamais inquiété. Journaliste apprécié et réputé, il connaissait tout le monde. Les gens le respectaient et, par extension, respectaient la jolie jeune femme qui l'accompagnait.

Chaque matin en partant au travail, Tibor accompagnait Priska au café Astorka où elle avait l'habitude de prendre un café et une pâtisserie. Avant de continuer son chemin, il s'arrêtait et la saluait de nouveau, ce qui la faisait toujours rire. Le soir, après le travail, ils se promenaient, comme beaucoup d'autres couples, sur les rives du Danube. Ils écoutaient les musiciens des rues et contemplaient les reflets de la lune ondulant sur l'eau au passage des péniches, des bateaux et des petits cargos.

Durant six mois, Tibor écrivit à Priska tous les jours. Il la surnommait sa *Pirečka Zlaticko* – sa Pirečka d'or – tandis qu'elle l'appelait Tibko ou, plus familièrement, Tiborko. Elle était folle de lui et conservait le moindre de ses petits mots qui, même brefs, étaient toujours chaleureux. La plupart de ces missives survécurent à la guerre. Dans une lettre datant du 10 mars 1941, Priska écrivait :

Mon Tibko, je suis si contente quand je reçois tes lettres, surtout quand elles font plusieurs pages... Suis pressée de partager avec toi ma grande nouvelle, à savoir que je vais avoir du temps libre à partir de jeudi ! Donc, nous nous verrons quatre jours d'affilée. Quel luxe à cette époque où les disponibilités sont si rares... Tu souhaites savoir ce que je pense de tes lettres. Elles sont fabuleuses. Je m'émerveille de savoir que, malgré tout ton sérieux et ton pessimisme face à la noirceur de la situation, tu parviens quand même à écrire ces lignes si belles... Je pense tant à toi et je sais que tu trouves de la consolation dans tes livres. Je suis un peu jalouse de leur présence auprès de toi quand je ne suis pas là – ce qui est temporaire, c'est promis. S'il te plaît, dis bonjour à tes livres qui te tiennent précieusement compagnie en mon absence. Je t'envoie un million de baisers. Ta Pira.

Le 12 mars, Tibor répondait :

Ma Pirečka d'or,

Ta lettre m'a rendu extrêmement heureux. Quel bonheur ! Dans la réalité maussade du quotidien, tes mots sont comme un rayon de soleil qui perce les nuages sombres. J'essaye d'exprimer ma gratitude et ma joie... Je n'arrive probablement pas à leur rendre honneur... Tout en sachant que j'allais te voir demain après-midi à 4 h 30 chez moi et en pensant à la joie de cet événement, je n'ai pu m'empêcher de me dire également que nous sommes les jouets du destin. Cette pensée m'est venue quand j'ai compris que nous ne pourrons être ensemble pour fêter les cinq mois de notre rencontre. Je dois maintenant garder les mots que je souhaite partager avec toi pour l'après-midi où je te verrai enfin... J'ai tellement hâte de te tenir dans mes bras... A demain, ma chérie... D'ici là, je t'envoie plein de baisers. Ton Tibor.

© Hana Berger Moran

Mariage de Priska et Tibor, juin 1941

Le couple se maria à Bratislava le samedi 21 juin 1941, dans une synagogue de style maure flanquée de deux grandes tours. La jeune mariée de vingt-cinq ans qui accepta la *ketubah*, le contrat de mariage juif, portait un manteau blanc, une robe à motifs, un rang de perles autour du cou et un bouquet de glaïeuls blancs à la main. Sa toque et ses souliers étaient blancs également. Très élégant dans son costume, son promis de vingt-sept ans arborait un pantalon large, en vogue à l'époque.

Les parents de Priska, qui considéraient leur gendre comme parfait, se réjouirent d'avoir un événement à célébrer et donnèrent leur bénédiction aux jeunes gens. Les parents de Tibor, en revanche, n'étaient pas présents à la cérémonie. Au début de l'année, son père s'était donné la mort, laissant son épouse seule à la ferme. Eperdu de chagrin, Tibor était allé retrouver sa mère, mais il avait dû revenir à Bratislava, car il risquait d'être arrêté pour avoir séjourné loin de son domicile officiel sans autorisation. Les Rona devinrent sa nouvelle famille.

Ce fut un mariage heureux. Les jeunes époux semblaient faits l'un pour l'autre. « Nous ne nous sommes jamais disputés, pas une fois », dira Priska, pour qui son mari était un homme « sensationnel ». Elle appréciait qu'il parle correctement le slovaque, ce qui était rare ; la langue orale était souvent mâtinée d'allemand ou de hongrois. « Il était merveilleux avec moi, et si impressionné que je connaisse toutes ces langues ! J'ai de beaux souvenirs de mon Tiborko. C'était le meilleur époux qu'une femme pût souhaiter. »

L'évolution de la situation militaire vint vite obscurcir leur bonheur. Le lendemain de leur mariage, les nazis lancèrent l'opération Barbarossa, visant à envahir l'Union soviétique, pour étendre les territoires du Reich. Encore pleins d'espoir et nullement préparés à la tournure que prendraient les événements, Priska et Tibor emménagèrent au 7 Rybárska Brána, qui devint Fischertorgasse sous le régime nazi, juste à côté de la place Hlavné Námestie. Ils y vécurent des jours heureux en dépit des menaces qui pesaient sur leur communauté. Très épris, ils souhaitaient fonder une famille sans attendre. Priska fut rapidement enceinte, ce dont ils se réjouirent, d'autant que Tibor percevait un salaire régulier. En septembre 1941, lorsque les Juifs de Slovaquie tombèrent sous le coup de trois cents nouvelles réglementations, listées dans ce que les nazis appelaient le *Židovský Kódex*, le Code Juif, Tibor parvint tout de même à garder son emploi.

Ce code officialisait les critères raciaux servant à définir et identifier les Juifs. Il réinstaurait la vieille pratique humiliante, instituée au IXe siècle dans des contrées aussi éloignées que l'Angleterre et le califat de Bagdad, consistant à exiger des Juifs qu'ils arborent des insignes distinctifs. Un grand J, pour *Jude*, devait être tamponné sur leurs documents officiels. Ils devaient également acheter des brassards ou des étoiles coupées dans d'énormes rouleaux de tissu préimprimé, fabriqué dans les usines où ils avaient autrefois gagné leur vie. Chaque insigne devait être cousu à l'extérieur des vêtements, sur le devant et sur le dos, à l'emplacement du cœur pour celui de devant.

Le port de l'étoile juive intensifia les persécutions. Les entreprises et les commerces juifs durent faire face à des pillages répétés. Les Juifs eux-mêmes se trouvaient en danger chaque fois qu'ils quittaient leur domicile. Beaucoup d'amis de Tibor et Priska payèrent d'importantes sommes d'argent pour obtenir de faux papiers. Le patron de Tibor parvint à le faire exempter de certaines restrictions, dont le port de l'étoile, mais Priska ne jouissait pas de la même protection. Quand ils sortaient après le couvre-feu ou qu'ils se rendaient dans un endroit interdit aux Juifs, elle devait se débrouiller pour cacher son étoile avec son sac ou sous le revers de son manteau.

Peu après l'instauration de cette nouvelle réglementation, les Juifs furent sommés de quitter le centre de Bratislava pour s'installer dans les banlieues pauvres. Priska parvint à trouver un poste d'enseignante dans une école primaire de la petite ville de Pezinok, à vingt kilomètres de la capitale. Tibor partait chaque matin à six heures pour se rendre à Bratislava. « Il aimait son métier et devait de toute façon travailler puisque j'attendais un enfant. » Les parents de Priska, son grand-père et sa sœur Boežka parvinrent à rester au centre de la capitale, dans un appartement situé sur les rives du Danube où Boežka continuait à confectionner des vêtements. Très unis, les Rona s'interdisaient de perdre espoir.

Priska travailla à l'école de Pezinok jusqu'à ce que les autorités décrètent que seuls des « Aryens » pouvaient instruire leurs enfants. Après des adieux chaleureux à ses élèves, elle fut invitée à enseigner dans un institut d'apprentissage des langues étrangères, dirigé par un Anglais, où elle fut mieux payée qu'à son précédent poste. « Je n'étais pas démunie. De nombreux élèves faisaient encore appel à moi, comme si de rien n'était. Je ne souffrais pas. Ils me payaient des cours particuliers, et ça me permettait de vivre. »

Déterminée à aider les familles moins chanceuses que la sienne, elle donnait également des cours gratuits à ses anciens élèves, auxquels elle lisait les classiques allemands, français et anglais.

L'hiver s'annonçait lorsqu'elle perdit le bébé qu'elle attendait.

Aux prises avec un quotidien rendu chaque jour plus difficile par les restrictions et les réglementations nazies, les jeunes époux durent faire leur deuil en silence. Les biens de valeur des Juifs – argenterie, œuvres d'art, bijoux et meubles précieux – leur furent confisqués. Ils se virent dans l'obligation de les déclarer et de les livrer aux banques de la région. Ce fut ensuite le tour des fourrures et des vêtements d'hiver en bon état. Les animaux de compagnie leur furent interdits, et ils déposèrent chats, chiens, lapins et oiseaux à des centres de collecte, qui les tuèrent aussitôt.

Sous le régime de Jozef Tiso, la Slovaquie devint l'un des premiers membres de l'Axe à consentir à l'*Aktionen*, la « réinstallation à l'est » de la population d'origine juive, c'est-à-dire sa déportation vers des camps de travail créés pour soutenir l'effort de guerre. Afin de garantir la non-déportation de ses citoyens non-juifs, le gouvernement s'engagea à payer cinq cents marks pour chaque Juif déporté. En échange, les nazis assurèrent aux autorités que ces « parasites » ne reviendraient jamais revendiquer les biens laissés derrière eux. Dans cette atmosphère oppressante, des dizaines de milliers de Juifs furent rassemblés par la *gardista* et les milices slovaques pour être ensuite « concentrés » dans des baraquements à travers la Slovaquie, notamment à Sered, Vyhne et Novaky.

Quelques milliers de déportés restèrent dans ces camps de travail slovaques afin d'y fabriquer du matériel militaire essentiel à l'armée allemande. Mais cinquante-huit mille d'entre eux furent transférés plus à l'est conformément au programme *Osttransport* instauré par le Reich. Les autorités justifiaient ces déportations en prétendant que les camps se situaient à proximité des usines d'armement, en Pologne occupée, et que les détenus y travailleraient contre le gîte et le couvert. Les nazis firent également croire à certains qu'ils partaient pour travailler dans les champs ou qu'ils participeraient à l'établissement d'un nouvel Etat juif.

Abandonnés et impuissants, les Juifs de Slovaquie se résignèrent à un avenir de plus en plus inquiétant. Ils se préparaient à endurer des conditions de vie difficiles, mais espéraient ardemment qu'une fois la guerre terminée la vie reprendrait son cours normal. Des familles entières se portèrent volontaires pour aller rejoindre les premiers déportés, pensant qu'il valait mieux rester ensemble. D'autres promirent à ceux qui partaient de leur expédier de l'argent, des lettres, des vivres en Pologne, fermement convaincus que ces envois parviendraient à destination.

En mars 1942, presque neuf mois après son mariage, alors qu'elle aurait dû fêter la naissance de son premier enfant, Priska apprit que Boežka, sa sœur aînée, venait d'être raflée lors d'une *Aktionen*. Les nazis avaient ordonné la déportation de mille femmes slovaques célibataires et en bonne santé. Sitôt la nouvelle connue, Priska courut au péril de sa vie jusqu'à la gare de Bratislava pour tenter de secourir sa sœur. Elle longea le train bondé et prêt à partir, mais ne put repérer Boežka dans la marée de visages effrayés et ahuris. « Je ne connaissais aucun des *gardistas*, mais je les ai suppliés de libérer ma sœur. Ils m'ont crié : "Si tu es célibataire, monte dans le train ! Si tu es mariée, rentre chez toi !" Ils auraient pu me laisser tranquille [à la gare], mais ils m'ont emmenée au poste. »

Les redoutables *Hlinka*, ces militaires slovaques vêtus d'uniformes noirs et entraînés par les SS, mirent Priska en détention pour la nuit. Son mari, qui ignorait où elle était, reçut un message le lendemain matin : « Venez chercher votre femme. C'est une agitatrice. » Affolé, Tibor se rendit au poste de police et persuada les autorités de le laisser repartir avec sa femme sans être pénalisé. Furieux de ce qu'elle avait fait, il refusa de lui parler. Mais son silence ne dura qu'une demi-journée tant Priska était bouleversée de n'avoir pas pu sauver sa sœur.

Peu après, elle se découvrit de nouveau enceinte. Cette fois encore, le couple se réjouit, même si tout ce qui avait constitué leur vie semblait voué à disparaître. Ils ne prirent, ni l'un ni l'autre, la mesure du danger qui s'installa au cours des semaines suivantes, tandis que la police slovaque continuait de mener des rafles dans les quartiers juifs pour former les convois de mille personnes requis par les autorités nazies. Un jour, entendant des bruits de bottes dans le couloir, les parents de Priska évitèrent le pire en s'échappant par une fenêtre du rez-de-chaussée.

Ils n'eurent pas cette chance le 17 juillet 1942. Démunis face à un système qui détenait droit de vie et de mort sur une population entière, Emanuel et Paula Rona furent arrêtés sans préavis. Priska l'apprit trop tard. Elle ne put dire adieu à ses parents quinquagénaires, ni tenter de les sauver, tout comme elle ne put prévenir une seconde fausse couche. « A ce moment-là, j'ai voulu moi aussi partir à l'est. Plus rien n'avait d'importance. »

Tibor apprit que sa mère, seule et âgée, avait été déportée vers un camp situé à proximité de Püchov, en Silésie polonaise. Tibor était-il orphelin désormais ? Il n'était pas loin de le penser. Priska obtint par Gizka, et d'autres camarades d'enfance, de tristes nouvelles de la petite communauté juive de Zlaté Moravce : la plupart d'entre eux avaient disparu, dont plusieurs amis et parents de la famille Rona.

Priska songea avec amertume aux quelques biens que ses parents avaient eu la possibilité de confier à Gizka, cette amie qu'elle avait tant aidée au lycée. Comme ces objets lui semblaient vains, à présent ! Confrontée à la disparition de son père, de sa mère et de Boežka, ainsi qu'à la dispersion du reste de sa fratrie, Priska se demandait à quoi serviraient ces quelques plats de porcelaine ou ces couverts en argent après la guerre s'il ne restait aucun survivant pour s'asseoir à la table du shabbat.

Des amis non-juifs avaient aidé sa sœur Anna à se cacher sous un faux nom dans la relative sécurité des hauts monts des Tatras. Elle y travaillait comme serveuse et vivait avec leur oncle maternel, le Dr Gejza Friedman, pneumologue dans un sanatorium, qui avait également recueilli son vieux père de quatre-vingt-trois ans, David Friedman, resté seul après le départ des parents de Priska. Otto, le fils d'Anna, âgé de neuf ans, avait été mis à l'abri dans un couvent catholique. Bandi, l'aîné de la famille, vivait en sécurité en Palestine. Janko avait déserté son équipe d'ouvriers juifs et rejoint les rangs de la résistance pour organiser des raids contre la milice *Hlinka* et des actions visant à saper le gouvernent slovaque pronazi. Priska n'avait plus de ses nouvelles depuis des mois.

Renouant avec son intérêt pour le christianisme, la jeune femme se fit baptiser dans l'espoir d'être protégée par ce geste. Tibor, élevé dans une famille juive plus pratiquante, n'y croyait pas. Tous deux continuèrent cependant à respecter les principaux rites juifs. En dépit de la profonde incertitude dans laquelle ils vivaient, ou peut-être du fait de celle-ci, Priska fut enceinte une troisième fois, mais perdit à nouveau son enfant.

A l'automne 1942, les autorités slovaques interrompirent les déportations vers l'est. En effet, quand il devint évident que la majorité des cinquante-huit mille déportés, parmi lesquels sept mille enfants, avaient été envoyés à la mort, les élites politiques et religieuses slovaques, et le mouvement clandestin juif, constitués en une organisation appelée

« le Groupe de travail de Bratislava », exercèrent une lourde pression sur le gouvernement de Tiso.

Les dirigeants slovaques révisèrent leurs positions, refusant de déporter les vingt-quatre mille Juifs restants. Pendant deux ans ceux-ci vécurent en relative sécurité. Le Groupe de travail de Bratislava n'eut de cesse que mettre les Juifs à l'abri en soudoyant des figures clés du régime. Ses membres négocièrent même directement avec les SS et le *Hauptsturmfürher* Dieter Wislieceny, le conseiller slovaque aux affaires juives, en leur offrant des millions de marks. Ces négociations, connues sous le nom de « Plan Europa », s'interrompirent lorsque Wislieceny fut muté. Elles permirent néanmoins d'assouplir les lois antisémites et de réduire les persécutions, même si le sentiment d'un danger imminent continua de peser sur la communauté juive.

Grâce au travail de Tibor et aux cours que donnait Priska, le couple put revenir à Bratislava et s'installer dans un appartement d'Edlova Strasse. Malgré le rationnement et la complexité des lieux et des horaires de ravitaillement, le couple mangeait à sa faim – mieux, en tout cas, que la majorité des Européens. Quand son envie de sucre se faisait trop pressante, Priska avait encore la possibilité de partager une pâtisserie avec son époux dans leur nouvel établissement favori, le célèbre café Štefánka.

Comme la plupart de leurs amis juifs ou non-juifs, ils se raccrochaient à l'idée que la guerre prendrait bientôt fin. A partir de l'année 1943, les événements semblèrent tourner en faveur des Alliés. Les rares radios encore autorisées rapportaient que des émeutiers avaient pris le dessus en Pologne, et que l'Armée rouge s'arrogeait lentement le contrôle de la situation ; la Wehrmacht avait perdu Stalingrad après cinq mois de combats effroyables ; l'Afrika Korps avait capitulé, et la Libye était repassée aux mains des Alliés ; l'Italie s'était retournée contre l'Allemagne ; enfin, on évacuait des milliers de civils à Berlin. La fin de la guerre approchait-elle, ou la situation continuerait-elle à se dégrader ?

Priska et Tibor à Bratislava en 1943

Personne ne le savait. Nul ne savait non plus ce qui était arrivé aux déportés. Depuis des mois, des rumeurs circulaient à Bratislava à propos des camps : on racontait que les détenus y mouraient de faim et d'épuisement, quand ils n'étaient pas violemment exécutés. En 1942, quelques articles de presse américains et britanniques annoncèrent que cette mise à mort méthodique s'appliquait particulièrement aux Juifs. Les récits devinrent encore plus préoccupants en avril 1944, quand Rudolf Vrba et Alfred Wetzler, deux Juifs slovaques, s'évadèrent d'un camp situé au sud de la Pologne et décrivirent ce qu'ils avaient vu : chambres à gaz, exterminations massives et incinérations. Le rapport détaillé qu'ils firent des méthodes d'Auschwitz-Birkenau, illustrées par des dessins, ne fut guère diffusé dans un premier temps. Peu y crurent, même si dès lors les Juifs se montrèrent plus soupçonneux et firent tout leur possible pour éviter d'être déportés à l'est.

Ces récits semblaient exagérés à Priska et Tibor. Lorsqu'ils en discutaient avec leurs amis, un même sentiment prévalait : ces histoires de chambres à gaz n'étaient que des élucubrations de déportés rendus fous par l'emprisonnement, ou de farouches antinazis prêts à répandre la propagande la plus insensée. En dépit de ce qu'ils avaient enduré depuis l'annexion de la Slovaquie par le Reich, l'idée qu'Adolf Hitler pût être sérieux quand il promettait d'éradiquer tout être humain d'« origine ethnique indésirable » pour créer une race supérieure dépassait l'entendement. Les Allemands n'étaient-ils pas l'un des peuples les plus cultivés et les plus civilisés de la planète ? La nation qui avait donné le jour à Bach, Goethe, Mozart, Beethoven, Einstein, Nietzsche ou Dürer ne pouvait pas avoir élaboré un plan aussi monstrueux !

Entraînés dans une guerre dont ils ne comprenaient pas vraiment les enjeux, ils s'agrippaient à l'espoir d'une résolution imminente du conflit. D'ici là, se répétaient-ils, il n'y avait qu'une chose à faire : tenter de survivre du mieux possible. A la mi-juin 1944, une semaine avant leur troisième anniversaire de mariage, Priska et Tibor souhaitaient encore concevoir un enfant. Deux mois plus tard, le calme relatif dont ils avaient joui pendant presque deux ans fut balayé par une insurrection nationale visant à renverser le gouvernement fantoche. Des milliers de citoyens et de partisans s'unirent pour mettre un terme au régime fasciste. Janko, le frère de Priska, en faisait partie.

La rébellion commença le 29 août 1944 dans les Basses Tatras et gagna rapidement tout le pays, jusqu'à ce que la Wehrmacht envoie ses troupes. La répression, extrêmement brutale, fit des milliers de victimes. Des soldats vengeurs envahirent la Slovaquie tandis que la Gestapo imposait l'ordre nazi à ceux qui avaient osé défier le Führer. La police du Reich exigea notamment du président Tiso qu'il recommence à déporter les Juifs de Slovaquie. Au cours des jours suivants, des milliers d'hommes et de femmes décidèrent de se cacher pour échapper à la police tandis que d'autres franchissaient clandestinement les frontières dans l'espoir de trouver refuge en Hongrie ou ailleurs.

Déterminés à rester optimistes malgré tout, Priska et Tibor demeurèrent à Bratislava, la ville qu'ils connaissaient si bien et où ils avaient toujours réussi à éviter les rafles. Les premières semaines de septembre leur parurent de bon augure. Ils accueillaient chaque journée de liberté comme un cadeau, que venaient doubler les bonnes nouvelles en provenance du front occidental : Paris était libéré, ainsi que plusieurs grands ports de France et de Belgique ; plus au nord, les Alliés pilonnaient systématiquement les positions allemandes aux Pays-Bas. Le Reich capitulerait bientôt, se répétaient-ils. Désormais, sa chute semblait inévitable.

Le mardi 26 septembre 1944, les époux fêtèrent le trentième anniversaire de Tibor, qui tombait cette année-là le jour de Yom Kippour – le « Grand Pardon », une période de jeûne et d'expiation qui constitue la fête la plus sainte de l'année juive. Après s'être soigneusement lavé les mains, ils s'assirent devant un repas concocté avec les moyens du bord. Outre l'anniversaire de Tibor, ils célébraient également la nouvelle vie que Priska portait depuis plus de huit semaines. Ensemble, ils prièrent pour que leur quatrième bébé survive.

Deux jours plus tard, trois membres des *Freiwillinge Schutzstaffel* – des volontaires SS largement constitués de paramilitaires slovaques d'origine allemande – firent irruption chez eux, réduisant à néant leurs espoirs de bonheur. Ces miliciens leur ordonnèrent de rassembler leurs affaires dans deux valises, en précisant qu'elles ne devraient pas peser plus de cinquante kilos à elles deux.

« Ils étaient horribles. Très arrogants. Ils nous ont à peine adressé la parole. Je n'ai rien dit non plus. Je savais rester calme face à l'adversité. Je n'ai pas fait d'histoires. »

Ce beau jour d'automne, Priska et Tibor Löwenbein furent arrachés à leur domicile et forcés de grimper à l'arrière d'un grand fourgon noir. Ils durent abandonner la collection de timbres de Tibor, ses pipes, ses chemises, sa vaste bibliothèque et ses précieux carnets contenant des années de notes et d'observations. Le gouvernement slovaque versa mille marks pour leur capture.

Le jeune couple fut d'abord conduit à la grande synagogue orthodoxe de Heydukova Strasse. Parqués avec des centaines d'autres prisonniers, assis par terre ou sur leurs valises, ils tremblaient d'inquiétude quand Priska fut prise de terribles nausées – ce qui ne lui était pas arrivé au cours de ses grossesses précédentes. Luttant contre les haut-le-cœur, elle s'agrippa à Tibor qui s'efforça de l'apaiser en lui murmurant de penser à leur enfant. « Mon mari me serrait contre lui en répétant : "Ils vont peut-être nous laisser rentrer chez nous, *Pirečka.*" Je ne pensais qu'à mon bébé. Je le voulais si fort ! »

Quelques heures plus tard, les deux mille personnes furent transférées par bus vers la petite gare de Lamač, puis soixante kilomètres plus à l'est, jusqu'à l'immense camp de travail et de transit de Sered, dans la plaine du Danube. Cette ancienne caserne, dirigée par la milice *Hlinka* jusqu'à l'insurrection slovaque, se trouvait désormais sous les ordres de l'officier SS Alois Brunner, reconnaissable à son uniforme blanc, assistant de l'*Obersturmbannfürher* Adolf Eichmann, l'un des principaux artisans de la « solution finale ».

Fort de son succès lors d'une opération similaire à Vichy, Brunner avait été envoyé à Sered pour superviser la déportation des derniers Juifs de Slovaquie. Les historiens estiment aujourd'hui que Brunner fit déporter cent mille personnes à Auschwitz.

Ceux qui arrivaient à Sered étaient conduits dans des baraquements en bois qui furent vite surpeuplés. La déshumanisation des prisonniers commençait dès l'aube par les appels matinaux, suivis d'un lourd régime de travaux forcés et de corvées ménagères. Entassés dans les moindres recoins disponibles, les détenus tentaient de survivre avec le peu de nourriture qu'on leur distribuait : une demi-tasse quotidienne d'un breuvage amer censé être du café, une misérable soupe de composition douteuse, et un petit morceau de pain rassis. Les plus dévots utilisaient ce

Familles juives sortant des wagons à bestiaux
sur le quai de débarquement d'Auschwitz

simulacre de soupe pour se laver les mains avant de partager soigneusement leur pitoyable ration de pain.

Le jour du Kippour, tandis que Priska et Tibor célébraient la fête juive dans l'intimité de leur appartement, les SS de Sered avaient rôti un cochon entier au milieu du camp et convié en riant les Juifs affamés à le partager avec eux. Personne ne s'était approché.

Les premiers départs vers l'est commencèrent immédiatement après l'arrivée de Priska et de Tibor, sous la houlette de Brunner, qui supervisait la « liquidation » du camp en prévision de l'arrivée des convois suivants. Le 30 septembre 1944, au milieu de la nuit, les deux mille Juifs de Bratislava furent évacués de leurs baraques par des officiers SS slovaques et hongrois, puis alignés en rangs avant d'être entassés dans des wagons à bestiaux plombés, par groupes de quatre-vingts à cent personnes. Une fois les lourdes portes refermées, ce qui les laissait sans air, sans espace et sans lumière, les déportés firent passer les jeunes enfants par-dessus leurs têtes vers le fond du wagon, où des gens assis sur une planche étroite pouvaient les prendre sur leurs genoux. Les autres n'eurent d'autre choix que de rester debout ou de s'accroupir. Un seau en bois et une boîte métallique remplie d'eau faisaient office de sanitaires. Le contenu du seau débordait à chaque secousse, maculant le sol et les pieds des déportés. Très vite, une puanteur infecte emplit le wagon. Certains tentèrent de vider le récipient par une petite ouverture, mais un grillage de barbelé empêchait la bascule complète du seau. Les prisonniers furent donc contraints de déféquer et d'uriner sur place, souillant leurs vêtements.

Privés d'eau, d'air et de nourriture, écrasés les uns contre les autres, les déportés sombrèrent dans l'apathie ou le désespoir. Tout au long des trois cents kilomètres qu'ils effectuèrent vers le nord-est de l'Europe, ceux qui pouvaient apercevoir le monde extérieur à travers les fentes des wagons annonçaient aux autres les noms des villes traversées. A la frontière polonaise, les plus âgés se mirent à réciter la prière juive pour les morts et se replièrent sur eux-mêmes. Ceux qui mouraient étaient évacués lors des arrêts, libérant un peu de place pour les vivants. Comme des milliers de Juifs évacués du camp de Sered dans des conditions abominables au cours des derniers mois de l'année 1944, ces mille huit cent soixante Juifs slovaques devinèrent qu'ils seraient traités de façon plus inhumaine encore en arrivant à destination, et qu'ils ne survivraient sans doute pas.

Bien que terrifiés, Priska et Tibor voulaient continuer à croire que tout finirait bien et qu'ils rentreraient chez eux avec leur enfant. Priska, surtout, était bien déterminée à ne pas perdre espoir : « J'aimais tellement ma vie ! » Elle rappela à Tibor que sa maîtrise des langues étrangères lui permettrait de parler avec les autres prisonniers, voire avec les SS, qui lui témoigneraient peut-être un peu de respect en retour. Elle avait un cerveau et savait s'en servir, lui assurait-elle. Sa religion comptait beaucoup pour elle.

Priska s'appuya sur sa foi durant ces heures sombres où le convoi les acheminait toujours plus loin vers l'est. « Croire en Dieu est la chose la plus importante au monde. Celui qui croit ne peut pas être complètement mauvais : il sait comment se comporter. Chaque soir, je salue mon Dieu avant de m'endormir. » Convertie à la religion catholique, elle ne se définissait plus comme juive – mais ce fut pourtant au nom de ses origines religieuses qu'elle fut traitée avec une telle bestialité. « C'est terrible, ce qu'ils ont fait aux Juifs ! dira-t-elle. Horrible. Ils [les nazis] les ont traités comme des animaux. Pourtant, tous les hommes appartiennent à l'espèce humaine. L'homme doit agir dignement face à ses semblables. Ils ont traité les Juifs de façon effroyable. On nous a coincés dans un train de marchandises, puis balancés dehors. Ils se sont comportés de manière épouvantable. »

Pendant vingt-quatre heures, les déportés ne cessèrent de se demander où ils allaient et s'ils retrouveraient leurs proches raflés deux ans plus tôt. Priska reverrait-elle sa sœur Boežka et ses parents ? Reverrait-elle les amis de Zlaté Moravce ? Ceux qui se baignaient avec elle dans la rivière, avec qui elle avait chanté, et appris l'anglais et l'allemand ? Tibor pourrait-il enfin réconforter sa mère endeuillée ?

De plus en plus inquiet, Tibor ne supportait pas de voir sa femme souffrir. Nauséeuse, en manque d'eau et d'air frais, elle haletait dans le wagon sombre et fétide tandis qu'il la tenait dans ses bras, lui embrassait les cheveux et essayait de la consoler. Il lui parlait sans répit, l'incitant à demeurer positive, quoi qu'il arrive, et à se concentrer sur des pensées joyeuses. Tout comme il l'avait fait dans ses lettres, lorsqu'il évoquait sa « lumière qui transperçait les nuages sombres », il s'efforçait, là encore, de nourrir son espoir en l'avenir.

Son courage s'amenuisa à mesure que le convoi progressait irrémédiablement vers sa destination dans un vacarme assourdissant. Si les nazis les traitaient de la sorte à présent, quel genre de brutalités leur réserveraient-ils à l'arrivée ?

Il resserra son étreinte et se mit à prier à voix haute pour que Priska et leur bébé survivent. Pressentant qu'ils n'auraient plus l'occasion de bavarder ainsi, blottis l'un contre l'autre, les bien-aimés décidèrent d'un prénom pour leur enfant tant désiré. Dans un murmure, ils choisirent Hanka – Hana – pour une fille, comme la grand-tante de Priska, et Miško – Michael – pour un garçon.

Edita Kelamanová, une jeune célibataire de trente-trois ans, issue d'une famille aisée et cultivée, se tenait debout à côté du jeune couple, dans la pénombre du wagon. Elle surprit malgré elle leur conversation, et se pencha vers eux avec émotion. « Je vous promets de veiller sur votre épouse si nous restons ensemble, elle et moi », dit-elle à Tibor. Edita fit de cette promesse sa *mitzvah*, son devoir moral, en espérant que ses propres prières seraient entendues : si elle sortait vivante de cet enfer, elle souhaitait se marier, elle aussi, à un homme aimant. Tibor remercia la gentille étrangère. Priska, qui avait reconnu son accent, ajouta doucement en hongrois : *Köszönöm,* merci.

Dans le tumulte général, le train pila et fit halte dans un centre de triage à la frontière de la Pologne, où les prisonniers furent formellement transférés à de nouvelles autorités. Les portes de leurs wagons étouffants restèrent fermées. Arrêtés sur une voie secondaire, ils n'avaient aucune idée de ce qui se passait. Puis le convoi de Sered s'ébranla et roula encore quelques heures, avant d'être aiguillé vers une voie bien spécifique. Enfin, il arriva à son terminus et s'immobilisa le long du quai de débarquement du camp d'Auschwitz-Birkenau. On était le dimanche 1er octobre 1944.

Derrière les portes fermées de leur prison roulante, les occupants du train entendirent des hommes hurler, des chiens aboyer. Ils comprirent qu'ils étaient arrivés à destination.

« Tout ira bien, ma *Pirečka* d'or ! » promit Tibor quelques instants avant l'ouverture fracassante des portes coulissantes. Poussé vers un avenir incertain, il cria à son épouse : « Reste positive, *Pirečka* ! Ne pense qu'aux belles choses ! »

2

Rachel

© Mark Olsky

Rachel Abramczyk

— *Guten Morgen hübsche Dame, sind sie schwanger ?* (Bonjour, belle dame, êtes-vous enceinte ?)

A l'automne 1944, la question est posée à Rachel Friedman, accompagnée de ce même petit sourire que le Dr Mengele semble réserver à toutes les femmes nues et rasées qui lui sont présentées comme des pantins à Auschwitz-Birkenau.

Ne sachant que dire, ni ou regarder, Rachel reste les yeux baissés, le menton sur la poitrine. Des centaines de femmes l'entourent, debout comme elle depuis des heures sur la place d'appel, mortifiées de se trouver nues devant tant d'inconnus. La jeune femme de vingt-cinq ans est presque soulagée que son époux Monik n'ait pas été déporté en même temps qu'elle : au moins n'assiste-t-il pas à cette humiliation.

A l'instar de Priska Löwenbeinová et des milliers de femmes qui partagent son destin, Rachel n'a que quelques secondes pour décider de la réponse à apporter à cet officier nazi qui envoie ses victimes vers la mort d'un simple geste de la main. Elle n'est pas sûre d'être enceinte de Monik ; et si elle l'est, c'est tout récent. Elle n'a pas la moindre idée des conséquences que son aveu pourrait entraîner pour elle et son enfant.

Elle a eu vent d'histoires horribles à propos des camps, mais elle a toujours refusé d'y croire. Malgré leur caractère grotesque, ces récits n'ont jamais fait mention du Dr Mengele, du sort qu'il réserve aux femmes enceintes, ni des expériences atroces qu'il mène sur les nourrissons, les jumeaux, en particulier. Toutes ces informations ne seront connues que plus tard, après la guerre.

La seule certitude qui étreint Rachel à la vue de ce médecin tiré à quatre épingles, qui examine des centaines de prisonnières en souriant, c'est que ses yeux, eux, ne sourient pas. Son attitude, lorsqu'il apprécie sans vergogne le physique d'une adolescente rougissante ou qu'il manipule brutalement les seins d'une jeune femme, est celui d'un fermier passant son bétail en revue.

Dans son uniforme impeccable et ses bottes fraîchement cirées, il présente tous les signes d'un homme organisé et discipliné. Si certains gardes nazis traînant dans le périmètre du terrain boueux paraissent ivres, Mengele, lui, n'a pas besoin d'émousser ses sens. Il semble apprécier son travail et sifflote en circulant entre les rangs, ne s'interrompant que pour dispenser des ordres aux prisonniers vêtus d'étranges pyjamas rayés.

Toute déportée visiblement enceinte, ou trahie par quelques gouttes de lait maternel, est traînée hors des rangs par ces détenus aux visages impassibles. Aussitôt écartées, ces pauvres femmes se blottissent les unes contre les autres. La frayeur qui se lit sur leurs visages suffit pour souffler à Rachel la réponse à donner.

Quand Mengele lui pose la question en agitant impatiemment ses gants de droite à gauche, elle porte une main à ses seins pour les protéger et répond doucement *Nie*, non.

Mengele ne touche pas à Rachel. Sans un autre regard, il passe à la victime suivante.

Dans la famille « belle et heureuse » où Rachel vit le jour, les enfants jouaient, riaient et chantaient. Leurs vies auraient dû être longues et douces.

Elle s'appelait Rachel Abramczyk pour l'état civil, mais ses proches la surnommaient Ruze ou Rushka. Aînée d'une fratrie de neuf enfants, Rachel naquit un mois après la fin de la Première Guerre mondiale, le 31 décembre 1918, à Pabianice, l'une des plus anciennes bourgades de Pologne, non loin de Łódź, la seconde ville du pays.

Dès la fin du XIXe siècle, le développement de l'industrie textile avait apporté la prospérité à une communauté encore très rurale : après guerre, on ne comptait que deux voitures dans le village, dont celle du docteur. Le peuple juif, durement opprimé sous l'Empire austro-hongrois, s'était progressivement ancré, puis intégré, dans cette partie orientale de l'Europe. En 1930, il constituait seize pour cent de la population polonaise. Les persécutions visaient davantage les Juifs orthodoxes, aisément repérables à leurs chapeaux et à leurs longs manteaux noirs, plutôt que les familles non religieuses comme celle des Abramczyk, qui se définissaient comme des « réformés », ou simplement « de culture juive », bien avant l'avènement du mouvement réformateur.

Si les Abramczyk parlaient yiddish à la maison, mangeaient casher et allumaient les traditionnelles bougies pour les fêtes et le shabbat, ils se rendaient rarement à la synagogue. Les enfants, qui fréquentaient une école juive, n'étaient pas élevés dans la stricte observance des rituels religieux.

Le père de famille, Shaiah Abramczyk, était ingénieur. Il travaillait dans l'usine textile de ses beaux-parents, l'une des rares industries accessibles aux personnes de confession juive. La manufacture employait essentiellement des membres de la famille et possédait ses propres métiers à tisser sur lesquels ils fabriquaient des tapisseries et des tissus d'ameublement. Les Abramczyk vivaient confortablement dans un appartement avec balcons, au deuxième étage d'une grande maison dotée d'un beau jardin.

Shaiah Abramczyk, qui avait quarante-huit ans à la naissance de sa première fille, se considérait comme un intellectuel. Autodidacte érudit et grand lecteur, il se passionnait pour les ouvrages d'histoire, d'art et de littérature. Il incitait ses enfants à étudier et les encourageait à maîtriser l'allemand, que tous regardaient comme la langue des classes cultivées.

Très respectueuse de son père, Rachel hérita de son goût pour l'étude et le savoir. Elle parcourait chaque matin avec ses jeunes frères et sœurs le kilomètre qui les séparait de l'école. Ils étudiaient de 8 h 30 à 13 h 30, puis ils étaient rendus à leur liberté, qu'ils pouvaient occuper à jouer ou à lire.

Comme souvent à l'époque, Shaiah avait épousé une femme nettement plus jeune que lui. Nommée Fajga, elle n'avait que dix-neuf ans à la naissance de Rachel. Tout au long de son enfance, Rachel vit sa mère enceinte. Cette femme douce et bienveillante adorait ses enfants, mais elle ne se privait pas d'exprimer à ses amis ou à ses proches parents son désir de voir son mari, pourtant si instruit, adopter enfin une méthode de contraception efficace.

Douce et sensible, Fajga était fière de ce qu'ils avaient construit, Shaiah et elle. Elle répétait souvent à ses enfants : « Notre maison est notre château. » Elle avait décoré l'appartement familial avec des œuvres d'art, des porcelaines fines et de nombreux bibelots, et veillait toujours à le remplir de fleurs fraîches pour Pessah, la Pâque juive. Lors de leurs visites, amis et parents se montraient impressionnés par la propreté de la maison et la politesse des enfants Abramczyk. Une grande part de cette bonne conduite revenait à Rachel, car sa mère était plus timide qu'autoritaire. Dès qu'elle fut assez grande pour tenir un bébé dans ses bras, Rachel devint une seconde mère pour ses petits frères et sœurs, et participa aux corvées domestiques.

Rachel préparait le déjeuner au retour de l'école, puis elle envoyait les petits jouer. Bien que leurs parents aient parfois recours à des proches pour les aider à tenir la maison, les filles aînées effectuaient le gros du travail. « L'une de nous avait toujours un petit dans les bras, ou faisait la lessive à l'ancienne, sur une planche à laver », se souviendra Sala, la deuxième, née trois ans après Rachel. Dès qu'elles furent en âge de le faire, les deux suivantes, Ester et Bala, contribuèrent elles aussi aux tâches domestiques. Leurs frères cadets Berek et Moniek mettaient également la main à la pâte. Mais les trois plus jeunes – Dora et Heniek, des jumeaux nés en 1931, et Anička, que tous appelaient Maniusia, née en 1933 – étaient trop petits pour participer.

Rachel jugeait parfois ses responsabilités lourdes à porter, d'autant que Fajga lui demandait de veiller à ce que les plus jeunes se comportent bien en toutes occasions. « Nous étions de gentils enfants. Nous ne nous battions pas comme les autres. » Elle assuma sa vie durant ce rôle de chef de fratrie. Ce fut une fillette, puis une adolescente très mince – peut-être à cause de toutes ses obligations –, ce qui lui valait d'être parfois appelée « la mauviette ». « Rachel avait toujours besoin de manger un peu plus que nous », dira la vive et jolie Sala, qui chantait et dansait dans les troupes de théâtre locales.

Largement financée par les parents influents de Fajga, la famille était bien nourrie. Les repas, qui comprenaient souvent des ravioles, des petits friands fourrés à la viande ou au fromage, des plats cuisinés comme le canard aux pommes et le poulet aux prunes, constituaient les temps forts de la journée. Les souvenirs alléchants de ces repas offriraient un véritable soutien à Rachel et à sa famille durant les pires moments de la guerre.

Les quatre sœurs aînées étaient très appréciées au sein de leur communauté. Cultivées, élégantes et bilingues, elles jouissaient d'un vaste cercle d'amis de toutes confessions. Sala était si jolie que la professeur d'art de leur école avait peint son portrait. « C'était un grand honneur, dira Sala. J'avais toujours été sa préférée. »

Bien que l'affaire familiale fût prospère et leur foyer heureux et moderne, les droits très restreints des Juifs polonais, qui n'étaient pas représentés dans les instances régionales, menaçaient constamment le train de vie confortable des Abramczyk. Tout non-Juif pouvait saisir leurs biens s'il le souhaitait. Dans ce cas, ils n'auraient pu s'en plaindre qu'à leur rabbin ou aux aînés de leur communauté. Ils étaient nombreux à avoir subi de telles spoliations et envisageaient souvent de partir, particulièrement la jeune génération, pour vivre enfin à l'abri de toute discrimination. Au cours des années 1930, le mouvement sioniste fondé au XIXe siècle avait pris de l'ampleur en Europe centrale. La perspective d'une existence paisible en terre d'Israël, considérée comme la patrie originelle des Juifs, attirait de plus en plus cette communauté souvent hantée par un profond sentiment d'impuissance.

L'ancienne génération, plus religieuse, rêvait de se rendre en Palestine pour mourir « plus près de Dieu », la fin la plus vénérable à laquelle un homme pouvait aspirer. D'autres, comme Shaiah Abramczyk, préféraient l'Azerbaïdjan, où vivait une petite communauté juive. Les plus jeunes se souciaient peu de questions religieuses : ils désiraient seulement s'installer dans un pays où ils pourraient élever leurs enfants en sécurité et bénéficier des mêmes droits que leurs concitoyens.

A seize ans, Rachel devint membre du Fonds national juif en charge de recueillir les sommes d'argent nécessaires à l'achat de terres en Palestine. Elle rêvait de s'y installer afin d'œuvrer au bien-être de la communauté. Après avoir passé son adolescence à s'occuper de ses frères et sœurs, Rachel s'était secrètement promis de se marier le plus tôt possible à un homme riche. C'est exactement ce qu'elle fit sitôt achevées ses études secondaires. L'heureux élu, né le 15 mai 1916, s'appelait Moshe Friedman, mais on le prénommait Morris, ou Monik. Il possédait avec sa mère et ses deux frères aînés David et Avner une importante usine textile. L'entreprise était si prospère qu'elle employait même des non-Juifs, un fait très inhabituel à l'époque.

Monik Friedman, le mari de Rachel

Ita, la mère de Monik, avait continué à faire tourner l'usine après le décès de son époux Shimon, emporté par la tuberculose, une maladie qui avait bien failli causer sa perte à elle aussi, et avait gravement affecté sa santé. Bien que très affaiblie, Ita Friedman était devenue « la patronne de tout ce qu'elle possédait », selon ses propres termes. Cette mère dévouée, d'origine hongroise, était bien décidée à développer son entreprise afin de léguer un beau patrimoine à ses trois fils adorés.

Monik et Rachel se marièrent en mars 1937. La jeune femme, qui s'était étoffée depuis l'enfance, fit une très belle mariée. Son époux avait vingt et un ans. Rachel, qui n'en avait que dix-huit, devint vite une épouse aimante et respectueuse, comme le voulait la tradition. Il est probable qu'après son mariage elle manqua cruellement à sa mère, la douce et patiente Fajga, qui avait encore à charge les jumeaux de six ans et la petite Maniusia de quatre ans.

Monik et Rachel partageaient un même intérêt pour le sionisme. Ensemble, ils adhérèrent à une association de jeunes gens appelée Gordonia, en référence à A. D. Gordon, un sioniste progressiste, fervent adepte de la vie au kibboutz et du renouveau de la langue hébraïque. En accord avec leurs convictions, ils s'étaient mariés modestement, sans dépenses inutiles. Ita insista cependant pour que leur train de vie reflète leur statut social. Monik et sa femme s'installèrent donc à Łódź, où ils bénéficièrent d'un confort appréciable. L'inflation de l'entre-deux-guerres, qui avait ruiné des millions d'Européens, affectait assez peu ceux qui avaient eu l'intuition d'investir dans l'or ou le textile.

« J'ai épousé un homme très riche, et je n'avais pas besoin de travailler, dira Rachel. Nous vivions mieux que les autres. » Les jeunes époux décidèrent d'attendre pour fonder une famille : ils voulaient profiter l'un de l'autre, et contribuer au développement de l'usine. En outre, Rachel n'était pas pressée de s'occuper d'un nouveau-né si tôt après avoir quitté son imposante fratrie.

La ville de Łódź, dominée tour à tour par les Prussiens, les Allemands et les Polonais, était devenue l'un des centres industriels les plus peuplés d'Europe. Connue pour ses boulevards haussmanniens et ses belles places publiques, l'imposante métropole abritait la deuxième communauté juive de Pologne, après celle de Varsovie : les Juifs constituaient environ trente pour cent d'une population majoritairement catholique de langue polonaise et, dans une moindre mesure, germanique. Avec ses mille deux cents usines de tissu et ses quelque deux millions de métiers à tisser, la ville, devenue la perle de l'empire commercial polonais au cours de la révolution industrielle, attirait de nombreux ouvriers spécialisés.

Rachel et Monik avaient bien plus à faire à Łódź qu'à Pabianice. N'ayant plus à tenir sa maison ou à étudier, Rachel put se consacrer à lever des fonds pour financer une seconde usine que la famille souhaitait ouvrir à Varsovie, à cent trente kilomètres de là, où les Friedman possédaient déjà un appartement. Mais l'avènement du nazisme vint contrecarrer leur projet. Lorsque Hitler annexa l'Autriche et entreprit d'expulser les Juifs du Reich, tous comprirent avec effroi qu'il faudrait désormais compter avec le chancelier allemand. Après la Nuit de cristal, les Friedman entrevirent pour la première fois les menaces qui pesaient sur eux. Quand des familles entières résolurent de fuir l'Autriche, l'Allemagne et les Sudètes, Rachel et Monik envisagèrent de partir, eux aussi. Après tout, ils étaient sionistes et nombre de leurs amis partaient pour la Palestine… Mais que feraient-ils au Levant, si loin de leurs familles ? Comment et où vivraient-ils dans ce pays du Moyen-Orient au climat si chaud et si rude ?

S'il était tentant de fuir les politiques nazies et le climat détestable qui s'était abattu sur l'Europe de l'Est, Hitler et ses partisans semblaient encore loin. On pouvait espérer qu'ils se contenteraient de ce dont ils s'étaient déjà emparés. Certes, l'influence du Führer se faisait sentir jusqu'en Pologne, mais les Friedman estimaient que seuls les Juifs orthodoxes seraient inquiétés, non les familles fortunées et assimilées comme la leur.

Après de longues délibérations, Rachel et Monik décidèrent de rester au pays natal. Ils ressemblaient à des Allemands et ils parlaient allemand. Ils étaient bien plus riches que la moyenne de la population, et ils avaient beaucoup d'amis non-juifs. Ils ne se sentirent personnellement menacés que plus tard, lorsque le bruit des bottes allemandes se fit entendre à Łódź. Comme le dira Rachel : « La brutalité des nazis ne m'a pas étonnée. Ce qui m'a surprise, c'est qu'ils soient allemands. » Les époux ne pouvaient imaginer trouver ailleurs une vie meilleure à celle qu'ils avaient construite en Pologne. Ils étaient convaincus qu'ils parviendraient toujours à « se débrouiller » même s'ils devaient renoncer à leurs biens.

Ces espoirs furent anéantis par l'invasion éclair de la Pologne, au matin du 1er septembre 1939. L'infanterie allemande pénétra par les frontières nord et sud, soutenue par de multiples attaques aériennes – notamment par le bombardement de Wieluń, à une heure de Pabianice, qui détruisit presque entièrement le centre-ville et tua mille trois cents civils. Des communautés entières fuirent à pied, à bicyclette ou en charrette, en priant pour que les Allemands soient arrêtés par l'armée polonaise. Beaucoup se rendirent jusqu'en Roumanie, en Lituanie et en Hongrie. La ville de Varsovie fut ensuite réduite en cendres par les forces aériennes de la Luftwaffe, qui décimèrent indifféremment militaires et civils. Dix mille personnes furent tuées, et bien plus encore blessées.

Depuis Łódź ou Pabianice, les membres de la famille de Rachel entendirent arriver les avions. Ils coururent se mettre à l'abri sous les hurlements des sirènes annonçant les attaques aériennes. Le 3 septembre 1939, quand l'Angleterre et la France déclarèrent la guerre à l'Allemagne, il était déjà trop tard pour fuir.

Lorsque les bombardements cessèrent enfin sur Varsovie, la ville fut assiégée pendant trois semaines jusqu'à ce que l'armée polonaise capitule enfin, livrant de ce fait cent mille prisonniers de guerre à l'Allemagne. Le jour suivant, le 1er octobre 1939, les Panzer allemands pénétraient dans la ville et Hitler annonçait triomphalement : « L'Etat à qui l'Angleterre avait offert sa protection a été balayé de la carte en dix-huit jours [...]. La première phase de cette guerre est finie, la seconde commence. » Il assura à ses partisans ivres de joie que l'Allemagne se trouvait désormais en tête des puissances mondiales.

Après le choc de l'invasion vinrent les premières émeutes antisémites. Dès le premier jour d'occupation, les Friedman et les Abramczyk comprirent que leur « belle vie » était terminée. Les perspectives offertes par les deux armées, allemande et soviétique, qui se partageaient la Pologne n'incitaient pas à l'optimisme. Le travail forcé fut immédiatement imposé à tous les Juifs de quatorze à soixante ans. La plupart des Polonais germanophones qui avaient fait bon accueil à l'armée de Hitler devinrent citoyens allemands du jour au lendemain, et menèrent une virulente campagne d'humiliations publiques contre le peuple qu'ils détestaient secrètement depuis de nombreuses années.

Les religieux hassidiques furent particulièrement visés par la violence qui s'empara de l'espace public. Arrêtés, molestés, battus à coups de crosse, ils eurent la barbe coupée ou même arrachée à la racine ; on les força à frotter les trottoirs à la brosse à dents ou avec leurs châles de prière. Beaucoup furent pendus sans raison. Leurs domiciles furent pillés, et les fenêtres des boutiques et des synagogues brisées. On interdit toutes les fêtes juives. Les emplois qualifiés dans les usines textiles devinrent inaccessibles aux Juifs et beaucoup furent raflés et envoyés en camp de travail. Ceux qui échappèrent aux arrestations furent contraints de remettre tous leurs biens aux autorités, et les transactions financières leur furent interdites.

Quelques jours à peine après l'invasion allemande, des milliers de Juifs polonais avaient déjà perdu leurs moyens de subsistance et une grande partie de leurs économies. Leurs voisins s'unissaient pour pénétrer chez eux et y voler ce qu'ils convoitaient. Les étoffes, la porcelaine, les tableaux et les meubles disparurent. Parfois même, on arrachait les bagues et les alliances aux mains des femmes. Enfin, tous durent arborer de manière visible les emblèmes de la ségrégation antisémite, d'abord les brassards, puis les étoiles jaunes.

L'allemand fut déclaré langue officielle dans la région de Łódź. Les noms des villes et des rues furent germanisés : Pabianice devint Pabianitz et Łódź fut renommé Litzmannstadt, en hommage à un général de la Première Guerre mondiale. Quand la rue principale fut rebaptisée « Adolf Hitler Strasse », Rachel et Monik comprirent que leur calvaire ne faisait que commencer.

Grâce aux moyens considérables dont il disposait, Monik parvint à acheter des faux papiers faisant de lui un *Volksdeutsche*, un non-Juif d'origine germanique. Ces documents, en plus de son teint pâle et de ses yeux verts, lui garantirent une position sociale, même au sein des Polonais non-juifs visiblement décidés à se hisser dans les sphères dirigeantes. Il acheta des papiers similaires pour Rachel, ce qui leur permit de voyager librement entre Łódź et l'appartement familial de Varsovie, et les protégeait des mesures de plus en plus restrictives imposées aux Juifs. S'ils n'avaient pas été profondément dévoués à leur famille et à leur entreprise, tous deux auraient pu, grâce à ces papiers, s'installer dans un endroit plus sûr et se faire oublier jusqu'à la fin de la guerre.

Rachel apprit par des amis que ses proches étaient toujours à Pabianice. Elle brûlait d'aller s'en assurer par elle-même, mais tout contact direct avec eux risquait de la mettre en danger. Elle apprit également qu'un quartier de la vieille ville était en train d'être transformé en ghetto et que certains y avaient déjà emménagé volontairement, espérant y être mieux protégés des attaques antisémites. Pour justifier la nécessité du ghetto, les autorités prétendaient en effet qu'il protégerait les Juifs des agressions, mais également qu'il empêcherait les non-Juifs de « collaborer avec les ennemis du Reich ». En outre, le ghetto devait servir à séparer Juifs et non-Juifs afin de prévenir les risques de propagation des maladies dont la communauté juive était prétendument affligée. En ce début d'année 1940, les Abramczyk se joignirent aux milliers d'habitants de la région de Pabianice qui furent parqués dans le ghetto, l'un des premiers d'Europe, sous la menace des nombreux gardes prêts à les abattre d'une balle s'ils tentaient de fuir.

Les familles n'eurent droit qu'à très peu de préavis et ne purent emporter que leur literie et une valise de vêtements. En décembre 1940, la population du ghetto passa de quelques centaines à près de huit mille personnes, entassées dans des pièces ou des appartements alloués par les autorités. Par chance, les Abramczyk avaient des amis propriétaires dans ce dédale de rues pavées, qui leur laissèrent une grande pièce sommairement meublée et équipée d'une kitchenette. Les familles moins bien loties durent se séparer ou partager de minuscules espaces avec des étrangers dans des entrepôts en ruine ou de sordides immeubles, dont la plupart n'avaient ni eau courante ni électricité.

Selon la réglementation nazie et les termes établis par les conseils juifs dirigeant les ghettos – eux-mêmes appointés par les nazis –, les vivres et combustibles livrés à l'intérieur du ghetto devaient être payés en services ou en objets de valeur. Par conséquent, chacun devait trimer pour sa subsistance. A Pabianice, un jour travaillé donnait droit à une ration de soupe. Celui qui n'accomplissait pas une journée entière ne mangeait pas. Certains travaillaient dans des usines à l'extérieur du ghetto, d'autres à la maison. Sala, Moniek et Berek Abramczyk œuvraient dans une usine de vêtements, d'uniformes et de produits de luxe. Fajga restait à la maison avec les petits, et Shaiah faisait ce qu'il pouvait pour contribuer à nourrir sa famille et aménager leur domicile. Les repas se composaient de marmites de potage ou de ragoût sans consistance et d'un peu de pain. La plupart des habitants devaient mendier, fouiller les ordures ou faire du troc pour rapporter des légumes supplémentaires, quelques œufs, parfois un petit morceau de viande, qu'ils se partageaient avidement.

De 17 heures à 8 heures, les habitants des ghettos avaient ordre de rester chez eux, dans ces espaces surpeuplés et étouffants en été. En l'absence de tout-à-l'égout, les gens utilisaient des seaux en bois très vite pleins qui devaient être vidés quotidiennement dans des réservoirs puants ou des wagonnets poussés par les malheureux *Sheisskommando*, les travailleurs affectés au déblayage des excréments.

La famille Abramczyk s'efforçait de s'accommoder de ce quotidien, priant pour que leurs épreuves prennent rapidement fin. Ils tentaient de garder le moral en se répétant : « Plus qu'une semaine et nous redeviendrons des êtres humains. » Mais les semaines se succédaient et rien ne changeait. Autour d'eux, les habitants devenaient de plus en plus maigres, de plus en plus découragés. Sala dira plus tard : « Ils nous avaient volé notre fierté. Nous faisions de notre mieux, mais nous n'étions plus les mêmes qu'avant. »

Dès février 1940, on commença à circonscrire un ghetto du même acabit à Łódź, sur une surface d'environ 2,5 kilomètres carrés comprenant les quartiers délabrés de Baluty et de Stare Miasto, pour y concentrer les cent soixante-quatre mille Juifs de la ville. Rachel et Monik décidèrent de partir et de rejoindre Ita, David et Avner à Varsovie. Bien que partiellement détruite par les bombardements, la ville se trouvait dans la zone d'administration allemande du gouverneur général Hans Frank et les époux espéraient y passer plus inaperçus. « Nous pensions que la guerre ne durerait pas plus de deux ou trois mois », dira Rachel.

La capitale leur sembla méconnaissable. Les réfugiés arrivaient de tout le pays, et la vie était moins facile qu'ils ne l'avaient espéré. Jour après jour, des quantités de charrettes surchargées tirées à mains d'homme ou par des chevaux efflanqués débarquaient en ville, surmontées de toutes sortes d'objets – casseroles, poêles, literie – qui se balançaient en tintant bruyamment. La nourriture se raréfiait et même ceux qui possédaient de faux papiers risquaient constamment d'être arrêtés.

La construction du ghetto de Varsovie débuta en avril 1940. Lorsque les quatre cent mille Juifs de la ville furent cloîtrés à l'intérieur, il devint le plus grand ghetto de l'ère nazie. Au cours des mois suivants, la panique se généralisa. Des familles entières fuirent vers l'est dans l'espoir d'atteindre un pays sûr, Palestine ou autre. Rachel et les frères Friedman se rendirent eux aussi à la frontière pour évaluer les possibilités d'émigration. En chemin, ils croisèrent d'interminables files d'exilés surchargés qui espéraient trouver refuge dans des territoires lointains.

Ita, dont la santé s'était encore détériorée depuis l'invasion nazie, avait refusé de quitter son domicile. Comme beaucoup d'hommes de sa génération, Monik estimait que son premier devoir consistait à s'occuper de sa mère, et qu'ils s'en sortiraient mieux s'ils restaient ensemble. Les jeunes époux savaient que la fragilité d'Ita ne lui permettrait pas de supporter une vie nomade et incertaine. « C'était trop dur pour elle, expliquera Rachel. Nous avons donc décidé de rentrer et de rester avec elle. »

En novembre 1940, tous les Juifs de Varsovie avaient été rassemblés et conduits de force dans le ghetto. Ceux qui s'évadaient étaient aussitôt abattus. Presque un demi-million de personnes vivaient entassées derrière ces murs de trois mètres de haut, doublés de fil barbelé, sur une surface de deux kilomètres carrés. Pour les Friedman, dont le grand appartement se situait à l'intérieur des limites du ghetto, les premiers temps ne furent pas trop pénibles, selon Rachel : « La vie était presque normale. On ne faisait pas grand-chose et on subsistait grâce à l'argent de ma belle-mère. » Les colis de vivres et d'objets de consommation pouvaient entrer. Ceux qui possédaient des zlotys ou des marks pouvaient s'acheter des produits de luxe au marché noir. Quelques mois s'écoulèrent ainsi jusqu'à ce que les autorités déclarent subitement l'appartement trop grand pour quatre personnes. Les Friedman durent déménager. Un ancien client leur offrit gentiment une chambre dans son appartement, qu'ils acceptèrent avec gratitude.

Bouleversée par l'extrême fatigue des habitants du ghetto, dont certains s'effondraient en pleine rue, vaincus par la sous-alimentation, la tuberculose ou le typhus – près de deux mille personnes mouraient alors chaque mois –, Rachel décida d'organiser des secours pour les familles démunies, particulièrement celles originaires de Pabianice. « Beaucoup de gens étaient très pauvres et très affamés. Avec un petit groupe d'amis, j'ai monté une cantine populaire pour qu'ils aient au moins un bol de soupe et un morceau de pain par jour. Certains donnaient quelques pièces pour leur repas. Avec cet argent, nous rachetions des vivres. Nous nourrissions jusqu'à soixante-dix personnes par jour. »

Le conseil juif, qui gérait la vie dans le ghetto, leur trouva une grande cuisine, mais ne leur fournit aucune autre aide matérielle. « Nous avons œuvré pendant six mois, jusqu'à ce qu'il n'y ait plus d'argent. Alors nous avons dû fermer la cantine. »

Rachel se mit ensuite à collecter des vêtements pour ceux qui n'avaient pas de quoi affronter l'hiver. Dès les premiers froids, le manque de combustible aggrava encore les conditions d'existence. Le petit cimetière se remplissait si vite qu'il fallut creuser des fosses communes. Rachel s'inquiétait par-dessus tout pour les enfants du ghetto, durement éprouvés par la faim et la maladie. Accompagnée de deux amies, elle rendit visite au Dr Janusz Korczak, également éducateur et auteur de livres pour enfants, qui avait ouvert le premier orphelinat de Varsovie en 1912. Korczak avait décliné plusieurs possibilités de quitter le ghetto parce qu'il refusait d'abandonner ses deux cents orphelins.

Rachel et ses amies offrirent leurs services à l'orphelinat de la rue Dzielna. Elles commencèrent par collecter des vêtements à la demande de Korczak. Lorsqu'ils furent déportés un an plus tard, les orphelins portaient probablement les robes, les petits costumes et les manteaux que Rachel et ses amies leur avaient procurés. Les autorités nazies venaient d'exiger les premiers départs vers l'est : comme partout ailleurs, les jeunes, les vieux et les malades furent les premiers inscrits sur les listes. « Où mes enfants vont, je dois aller aussi », déclara Korczak. Il se trouvait parmi eux tandis qu'ils avançaient, deux par deux, vers la *Umschlagplazt*, la zone d'embarquement de la gare marchande de Gdańska, depuis laquelle un convoi les emporta vers les chambres à gaz du camp de Treblinka. Le Dr Korczak mourut à leurs côtés.

En juillet 1942, Adam Czerniaków, le chef du *Judenrat* de Varsovie, refusa de se soumettre aux exigences des nazis, qui réclamaient six mille déportés par jour. Il avala une capsule de cyanure et mourut en laissant ces mots à sa femme et à un membre du *Judenrat* : « On exige de moi de tuer de mes propres mains les enfants de mon peuple. Il ne me reste que la mort. Je n'ai plus de forces, mon cœur se brise de chagrin et de pitié. Je ne peux pas souffrir davantage. [...] Mon acte montrera à chacun ce qu'il convient de faire. »

Les portes du ghetto étaient bien gardées, mais ceux qui avaient les papiers adéquats pouvaient circuler librement. Privée des articles qu'elle avait l'habitude d'acheter auprès des marchands juifs, la population aryenne de Varsovie comptait sur le marché noir. Certains non-Juifs, compatissant avec les personnes piégées à l'intérieur, risquaient la mort pour leur apporter de quoi manger ou se chauffer ; sous terre, dans les égouts et les tunnels, au péril de leur vie, hommes et jeunes garçons transportaient en rampant du courrier et des colis.

Grâce à ses faux papiers, Monik prenait parfois le risque de sortir pour aller acheter des denrées de base ou pour prendre des nouvelles de la famille de Rachel à Pabianice. A chaque départ, Rachel savait qu'il risquait de ne pas revenir. C'était toujours un soulagement de le voir réapparaître. La nuit, étendus côte à côte, ils tentaient en chuchotant de se rassurer mutuellement sur la fin prochaine de ce cauchemar. Même lorsque les transferts vers l'est se multiplièrent, ils continuèrent à se dire : « Cela aussi s'arrêtera. » Quand les nazis incitèrent les Juifs à se porter volontaires pour ces « réinstallations à l'est » en leur faisant miroiter plus de nourriture, un emploi agricole ou un appartement dans une station thermale, les Friedman refusèrent de se laisser séduire. Ils étaient décidés à rester ensemble jusqu'à ce qu'on les force à partir. Ils s'accrochaient encore à l'idée d'une résolution rapide du conflit.

Pourtant, l'étau se resserrait. Les policiers SS et leurs homologues juifs coiffés de casquettes spéciales et d'uniformes à étoile jaune, raflaient et exécutaient sans sommation les personnes identifiées comme « subversives ». La place centrale devint le théâtre de pendaisons publiques. Les familles vivaient dans la terreur d'entendre frapper à leur porte, surtout la nuit, pendant le couvre-feu. Tous les contrebandiers ou presque furent attrapés et exécutés, ce qui coupa le ghetto du monde extérieur. L'usage des faux papiers devint trop risqué. La pénurie de nourriture, toujours plus grande, précipitait des milliers d'affamés vers la mort.

De plus en plus alarmé, Monik savait qu'ils devaient s'enfuir. Dépensant les derniers deniers de la famille, il prit le risque d'embaucher un passeur pour faire sortir Rachel. Cet homme, probablement non-Juif, arriva avec une charrette à cheval. Il embarqua Rachel et une autre femme et leur fit tranquillement franchir les portes du ghetto. Puis ils parcoururent les cent vingt kilomètres qui les séparaient de Pabianice. « Cela prit trois jours. Nous ne nous cachions pas. Nous étions vêtues comme des paysannes, des babouchkas coiffées de foulard. » Deux semaines plus tard, l'homme retourna chercher Monik.

Ita resta à Varsovie, confiée aux soins d'Avner. David, le second frère de Monik, s'enfuit vers l'est. Les dernières nouvelles qu'ils reçurent de lui arrivèrent d'URSS. Avner le rejoignit un peu plus tard et parvint jusqu'à Kiev. Ni l'un ni l'autre ne semblent avoir survécu à la guerre.

Après deux ans d'éloignement, les retrouvailles au ghetto de Pabianice entre Rachel et sa famille furent émouvantes, même si Shaiah et Fajga Abramczyk, respectivement sexagénaire et quadragénaire, avaient vieilli prématurément. Frêles, le visage cireux, ils posaient sur l'existence un regard dénué d'espoir. Il ne leur restait rien de la gaieté que Rachel avait connue enfant. Cependant, ils furent heureux de partager des nouvelles avec elle, et lui racontèrent fièrement comment ils avaient fêté leurs vingt-cinq ans de mariage autour de quelques modestes présents et d'un plat un peu meilleur que de la soupe.

Malgré la joie de retrouver les Abramczyk, Rachel et Monik comprirent vite que la vie à Pabianice ne valait guère mieux qu'à Varsovie. La rumeur courut alors que les Juifs de Pabianice devaient être transférés au ghetto de Łódź, où les conditions semblaient plus effroyables encore. Rachel et Monik quittèrent la famille le cœur lourd et payèrent pour être réintroduits clandestinement à Varsovie. Une fois à l'intérieur, ils se séparèrent par précaution. Monik fut accueilli par des amis, comme convenu, mais Rachel tomba sur une porte close, derrière laquelle ses logeurs étaient trop effrayés pour la laisser entrer. Pour éviter d'être arrêtée, Rachel n'eut pas d'autre choix que de convaincre le passeur de la ramener auprès de ses parents.

Peu après son retour à Pabianice, le 16 mai 1942, l'armée et la police encerclèrent le ghetto pour le « liquider ». Les habitants eurent vingt-quatre heures pour rassembler leurs affaires. Sous la menace des fusils et les aboiements des chiens, les nazis les forcèrent à s'aligner en formation impeccable. Bien groupés, les onze membres de la famille Abramczyk avancèrent en cadence avec la foule jusqu'au stade de la ville pour y être « recensés ».

Ils restèrent là une journée et une nuit sans manger. Autour d'eux, certains furent battus ou humiliés. Puis on leur apprit qu'ils seraient envoyés à Łódź en bus et en tramway. Tandis qu'ils attendaient d'embarquer dans les véhicules, les soldats allemands décidèrent soudain de séparer les personnes aptes au travail des non aptes. « Sous nos yeux, ils ont écarté les personnes âgées et les petits de moins de sept ou huit ans, racontera Sala. Ils ne les laissaient pas monter dans les bus. Par chance, notre plus jeune sœur avait onze ans. Nous avons pu la garder avec nous. »

Les femmes se mirent à hurler, refusant de partir sans leurs enfants, ce qui provoqua un désordre indescriptible. Rachel et sa famille virent avec horreur un bébé arraché des bras de sa mère par un nazi, qui le jeta au loin. Ils ne virent pas où atterrit l'enfant mais il ne pouvait avoir survécu à ce geste. « Je n'oublierai jamais, dira Sala. Après ça, les mères ont remis les nourrissons aux grands-mères pour les protéger, sans savoir où ils seraient envoyés, ni ce qu'il adviendrait d'eux. »

En deux jours, quatre mille personnes – enfants, vieillards et malades – furent odieusement « sélectionnées » et promises à la mort. Les cris de détresse des familles retentirent bien au-delà des murs du stade, mêlés aux bruits de balles des exécutions sommaires.

La famille Abramczyk attendait encore quand les officiers SS se mirent à réclamer des jeunes hommes solides pour un « travail important » auprès des enfants et des personnes âgées sur le point de partir. Horrifiés, les parents virent Moniek, leur fils, alors âgé de dix-huit ans, se lever et offrir ses services. Les enfants auraient moins peur s'il les accompagnait, affirma-t-il. « Quand on l'a supplié de ne pas y aller, il a répondu : “Non, je dois les aider.” Ils l'ont emmené avec les enfants. » La dernière image que ses sœurs et ses parents garderaient de lui serait celle d'un beau jeune homme entouré d'enfants dans un bus, chantant des comptines pour tenter de les apaiser.

Les familles éperdues de désespoir ne pouvaient pas le savoir, mais les enfants et les vieillards emmenés ce jour-là furent déportés au camp d'extermination de Chelmno – ou Kulmhof pour les nazis – situé à quelque deux cents kilomètres au nord-ouest de Pabianice. Plus de cent cinquante mille personnes périrent à Chelmno au cours de la guerre, fusillées devant des fosses, ou enfermées dans des camions spéciaux qui se remplissaient de gaz d'échappement sur les sentiers de la forêt de Rzuchów. Soixante-dix mille de ces victimes étaient originaires de Łódź. La famille Abramczyk ne découvrit le sort de leur cher Moniek que bien après la guerre.

« Ils les ont envoyés dans une forêt et les ont tous fusillés, racontera Sala. Mon frère faisait partie des commandos de jeunes hommes qui déchargeaient et entassaient les corps, avant d'être eux-mêmes abattus. On lui a ordonné d'enlever ses habits. Les autorités ont retrouvé ses vêtements après le massacre. C'est le premier de la famille à avoir été assassiné. »

Bouleversés par ce départ, les Abramczyk furent conduits à Łódź en état de choc.

Ils furent saisis d'effroi dès leur arrivée : même pour Rachel, qui venait du ghetto de Varsovie, les conditions de vie à Łódź se révélèrent insoutenables. Dans ce quartier délabré de la vieille ville, soixante-dix mille Juifs moururent d'inanition entre 1941 et 1942. C'est à Łódź qu'elle comprit véritablement ce qu'était la faim, confierait Rachel des années plus tard. De grands panneaux à l'entrée du ghetto indiquaient : « Zone résidentielle juive. Entrée interdite. » Les soldats postés tous les cinq cents mètres avaient ordre de tirer à vue sur quiconque tentait de s'évader.

Deux cent trente mille personnes furent enfermées derrière ces murs doublés de fil barbelé dans des conditions épouvantables, entassées dans des immeubles bâtis le long de rues pavées ou de venelles en terre battue. Des appartements aveugles abritaient des familles entières. L'air putride se chargeait d'odeurs d'égout et de corps pourrissants, morts ou vivants. Réduits à l'état d'épouvantails, les habitants du ghetto n'avaient plus la force de soigner leur apparence. Leur peau pendait sur leurs membres comme des pans de tissu ; nombre d'entre eux devinrent si frêles qu'un coup de vent les aurait soulevés de terre. « Les premiers arrivés étaient effrayants, dira Sala. Le visage jauni, la peau distendue, ils étaient sous-alimentés et gonflés par la famine. Ils pouvaient à peine marcher. C'était pitoyable. »

Quelques grandes artères traversaient le ghetto, mais seuls les non-Juifs pouvaient les emprunter. Ces avenues étaient enjambées par trois ponts de bois abrupts permettant aux Juifs de passer d'un quartier du ghetto à l'autre. Depuis les tramways qui circulaient dans ces artères, les habitants de la ville assistaient impuissants à la dégradation des conditions de vie de la communauté juive. Issue d'un milieu vibrant de couleurs et de vie, la famille Abramczyk ne voyait plus autour d'elle que des ombres aux tons monochromes, comme si la faim et le froid avaient ôté tout pigment à la vie.

Passerelle permettant aux Juifs de circuler dans le ghetto de Łódź sans emprunter les rues réservées aux non-Juifs

A Łódź, comme dans la plupart des ghettos créés par les nazis, les Juifs devaient payer pour leur subsistance. Il était donc essentiel d'aller à l'usine pour survivre. Tous, de dix à soixante-cinq ans, devaient travailler. Plus d'une centaine d'usines, situées de l'autre côté des murs, se partageaient cette main-d'œuvre. Chaque jour, dans la cour de la caserne de pompiers de la rue Lutomierska, le plus grand espace public du ghetto, des haut-parleurs annonçaient aux nouveaux venus où se présenter avant le coup de sirène signalant l'ouverture des usines. Les nazis avaient fixé une « indemnité juive » journalière d'environ trente pfennigs en échange d'une ration de nourriture, distribuée dans de grands réfectoires. Chaque résident devait travailler pour rembourser son « prêt ». Les Abramczyk furent immédiatement employés dans une usine d'articles militaires dédiés à la machine de guerre allemande : tissus, chaussures, sacs à dos, selles, ceintures et uniformes. En échange de ce travail, les nazis fournissaient à la population de quoi subsister (pour les plus solides) et quelques services rudimentaires.

A la mi-journée, le travailleur avait droit à un bol de soupe – une « eau grasse » – et à un petit morceau de pain. Chaque semaine, les habitants du ghetto faisaient la queue pour obtenir d'autres denrées – betteraves, pommes de terre, chou, orge ou oignons –, en fonction des arrivages. Dans de rares accès de générosité, les autorités distribuaient parfois un peu de saucisse d'origine douteuse, un morceau de margarine, de la farine, du miel artificiel ou de minuscules poissons puants, qu'il fallait faire durer un mois. Parfois, des bidons de lait franchissaient les portes du ghetto, mais leur contenu tournait vite en été, comme les autres produits frais.

Chacun gérait ses provisions hebdomadaires du mieux possible. Certains troquaient des paires de chaussures, des vêtements, des cigarettes, des livres ou d'autres objets de valeur contre un peu de nourriture : quelques fanes de radis pour rehausser une soupe ou des tubercules destinés au bétail. En fumeur invétéré, Shaiah, le père de Rachel, échangeait fréquemment ses repas contre des cigarettes, et maigrissait en conséquence.

Le souvenir principal que Rachel et ses sœurs conserveraient du ghetto est « de n'avoir jamais cessé de travailler et d'avoir faim ». Leurs yeux s'enfoncèrent progressivement dans leurs orbites et les os de leurs hanches se mirent à frotter contre leurs habits. Il fallut resserrer les ceintures, puis y percer de nouveaux trous. Leurs rares vêtements s'usèrent rapidement et devinrent rigides de crasse. Ils souffraient de maux d'estomac et se déplaçaient péniblement sur des jambes lourdes et gonflées. Comme à Varsovie, seul le marché noir permettait de survivre, car les centres de ravitaillement et les dépôts de pommes de terre subissaient des vols fréquents, quand ils n'étaient pas vidés par la fraude et la corruption. La malnutrition provoquait des abcès purulents, des gonflements du corps, des pieds ou des jambes. Comme en témoignerait Sala, « certains pouvaient à peine marcher parce qu'ils buvaient beaucoup d'eau pour se remplir le ventre. Un jour, mes jambes refusèrent de me porter. Notre mère m'a donné une huile foncée et du sucre brun en guise de vitamine. Je ne sais pas pourquoi, mais ça m'a aidée ».

Les historiens estiment que vingt pour cent de la population du ghetto de Łódź mourut d'épuisement, d'inanition ou de maladie. Durant les hivers glaciaux, les habitants gelaient littéralement dans leur lit. Certains se défenestraient, s'empoisonnaient ou se pendaient pour éviter l'inéluctable. Parfois, des parents tuaient leurs enfants avant de se suicider. D'autres couraient vers les clôtures et se jetaient contre les barbelés afin qu'une balle nazie abrège leurs souffrances. Cette « méthode » fut également utilisée dans les camps par les prisonniers les plus désespérés.

Au ghetto de Łódź, Mordechai Chaim Rumkowski avait été nommé *Juden Älteste*, chef des Juifs, par les nazis. C'était un homme d'affaires polonais de soixante-trois ans, aux yeux bleus et aux cheveux blancs, qui n'avait pas d'enfants. Comme Czerniaków à Varsovie, il était chargé d'administrer le quotidien du ghetto, dont le quartier général se trouvait place Baluty. Le sort de chaque homme, femme et enfant du ghetto lui incombait. Après la guerre, cet ancien industriel du textile et directeur d'orphelinat fit l'objet de longues controverses, les uns le percevant comme un héros, les autres comme un traître coupable d'avoir coopéré avec les nazis.

Il était convaincu que ses qualités de négociateur, habilement développées à l'époque où il dirigeait le plus grand orphelinat de la ville, l'aideraient à sauver les Juifs en spéculant sur leur « valeur » ouvrière. S'appuyant sur la devise *Unser Einziger Weg Ist Arbeit !* (Notre seul chemin est le travail), il soutenait que la main-d'œuvre du ghetto deviendrait indispensable aux nazis si elle restait hautement productive. Certains historiens estiment que cette stratégie permit effectivement au ghetto de Łódź de gagner du temps, puisqu'il fut liquidé deux ans après les autres ghettos polonais.

Rumkowski fut aussi à l'origine de la hiérarchisation du ghetto. Une bonne partie de son entourage profita de ce système de classes. Ces hommes et femmes juifs qui contribuèrent à tromper, affamer et exploiter leurs camarades vivaient dans des appartements confortables, buvaient de la vodka et mangeaient les denrées destinées à d'autres. Certains jouissaient même d'une datcha dans l'ancien quartier maraîcher de Marysin. Ils employaient des professeurs de musique et d'hébreu pour leurs enfants, bénéficiaient d'eau chaude et de savon, se faisaient livrer des marchandises de l'extérieur, assistaient à des concerts et des bals pendant que les autres habitants du ghetto, confinés dans leurs taudis, grattaient leurs plaies purulentes. En hiver, quand seules les cantines et les boulangeries avaient droit au charbon, les élites rentraient chaque soir dans des appartements bien chauffés. Frigorifiée, le reste de la population ramassait la poussière au fond des wagons à charbon ou démantelait les murs des immeubles délabrés pour récupérer du bois.

Par manque d'espace et pour se tenir chaud, les neuf membres restants de la famille Abramczyk dormaient en rangs sur des matelas posés à même le sol. Ils bénéficiaient tout de même d'une grande pièce dans un immeuble correct au centre du ghetto, dans un quartier rebaptisé Pfeffergasse par les Allemands. Berek, qui avait été désigné pour les travaux de force du fait de sa robustesse et de sa jeunesse, était cantonné ailleurs. Lors des distributions hebdomadaires à l'épicerie locale, la famille envoyait Heniek, le cadet, faire la queue dans l'espoir que l'employé, ému par son jeune âge, lui donne une miche un peu plus grosse. Quand Heniek rapportait le précieux pain à la maison, Fajga le coupait soigneusement en neuf tranches et donnait systématiquement la plus grosse à son époux, « le roi de la maison ».

Le soir, quand les aînés rentraient du travail, Fajga leur servait une soupe de fortune. Tantôt ils avaient droit à des pommes de terre, mais en hiver, une fois décongelées, elles étaient si noires et putréfiées qu'il fallait les enterrer de crainte que des malheureux ne s'empoisonnent en les consommant. Tantôt c'étaient des navets. Leurs rations incluaient un succédané de café en poudre avec lequel Fajga confectionnait des petites galettes en le mélangeant à un peu d'eau, pour tenter d'apaiser la faim de ses enfants. Pour Rachel et ses sœurs, l'odeur du café évoquerait à jamais cette trouvaille maternelle.

« Malgré la faim, nous faisions notre possible pour ne pas perdre notre joie, racontera Sala. Nous continuions à espérer que les choses changeraient pour le mieux. »

Travailleurs forcés du ghetto de Łódź

Après avoir travaillé toute la journée dans un atelier, Shaiah Abramczyk mettait à profit son inventivité et ses compétences pratiques lorsqu'il rentrait chez lui : il réparait solidement les chaussures de ses enfants ou fabriquait des étagères. Afin de créer un espace privé, il installa une cloison au fond de la pièce. Il parvint même à raccorder leur habitation au réseau électrique, ce qui leur permit d'avoir de la lumière et d'alimenter la machine à coudre de la talentueuse Sala. Le soir venu, après avoir trimé dans un atelier de confection, les pieds endoloris, les yeux fatigués par le manque de lumière, la jeune femme avalait sa soupe, puis s'installait devant la machine à coudre pour fabriquer des vêtements à partir de tissus de récupération, qu'elle troquait ensuite auprès des privilégiés contre un peu de nourriture.

« Mon travail [...] consistait à confectionner d'élégantes tenues féminines, destinées à être envoyées en Allemagne, expliquera Sala. Parfois, je présentais mes modèles aux Allemands sur moi-même. Puis, en rentrant, je fabriquais des hardes à partir de rien [...]. Une fois, je me souviens, on a trouvé beaucoup de tissu vert. »

Il était indispensable de travailler pour se ravitailler, mais aussi pour esquiver la menace permanente des « relocalisations » en camp de travail. Elles avaient débuté en janvier 1942, avant même que les Abramczyk n'arrivent au ghetto. Dès la fin de l'année 1941, Juifs et Roms venus de toute l'Europe annexée avaient été transportés à Łódź. Pour faire de la place, la Commission de Relocalisation dirigée par Rumkowski avait reçu ordre d'organiser le départ quotidien de mille personnes. Pour se montrer plus convaincants, les nazis avaient menacé les membres du conseil juif de déporter leurs épouses et leurs enfants s'ils n'atteignaient pas ces quotas journaliers. Régulièrement obligé de livrer son peuple, Rumkowski se trouvait face à un dilemme moral monstrueux auquel, selon lui, il ne pouvait qu'obéir. Il sut très vite que ses interlocuteurs étaient déterminés à exterminer le peuple juif ; et que s'il ne pliait pas, ils le remplaceraient aussitôt par une personne soumise. Il espérait au moins parvenir à faire diminuer le nombre de déportés.

A chaque nouvelle « relocalisation », la police allemande et la *Shutzpolizei* du ghetto quadrillaient les rues à la recherche de « chair fraîche ». On entendait alors les rafales de balles administrées à ceux qui résistaient. Quand la liste d'un contingent de déportés était établie, des hommes en uniformes arrivaient en camions et encerclaient les immeubles. Puis ils traînaient les gens à l'extérieur, sans même leur laisser le temps d'enfiler un manteau. Quand les habitants refusaient d'ouvrir, ils défonçaient les portes.

Les malheureux étaient d'abord incarcérés dans la prison locale de la rue Czarnecki, puis embarqués en tramway jusqu'à la gare de Radogszcz, à Marysin, juste derrière les murs du ghetto, où passait la voie de chemin de fer. On estime à deux cent mille le nombre de Juifs qui transitèrent par ce que les nazis avaient baptisé « le quai de chargement de Radegast ». Tant que les détenus se trouvaient encore à la prison de Czarnecki, les familles gardaient espoir. Au cours de ces quelques heures ou quelques jours, les proches parcouraient le ghetto en quête d'une « relation », une personne influente à supplier ou soudoyer dans l'espoir de faire modifier la liste de déportation. Si d'aventure ils parvenaient à leurs fins, la personne sauvée de « la poêle à frire », selon l'expression de l'époque, se voyait remplacée par une autre pour répondre aux quotas fixés par les nazis.

Malgré les accalmies entre les rafles, les habitants du ghetto vivaient dans la hantise de la déportation et de la mort. Chez les Abramczyk, l'espoir s'amenuisait. Ils ne pensaient plus désormais qu'à survivre aussi longtemps que possible en protégeant les êtres chers. Soucieux d'échapper aux rafles, Shaiah Abramczyk entreprit de protéger très concrètement sa famille : il agrandit la cloison sur toute la largeur de la pièce et construisit un placard au centre de ce nouveau mur. Dans le tiroir du bas, il aménagea une ouverture discrète par laquelle tous se faufilaient chaque fois qu'ils entendaient arriver la police ou les SS. « Il y avait juste assez de place pour nous tous, une fois que nous avions rampé à l'intérieur, dira Sala. Les gens qui entraient dans la pièce pensaient qu'elle était vide. Notre père avait même accroché des tableaux au mur pour lui donner l'air plus solide. »

Lorsque les déportations reprirent, en septembre 1942, cette cachette s'avéra inestimable. A l'abri derrière la cloison, ils entendaient le vacarme des moteurs diesel et des claquements de bottes qui accompagnait l'arrivée d'une unité de police, puis les suppliques de ceux qu'on embarquait vers l'inconnu. Blottis les uns contre les autres, ils tentaient de ne pas entendre les pleurs des femmes et les ricanements de leurs bourreaux. « Les Allemands entraient et se mettaient à hurler : "Sortez de là !" Puis ils sélectionnaient les gens. Ils les faisaient monter dans des bus par groupes de cinquante ou soixante. Ces mêmes scènes se répétaient sans cesse », racontera Sala. Réfugiés dans le placard, les Abramczyk devaient se contenter de lancer un adieu silencieux aux amis et aux voisins qui disparaissaient à jamais.

Dans l'enceinte du ghetto, rares étaient ceux qui savaient ce qui se passait à l'extérieur ou qui comprenaient ce qu'il advenait des déportés. Coupés de toute information, les habitants ne pouvaient imaginer que leur seul avenir était la mort, par balle ou par asphyxie dans les camions à gaz de Chelmno. Pourtant, des messages cachés dans les fentes des wagons à bestiaux revenus de l'est avaient été retrouvés, faisant état des horreurs réservées aux Juifs ayant eu le malheur de monter dans ces trains. En outre, des vêtements de déportés d'origines diverses étaient expédiés au ghetto pour y être recyclés. Parfois, les travailleurs du ghetto reconnaissaient une robe ou un pantalon ayant appartenu à des proches. Progressivement, les Juifs de Łódź en vinrent à soupçonner le pire et à donner foi aux histoires qui couraient sur « la poêle à frire ».

Redoutant les représailles nazies en cas de manquement aux quotas, Rumkowski et ses adjoints tentèrent plusieurs fois de convaincre la population que des camps tout neufs l'attendaient, que les familles ne seraient pas séparées, que les gens partaient pour contribuer à l'effort de guerre, qu'ils jouiraient de meilleures conditions de vie et seraient logés dans des baraquements militaires. Mais face à l'enchaînement implacable des départs, et sans nouvelles des déportés, les habitants du ghetto se montrèrent de moins en moins enclins à croire à de telles promesses. A la fin, Rumkowski ne se donnait même plus la peine de leur mentir.

Son grand projet était voué à l'échec. Dans cette communauté qu'il avait créée, dont il était le chef suprême (il célébrait même les mariages) et qu'il considérait comme un camp de travail modèle avec ses écoles, ses hôpitaux, sa caserne de pompiers et sa police, son autorité faiblissait de jour en jour. Non seulement le nombre de déportations ne cessait d'augmenter, mais les nazis ne distribuaient jamais assez de nourriture en échange du travail fourni. Cherchant désespérément à contenir les furieux et les affamés, Rumkowski devint de plus en plus tyrannique face à la multiplication des grèves et des manifestations, menaçant d'arrêter ceux qui s'opposeraient à ses efforts pour faire fonctionner le ghetto.

Déterminés à accélérer encore la destruction du peuple juif, les nazis rompirent le pacte initialement conclu avec Rumkowski et exigèrent davantage de déportés. Puis, intensifiant encore leur cruauté, ils ordonnèrent le départ de tous les enfants de moins de dix ans et adultes de plus de soixante-cinq ans, exigeant trois mille vies humaines par jour pendant huit jours.

Le 5 septembre 1942, à 17 heures, quand démarra le couvre-feu – *Allgemeine Gehsperre* ou *Groyse Sphere* en yiddish –, les Abramczyk purent une fois de plus se cacher derrière la cloison. Au cours de cette terrible semaine, la police du ghetto rafla plus de vingt mille personnes. Très peu de familles furent épargnées.

Après avoir vainement supplié les SS de révoquer cet ordre ou, au moins, de réduire les quotas, Rumkowski – qui se targuait de chérir les enfants – avait fini par reconnaître qu'il n'atténuerait jamais le grand plan des nazis. La veille du couvre-feu, c'est un « Juif brisé » qui avait convoqué son peuple dans la cour de la caserne de pompiers. En cet après-midi d'automne pluvieux, le chef du conseil avait pris une profonde inspiration, puis déclaré à la foule : « Un coup douloureux a frappé le ghetto. Ils nous demandent d'abandonner le meilleur de ce que nous avons : les enfants et les vieillards [...] je n'imaginais pas que je serais forcé de porter moi-même les offrandes à l'autel [...] je dois tendre les mains et supplier : Frères et sœurs ! Remettez-les-moi ! Pères et mères : donnez-moi vos enfants ! »

Au milieu des cris et des gémissements, il annonça qu'il avait réussi à négocier une réduction du nombre initial de personnes – vingt-quatre mille –, et à préserver les enfants de plus de dix ans. Mais comme seuls treize mille résidents correspondaient aux critères fixés, il faudrait ajouter d'autres catégories de personnes pour atteindre le quota. Il avait accepté de livrer les malades, « afin de préserver les gens en bonne santé ». Les nazis lui avaient assuré que si les déportations rencontraient une quelconque résistance, elles seraient menées dans la violence.

Du haut de ses onze ans, la plus jeune sœur de Rachel, Maniusia, échappait de justesse à l'insupportable décret. Mais cela ne diminua pas l'horreur de ces exigences, ni la manière dont l'opération fut conduite. « Nous pensions qu'ils les envoyaient travailler, dira Rachel. Mais le jour où ils ont commencé à prendre les enfants et les malades dans les hôpitaux, nous avons su que les gens étaient envoyés à la mort. Ils ont emmené les petits d'une façon atroce – ils les jetaient dans les camions par les fenêtres. Nous avons compris qu'ils leur réservaient un sort terrible. »

Rendus à demi fous par leurs conditions de vie, certains parents perdirent la raison lorsque leurs enfants, pour lesquels ils avaient si durement lutté, leur furent enlevés. On raconta que certaines mères avaient choisi d'étouffer leurs bébés plutôt que de les livrer aux nazis qui quadrillaient les rues avec chiens et fusils.

« Nous nous cachions dès que nous entendions les Allemands, dira Sala. Et nous restions cachés jusqu'à ce que le danger soit passé. » Quand le silence revenait, après une heure ou deux, les Abramczyk rampaient hors du placard et allaient glaner des informations dans leur immeuble pour apprendre qui avait été capturé. La vue d'une porte défoncée battant sur ses gonds signifiait une disparition définitive. Ils récupéraient alors la nourriture ou les ustensiles utiles. « Voilà comment nous avons vécu pendant ces quelques semaines [...]. Nous prenions tout ce que nous trouvions et nous mangions comme des animaux, pas comme des humains. »

© Wendy Holden

La gare de Radegast, d'où partirent deux cent mille résidents du ghetto de Łódź, dont Rachel et sa famille

Les prisonniers du ghetto de Łódź continuèrent à subsister ainsi, au jour le jour, et même d'un repas à l'autre. Les zlotys, les marks et la monnaie du ghetto – baptisée « Rumkies » ou « Chaïmkas » en référence à son créateur Chaïm Rumkowski – perdirent toute valeur. Seule la nourriture comptait. Les rationnements étaient imprévisibles, en bonne partie à cause des nazis qui limitaient les arrivages de produits frais de manière à user les forces et la résistance des résidents. Ils offraient ensuite des repas gratuits à ceux qui se portaient volontaires pour la déportation. Pour ceux qui restèrent, en ces temps de corruption rampante où beaucoup de vivres étaient détournés, l'apport quotidien de calories se réduisit encore de deux tiers.

Les personnes les plus affectées par la malnutrition, qu'on appelait les « sabliers » à cause de leur corps difforme, étaient souvent pieds nus et en haillons. Ces êtres cadavériques au ventre et aux jambes gonflés finissaient bien souvent par rester alités, les yeux fiévreux, et mouraient en l'espace de quelques jours. Des épidémies successives de gale, de typhus et de tuberculose emportèrent des centaines de personnes. Face à l'aggravation des conditions de vie, Rumkowski persistait à croire aux vertus du travail. Dans l'un de ses discours, il déclara : « Je ne peux pas sauver tout le monde. Plutôt que d'exposer toute la population à mourir de faim, je sauverai au moins les dix mille meilleurs. »

Dans cet environnement où les gens s'effondraient dans les rues, emportés par le gel en hiver, par les mouches et la vermine en été, la quête de nourriture était incessante. Mettre la main ne serait-ce que sur quelques pelures de légumes, ou sur une pomme de terre pourrie, devint une obsession générale.

Rachel, issue d'une famille anciennement riche et influente, était mieux protégée que d'autres grâce à ses relations familiales. Elle travaillait tout de même douze heures par jour dans les bureaux d'une usine de recyclage qui fabriquait des protège-chaussures en paille pour les soldats du front de l'Est – des objets si rigides qu'il était pratiquement impossible de marcher avec, mais qui protégeaient du gel les orteils des soldats de la Wehrmacht. Trois de ses sœurs, dont la plus jeune, y travaillaient également.

Séparé de son épouse depuis de longues semaines, Monik cherchait un moyen de la secourir. Après s'être évadé de Varsovie au péril de sa vie grâce à ses faux papiers, il se rendit à Łódź pour essayer de voir Rachel. « Il pensait que j'étais trop faible pour survivre dans le ghetto, mais il ne pouvait pas m'en faire sortir, racontera Rachel. Mon frère Berek qui travaillait dans un camp à l'extérieur le voyait faire des allers-retours en tramway. En fin de compte, il est entré dans le ghetto en passant au beau milieu des Allemands. Il a risqué sa vie pour me rejoindre, car il était convaincu que je m'en sortirais mieux avec lui. Il ne voulait pas traverser la guerre loin de moi [...], alors il est venu me retrouver. »

Renonçant à toute possibilité de fuite, Monik emménagea avec les Abramczyk dans la pièce déjà surpeuplée. Il était désormais un clandestin, un étranger dont le nom ne figurait nulle part sur les listes de ce régime méticuleusement administré. Chaïm Rumkowski ayant été une connaissance personnelle d'Ita Friedman avant guerre, la famille alla demander une faveur au « roi du ghetto ». Celui-ci expliqua à Monik que le seul endroit où personne ne lui poserait de questions serait au sein de la *Sonderpolizei*, la police juive. Monik accepta et s'installa dans leurs quartiers. « Il faisait ce qu'on lui demandait de faire », déclarera Rachel. Comme tous ceux qui tentaient de survivre sous le régime nazi, il n'avait pas le choix.

Dans cette communauté contrainte de développer ses propres réglementations et services d'urgence, Monik s'enrôla bénévolement chez les pompiers, aux côtés de Berek. Ceux qui avaient la chance de détenir ce type de poste étaient logés aux quartiers généraux de la police ou à la caserne des pompiers, et mangeaient un peu mieux que le reste de la population. Une petite chambre individuelle fut attribuée à Rachel non loin de là où les époux purent se retrouver dans l'intimité à l'issue de leur journée de travail.

Il y eut d'autres bonnes surprises. « Un homme qui avait été représentant de notre entreprise avant la guerre nous conduisit dans un grand entrepôt et nous distribua des couvertures et des vêtements, car nous ne possédions que ce que nous portions sur nous lors de notre arrivée. » Dans ce ghetto, dont même les rues les plus sordides se paraient d'innocence dès l'arrivée des premiers flocons hivernaux, une couverture de plus ou de moins faisait souvent la différence entre vivre et mourir.

Les habitants s'efforçaient de garder le moral en montant des spectacles : concerts de jazz ou de musique classique, pièces de théâtre, contes pour enfants. Sala, qui chantait et dansait, et s'était produite dans plusieurs spectacles tant avant la guerre qu'au ghetto de Pabianice, tint des rôles importants dans plusieurs productions. Les habitants du ghetto se préoccupaient également de l'éducation des enfants. Dans l'usine de Rachel, les professeurs faisaient venir les enfants près d'eux et leur donnaient des cours pendant leurs heures de travail. « Ils les instruisaient sans livre ni papier, de manière orale, en épelant les mots et en leur racontant des histoires. »

De septembre 1942 à mai 1944, les soixante-quinze mille travailleurs forcés juifs (*Judische Arbeitskrafte*) du ghetto de Łódź furent si productifs que les nazis suspendirent les déportations. Mais l'avantage militaire changeait de camp. Pour la première fois, les villes allemandes se trouvèrent sous le feu des bombardiers alliés, notamment lors des offensives massives que ces derniers menèrent sur Hambourg et la vallée industrielle de la Ruhr, tuant et blessant des milliers de civils. En mai 1944, Heinrich Himmler, le numéro deux du Reich, ordonna la liquidation du ghetto. Au cours des trois mois suivants, sept mille personnes furent tuées à Chelmno dans les camions de la mort. Quand les camions à gaz ne suffirent plus à éliminer les résidents de Łódź, les convois furent envoyés à Auschwitz. Les facteurs juifs du ghetto, qui avaient pour mission de transmettre les annonces de déportation, furent bientôt surnommés les « Anges de la mort ».

A Łódź, les vivres manquaient chaque jour davantage. Face à une telle pénurie, les autorités réduisirent encore la quantité de bouches à nourrir. Un nombre croissant d'enfants et de personnes âgées partit vers l'inconnu. Les plus jeunes enfants Abramczyk auraient dû faire partie du convoi, eux aussi, mais ils parvinrent une nouvelle fois à se cacher derrière la cloison. Puis vint le tour des hommes valides. Berek et Monik échappèrent temporairement à la déportation grâce à leur statut de policier et de pompier, mais ils ne purent plus protéger leur famille.

Durant toutes ces années, les Abramczyk étaient parvenus à rester ensemble et à échapper aux rafles. Un jour d'août

1944, Berek, « le meilleur frère du monde » qui avait fait tout son possible pour garantir la survie de ses proches, vint leur annoncer la « bonne nouvelle » : les déportations avaient cessé. Les autorités avaient promis aux pompiers que leurs familles seraient sauves. Elles devaient seulement sortir de leurs abris et s'assembler dans la cour de la caserne afin que les autorités pussent les répertorier et compter combien de bouches il restait à nourrir. Cette promesse, comme beaucoup d'autres faites à Łódź, se révéla mensongère.

« Nous étions en train de rentrer de la caserne quand des SS en uniformes nous ont rattrapés, expliquera Sala. Mère était restée à la maison avec les jumeaux. J'ai dit aux Allemands : “Ma petite sœur Maniusia doit aller prévenir ma mère que nous avons été arrêtés.” J'espérais qu'elle se cacherait avec les petits, mais maman s'est précipitée pour nous rejoindre, alors nous sommes partis tous ensemble. On nous a conduits vers les trains. Personne ne parlait. Nous ne savions pas où ils nous envoyaient, ni ce qu'ils feraient de nous. Je portais ma sœur dans mes bras, comme un bébé. Puis ils ont ouvert les portes des wagons. »

© Wendy Holden

Intérieur d'un wagon de marchandises utilisé
pour déporter les ennemis du Reich

Rachel fut l'une des dernières femmes à quitter le ghetto. Elle avait vingt-cinq ans quand elle embarqua pour Auschwitz-Birkenau le lundi 28 août 1944. Séparée de son mari depuis quelques heures, elle ignorait où il se trouvait. Avait-il été arrêté, lui aussi ? Etait-il monté dans un autre wagon ou se cachait-il dans le ghetto ? Ils n'eurent jamais l'occasion de se réconforter ni de se dire adieu.

Son frère Berek, qui aurait pu rester à Łódź avec les sept cent cinquante membres de l'équipe spéciale désignée pour nettoyer et recycler les biens abandonnés par les déportés, préféra partir avec sa famille. Jeune et encore vigoureux, il espérait aider son père à survivre aux terribles privations des camps de travail. Il y parvint presque.

Les derniers convois qui quittèrent la ville en cette nuit d'août 1944 transportaient également Mordechai Chaïm Rumkowski, son épouse et trois membres de sa famille. Certains affirmèrent qu'il s'était joint volontairement aux derniers déportés, espérant que tout finirait par s'arranger. Les autres ghettos de Pologne avaient déjà été liquidés, mais le roi de Łódź (dont le prénom est dérivé du salut juif « A la vie ») était parvenu à protéger plus longtemps une partie de son peuple. Mourut-il dans les chambres à gaz comme les milliers de personnes qu'il avait malgré lui contribué à tuer, ou succomba-t-il sous les coups de ceux qui l'accusaient d'avoir déporté tant des leurs ? Nul ne le sait.

Sur les deux cent mille personnes dont les noms figurent sur les listes du ghetto, moins de mille survécurent. Ce fut l'un des plus grands triomphes du plan nazi d'extermination des Juifs d'Europe. Entassés dans des wagons de marchandises comme du bétail partant pour l'abattoir, les Abramczyk parvinrent à rester groupés. Pressés les uns contre les autres dans un coin sombre au fond du wagon, sans eau ni nourriture, ils ignorèrent longtemps le nom de leur destination. « Nous avions tellement peur de parler dans ces wagons fermés ! Nous ne savions même pas où poser les yeux », confiera Rachel. Privés d'intimité, les Juifs de Łódź endurèrent ensemble cette longue attente, dans la puanteur du seau d'aisances dont le contenu avait été accidentellement renversé. Dans ces émanations d'ammoniaque suffocantes qui leur brûlaient les yeux, ils comprirent qu'ils auraient été mieux lotis à proximité d'une des étroites ouvertures tendues de fil barbelé.

Quand le train s'immobilisa brutalement à Auschwitz, les enfants pleuraient et les aînés priaient. Haletants, compressés dans cette obscurité oppressante, ils entendirent le bruit métallique des clenches qu'on ouvrait. Puis les portes coulissèrent avec fracas, laissant enfin entrer un grand courant d'air. A peine sortis des wagons sous le faisceau aveuglant des torches électriques, ils furent brutalement séparés en différentes files. D'après les témoignages, ce fut le moment le plus atroce. « Tu ne penses plus. Tu ne parles plus. Tu avances comme un automate », expliquera Rachel.

Le Dr Mengele était encore de service ce soir-là, posté sur la rampe de triage pour passer en revue les membres de ce convoi nocturne. Sa femme Irène – mère de Rolf, leur fils unique – venait d'arriver. Sa visite se prolongea trois mois, car elle tomba malade et fut prise en charge dans le bel hôpital réservé aux SS. Au cours de ce séjour, son mari lui expliqua que son travail à Auschwitz valait autant que celui d'un officier envoyé au front et qu'il devait accomplir son devoir avec une « obéissance soldatesque ».

A chaque nouveau convoi, les officiers SS des « têtes de mort » – les SS-*Totenkopfverbände*, l'unité spéciale responsable de l'administration des camps de concentration – déploraient la mauvaise qualité du « nouveau stock ». Mengele prenait rarement part aux commentaires. Il se contentait d'inspecter les prisonniers de la tête aux pieds, un par un, en leur posant quelques questions, parfois assez aimablement, avant de les diriger vers la droite ou vers la gauche – vers la vie ou vers la mort.

Les Abramczyk furent séparés quelques minutes après leur arrivée. Les yeux ronds de terreur, Fajga s'agrippa à ses trois cadets, les jumeaux de treize ans Heniek et Dora, et « bébé Maniusia » que l'on avait poussés d'un côté, tandis que leurs grandes sœurs – Rachel, Ester, Bala et Sala – étaient envoyées de l'autre côté. Contraintes d'avancer avec la foule, blotties les unes contre les autres, tordant le cou pour tenter d'apercevoir une dernière fois leurs proches, elles furent repoussées dans les rangs par les hurlements des gardes.

Shaiah Abramczyk, l'amoureux des livres, l'intellectuel sensible, l'inventeur qui avait encouragé ses enfants à apprendre la langue du Reich, regarda sa famille se disperser aux quatre vents, avant d'être assigné avec Berek à une unité de travail forcé. « Ils étaient trop loin, dira Rachel. Il n'y avait aucun signe de mon Monik. Nous ne voyions plus notre mère et les plus jeunes [...]. Mais nous avons aperçu notre père qui nous a fait un signe de la main pour nous indiquer que deux d'entre eux étaient passés, et un non. »

Les sœurs aînées ne savaient pas encore qu'elles ne reverraient jamais ni leurs parents ni leurs jeunes frères et sœurs.

3

Anka

© Eva Clarke

Photo de la carte d'identité d'Anka Nathanová

— Attendez-vous un enfant, madame ?

Telle est la question que le médecin d'Auschwitz-Birkenau, le tristement célèbre Josef Mengele, pose en allemand à Anka Nathanová quand vient son tour de s'avancer nue devant lui pendant l'*Appell*, la nuit de son arrivée au camp, en octobre 1944.

Dotée d'une poitrine généreuse qui l'a toujours embarrassée, la jeune Tchèque, âgée de vingt-sept ans, tente de la couvrir d'une main tandis qu'elle plaque pudiquement l'autre sur son entrejambe. Elle jette des regards effarés autour d'elle. Comment a-t-elle pu être assez stupide pour monter d'elle-même dans le convoi qui emmenait Bernd jusqu'ici ? Et assez naïve pour s'imaginer que son mari et elle seraient envoyés dans un ghetto similaire à celui de Terezín, où ils viennent de passer trois longues années ? Elle aurait dû y réfléchir à deux fois. Mais puisque les autres membres de sa famille avaient déjà été déportés vers l'est, elle a préféré partir, elle aussi, pour tenter de les rejoindre.

Le convoi s'est immobilisé dans un interminable crissement de freins après avoir franchi les « portes de l'enfer », à l'extrémité de la voie de garage spécialement créée pour le camp. Les gardes ont désarmé les loquets d'acier des wagons de marchandises et fait coulisser dans un fracas sinistre leurs lourdes portes en bois. Aussitôt, des hommes, des femmes, des enfants hagards ont jailli dans l'obscurité, trébuchant les uns contre les autres comme s'ils étaient ivres.

Dès cet instant, Anka a compris son erreur : Terezín était un paradis comparé à Birkenau. « Nous venions d'arriver en enfer, et nous ne savions pas pourquoi, racontera-t-elle des années plus tard. Nous sommes descendus du train, et nous ne savions pas où nous nous trouvions… Nous avions peur, et nous ne savions pas de quoi. »

Poussée vers cette bouche affamée qui dévore inlassablement les convois de prisonniers pour les précipiter dans le plus efficace des centres d'extermination nazis, Anka se trouve en état de choc. Sous la lumière crue des miradors, elle ne voit plus que des hommes armés de trique ; n'entend plus que les aboiements des chiens mêlés aux cris des gardes qui les tiennent en laisse.

Des officiers allemands, impeccables dans leur uniforme kaki, surveillent la scène comme des statues de marbre tandis que leurs hommes de main – prisonniers élevés au rang de gardes-chiourme – soumettent les nouveaux venus à coups de bâton, de cris et d'insultes. Tous se montrent cruels et hostiles. *Raus ! Raus !* beuglent-ils en réponse aux plaintes, aux pleurs, aux protestations qui montent dans toutes les langues de cette foule pitoyable.

Sans comprendre ce qui leur arrive, ceux qui descendent du train sont saisis d'une même certitude : celle d'être brutalement exposés au danger le plus absolu. Vite séparés en deux longues colonnes – femmes et enfants d'un côté, hommes et jeunes garçons de l'autre –, les Juifs de Terezín forment bientôt une masse grouillante de corps humains poussés vers l'officier SS qu'Anka sera amenée à revoir un moment plus tard.

Le médecin qui tient leur sort entre ses mains les regarde approcher, solidement campé sur ses jambes, un léger sourire aux lèvres. Il les observe avec attention, au contraire des gardes qui les rudoient sans les voir, comme s'ils n'existaient pas. Il interroge brièvement chacun d'eux, cherchant à savoir s'ils ont des *Zwillinge*, des jumeaux, puis il scelle leur destin en tendant sa cravache vers la gauche ou vers la droite. *Links. Rechts.* Cette nuit-là, il enverra au moins deux tiers des arrivants vers la gauche. Quand vient le tour d'Anka, il désigne la file de droite.

En passant près de lui, elle perçoit l'excitation presque palpable qui émane de toute sa personne, comme si la sélection des plus beaux « spécimens » de ce nouvel arrivage constituait le meilleur moment de sa journée. Derrière lui, des flammes hautes comme des maisons jaillissent de deux énormes cheminées. Une double rangée de fil barbelé électrifié rend toute évasion impossible. Une étrange odeur douceâtre plane dans l'air nocturne. Ce soir-là, et tous ceux qui suivront, Anka tentera de respirer par la bouche, mais elle ne parviendra jamais tout à fait à l'expulser de ses narines, ni de sa mémoire.

Moins d'une heure après son arrivée dans cet « Enfer de Dante », comme elle l'appellera, Anka se trouve de nouveau face au très zélé Dr Mengele. Il se tient maintenant dans une vaste cour détrempée, où il passe les femmes en revue.

— Attendez-vous un enfant, madame ?

Soucieuse d'éviter son regard, elle baisse les yeux et aperçoit le reflet de son corps nu dans les bottes impeccablement cirées du docteur. Elle presse violemment ses paupières l'une contre l'autre pour échapper à cette vision humiliante. Puis elle secoue la tête, elle aussi.

— *Nein*, répond-elle.

Il laisse échapper un soupir exaspéré et poursuit son inspection le long de la file.

Anka Nathanová avait connu certains des jours les plus heureux de son existence lorsqu'elle était une jeune étudiante insouciante, inscrite en droit dans les splendides bâtiments médiévaux de l'université Charles à Prague, quelques mois avant le déclenchement de la Seconde Guerre mondiale.

La jeune Anka avait le don des langues : outre le français, l'allemand et l'anglais, qu'elle parlait couramment, et le latin, qu'elle lisait avec plaisir, elle était capable de se faire comprendre en espagnol, en italien et en russe. Ravissante et très courtisée, elle profitait pleinement de la vie culturelle bouillonnante qui faisait de Prague l'une des capitales les plus animées d'Europe. C'était alors une ville prospère et progressiste, dont les nombreux cafés, salles de théâtre et de concert attiraient les esprits les plus fins et les plus grands talents artistiques de l'époque.

Anka, qui adorait la musique classique, avait une prédilection pour les œuvres de Dvořák, de Beethoven et de Brahms, ainsi que pour *La Fiancée vendue*, le célèbre opéra du compositeur tchèque Bedřich Smetana. Mais ce qu'elle aimait par-dessus tout, c'était aller au cinéma – le plus souvent en galante compagnie – et s'immerger dans la vie des personnages. *Visages d'Orient*, adapté d'un roman de Pearl Buck, *Les Trente-Neuf Marches* et *Une femme disparaît*, d'Alfred Hitchcock, comptaient parmi ses films préférés.

Anka, qui répondait au nom de Kauderová avant son mariage, était née le vendredi 20 avril 1917 dans le village médiéval de Třebechovice pod Orebem, à une douzaine de kilomètres de Hradec Králové, dans ce qui était encore l'Empire austro-hongrois. Hradec Králové, dont le nom signifie « le château de la reine », est l'une des plus vieilles localités de la République tchèque. Située dans une région fertile, au confluent de l'Elbe et de l'Orlice, elle a vu naître la maison Petrof, qui demeure encore aujourd'hui l'un des meilleurs facteurs de pianos à queue au monde.

De tempérament enjoué, Anka était la dernière-née d'Ida et Stanislav Kauder. Elle avait grandi, de son propre aveu, en « enfant gâtée » : adorée par ses parents, elle était également chouchoutée par Zdena et Ruzena, ses sœurs aînées, et par son frère Antonin, surnommé « Tonda ». Un autre frère, le petit Jan, était mort à trois ans d'une méningite, deux ans avant la naissance d'Anka. Très affectée par sa disparition, Ida ne s'en remit jamais complètement.

La famille possédait Kauder & Frankl, une grande maroquinerie basée à Třebechovice pod Orebem. Très prospère, l'entreprise était codirigée par Gustav Frankl, un parent d'Ida. Anka avait trois ans quand ses parents quittèrent le logement qu'ils habitaient à Hradec Kralové pour s'installer dans un grand appartement aménagé dans la fabrique.

Kauder & Frankl occupait un vaste bâtiment en forme de C sur un grand terrain. De construction récente, la maroquinerie était dotée d'une haute cheminée en brique qui alimentait les peurs de la petite Anka : elle craignait à tout moment de la voir s'écrouler. Leur appartement ouvrait sur le parc. Les Kauder prenaient tout l'été leurs repas sous la tonnelle où Ida avait fait installer une cuisine extérieure. Un potager leur fournissait légumes et tomates, et ils cueillaient leurs fruits à même les arbres. En fait, le parc était si vaste que Ruzena, la sœur aînée d'Anka, y fit construire par le célèbre architecte praguois Kurt Spielman une villa de style Bauhaus après son mariage. Son époux Tom Mautner et elle y vécurent heureux pendant plusieurs années avec leur jeune fils Peter.

Fervente lectrice, Anka passait de longues heures à dévorer les grands textes de l'Antiquité et les classiques de la littérature européenne dans le jardin de la propriété familiale. Elle partageait son goût de la lecture avec son frère Tonda, qui se montrait d'une grande gentillesse envers sa petite sœur et l'emmenait partout, notamment aux matchs de football, auquel il vouait une véritable passion, et dont il revenait toujours la voix cassée. « Nous entretenions une relation merveilleuse, dira-t-elle plus tard. Il avait une voiture et me conduisait partout. Chaque fois que j'étais invitée à une soirée dansante et que ma mère n'avait pas envie d'y aller, il m'accompagnait et se tenait dans un coin sans jamais intervenir. Tout le monde savait que mon frère était là et qu'il veillait sur moi. »

Ida, la mère d'Anka, travaillait à la caisse de l'entreprise familiale, ce qui était inhabituel pour une femme de sa génération. Chaleureuse et volubile, elle se délectait des commérages que colportait sa clientèle, en grande partie féminine. Requise à son travail toute la journée, elle supervisait la gestion de sa maisonnée dont s'acquittaient plusieurs domestiques : une femme de chambre, une cuisinière, un jardinier et une blanchisseuse. Ida veillait à ce qu'ils s'occupent aussi bien du ménage que des enfants.

« Ma mère aurait fait n'importe quoi pour moi, affirmait Anka. Nous nous entendions à merveille. Elle nous offrait toujours ce qu'il y avait de mieux, rien de moins. »

Energique et vigoureuse, Anka était une excellente nageuse, particulièrement en dos crawlé : elle remporta même le titre de meilleure nageuse dans cette catégorie lors des championnats juniors qui opposèrent les différents lycées de la toute jeune Tchécoslovaquie. En dehors des compétitions, elle aimait se baigner dans la rivière du village, nue autant que possible. Fiers de son intelligence, ses parents l'avaient toujours incitée à penser par elle-même et à agir comme bon lui semblait. Elle avait onze ans lorsqu'elle quitta la belle maison de son enfance pour entrer au lycée de jeunes filles de Hradec Králové. Elève brillante, elle y suivit des cours de latin, d'allemand et d'anglais en plus du cursus normal. « Le soir, je dormais à Hradec, dans un foyer de jeunes pensionnaires. J'étais heureuse comme un poisson dans l'eau. J'avais une foule de soupirants, j'allais danser et faire la fête, et tout se passait très bien. » A cette époque, elle prit également des leçons de piano et de danse. Outre la natation, elle pratiquait régulièrement le tennis et l'aviron.

La petite usine de son père fabriquait des sacs à main et d'autres articles en cuir destinés à la vente dans tout le pays. Si Anka et ses sœurs dédaignaient souvent les sacs qu'il rapportait pour elles de la fabrique, parce qu'elles les jugeaient trop vieux jeu, elle arborait fièrement son cartable en cuir à l'école, renouvelé dès qu'il donnait des signes d'usure, et assez grand pour contenir son atlas de géographie.

Stanislav Kauder, qui avait quarante-sept ans à la naissance d'Anka, était un « non-croyant » et un Tchèque convaincu. Opposé au mouvement sioniste, il se montrait intensément patriote. Issu d'une famille juive, il ne pratiquait aucune religion et se définissait comme libre-penseur. « Je n'ai pas été élevée dans la religion, racontera Anka par la suite. Je suis allée à l'école primaire dans un petit village. Certains élèves étaient juifs, d'autres non. Je me souviens qu'un professeur juif venait parfois nous donner des cours d'histoire, mais je n'ai jamais appris à lire l'hébreu et nous ne mangions pas casher à la maison. » Le plat national tchèque – du rôti de porc accompagné de choucroute et de quenelles – figurait fréquemment au menu, y compris le samedi, jour du shabbat. Les enfants du couple n'étaient guère plus soucieux de respecter les traditions : Tonda, le frère aîné d'Anka, réduisit à néant ses chances d'épouser la jeune Juive qu'il courtisait, parce qu'il alluma sa cigarette à la flamme de la *ménorah*, le traditionnel chandelier à sept branches qui trônait au salon, sous le regard horrifié des parents de la demoiselle.

Stanislav aimait tendrement ses enfants, mais c'était un homme réservé qui leur parlait peu. Il laissait à son épouse adorée le soin de s'occuper de leur éducation. Plus pratiquante que lui, Ida veilla cependant à ne jamais imposer sa religion à ses enfants. D'après Anka, sa mère se faisait conduire à la synagogue de Hradec Králové lors des grandes fêtes juives par respect pour ses parents et ses onze frères et sœurs, bien plus dévots qu'elle. Le meilleur moment de la journée se déroulait après la cérémonie, quand Ida les emmenait, ses sœurs et elle, prendre le thé au Grand Hôtel de la ville.

« Nos origines juives ne nous posaient aucun problème. Nous n'y pensions même pas », soulignera Anka.

Seule une poignée de familles juives résidait à Třebechovice, mais Anka ne ressentit jamais d'antisémitisme à son égard : ses amis et voisins ne prêtaient aucune attention à ses origines. Elle menait sa vie sans crainte ni restrictions d'aucune sorte.

Cependant, lorsque la situation politique en Europe commença à se tendre, les parents et les proches de la jeune fille cédèrent à la nervosité. En entendant à la radio les discours enflammés d'Adolf Hitler, Ida, qui comprenait parfaitement l'allemand, se laissa gagner par une terreur inhabituelle. « Tout cela n'augure rien de bon », répétait-elle en boucle à ceux qui voulaient bien l'entendre.

Anka, quant à elle, affichait une indifférence qui confinait à l'aveuglement. Comme la plupart de ses amis, elle se sentait en sécurité dans son pays : l'Allemagne était trop loin pour les affecter directement. « Nous pensions que rien ne pouvait nous atteindre. Nous nous sentions invincibles. »

Elle fut l'une des premières de sa famille à s'inscrire à l'université, à la grande fierté de ses parents. Ida, en particulier : bilingue et passionnée d'histoire, elle regrettait de ne pas avoir poursuivi ses études. Anka, de son côté, brûlait d'impatience : la perspective d'aller vivre à Prague, située à deux heures de train de son village natal, l'emplissait d'excitation. Elle connaissait bien la capitale tchèque pour y avoir séjourné à de nombreuses reprises chez sa tante Frieda, une modiste qui possédait un appartement place Wenceslas. Frieda ayant accepté de l'héberger pendant la durée de ses études, Anka partit s'installer chez elle à l'automne 1936.

Son arrivée dans la capitale ne modifia guère son état d'esprit : elle vivait confortablement grâce à la pension que lui versait son père et demeurait largement insensible aux inquiétudes soulevées par Hitler. En mars 1938, elle skiait avec des amis dans le Tyrol quand Hitler annexa l'Autriche. Dans la nuit du 11 au 12 mars, le pays tomba aux mains des nazis et la Tchécoslovaquie se trouva encerclée. Des drapeaux rouge et noir frappés de croix gammées envahirent les rues de Salzbourg. Anka vit avec stupeur les Autrichiens accueillir Hitler en héros, et les Juifs devenir des parias. Ce premier contact direct avec les nazis la laissa perplexe : « Je n'arrivais pas à comprendre ce qui se passait. » Lors de ce séjour, elle ne fut pas personnellement témoin d'attaques contre des Juifs, mais il y avait, dira-t-elle, « de l'agressivité dans l'air ».

Malgré tout, elle ne pensait pas que le chancelier allemand à l'étrange moustache (né le même jour qu'elle) puisse directement affecter sa jeunesse dorée. Elle ne changea d'avis que plus tard, lorsque son premier vrai petit ami, Leo Wildman, lui annonça qu'il avait décidé d'émigrer en Angleterre pour s'engager dans l'armée britannique. Le père de Leo venait d'être arrêté pour conduite subversive et ses proches craignaient pour leur avenir. Anka l'accompagna à la gare quelques jours plus tard et le vit s'en aller avec une infinie tristesse. Le train disparaissait à l'horizon quand le père de Leo, qui venait d'être libéré, arriva en courant sur le quai, trop tard pour faire ses adieux à son fils.

Malgré l'intensité des sentiments qu'ils éprouvaient l'un pour l'autre, Anka n'avait pas cherché à partir avec Leo. L'idée ne l'avait même pas effleurée, alors qu'elle en avait pourtant la possibilité : « J'ai appris que deux dames anglaises proposaient du travail en Angleterre à de jeunes Tchèques d'origine juive. J'ai postulé à un emploi d'infirmière, que j'ai obtenu. Peu après, j'ai reçu mon visa et des papiers de sortie en bonne et due forme. J'aurais pu quitter le pays, mais je repoussais sans cesse mon départ [...]. J'avais tous les papiers en main, quand la guerre a éclaté en Europe... Sur le moment, je me suis félicitée d'avoir attendu si longtemps puisque, désormais, je ne pouvais plus partir du tout ! C'est idiot, n'est-ce pas ? »

De nombreux Tchèques d'origine juive bénéficièrent, comme elle, d'un *Durchlassschein* ou visa de sortie spécial. Parmi la minorité qui décida d'en user figurait Tom Mautner, le beau-frère d'Anka : il prit l'un des derniers trains à destination de Londres après avoir supplié sa femme Ruzena de l'accompagner, en vain : elle refusait de quitter sa maison et préféra demeurer auprès de sa famille avec leur fils Peter. « Il semblait tellement plus agréable de rester chez nous que d'émigrer en Angleterre ! Alors, Ruzena est restée. Elle l'a payé de sa vie », dira Anka des années plus tard.

Comme Ruzena, des centaines d'autres Tchèques choisirent de demeurer dans leur pays en espérant un avenir meilleur. La jeune femme regretta certainement sa décision lorsque Hitler prit le contrôle de la région des Sudètes quelques mois plus tard, aussitôt après avoir signé les accords de Munich. Soucieux de « libérer les Allemands des Sudètes » de l'« oppression » tchèque, Hitler ne fit pas mystère de son bellicisme devant le Reichstag lors d'un discours prononcé la même année : « Celui qui nous combattra par les bombes sera vaincu sous les bombes [...]. Je lutterai sans merci contre tous ceux qui menacent la sécurité et les droits du Reich ! »

Des réfugiés juifs affluèrent des villes frontalières avec les quelques possessions qu'ils avaient réussi à emporter dans leur fuite, tandis que Hitler clarifiait brutalement ses intentions. Privés de l'aide qu'ils s'attendaient à recevoir de leurs alliés européens, les Tchèques se sentirent horriblement trahis.

En mars 1939, les chars allemands entrèrent dans Prague. Comme en Autriche, Anka vit les rues se remplir de soldats nazis accueillis par une foule enthousiaste. Frappée d'horreur, elle ne fut pas la seule à observer ce jour-là les interminables colonnes de soldats au regard d'acier qui défilèrent sur la place Wenceslas. « Nous étions au cœur de l'hiver. Il neigeait sans discontinuer. Et la pire des catastrophes venait de se produire. »

Les nazis défilent à Prague, mars 1939

Depuis le château de Prague, bâti au IXe siècle, Adolf Hitler annonça la partition de la Tchécoslovaquie en deux protectorats : la Bohême-Moravie, et la Slovaquie. Tandis qu'il saluait la foule depuis les fenêtres du château qui surplombe la ville, la jeune Anka et sa famille comprirent que leur pays n'existait plus. Elle avait vingt et un ans, et se retrouvait brusquement citoyenne d'un territoire administré par les nazis au sein d'un vaste empire allemand. « Je n'avais pas le moindre souci jusqu'à l'arrivée d'Adolf Hitler à Prague. Quand tout va bien, votre pays, votre village natal vous semblent éternels, n'est-ce pas ? Vous vivez là sans y penser, jusqu'au jour où ils disparaissent... C'est ce qui m'est arrivé. J'avais vingt ans, et le choc fut immense. »

Les manifestations étudiantes aussitôt organisées pour protester contre l'occupation furent réprimées dans le sang : les troupes allemandes envahirent l'université et exécutèrent neuf dirigeants étudiants ; mille deux cents jeunes gens et leurs professeurs furent arrêtés et envoyés dans des camps de concentration tandis que toutes les universités du pays étaient fermées. Après d'autres arrestations sommaires, les nazis imposèrent l'application des lois de Nuremberg : les restrictions succédèrent aux restrictions, privant peu à peu les « ennemis du Reich » de leurs droits fondamentaux. Des milliers de Tchèques n'eurent pas d'autre choix que de s'habituer à se voir déposséder de libertés qu'ils avaient jusqu'alors tenues pour acquises.

Entre autres privations, la voiture des parents d'Anka fut saisie. Un gérant nommé par le Reich prit le contrôle de la fabrique de cuir et les chassa de leur appartement. Ils s'installèrent avec Ruzena et son fils dans la villa qu'elle avait fait bâtir au fond du parc, le temps que les autorités décident de leur sort. C'est là que vint dormir Anka chaque fois qu'elle leur rendit visite au cours des mois suivants. Peu après, leurs avoirs furent gelés et on leur interdit de retirer plus de mille cinq cents couronnes par semaine de leur propre compte bancaire. Ils furent également privés de leur citoyenneté et bannis de nombreux lieux publics. Lorsqu'ils se rendaient au restaurant, ils devaient s'asseoir dans la partie « réservée aux Juifs » que leur allouait l'établissement.

A Prague, les bains publics, les piscines et la plupart des cafés à la mode qui bordaient la Vltava leur furent interdits. S'ils purent continuer à emprunter les tramways bondés de la capitale (à condition de monter à l'arrière du second wagon), ils durent renoncer à rouler en voiture ou à bicyclette, et même à écouter la radio : les automobiles,

les deux-roues et les postes de radio appartenant aux Juifs furent confisqués.

Les universités ayant été fermées, Anka dut mettre fin à ses études près d'un an après les avoir commencées, ce qu'elle qualifierait plus tard de bénédiction : elle s'était tellement amusée qu'elle avait à peine mis le nez dans ses livres. Privée d'études, elle fut aussi privée de distractions par l'occupation allemande. « La situation ne faisait qu'empirer, mais comme on s'habitue à tout dans la vie, on finissait par s'habituer au pire, dira-t-elle. D'abord, vous êtes privés de ci, puis de ça... Ensuite, vous devez renoncer à telle ou telle chose, et vous y renoncez. On en parlait entre nous [...]. Nous avions encore la possibilité de partir, mais à moins d'être vraiment sûrs de ce qui nous attendait, il nous semblait difficile de tout quitter pour plonger dans l'inconnu. »

La mesure qui la contraria le plus à l'époque fut l'interdiction pour les Juifs d'aller au cinéma. Cette passionnée de septième art perçut ce bannissement comme un tourment inutile et cruel. En apprenant qu'un film très attendu venait de sortir, elle résolut de braver l'interdiction sans avertir personne, un geste qu'elle qualifierait elle-même de « complètement stupide ». Elle prit son billet et s'installa au milieu de la salle. Elle avait déjà vu la moitié du film quand l'image se figea brusquement sur l'écran. Les lumières se rallumèrent et plusieurs agents de la Gestapo firent irruption dans la travée centrale pour contrôler les papiers des spectateurs, rangée par rangée. Anka se raidit, terrifiée. Comment réagiraient-ils en voyant le « J » tamponné sur sa carte d'identité ? Elle jeta des regards éperdus autour d'elle, cherchant à s'échapper, puis décida de rester : la fuite l'exposerait à un danger plus grand encore. Les hommes de la Gestapo se rapprochèrent, puis cessèrent brutalement leur inspection et quittèrent les lieux d'un air las. Anka demeura tétanisée. Ils s'étaient arrêtés une rangée devant elle.

Les lumières s'éteignirent et la projection redémarra. Alors, seulement, Anka s'autorisa à reprendre son souffle.

Elle n'avait qu'une envie : sortir le plus vite possible, mais elle resta jusqu'à la fin pour ne pas attirer l'attention. Lorsqu'elle raconta sa mésaventure à ses amis, ils furent horrifiés. « Ils auraient pu te tuer sur place ! » s'exclamèrent-ils. Quant au film, elle n'en garda aucun souvenir, oubliant jusqu'au titre de l'œuvre qui avait failli lui coûter la vie, mais il s'agissait peut-être d'*Autant en emporte le vent*, qui sortit en 1939. Adapté d'un roman qu'elle avait dévoré quelques années plus tôt, il devint l'un de ses films favoris après la guerre : elle le vit si souvent qu'elle pouvait en citer des répliques entières par cœur, et il prit à ses yeux une importance considérable.

Un soir, alors que le nombre de restrictions imposées aux Juifs continuait de croître et qu'une part conséquente de la population cherchait à fuir le pays, Anka et l'une de ses amies furent abordées dans un café par un groupe de journalistes britanniques. « Mon amie s'est penchée vers moi et m'a chuchoté : "Je vais épouser l'un d'eux !" C'est exactement ce qu'elle a fait six semaines plus tard. Son fiancé avait un ami, qu'il me fit rencontrer. Nous nous connaissions depuis dix minutes quand il m'a proposé de l'épouser... Je l'ai pris pour un fou ! Je le trouvais drôle, mais je n'étais pas intéressée. » Bien que flattée, elle déclina sa demande en mariage, sans même y voir l'occasion d'échapper au danger qui la guettait.

Au lieu de fuir à l'étranger, elle devint l'apprentie de sa tante, qui exerçait ses talents de modiste au cœur de la vieille ville de Prague, dans la célèbre galerie marchande de la Rose noire. Après sa journée de travail, Anka continuait de répondre aux invitations de ses amis, désormais contraints de se réunir derrière les portes closes de leurs appartements. Elle avait aussi, depuis quelques semaines, une excellente raison de rester à Prague : en novembre 1939, sa cousine lui avait présenté l'irrésistible Bernhard Nathan, un Juif allemand de treize ans son aîné. Surnommé Bernd par ses proches, ce brillant architecte d'intérieur avait fui Berlin dès l'arrivée au pouvoir de Hitler, six ans plus tôt. A l'instar des centaines de milliers de Juifs allemands qui émigrèrent de 1933 à 1939, Bernd pensait, à tort, que Prague se trouvait assez loin de son pays natal pour le préserver du danger. Rolf, son frère cadet, se rendit en Hollande, puis en Suisse, où il s'engagea dans l'armée américaine. Il survécut à la guerre, tout comme leur jeune sœur Marga, partie vivre en Australie.

Bernd Nathan

Né en 1904, Bernd était déjà un entrepreneur accompli lorsqu'il rencontra Anka : il travaillait pour les célèbres studios de cinéma Barrandov, qui figuraient parmi les plus grands et les plus modernes d'Europe. Entouré d'une équipe d'employés, il dirigeait aussi son propre atelier, qui produisait une ligne de mobilier très prisée des particuliers. Il lui arrivait également de travailler pour de riches nazis qui ignoraient ses origines juives et lui commandaient volontiers du mobilier pour équiper leurs bars, leurs bistrots et leurs cabarets.

Bernd se définissait comme allemand avant tout ; sa judéité ne venait qu'en seconde position, d'autant qu'il était dénué de conviction religieuse. De langue maternelle allemande, il parvenait aisément à déjouer les interdits en se faisant passer pour un non-Juif. « Il leur ressemblait physiquement [...] et il s'exprimait comme eux parce qu'il était originaire de Berlin », expliquera Anka. « Ils l'invitaient souvent à sortir avec eux [...]. C'est pourquoi, même sous Hitler, nous nous débrouillions plutôt bien. »

Louis, le père de Bernd, avait reçu l'une des plus hautes distinctions militaires allemandes, la Croix de fer de 1re classe, au cours de la Première Guerre mondiale. Aveuglé lors d'une attaque au gaz moutarde, il était rentré à Berlin en héros. Malgré son handicap, cet incorrigible séducteur avait continué d'accumuler les conquêtes et fini par divorcer de Selma, la mère de Bernd. Cette femme élégante et raffinée avait alors veillé à ce que son fils aîné dispose d'une rente mensuelle de deux mille couronnes.

Comme son père, Bernd faisait tourner les têtes et fondre les cœurs. Celui d'Anka chavira à l'instant où elle l'aperçut au bord d'une piscine de Barrandov. « Je me suis dit – je m'en souviens très bien – que c'était le plus bel homme que j'avais jamais vu. » Elle lui fut présentée quelques semaines plus tard dans un des cabarets dont il avait supervisé les travaux de rénovation. « Ce fut un coup de foudre, dira-t-elle du grand blond aux yeux bleus et au sourire ravageur qui fut invité à sa table ce soir-là. Nous avons engagé la conversation. C'était merveilleux : nous nous découvrions des tas de points communs et [...] nous avions certainement l'air de parfaits idiots ! »

Après ce qu'elle décrira comme une « idylle éclair » ils se marièrent le mercredi 15 mai 1940, huit mois après le début de la guerre. Anka venait de fêter ses vingt-trois ans ; Bernd, que les autorités tchèques considéraient toujours comme un immigré allemand, en avait trente-six. « Hitler était quasiment à la tête du pays depuis les accords de

Munich. Pourtant, même à cette époque, nous n'avions toujours pas l'impression d'être en danger. »

© Eva Clarke

Mariage de Bernd et Anka, 1940

Ils se marièrent très simplement, en compagnie de deux témoins, dans les bureaux de l'*Oberlandrat,* l'administrateur provincial de Prague, à deux pas du grand café Slavia, célèbre pour ses ornements Art déco. Les autorités allemandes ayant interdit aux Juifs de posséder des pierres précieuses, Anka arborait depuis ses fiançailles une bague en argent surmontée d'une belle améthyste carrée. Bernd et elle échangèrent ce jour-là deux fines alliances en or. Coiffée d'un chapeau et vêtue d'un tailleur sombre que rehaussait un chemisier blanc, Anka posa ensuite au côté de son époux, impeccable dans son nouveau costume. Un brin de muguet à la main, les cheveux relevés en chignon à l'aide d'un joli peigne en nacre, elle rayonnait de bonheur.

Elle n'avait pas prévenu ses parents et dut rassembler tout son courage le lendemain pour leur téléphoner à Třebechovice. Ils accueillirent la nouvelle sans enthousiasme : Bernd étant allemand, ils craignaient que cette union ne lui cause des ennuis. Lorsqu'ils le rencontrèrent, ils ne l'apprécièrent pas davantage. La mère d'Anka lui trouva un air de Don Juan et assura qu'elle avait « tout de suite compris à qui elle avait affaire ».

Le jour de leur mariage fut aussi celui de la capitulation des Pays-Bas. Douze jours plus tard, les Alliés durent évacuer leurs troupes à Dunkerque, dans le nord de la France. Le 28 mai, la Belgique se rendit à son tour. La Norvège fit de même le 10 juin, puis l'Italie déclara la guerre à la Grande-Bretagne et à la France. Près d'un mois après que Bernd et Anka eurent échangé leurs vœux, Paris tomba aux mains des nazis. Ce qu'ils redoutaient le plus commença : la déportation des Juifs d'Europe.

Le SS *Obersturmbannführer* Adolf Eichmann vint s'installer à Prague, dans la demeure d'une famille juive réquisitionnée, pour superviser le travail du Bureau central de l'émigration juive. Il exigea l'organisation de nombreux convois vers le camp de concentration de Dachau au cours de l'année 1940, et fit taire les protestations des responsables de la communauté juive en les menaçant de représailles : s'ils refusaient de collaborer à ces expulsions massives, il ordonnerait à ses troupes d'évacuer elles-mêmes trois cents Juifs par jour.

Bientôt, il ne resterait rien du monde que Bernd et Anka avaient connu.

Les jeunes mariés s'installèrent dans l'appartement de Bernd, situé sous les combles d'un bâtiment qui abritait une synagogue, sur U Staré Školy, la rue de la vieille synagogue. La lumière entrait à flots par la coupole aménagée dans le toit et par la baie vitrée qui courait le long du mur extérieur. Agréable dans la journée, cette grande fenêtre les privait d'intimité une fois la nuit venue. Pour échapper aux regards indiscrets, ils se contentaient d'allumer quelques bougies après le couvre-feu. Tendrement enlacés, ils écoutaient leurs disques préférés sur le phonographe ou savouraient la beauté des mélopées qui montaient de la synagogue lors des prières. D'après Anka, c'était « terriblement romantique ». Bernd avait décoré l'appartement d'une main de maître, choisissant avec soin ses pièces préférées parmi ses propres créations, notamment une pendule surmontée d'un très beau visage sculpté, dont Anka adorait le carillon. Bernd avait aussi fait tailler des rideaux en soie vert pomme qu'elle jugeait merveilleusement décadents.

La pension qu'elle recevait de ses parents lui permettait d'employer une femme de ménage, qui confectionnait de succulents beignets dont Bernd raffolait. Très élégante, Anka possédait un grand nombre de beaux vêtements, qu'elle agrémentait toujours d'un chapeau choisi dans la boutique de sa tante.

Comme la grande majorité des Juifs praguois, Anka ne pouvait plus quitter la ville sans permis de sortie. En juin 1941, elle n'avait pas vu ses parents depuis plus d'un an lorsqu'elle apprit la mort de son cher Tonda, victime d'une rupture d'anévrisme. Agé de trente-trois ans, il avait été terrassé par une attaque deux semaines plus tôt, et ne s'en était pas relevé. Anka monta dans le train à destination de Třebechovice en priant pour que personne ne contrôle ses papiers, ce qui fut exaucé. Elle put assister aux funérailles de son frère et tenter de réconforter ses parents bouleversés. Ida, en particulier, se montrait inconsolable. Epuisée par les nuits de veille et de chagrin, elle n'admettait pas la mort de son fils, le deuxième qu'elle perdait après le petit Jan, et refusait encore de quitter son chevet.

« [Mon frère] était le premier mort que je voyais. Ma mère, elle, l'avait vu mourir… Je n'oublierai jamais l'expression de son visage. C'est un chagrin que je ne souhaite à personne. » Après l'enterrement, ils passèrent un long moment dans le salon de la maison familiale. Une profonde tristesse planait sur leurs retrouvailles. Stanislav, le père d'Anka, était encore plus silencieux que d'habitude. La présence d'Anka, de Zdena, accompagnée de son mari Herbert Isidor, et celle de Ruzena avec son fils Peter ne parvenaient pas à alléger l'atmosphère.

Soudain, des soldats allemands frappèrent violemment à la porte, puis l'ouvrirent à la volée et entrèrent sans y avoir été invités. Comprenant qu'ils avaient été dénoncés, les parents d'Anka ne purent s'opposer à la fouille systématique de leurs placards et de leurs tiroirs. Ida eut cependant le temps – et les nerfs – de dissimuler leurs économies dans son ample corsage tandis que les Allemands avaient le dos tourné. Puis elle leur demanda posément s'ils souhaitaient un peu de café et du gâteau. Surpris, ils acceptèrent, s'assirent et se mirent à bavarder poliment avec la famille qu'ils étaient censés terroriser.

Cherchant à flirter avec Anka, les jeunes soldats lui demandèrent pourquoi elle parlait si bien l'allemand. A quoi elle leur répondit qu'elle était mariée à un architecte berlinois installé à Prague. « Dans ce cas, nous pourrions vous ramener en voiture et vous déposer directement dans son lit ! » assurèrent-ils en riant. Puis l'un d'eux reprit son sérieux et lui recommanda de ne plus jamais se risquer à rendre visite à ses parents sans permis de sortie. Sur ce, ils prirent congé et partirent sans arrêter quiconque. Anka l'avait échappé belle, une fois de plus.

A Prague, ses amis se montraient de plus en plus soucieux et inquiets de l'avenir. Hitler venait de déclarer que tous les Juifs devaient être expulsés du Protectorat. Confrontés à la menace d'une déportation imminente, les membres de la communauté ne faisaient plus confiance à personne. La plupart d'entre eux cachaient ou stockaient autant d'argent et d'objets de valeur que possible. De nombreux autres tentaient de fuir, malgré les rumeurs selon lesquelles ceux qui y étaient parvenus vivaient désormais très mal dans des pays lointains où, isolés et démunis, ils se sentaient indésirables.

Anka et Bernd eurent eux aussi l'occasion de partir : des amis leur apprirent qu'il était encore possible de quitter l'Europe en train par la Sibérie et de se rendre à Shanghai, où les troupes d'occupation japonaise avaient accueilli depuis 1938 vingt-trois mille réfugiés juifs, qui vivaient désormais en sécurité dans un quartier de la ville. Comme les fois précédentes, Anka hésita longuement. Bernd aussi. Ils décidèrent finalement de rester. En juin 1941, lorsque l'Allemagne envahit la Russie, rendant toute fuite impossible, elle en fut presque soulagée, une fois encore.

Les quelques personnes qui avaient proposé de les aider n'étaient pas les seules à tenter de sauver des Juifs : une organisation britannique non confessionnelle avait déjà secouru des familles entières, et surtout de jeunes enfants, en leur permettant de se rendre en Angleterre par le biais de ce qu'on appelait les *Kindertransports*. Une opération similaire, baptisée « The One Thousand Children », permit de transférer mille quatre cents enfants aux Etats-Unis entre 1934 et 1945. On estime à dix mille le nombre d'enfants européens qui furent sauvés de cette manière entre 1938 et 1940. Lorsque ces opérations cessèrent, l'avenir parut plus sombre encore à ceux qui ne pouvaient plus, désormais, bénéficier d'aucun secours.

Les autorités nazies ordonnèrent la fermeture de la synagogue au-dessus de laquelle habitait le jeune couple. Ils furent contraints de quitter leur ravissant atelier d'artiste pour un deux-pièces sans chauffage dans une vieille bâtisse du quartier de Jindřišská. Anka, qui refusait de se laisser abattre, l'aménagea de son mieux. « Les lois antijuives nous empêchaient de faire beaucoup de choses, mais la vie restait supportable », affirmera-t-elle en décrivant les restrictions, pourtant de « plus en plus retorses », comme de simples « coups d'épingle » portés à son bonheur. Autour d'elle, la communauté juive se pliait avec fatalisme à chaque nouvelle privation. « "Ça pourrait être pire...", voilà ce qu'on se répétait à longueur de journée. Quand il a fallu leur donner nos postes de radio, par exemple, j'étais très abattue, puis je me suis dit que je pouvais lire les journaux [...]. On trouvait toujours une solution de rechange [...]. Tant que vous n'êtes pas confronté à ce genre de situation, vous ne pouvez pas savoir ce que vous êtes capable d'accepter, jusqu'où vous pouvez aller. »

En septembre 1941, quand les autorités nazies ordonnèrent à tous les Tchèques d'origine juive âgés de plus de six ans de porter l'étoile jaune en public, une vague d'appréhension submergea la communauté : comment réagiraient les non-Juifs à la vue de ce signe distinctif ? Même sans étoile de David, les Juifs faisaient déjà l'objet de violences ou d'arrestations gratuites. Comment échapperaient-ils à leurs agresseurs maintenant qu'une étoile les désignait comme des parias ?

Le jour où elle dut porter l'insigne pour la première fois, Anka choisit délibérément ses vêtements les plus élégants – une jupe à carreaux vert foncé et une veste en daim couleur rouille – afin de reléguer le petit morceau de tissu au rang d'accessoire. Elle affirma par la suite que, de toutes les mesures anti-juives, le port obligatoire de l'étoile jaune fut celle qui lui causa le moins de souci. « J'étais très fière de mon étoile jaune. Je me disais : "Qu'ils me marquent, s'ils veulent me marquer !" Je m'en fichais complètement. Le premier jour, j'ai mis mes plus beaux vêtements. Je me suis coiffée avec soin et je suis sortie la tête haute. Pourquoi avoir honte ? C'est comme ça que j'ai réagi, et que j'ai continué à le faire. C'était un principe, chez moi. » Dans la rue, les passants ne firent pas attention à son insigne. Personne ne lui cracha au visage ; nul n'osa se montrer grossier envers une jeune femme sûre d'elle qui refusait de baisser la tête ou d'avoir peur.

Elle était tellement convaincue d'avoir raison qu'elle gronda vertement l'une de ses amies, croisée au coin d'une rue : pliée en deux, la jeune femme « rampait le long du trottoir » pour tenter de cacher son étoile jaune. « Pourquoi leur faire ce plaisir ? me suis-je exclamée. Tiens-toi droite. Sois fière d'être juive. Ils nous font porter une étoile, et alors ? Ne les laisse pas t'atteindre. »

Peu après, Bernd reçut la visite d'Otto, l'un de ses amis berlinois. Résolu à lui faire visiter Prague, même après le couvre-feu, il ôta son étoile jaune et demanda à Anka de faire de même afin qu'ils puissent sortir tous ensemble. « Si on nous arrête, ne dis rien et laisse-nous parler », ordonna-t-il. Otto n'était pas juif et s'exprimait en haut-allemand, comme Bernd. Ils ne furent pas inquiétés ce soir-là, mais cette expérience les effraya tant qu'ils ne se risquèrent pas à la réitérer.

L'été 1941 touchait à sa fin. La plupart des Juifs de Prague avaient été expulsés de leur logement en centre-ville et contraints de s'installer à la périphérie. Ils n'avaient plus le droit d'exercer une profession artistique, ni dans les arts plastiques, ni au théâtre ou au cinéma, et Bernd ne pouvait plus prendre le risque de fabriquer du mobilier pour les Allemands. Privé d'emploi et bloqué à Prague, le couple vivait sur la pension d'Anka et sur le petit salaire que sa tante pouvait lui verser en échange des chapeaux qu'elle confectionnait.

En septembre 1941, le SS *Obergruppenführer* Reinhard Heydrich, qui dirigeait la Gestapo, fut nommé suppléant du gouverneur adjoint du protectorat de Bohême-Moravie. L'atmosphère changea quasiment du jour au lendemain. En moins d'un mois, cinq mille hommes, femmes et enfants placés sous sa « protection » furent regroupés et déportés au ghetto de Łódź. La tante d'Anka et sa famille se trouvaient parmi eux. Aucun n'en revint. « C'est à ce moment-là que nous avons commencé à nous préparer à quelque chose que nous ne parvenions pas à définir... quelque chose que personne ne pouvait concevoir [...]. Nous pensions que les gens cédaient à la panique. [...] Nous ne savions pas qu'ils envoyaient les gens à la mort sur un tapis roulant. »

Après un répit de quelques semaines, Bernd reçut un courrier du Bureau de la communauté juive de Prague, le *Jüdische Gemeinde,* contrôlé par les nazis, lui assignant un numéro et lui ordonnant de se rendre deux jours plus tard au point de rassemblement situé au *Veletržni Palác*, le Palais des expositions que les Allemands avaient rebaptisé le *Messepalast.* Il se trouvait dans le quartier de Holešovice, non loin de la gare qui desservait la ligne de Prague à Bubny.

On était en novembre 1941.

Son heure était venue.

L'époux tant aimé d'Anka allait être arraché, comme des milliers d'autres hommes, à son épouse et à leur bonheur. Toute résistance était inutile.

Les organisateurs de l'*Umsiedlung*, la « relocalisation » des Juifs de Prague, affirmèrent à ceux qui se trouvaient sur cette liste qu'ils constitueraient un groupe de « pionniers » envoyés au nord du pays pour construire un « ghetto modèle » dans l'ancienne ville de garnison de Terezín, à une heure de train de Prague. Bâtie par l'empereur Joseph II, qui l'avait baptisée Theresienstadt en l'honneur de sa mère, l'impératrice Marie-Thérèse, la place forte comprenait deux forteresses ceintes de remparts et de douves. Le plan en étoile de David, étrange ironie du sort, couvrait un peu plus d'un kilomètre carré. Les Allemands, qui avaient déjà installé le centre de détention de la Gestapo dans la *Kleine Festung*, la petite forteresse, décidèrent d'en faire une gigantesque prison à ciel ouvert.

Terrorisée à l'idée de laisser partir Bernd vers un avenir inconnu, Anka tentait de se rassurer en se répétant que Terezín se trouvait en Tchécoslovaquie, et non « à l'est », cette destination qu'ils redoutaient tous sans bien savoir pourquoi. « Ce n'était qu'à soixante kilomètres de Prague, donc c'était encore "chez nous" [...]. Cela valait mieux que d'être déporté à l'étranger, expliquera Anka par la suite. Je ne voulais pas qu'il y aille, et je n'avais pas envie d'y aller non plus, mais nous n'avions pas le choix : nous étions à leur merci. »

Heydrich avait initialement prévu d'ouvrir un ghetto pour les Tchèques d'origine juive dans le protectorat de Bohême-Moravie afin d'apaiser l'opinion internationale, qui s'inquiétait de plus en plus de la manière dont les nazis traitaient les Juifs placés sous leur juridiction. En septembre 1941, plus de trente-trois mille d'entre eux avaient été fusillés par des SS à Kiev tandis qu'à Auschwitz on avait testé les chambres à gaz pour la première fois. Les plus hautes autorités du Reich veillaient à garder le secret absolu sur ces événements, mais les rumeurs se montraient de plus en plus difficiles à contrôler.

Dans les mois qui suivirent, Heydrich annonça que Terezín serait ouvert aux « *Prominenten* » : Juifs allemands et autrichiens fortunés âgés de plus de soixante-cinq ans, anciens combattants mutilés ou décorés, et tous ceux qui jouissaient d'un statut social assez élevé pour attirer l'attention sur eux. Présenté comme un « cadeau » du Führer aux Juifs afin de « les préparer à leur vie en Palestine », le nouveau ghetto se trouvait, toujours d'après Heydrich, dans un bel écrin pastoral, adossé aux collines mauves de la Bohême. Il serait placé sous la supervision des SS, mais géré de manière quasiment autonome par les Juifs eux-mêmes, aussi longtemps qu'ils le désireraient. Avant cela, insistait-il, il fallait préparer la place forte à l'afflux de nouveaux habitants. Les nazis exigèrent la formation d'un *Aufbaukommando*, une unité dédiée à la construction, de trois mille hommes et femmes en bonne santé, âgés de dix-huit à trente-cinq ans. Déportés par groupes de mille personnes, ils devaient contribuer à transformer la forteresse délabrée, conçue pour accueillir sept mille soldats, en un gigantesque camp pouvant abriter jusqu'à cent mille Juifs. Les nazis promirent à ces « pionniers » de ne pas les déporter par la suite s'ils faisaient du bon travail.

Excellent menuisier, Bernd avait toutes les qualités requises pour faire partie des pionniers. Lui et sa femme savaient que nul ne pouvait échapper à l'ordre de déportation. « On obéissait, c'est tout », dira-t-elle. Apprenant que Bernd pouvait emporter des ustensiles de cuisine et des vêtements chauds dans les cinquante kilos de bagages autorisés par les Allemands, ils virent là un signe encourageant : Bernd serait peut-être affecté à un travail au grand air, où il pourrait lui-même se préparer à manger ? Anka l'aida à faire ses valises en refoulant ses larmes. Quels objets, quels vêtements choisir ? Devait-il remplir ses sacs de produits de luxe, de livres et d'outils, ou les bourrer de boîtes de conserve et de médicaments ? Aurait-il besoin d'un sac de couchage ? Que faire de ses disques préférés ?

Après une dernière nuit de tendresse mêlée d'angoisse, Anka et Bernd se séparèrent. Malgré la gravité de la situation, la jeune femme était convaincue qu'ils se reverraient bientôt. Bernd Nathan quitta Prague le vendredi

28 novembre 1941 dans le second des deux trains affectés au transport des équipes de construction. Peu après, sa jeune épouse reçut un courrier similaire lui annonçant sa déportation imminente. « J'étais ravie de partir, parce que j'étais sûre de le revoir. Je n'ai jamais pensé qu'il puisse en être autrement. »

Un matin glacé de décembre, coiffée de son plus beau chapeau, son sac préféré et une petite valise à la main, elle remit les clés de leur appartement à sa femme de ménage en lui recommandant de veiller sur les trésors qu'elle laissait derrière elle : ses photos de famille, leurs meubles, leurs rideaux et la pendule de Bernd. Puis elle se joignit à la longue file de Juifs qui se dirigeaient vers le Palais des expositions. Au lieu d'emporter des denrées « utiles et nécessaires », des boîtes de sardines ou de la soupe en sachet, Anka transportait un gros carton à chapeaux solidement ficelé dans lequel se trouvaient trois douzaines de beignets au sucre confectionnés tout exprès par sa femme de ménage – les friandises préférées de Bernd.

Elle entra peu après dans la vaste bâtisse délabrée qui accueillait autrefois les foires et les expositions commerciales. Les six étages grouillaient d'hommes, de femmes et d'enfants entassés les uns contre les autres. Chacun se bousculait pour tenter de conquérir un peu d'espace sur le sol crasseux. Les toilettes publiques, en nombre limité, empestaient déjà ; l'eau manquait et la nourriture, servie dans des gamelles en aluminium, était distribuée avec parcimonie. Des policiers tchèques, reconnaissables à leur brassard, se chargeaient de séparer la foule en petits groupes et de remettre à chaque déporté un numéro, qu'il devait porter autour du cou, inscrire sur ses bagages, épingler ou coudre sur son sac de couchage et son manteau.

Très élégante dans son beau tailleur vert et son chapeau assorti, Anka attirait tous les regards. Munie de sa brosse à cheveux et de sa trousse de maquillage, elle mettait un point d'honneur à rester impeccable, alors que tant d'autres, plongés comme elle dans ce chaos indescriptible, privés d'intimité dans cet endroit bruyant et surpeuplé commençaient à négliger leur apparence. Les curieux se montrèrent encore plus intrigués lorsqu'elle posa au sol ses genoux gainés de soie pour recourber ses cils à l'aide d'un petit ustensile en métal. « Je voulais seulement me faire belle pour l'homme que j'aimais », expliquera-t-elle des années plus tard.

Après trois jours et trois nuits sans sommeil, parquée dans ce bâtiment bondé, Anka faillit renoncer à paraître présentable. Elle avait vainement essayé de dormir, recroquevillée sur le sol, tandis que les gens continuaient d'affluer, empiétant sur le peu d'espace dont elle disposait. Les beignets avaient commencé à ramollir et le carton détrempé devenait de plus en plus lourd, mais Anka résistait à la tentation de les manger ou de les distribuer. Enfin, les policiers donnèrent le signal du départ. Répartis en plusieurs colonnes, les déportés firent à pied le trajet de trente minutes qui les séparait de la gare. De nombreux Praguois, Juifs et non-Juifs, s'étaient massés sur les trottoirs pour les regarder partir. Muets d'angoisse et d'embarras, la plupart d'entre eux semblaient se demander quand viendrait leur tour. Incapables d'assister à ce spectacle humiliant, ils détournaient les yeux, les joues mouillées de larmes.

Postés de part et d'autre des files de déportés, des dizaines de jeunes soldats allemands jalonnaient le parcours. En voyant Anka se débattre avec le carton rempli de beignets qui menaçait de lui glisser des mains, son amie Mitzka apostropha l'un des soldats pour solliciter son aide. « *Es ist scheiss egal ob die Schachtel mitkommt* » (Je me contrefous de savoir si ce carton tombera ou pas), repartit sèchement le jeune homme au visage poupin. Anka sentit un frisson glacé la parcourir. Elle comprit soudain, elle aussi, que le sort de ce carton à chapeaux n'avait plus guère d'importance.

Les autorités nazies avaient réquisitionné de longs convois constitués de wagons de seconde classe, dans lesquels les mille déportés furent brutalement poussés et contraints de se serrer jusqu'à la gare de Bohušovice nad

Ohří, au nord de Prague. De là, ils effectuèrent à pied les deux kilomètres et demi qui les séparaient du ghetto, toujours en file indienne sous la surveillance de policiers tchèques et de SS lourdement armés. Les bagages les plus lourds avaient été chargés sur des charrettes à bras que tirait une équipe de jeunes hommes, mais la plupart des déportés durent porter eux-mêmes leurs sacs – notamment les cartons à chapeaux –, et « au pas de charge ! » se souviendra Anka.

Les imposants remparts en brique rouge de Terezín se dressaient devant eux comme une menace. « La forteresse convenait parfaitement à l'usage que les Allemands souhaitaient en faire », dira Anka. Enserrée derrière de hautes palissades en bois et plusieurs rangées de fil barbelé, la place forte elle-même demeurait assez belle, quoique très abîmée par le temps. Les grandes avenues parfaitement rectilignes convergeaient vers un vaste espace libre baptisé Marktplatz, la place du marché. A l'époque, les déportés n'y avaient pas accès : entourée de barrières, la place disparaissait, de manière assez incongrue, sous un immense chapiteau de cirque qui dissimulait une petite usine d'armement : là, une brigade de travailleurs forcés insérait de l'antigel dans des moteurs destinés aux véhicules de la Wehrmacht. Les rues voisines étaient bordées de vieux baraquements de quatre étages, parfaits pour abriter un très grand nombre de détenus ; plus loin se dressait une succession de maisons plus petites, de garages et d'étables.

Quelques minutes après avoir franchi l'une des quatre portes principales qui les séparaient du reste du monde, les Praguois furent comptés, groupés et fouillés par des gardes allemands, aidés d'une centaine de policiers tchèques. Comme tous ceux qui descendirent des premiers convois, ils furent autorisés à garder la plupart de leurs effets personnels et se virent attribuer un dortoir par les autorités juives du ghetto.

Les hommes furent séparés de leurs épouses et répartis, comme elles, dans onze casernes, baptisées d'après les principales villes allemandes ; arrachés à leurs parents, les enfants durent rejoindre les *Kinderheim*, tandis que leurs mères s'installaient dans des bâtiments poussiéreux et glacés, infestés de vermine. Entassées dans de petites pièces prévues pour vingt personnes, elles se virent attribuer une couchette – celle du bas, du milieu ou du haut – pourvue d'une simple paillasse. Chacune d'elles disposait précisément de 1,6 m^2 pour s'étendre et ranger ses affaires. Les dortoirs étant dépourvus de placards, les femmes empilaient leurs vêtements sous leur couchette ou les accrochaient à de simples clous. Le linge mouillé était étendu entre les lits, où il ne séchait jamais complètement. Comme dans le reste du monde occupé par les nazis, les déportés de Terezín furent soumis dès leur arrivée à de multiples restrictions et durent respecter le couvre-feu.

© Wendy Holden

Dortoir du baraquement de Magdebourg à Terezín

Le dimanche 14 décembre 1941, jour de son admission au camp, Anka était jeune, robuste, et pleine d'optimisme. Lorsqu'elle entra dans le dortoir bondé qu'on lui avait assigné, au premier étage d'un baraquement quasi insalubre, elle fut presque agréablement surprise : elle pensa que ce n'était « pas trop mal » et qu'ils avaient de bonnes chances d'en réchapper. Le bâtiment disposait d'une pompe qui acheminait l'eau (polluée) d'un puits, de plusieurs cuisines et de latrines, et d'une petite équipe administrative. Les déportées arrivées dans le convoi précédent lui apprirent que Bernd logeait dans la caserne dite « des Sudètes », dans le bastion ouest de la forteresse, à courte distance de son baraquement. Tandis qu'elle et Mitzka tentaient de s'arroger un peu d'espace pour ranger leurs affaires, des amies déjà installées vinrent à leur rencontre. « Ne restez pas là ! » s'écrièrent-elles en s'emparant de leurs bagages. Elles les conduisirent jusqu'à leur dortoir dans le baraquement de Dresde : prévu pour douze personnes, il était plus spacieux et pouvait accueillir l'ensemble de leur petit groupe. Entourée de ses amies, Anka eut soudain l'impression de vivre une grande aventure.

Cette première journée s'acheva dans la joie : les hommes des convois précédents reçurent la permission exceptionnelle d'aller rendre visite à leurs épouses arrivées dans l'après-midi. Un sourire triomphant aux lèvres, Anka put enfin offrir à Bernd son carton plein de beignets. Très abîmés par le voyage, ils faisaient pâle figure dans leur boîte cabossée, mais « il les mangea avec délice ».

Anka apprit cette nuit-là que nul ne pouvait sortir de son baraquement après le couvre-feu à moins d'être en possession d'un permis dûment tamponné, ou d'être escorté par un policier. Dans les semaines qui suivirent, Bernd et elle parvinrent pourtant, comme ils l'avaient fait à Prague, à déjouer les interdits. Malgré les risques encourus – les contrevenants étaient emprisonnés ou fouettés –, le jeune couple trouva le moyen de se voir. Chacun d'eux s'efforçait de découvrir où l'autre travaillerait dans la journée. Ils effectuaient ensuite de savants détours pour tenter de se rejoindre et si possible, de s'offrir quelques instants d'intimité.

Les membres du *Ältestenrat*, le conseil des autorités juives du camp, qui régissait les milliers de déportés logés dans des rues désignées par les lettres de l'alphabet, attribuait un emploi à tous les habitants âgés de plus de quatorze ans. La plupart d'entre eux travaillaient plus de soixante-dix heures par semaine sur les chantiers de construction, dans les cuisines ou les bureaux de l'administration. D'autres confectionnaient des uniformes nazis ou des vêtements pour les populations civiles d'Allemagne. D'autres encore étaient chargés de nettoyer les latrines ou de désinfecter les dortoirs afin de réduire les risques d'infection. Moins d'un an après l'ouverture du ghetto, des maçons furent assignés à la construction d'un crématorium en prévision des centaines de décès à venir – et ce, bien que la crémation soit en contradiction avec la religion juive, qui la regarde comme une désacralisation du corps et exige de ses fidèles qu'ils enterrent leurs morts.

Bernd avait été incorporé dès son arrivée dans la division des menuisiers charpentiers. Il fabriquait des couchettes et participait à la réfection des bâtiments les plus délabrés de la forteresse. En outre, il fut vite enrôlé dans la brigade chargée des rondes de nuit, une mission que beaucoup lui enviaient car elle s'accompagnait de quelques privilèges.

Anka ignorait encore à quelle unité elle serait affectée lorsqu'elle tomba gravement malade : atteinte de la scarlatine, elle fut mise en quarantaine pendant six semaines. Lorsqu'elle fut rétablie, elle fut employée à la distribution du lait, du pain et des pommes de terre : « debout près d'un seau », elle donnait à chacun « une louche de lait » et déchirait le coupon correspondant sur la carte de rationnement qu'on lui tendait. Son poste lui permettait de bénéficier d'un morceau de pain supplémentaire ou d'ajouter quelques légumes à la soupe grisâtre qui leur était servie tous les jours à la cantine.

C'est en distribuant du lait qu'elle fit la connaissance du chef d'orchestre Karel Ančerl, de sa femme et de son fils. Ančerl organiserait par la suite des concerts dans l'enceinte du ghetto et prendrait la direction de l'orchestre à cordes de Terezín. « Je leur donnais toujours plus de lait que ce qui était permis, pour leur petit garçon [...]. Je les aimais bien, et eux aussi. Nous sommes devenus amis [...]. Si je m'étais fait prendre, je l'aurais payé cher. »

Au cours des mois suivants, le nombre des convois ne cessa d'augmenter, amenant jusqu'à mille nouveaux déportés tous les trois jours. La forteresse abrita bientôt soixante mille personnes de tous âges, dont un grand nombre de malades. Les infrastructures obsolètes et largement insuffisantes du camp se révélèrent vite inadaptées : les provisions manquaient dans les cuisines ; l'eau dut être rationnée, puis bouillie pour éviter les risques d'infection. Bientôt, les prisonniers ne furent plus autorisés à laver leurs vêtements crasseux qu'une fois toutes les six semaines. Certains firent des trous dans le plafond pour pouvoir ranger leurs affaires sous les combles ; on ouvrit les vieilles galeries souterraines pour loger les nouveaux arrivants ; même les écuries furent converties en dortoirs.

Certains déportés arrivaient dans un état si pitoyable qu'ils mouraient en quelques jours. Affaiblis par la guerre et les privations, puis épuisés par un long voyage dans des convois branlants, ils n'avaient plus l'énergie nécessaire pour endurer de nouvelles épreuves. Une odeur d'excréments et de déchets en décomposition planait sur le ghetto, qu'un voile funeste semblait recouvrir en permanence.

Entre septembre et décembre 1942, Anka vit débarquer des trains les silhouettes émaciées de Stanislav et Ida, ses parents, puis sa sœur Zdena, son beau-frère Herbert et son neveu Peter. Ils arrivaient tous de Hradec Kralové, la ville où Anka avait fait ses études secondaires. Ruzena, la mère du jeune Peter, avait été envoyée quelques mois plus tôt dans un camp d'internement tchèque, à Svatoborice : les autorités lui faisaient ainsi payer la « trahison » de son mari Tom, qui s'était enfui à l'étranger dès le début des hostilités. Séparée de son fils resté avec ses parents, Ruzena avait sombré dans un profond découragement. Lorsqu'elle arriva à son tour à Terezín, elle n'avait plus goût à rien.

Les beaux-parents d'Anka, divorcés depuis de nombreuses années, arrivèrent dans des convois séparés. Louis Nathan, âgé de soixante-quatre ans, d'abord ; Selma ensuite. Accompagnée de son second mari – plus jeune que son fils, ce qui plongea Bernd dans l'embarras –, elle avait d'abord été transférée au camp de transit de Westerbork, aux Pays-Bas, où les autorités nazies internaient principalement des Juifs hollandais. Les Nathan n'avaient encore jamais rencontré leur belle-fille. Les premiers mots de Selma pour Anka ne furent guère sympathiques : « Vous savez que Bernd ne vous a épousée que pour votre argent, n'est-ce pas ? » s'exclama-t-elle en faisant allusion à la pension mensuelle que la jeune femme recevait autrefois de son père. Stupéfaite, Anka songea que leur relation prenait un bien mauvais départ.

Puis d'autres proches de la famille arrivèrent, dont les parents et le frère d'Olga, une cousine d'Anka – qui fut longtemps épargnée par les nazis car elle avait épousé un non-Juif –, ce qui portait à quinze le nombre de bouches à nourrir chaque jour. Selma estimait qu'il était du devoir de sa belle-fille de s'occuper d'elle, de son mari et de son ex-mari, ainsi que de la femme qui veillait sur ce dernier. Anka dut également prendre en charge une vieille tante, qui craignait tant de mourir d'inanition qu'elle l'attendait chaque soir dans l'espoir de se voir offrir un petit surplus de nourriture.

« Ce n'était pas triste ! » dira Anka en souriant. Pourtant, la plupart du temps, elle ne parvenait à leur distribuer qu'un peu d'orge bouilli, « une purée grisâtre et immangeable » qui avait la consistance du papier peint. « J'avais l'impression de passer ma vie à tenter de remplir la casserole que je traînais partout avec moi [...] pour nourrir mon oncle et ma tante, ma belle-mère et mon beau-père. Je n'avais pas le choix : il fallait que je les aide, coûte que coûte. [...] S'ils avaient dû survivre seulement avec ce qu'on leur donnait à manger, ils seraient morts de faim. »

Des centaines de déportés périssaient chaque jour par manque de nourriture. Les sœurs d'Anka, encore jeunes, auraient peut-être survécu sans son aide, mais pas ses parents. Son père Stanislav, un « vrai gentleman », alors âgé de soixante-treize ans, ne s'habitua jamais à devoir dormir à même le sol glacé, près d'autres hommes de son âge. Il devint si dépendant de son épouse Ida, de treize ans sa cadette, qu'elle ne pouvait même pas aller travailler, ce qui leur aurait pourtant donné droit à une ration de nourriture supplémentaire. « [Ma mère] n'a jamais perdu le sourire [...]. Sans elle, mon père n'aurait pas tenu une semaine. Il s'était accroché à elle sa vie durant [...] mais là-bas, dans le camp, il ne voulait plus la quitter des yeux. »

Outre le lait, les céréales et les quelques légumes qu'ils pouvaient se procurer grâce à leurs coupons d'alimentation, les habitants du ghetto se rendaient trois fois par jour à la cantine : à 7 heures, midi et 19 heures, chacun se munissait d'une assiette ou d'un bol en fer-blanc et rejoignait une longue file d'attente pour recevoir un petit morceau de pain et une louche de café clair ou de soupe. Ceux qui étaient assignés aux travaux les plus pénibles, les *Schwerarbeiter*, avaient droit à une double ration de nourriture ; les travailleurs « normaux » se voyaient attribuer les morceaux de taille moyenne, tandis que les *Nichtarbeiter* – ceux qui ne travaillaient pas, c'est-à-dire les plus âgés – étaient quasiment mis à la diète.

« Vous pouvez racler le fond, s'il vous plaît ? » suppliaient les plus affamés, dans l'espoir d'obtenir une soupe plus épaisse. Ceux qui se remettaient d'une longue maladie avaient droit à une ration un peu plus abondante que les autres, ce qui incitait les bien-portants comme les convalescents à feindre des symptômes qu'ils n'éprouvaient pas. Quel que soit leur statut, ils n'avaient jamais assez à manger. La faim devint une torture permanente et la recherche de nourriture un combat quotidien. De très nombreux déportés, privés d'énergie, sombrèrent dans la dépression. La plupart d'entre eux avaient été arrachés à une vie prospère et contraints de partager l'intimité d'inconnus infestés de poux. Ils n'avaient rien en commun, hormis leurs origines juives. Forcés de respirer un air lourd de crasse et de sueur, ils n'étaient plus que l'ombre d'eux-mêmes : corps émacié et prunelles agrandies par la peur.

Chaque matin, les autorités juives du ghetto assignaient une tâche à chacun et distribuaient les coupons d'alimentation, quelques provisions de première nécessité et de rares légumes, déjà pourris la plupart du temps. Les déportés parvinrent d'abord à améliorer l'ordinaire grâce aux colis qu'ils recevaient de leurs proches restés en liberté. Les Allemands ouvraient toutes les lettres. Ils empochaient l'argent, lorsqu'il y en avait, et remettaient en échange à son destinataire des coupons ou des billets émis par l'administration du camp : une sorte de « monnaie du ghetto » qui alimentait le marché noir.

Les hommes effectuaient les tâches les plus pénibles, tandis que les femmes gardaient et soignaient les enfants et les personnes âgées. Il incombait à tous les déportés valides, hommes et femmes confondus, de participer aux travaux de la *Landwirtschaft*, la brigade d'ouvriers agricoles chargés de faire pousser des légumes, d'élever des poules pour les nazis, et de ramasser les pommes de terre, les oignons et les quelques légumes racines alloués aux prisonniers. Un petit hôpital fut installé dans un des bâtiments pour accueillir ceux qui souffraient de pneumonie, de scarlatine, de fièvre septique, de typhus ou de gale, tandis que d'autres déportés tentaient de pourvoir à l'instruction des enfants du camp.

Bien que constamment affamés et frigorifiés – il faisait si froid en hiver que les vitres se couvraient d'une épaisse couche de glace à l'intérieur des dortoirs –, les premiers habitants du ghetto se montrèrent stoïques dans l'adversité. Parce qu'ils se félicitaient secrètement que la situation ne soit pas pire encore ? Peut-être. Mais le répit fut de courte durée : quelques mois après leur arrivée, une série d'événements terribles les rappela à la « triste vérité » : chacun comprit où il se trouvait et entre quelles mains reposait son destin. « Nous avions tous bon moral jusqu'à ce que les exécutions commencent », expliquera Anka.

Les officiers allemands qui constituaient le *Lagerkommandant* ordonnèrent aux représentants de la communauté juive ainsi qu'à quelques témoins triés sur le volet de se réunir sur la place attenante à la caserne d'Aussig, où des potences avaient été dressées. A l'heure dite, les nazis exécutèrent un groupe de neuf jeunes hommes coupables d'avoir « insulté l'honneur des Allemands » en essayant de « correspondre clandestinement » avec des membres de leur famille. D'autres pendaisons suivirent, dont celle de sept jeunes hommes condamnés pour des délits insignifiants : vol de bonbons ou possession de cigarettes.

Des années plus tard, Anka frémissait encore à ce souvenir. « Ils ont organisé six exécutions du même genre, qui nous ont brutalement ramenés à la réalité. Nous avons compris qu'il ne serait pas facile de survivre. A partir de ce moment-là, nous nous sommes montrés beaucoup plus prudents. Et nous avons commencé à nous ronger les sangs. Nous étions malades d'inquiétude, parce que nous n'avions pas la moindre idée de ce qui pouvait nous arriver. »

A mesure que les déportés se faisaient plus nombreux, augmentés par des convois en provenance d'Autriche et d'Allemagne, les mesures imposées par le haut commandement nazi devinrent draconiennes. Une énième vague de restrictions interdit aux prisonniers de se trouver dans certains endroits du ghetto à certaines heures de la journée, ou de se livrer à certaines activités autorisées jusque-là. Des barrières et des grillages supplémentaires furent érigés ; davantage de sentinelles furent postées dans l'enceinte du camp. Les grandes avenues devaient rester dégagées, ce qui contraignait la population à n'emprunter que les petites rues. Ceux qui enfreignaient ces règles risquaient le fouet, la prison ou la mort. De nombreux détenus furent envoyés dans la petite forteresse ; rares furent ceux qui en revinrent.

Pour économiser l'électricité, les déportés étaient souvent confinés dans les baraquements avec interdiction d'allumer les lumières : ils se dévêtaient, se couchaient et tentaient de lire à la faible lueur des bougies, qui venaient souvent à manquer, elles aussi. Etendue sur sa paillasse crasseuse, le corps couvert de piqûres de punaises qui la démangeaient atrocement, gênée par les relents pestilentiels qui s'échappaient des latrines, Anka ne pouvait s'empêcher de songer aux délicieuses soirées passées avec Bernd dans leur appartement praguois, à la lueur des chandelles. Et comment ignorer la faim qui lui tordait l'estomac ? Plus l'hiver s'installait sur le camp, plus il devenait difficile de trouver chaque jour le petit bois nécessaire à l'allumage du poêle dans les dortoirs et les cuisines des baraquements. Les rations de charbon n'étaient distribuées que lorsque la température descendait en dessous de zéro. « Les gens ont commencé à mourir comme des mouches parce qu'ils avaient faim, qu'ils avaient froid, qu'ils vivaient dans des logements insalubres et qu'ils ne pouvaient pas se laver, dira Anka. Les personnes âgées ne résistaient pas longtemps. »

Au sein d'une population rongée par la famine, l'instinct de survie prend vite le dessus. Et la survie, à Terezín, dépendait souvent de l'habileté de chacun à voler de quoi manger. D'après Anka, « tous ceux qui le pouvaient dérobaient de la nourriture. Si un ancien déporté vous raconte qu'il n'a jamais rien volé, c'est qu'il ment ». Ceux qui travaillaient dans les cuisines du camp dérobaient des pommes de terre, voire des épluchures de légumes, qu'ils revendaient ou échangeaient par la suite. Anka apprit à faire de la soupe avec des orties. Elle ne laissait jamais passer l'occasion de grappiller un petit quelque chose dans les cuisines, ce qui la contraignait parfois, quelques heures plus tard, à échanger une pomme de terre noircie contre un oignon couvert de moisissures.

La chance lui sourit lorsqu'elle reçut par erreur un énorme colis en provenance du Portugal. Rempli de boîtes de sardines, il était destiné à une certaine Nanny Nathan, qui avait péri. Anka signala la méprise aux responsables juifs des services postaux du ghetto, qui haussèrent les épaules. « “Gardez-le”, m'ont-ils répondu. J'ai accepté avec joie, mais il y avait tellement de sardines dans ce colis qu'au bout d'un moment nous n'en pouvions plus. Mon mari s'exclamait : “Encore des sardines !” [...] Quelle ingratitude, tout de même ! »

Bien que de très nombreux détenus aient péri, la place manquait pour ceux qui continuaient d'arriver, principalement d'Allemagne et d'Autriche, à l'époque. Puis, en janvier 1942, les premières vagues de « réinstallation à l'est » commencèrent : sur ordre des nazis, le conseil des Anciens dut rédiger, de plus en plus fréquemment, des listes de mille à cinq mille personnes sommées de monter dans les convois. Comme à Łódź ou à Varsovie, les déportés tentaient désespérément de plaider leur cause, voire d'acheter le salut de leurs proches, auprès des autorités du ghetto – sans grand effet. Soumise à ces terribles ponctions, la population de Terezín commença à décroître. Lors des premiers départs, quelques informations circulèrent, laissant entendre que les convois se rendraient d'abord à Riga, en Lettonie, puis en Pologne, mais nul ne savait, à l'époque, ce que signifiait cette destination. « C'était affreux de voir partir tous ces gens, même les plus vieux ou les plus malades d'entre nous, qu'il fallait transporter sur des brancards, sans savoir où on les conduisait [...]. Des milliers de personnes étaient amenées jusqu'au ghetto, puis de nouveau transportées plus à l'est quelques jours après [...]. Ils étaient des milliers à arriver, des milliers à mourir, des milliers à monter dans les convois. L'année 1942 s'écoula de cette manière. L'année 1943 également. »

La « réinstallation à l'est » devint une forme de terrorisme, une menace permanente qui planait sur le ghetto. Personne ne savait de quoi le lendemain serait fait. La peur anéantissait le peu d'espoir qui restait aux plus optimistes. Sur les cent quarante-trois mille Juifs déportés à Terezín, près de trente-trois mille périrent dans l'enceinte de la forteresse, tandis que quatre-vingt-huit mille d'entre eux furent envoyés dans des camps d'extermination, réduisant quasiment à néant la communauté juive de Tchécoslovaquie. On dénombre quinze mille enfants parmi les disparus, dont mille deux cent soixante qui s'étaient vu promettre un départ pour la Suisse, mais qui furent tous envoyés à Auschwitz, où ils furent assassinés avec leurs accompagnateurs.

Les « pionniers », comme Bernd et Anka, s'efforçaient encore de croire à la promesse qui leur avait été faite, même si rien ne prouvait qu'ils connaîtraient un sort différent des autres. « Personne ne savait qui partirait, ni quand, expliquera-t-elle des années plus tard. Serait-ce aujourd'hui ? La semaine prochaine ? Le mois prochain ? Tout ce que nous savions, c'est qu'il se passait des choses effrayantes à l'est, et qu'il fallait à tout prix essayer d'éviter la déportation. »

Alors que les conditions de vie à Terezín ne cessaient d'empirer, la Gestapo vendit des parcelles de terrain fictives et de prétendus « droits d'admission » à plusieurs milliers de Juifs allemands fortunés ou renommés, afin de les inciter à aller s'installer dans le ghetto tchèque, décrit tantôt comme un charmant village rural doté de logements et d'hôpitaux gratuits, tantôt comme un vaste centre d'accueil pour personnes âgées, tantôt comme une station thermale. Nombre d'entre eux payèrent, dans leur pays d'origine, un supplément censé leur garantir un grand appartement ou une « chambre avec vue » à Terezín, sans soupçonner l'ampleur de l'escroquerie dont ils étaient victimes. Ceux qui partirent en pensant échapper à la guerre dans un coin paisible furent horrifiés dès leur arrivée. Persuadés de bénéficier d'une agréable vie sociale, ils avaient apporté diadèmes et hauts-de-forme, bijoux et robes pailletées, qui tombèrent vite en loques. Au lieu des mondanités espérées, ils furent aussitôt confrontés à des scènes d'une misère effroyable sur lesquelles planait constamment la peur de ce qui les attendrait à l'autre extrémité des rails du chemin de fer.

« Les personnes âgées arrivaient dans un état déplorable, après je ne sais combien de jours de voyage. Les plus malades auraient dû être envoyés à l'hôpital, mais c'est nous qui devions nous en occuper. C'était la première fois que je voyais une chose pareille [...]. C'était inhumain. Nous n'avions pas la place de les accueillir, racontera Anka. Eux-mêmes ne savaient pas où aller [...]. Finalement, on les a logés dans le grenier des petites maisons qui avaient été transformées en dortoirs [...]. Ils devaient sans cesse monter et descendre les escaliers, et ils n'y arrivaient pas. »

En été, dans une chaleur implacable que n'atténuait pas le moindre souffle de vent, des nuées de mouches s'abattaient sur le ghetto. Des épidémies successives d'encéphalite, de diphtérie et de dysenterie tuaient alors des centaines de déportés qui perdaient le contrôle de leurs intestins et mouraient dans leurs propres excréments. Leurs corps étaient entassés dans des wagonnets, couverts de linceuls qui laissaient entrevoir leurs pieds décharnés. Pour tenter de faire face au typhus, il fallut créer des centres où épouiller les prisonniers et passer leurs vêtements à l'insecticide.

Malgré l'aggravation de leur situation, ou peut-être à cause d'elle, les déportés développèrent une intense vie artistique entre les murs de la forteresse. Certains des meilleurs artistes, intellectuels, compositeurs et musiciens d'Europe se trouvaient à Terezín. Ensemble, ils parvinrent à créer des œuvres de plus en plus novatrices pour éviter de sombrer complètement dans le désespoir. L'enfermement de la population suscita bientôt une créativité débordante. Les artistes encouragèrent les adultes comme les enfants à monter des pièces de théâtre, à chanter, à peindre ou à écrire des poèmes. Le matériel nécessaire était soutiré, emprunté ou volé aux autorités ; les peintres en herbe se partageaient des éclats de charbon ou des bouts de crayon pour dessiner sur des pages arrachées aux registres ou à la fin des livres ; certains déportés firent des collages à l'aide de lambeaux de carton et de tissu ;

d'autres écrivirent des poèmes. Le jeune Pavel Friedman rédigeait les siens sur des morceaux de papier carbone. L'un d'eux se terminait ainsi :

Je n'ai plus jamais revu de papillon.
Celui-là était le dernier.
Les papillons ne vivent pas ici
Dans le ghetto.

Il fut assassiné à Auschwitz à l'âge de vingt-trois ans.

Pour tous ces artistes, les risques étaient grands. Plusieurs dessinateurs, qui s'étaient hasardés à représenter les conditions de vie dans le ghetto, furent incarcérés dans la petite forteresse, où on leur brisa les doigts. De nombreux autres furent fusillés ou envoyés vers les camps d'extermination.

La crainte des représailles ne parvint pourtant jamais à brider l'effervescence culturelle de Terezín. De minuscules expositions, de brefs récitals ou de petits concerts étaient organisés dans le plus grand secret ; des troupes de comédiens amateurs répétaient dans une cave ou dans le dortoir d'un baraquement, puis, le succès aidant, se risquaient à jouer leur pièce dans un entrepôt ou la cour d'un bâtiment. Bientôt, le conseil des Anciens, sans l'accord duquel rien ne pouvait se faire, commença à vendre des billets pour les représentations théâtrales. En nombre limité, ils étaient très prisés et faisaient souvent l'objet d'échanges contre de la nourriture au marché noir.

Face à la relative indifférence des nazis, qui autorisèrent même l'usage des instruments de musique, certains artistes s'enhardirent à monter de véritables productions : ils mirent au travail des architectes, des décorateurs d'intérieur, des couturières ; ils encouragèrent les auteurs à écrire des pièces satiriques ou des numéros de cabaret. Le dramaturge tchèque Karel Švenk imagina à cette occasion un monde dans lequel les propriétaires de bicyclettes se voyaient persécutés par un groupe de personnes échappées d'un asile psychiatrique. La pièce, intitulée *Posledni Cyclista* (Le Dernier Cycliste), ne fut malheureusement jamais montée à Terezín : les membres du conseil des Anciens préférèrent l'interdire, par peur des représailles, après avoir assisté à la répétition générale. Après la guerre, à laquelle Karel Švenk ne survécut pas, l'œuvre fut recréée d'après les souvenirs des survivants. Aujourd'hui encore, elle est jouée dans le monde entier.

Le conseil des Anciens autorisa nombre de spectacles moins controversés à voir le jour, parmi lesquels *Aida*, l'opéra de Verdi, qui rassembla des chanteurs lyriques célèbres dans toute l'Europe. *Brundibar* (Le Bourdon), l'opéra que le compositeur Hans Krása écrivit pour les enfants du ghetto, fut joué plus de cinquante fois. Le Praguois František Zelenka, l'un des scénographes les plus influents et les plus créatifs de son temps, œuvra à la conception des décors et à la mise en scène d'une vingtaine de pièces de théâtre, dont les grands classiques de Shakespeare ou de Molière. Déporté à Auschwitz, František Zelenka mourut à quarante ans.

Anka assista à une répétition mémorable de *La Fiancée vendue*, l'opéra de Smetana qu'elle avait vu pour la première fois à Prague, lorsqu'elle était une étudiante heureuse et insouciante. Bien qu'elle jugeât la chanteuse trop âgée pour interpréter la jeune fiancée, le spectacle lui parut « fantastique ». Son optimisme, surtout, l'émut profondément. « Lorsque cet opéra avait été composé, personne n'imaginait qu'il serait joué à Terezín. Pourtant, un certain nombre d'airs et de répliques semblaient presque écrits pour nous [...]. A un moment donné, l'héroïne demande : “Mais que se passera-t-il à la fin ?” et le héros lui répond “Tout finira bien” ! [...] C'était tellement symbolique. Ces instants-là sont gravés dans ma mémoire. »

Durant une heure ou deux, les spectateurs qui assistaient à ces représentations n'étaient plus des prisonniers obsédés par leur propre survie, mais des êtres libres de rire et de pleurer, d'éprouver de l'espoir ou de la tristesse, libres aussi de partager les souvenirs d'une époque plus heureuse, grâce à la musique, à la danse et au chant. « Ces spectacles permettaient de détendre l'atmosphère, dira Anka. Nous pouvions enfin nous laisser aller, le temps de la représentation. »

L'un des spectacles les plus aboutis jamais créés à Terezín fut monté grâce à la détermination d'un chœur de chanteurs amateurs dirigé par Rafael Schächter, un chef d'orchestre roumain. Sous sa baguette, ce groupe de déportés parvint à donner seize représentations de l'œuvre la plus exigeante de Verdi : le *Requiem*. Cette flamboyante messe funèbre fut apprise par cœur, note après note, un mot latin après l'autre, dans un sous-sol humide et glacé, par une troupe qui s'amenuisait à mesure que les convois lui arrachaient ses chanteurs. Contraint de travailler sur un vieux piano branlant, à l'aide d'une partition secrètement introduite dans le ghetto, Schächter déclara à son chœur : « Nous allons chanter aux nazis ce que nous ne pouvons pas leur dire. »

L'un des vers du *Libera Me* implore Dieu en ces termes : « Délivre-moi, Seigneur, de la mort éternelle [...] lorsque tu viendras juger le monde par le feu. » Plus loin, un autre passage affirme que « Rien ne restera impuni » au jour du Jugement dernier. A Terezín, ces passages prenaient une connotation particulière : comment ne pas y percevoir une mise en garde adressée à tous les pécheurs ? Anka, qui assista à l'une des représentations non loin des officiers nazis, en garda un souvenir impérissable : des années plus tard, elle affirmerait n'avoir jamais rien entendu d'aussi émouvant. Lorsque l'opéra s'acheva, les déportés retinrent leur souffle, guettant la réaction des Allemands. Quand les SS commencèrent à applaudir, ils firent tous de même, les joues baignées de larmes.

Dans le cadre des actions de « résistance artistique » menées sous la houlette du *Freizeitgestaltung*, le Bureau des activités de loisirs, les prisonniers pouvaient également assister à des conférences, des cours ou des ateliers de couture et de bricolage. Ceux qui ne participaient à aucune des activités artistiques ou éducatives s'efforçaient de rénover leurs baraquements.

Au mépris de la menace de mort qui pesait constamment sur eux, les Juifs choisirent la vie. Chacun d'eux se rebella à sa façon, en chantant, en dansant, en tombant amoureux, en se mariant et, avides d'amour et d'un semblant de contact physique, en tentant de s'offrir mutuellement un peu de réconfort.

Bernd travaillait dans un atelier de menuiserie et de charpenterie installé dans le Block H, à l'intérieur des remparts mais au-delà des clôtures de fil barbelé. Il était assigné, entre autres, à la fabrication de beaux meubles destinés aux officiers nazis, comme il l'avait fait à Prague. A la fin de la journée, il passait devant le baraquement de sa femme et essayait d'entrer sans être vu, afin de passer un moment avec elle. Les dortoirs ne laissaient guère de place à l'intimité, mais ils n'en éprouvaient aucune honte. Ils n'étaient pas seuls dans ce cas : de nombreux couples louaient à l'heure une chambre ou une pièce fermée aux privilégiés qui en détenaient les clés ; les autres s'accommodaient tant bien que mal des instants volés qu'ils parvenaient à s'offrir. Il arrivait même que les hommes réussissent à déjouer les rondes de nuit pour se glisser dans le dortoir de leur compagne. Ces soirs-là, d'après Anka, on sentait tout le bâtiment trembler. « Il y avait douze femmes par dortoir. Il arrivait parfois que chacune ait son homme avec elle. Personne ne protestait. C'était un des rares plaisirs qui nous restaient. Ces moments-là nous maintenaient en vie. » Ce genre d'équipée n'était pas sans risque, mais Bernd et Anka bravaient le danger. Ils étaient jeunes, ils étaient amoureux, et les quelques heures qu'ils passaient ensemble à la faveur de la nuit leur redonnaient espoir.

Le fait qu'ils n'aient figuré sur aucune liste, alors que tant d'autres avaient été forcés de se joindre aux convois, les inclinait à penser que les nazis respecteraient la promesse faite aux « pionniers » de ne pas les « réinstaller à l'est » après la construction du ghetto. Les jeunes époux tentaient de se rassurer : peut-être resteraient-ils à Terezín jusqu'à la fin de la guerre ? Ils en venaient presque à l'espérer. Bien qu'une voie de chemin de fer ait été mise en service dans l'enceinte même de la forteresse en juin 1943, Anka demeurait convaincue, comme tant d'autres, que la guerre prendrait bientôt fin.

Elle avait maintenant vingt-six ans, et trois années de mariage derrière elle. Avant sa déportation, elle avait toujours estimé préférable d'avoir un enfant le plus vite possible, pendant qu'elle était encore jeune. Elle avait changé d'avis en arrivant à Terezín. Bernd et elle avaient décidé de ne pas mettre d'enfant au monde dans ces circonstances. Le risque semblait trop grand pour eux, comme pour le bébé : les SS avaient instauré une stricte séparation entre hommes et femmes à l'intérieur du ghetto. Bien qu'aucun règlement n'ait été édicté en ce sens, les déportés redoutaient que les femmes enceintes ne soient exécutées pour leur « crime ». Pourtant, quand Anka découvrit au cours de l'été 1943 qu'elle attendait un bébé, elle en fut secrètement ravie. Peut-être devait-il en être ainsi ? songea-t-elle. Aussitôt prévenue, sa mère accueillit la nouvelle avec stupeur. « Quand ? Comment ? » s'exclama-t-elle d'un ton incrédule. Anka se contenta de hausser les épaules. Et Ida se mit à rire. La jeune femme s'efforça de la rassurer, comme elle se rassurait elle-même : il pouvait se passer tant de choses en neuf mois ! Les rares informations qui leur parvenaient du monde extérieur – bribes de nouvelles arrachées aux policiers tchèques ou entendues sur un poste de radio clandestin – l'incitaient à l'optimisme : les Alliés avaient débarqué en Sicile, Mussolini avait été renversé et l'Italie s'était rendue ; à Varsovie, la population du ghetto s'était soulevée contre ses oppresseurs, et la vallée de la Ruhr avait subi de nombreux bombardements alliés. La fin du conflit semblait proche.

Néanmoins à Terezín, rien n'était encore fini. Au cours de l'été 1943, une épidémie de typhus fit plus de cent victimes par jour. Les wagonnets qui servaient à livrer du pain rassis à la population furent utilisés pour emporter les corps. Les cercueils venant à manquer, les morts furent enveloppés dans des linceuls, puis entassés dans les couloirs avant de pouvoir être transportés jusqu'au crématorium, où l'on procédait à mille crémations par mois.

A l'automne, Ruzena et Peter, son fils de huit ans, ainsi que Zdena et son mari Herbert, apprirent qu'ils feraient partie du prochain convoi : les SS exigeaient cette fois le départ de cinq mille personnes. Les cousins de Stanislav et d'Ida, ainsi que d'autres membres de leur famille, figuraient également sur la liste. « Quand vous apprenez que l'un de vos proches doit partir, vous tentez de remuer ciel et terre pour les sauver, confiera Anka. C'est ce que j'ai fait, bien sûr. Sans le moindre résultat. J'ai essayé de [...] payer les bonnes personnes [...] mais ça n'a servi à rien. Et c'était terriblement risqué ! Ce que vous faisiez, ce que vous disiez dans ce genre de circonstances pouvait se retourner contre vous, et servir à vous soudoyer à votre tour. De toute façon, quand les Allemands décrétaient que mille personnes devaient partir, mille personnes partaient. Soit vous aviez de la chance, soit vous n'en aviez pas. »

Des centaines de déportés préférèrent se donner la mort, ou tentèrent de le faire, plutôt qu'affronter ce voyage vers l'inconnu : on dénombra deux cent cinquante-deux suicides et quatre cent trente tentatives à Terezín entre 1941 et 1943. Ceux qui refusaient d'être arrachés à leurs proches se jetaient par les fenêtres, s'ouvraient les poignets, se pendaient ou avalaient des médicaments volés ou rapportés de l'infirmerie.

La tante d'Anka faisait également partie du convoi. Quand Anka lui fit ses adieux, la vieille dame, « très digne et bien coiffée », était assise sur sa valise. « Elle m'a serré la main en disant : "Eh bien, au revoir !" comme si nous nous trouvions dans le hall du Grand Hôtel de Hradec Králové. [...] Non pas "adieu à jamais", mais "à la semaine prochaine" ! Elle ignorait l'existence des chambres à gaz, mais elle savait tout de même que ce serait terrible. »

Un faible sourire aux lèvres, Anka agita la main une dernière fois, tandis que les colonnes de prisonniers s'éloignaient vers la voie de chemin de fer en soulevant des nuages de poussière sous leurs pas. Sa tante parviendrait-elle à trouver de quoi manger sans son aide ? Ses sœurs survivraient-elles jusqu'à la fin de la guerre ? Pourraient-elles se retrouver ? Anka pria de toutes ses forces pour qu'il en soit ainsi. Ruzena avait trente-six ans, et Zdena trente-neuf.

Quelques semaines s'écoulèrent. Anka fut surprise, heureuse aussi, de voir son ventre s'arrondir : elle avait perdu tant de poids depuis son arrivée au ghetto, et elle avait si peu à manger que cette grossesse tenait du miracle. « Nous étions fous d'impatience, Bernd et moi ! dira-t-elle des années plus tard. J'étais enceinte de quatre mois et demi quand le bébé a bougé pour la première fois. Je m'en souviens encore. Je travaillais dans un bureau, à ce moment-là. Je me suis levée et j'ai couru jusqu'au bureau principal pour annoncer la bonne nouvelle à ma chef. Je criais : "Il a bougé, il a bougé !" J'étais ivre de joie. Ça me paraissait miraculeux. » Sa joie se teinta d'angoisse dès les jours suivants. Que pouvait-elle attendre de l'avenir ? Les Alliés n'avaient pas remporté de nouvelles victoires, et la cadence des « réinstallations à l'est » ne cessait de s'accélérer.

Quand Anton Burger, l'*obersturmführer* qui venait de prendre le commandement du ghetto, apprit que de nombreuses déportées étaient enceintes, il leur ordonna de se signaler immédiatement aux autorités. Etre juive et attendre un enfant constituait un crime envers le Reich, décréta-t-il, avant d'exiger que toutes les grossesses de moins de sept mois soient interrompues. Il menaça également de représailles celles qui tenteraient de dissimuler leur état : ces femmes et leur famille seraient sévèrement punies.

En accord avec Bernd, Anka résolut de se taire. Elle cacha sa grossesse le plus longtemps possible – puis elle dut reconnaître les faits. Tous deux furent convoqués avec quatre autres couples dans les bureaux du commandant. Là, tandis qu'un nazi furieux pointait un revolver dans leur direction, ils furent contraints de signer un document stipulant qu'ils remettraient leur nouveau-né aux autorités afin qu'il soit « euthanasié ». Malgré son excellente maîtrise de l'allemand, Anka ignorait le sens de ce mot. Elle dut le demander à quelqu'un en sortant du bureau. Lorsqu'elle apprit que son bébé serait exécuté à la naissance, elle faillit s'évanouir.

« Je n'avais pas imaginé que je devrais signer un papier les autorisant à tuer [mon bébé]. Personne n'avait jamais entendu parler d'une chose pareille [...]. Comment quiconque pouvait signer un tel document ? Pourtant, nous l'avons signé. Ils nous ont dit "*Sie unterschreiben !*" (Signez-le !) et nous avons obéi [...]. La présence du SS avec son revolver a suffi [...]. Bien sûr que vous signez, dans ces conditions ! »

Anka était enceinte de six mois, en novembre 1943, quand les SS décidèrent de recenser la population du ghetto afin de s'assurer que leurs demandes d'approvisionnement correspondaient bien au nombre d'habitants. Pour ce faire, ils vidèrent complètement le ghetto. Bernd, qui souffrait d'une forte fièvre, avait été envoyé à l'infirmerie ce matin-là. Il dut y rester, de même que les autres malades et les enfants trop petits pour marcher. Anka sortit du ghetto sans lui, mais avec ses parents et trente-six mille autres prisonniers.

Une cohorte de gardes armés les escorta jusqu'à la cuvette de Bohušovická, une vaste étendue couverte de neige, dans laquelle ils durent rester de longues heures dans la crainte permanente d'être exécutés. De 7 heures à 11 heures du matin, ils furent comptés et recomptés. Les SS ne les autorisèrent ni à s'asseoir ni même à aller se soulager dans les bosquets, de sorte qu'ils durent uriner sur place. Les plus faibles se révélèrent incapables de supporter un tel traitement : frigorifiés, les pieds glacés, ils se laissèrent glisser au sol, et ne se remirent jamais complètement de cette épreuve. Lorsque la foule fut enfin autorisée à regagner le ghetto au pas de course, Anka eut l'immense soulagement d'apprendre que les déportés restés à l'infirmerie, dont son mari, n'avaient pas été assassinés.

En décembre, ce fut au tour de ses parents de partir vers l'est. Stanislav Kauder, l'ancien entrepreneur de Třebechovice, cet homme fier et respecté qui avait monté avec succès une grande maroquinerie et assuré un train de vie confortable à sa famille, en était maintenant réduit à vivre comme « un pauvre mendiant », souffreteux et démuni. Un officier SS l'avait frappé au visage, brisant sa seule paire de lunettes. Depuis, il ne voyait plus rien et dépendait entièrement de son épouse. « C'est ce qui m'a fait le plus de mal, dira Anka. Il [...] n'était plus qu'un pauvre petit vieux agrippé à sa femme [...]. C'était affreusement triste, parce qu'il [...] ne pouvait plus faire un pas sans elle. »

Affamés et affaiblis, en proie à des soucis de santé croissants, les parents d'Anka ne s'étaient pourtant jamais plaints auprès d'elle, mettant un point d'honneur à rester enjoués et souriants en toutes circonstances. « J'étais anéantie quand ils sont partis. Je leur ai dit au revoir sans comprendre que je ne les reverrais pas. Ce fut très bref : "au revoir, à bientôt", rien de plus. Ils savaient que j'étais enceinte, mais ça ne les avait pas inquiétés. Ils avaient beaucoup d'autres soucis, et nous espérions encore nous en sortir tous sains et saufs. »

Bernd vit également partir sa mère, ainsi que d'autres membres de sa famille. Son père ne fut pas déporté à l'est, en revanche. Sa Croix de fer l'avait peut-être sauvé, estimait son fils.

Ni les parents d'Anka ni ses sœurs n'étaient près d'elle lorsqu'elle mit au monde son fils à Terezín, le 2 février 1944, quelques semaines après les premiers raids alliés sur Berlin. Le ghetto disposait alors d'un véritable hôpital tenu par d'excellentes équipes d'anciens médecins. Anka fut installée dans une salle d'accouchement propre et bien équipée, où elle bénéficia des soins et des conseils d'une sage-femme. Lorsque les contractions s'accentuèrent, elle endura, comme partout ailleurs, les douleurs de l'enfantement :

« C'était affreux. J'avais tellement mal que je me suis juré de ne pas avoir d'autre enfant, même si on me payait une fortune », confiera-t-elle plus tard, avant d'ajouter : « Notre fils était une pure merveille ! »

Après l'accouchement, Anka serra longuement son bébé dans ses bras. Elle s'attendait à tout instant à voir surgir un SS chargé de le lui arracher. Bien que né avec quelques semaines d'avance, « il était parfaitement normal et j'avais assez de lait pour le nourrir ».

Bernd et Anka avaient décidé d'appeler leur fils Jiri, à la grande joie de Louis, le père de Bernd, qui avait perdu un frère du même nom. Mais le SS en charge du registre des naissances s'y opposa, parce qu'il ne s'agissait pas d'un prénom juif. Les jeunes parents se rabattirent alors sur Dan – « pas Daniel : Dan », insista Anka – et regagnèrent la pouponnière de l'hôpital. Personne n'était venu chercher leur fils, et personne ne vint dans les jours suivants. Bernd et Anka ne surent pas pourquoi leur fils, comme les autres bébés nés cette semaine-là, fut épargné par les nazis, mais ils en furent infiniment heureux.

Anka dut attendre la fin de la guerre et la découverte du journal de Gonda Redlich, écrit secrètement puis dissimulé à Terezín, pour obtenir un semblant de réponse. Gerta, l'épouse de Gonda, arrivée avec lui dans la forteresse en 1941, avait découvert sa grossesse pendant l'été 1943, comme Anka. En novembre 1943, son mari et elle avaient également été forcés d'accepter l'« infanticide » de leur nouveau-né. Ce jour-là, Gonda avait écrit ces mots terribles dans son journal : « J'ai signé la mise à mort de mon enfant. »

En mars 1944, quelques semaines après la naissance de son fils (également prénommé Dan), Gonda Redlich s'adressait à lui en ces termes dans son journal : « Il était interdit aux Juifs de naître et d'enfanter. Nous avons été obligés de dissimuler la grossesse de ta mère. Même les autres Juifs nous ont demandé de t'assassiner, toi, le fruit de nos entrailles, parce que nos ennemis avaient menacé de s'en prendre à l'ensemble de la communauté chaque fois qu'un enfant juif naîtrait dans le ghetto. » Son fils fut sauvé « par miracle », écrit-il, lorsque la femme d'un officier allemand accoucha prématurément d'un bébé mort-né. « Pourquoi ont-ils suspendu le décret qui interdisait les naissances au moment où toi et d'autres venaient au monde ? Parce que des médecins juifs avaient sauvé cette femme. Nos ennemis ont été touchés par son deuil. Alors, ils ont autorisé ta mère et quelques autres à mettre leur enfant au monde. »

Anka, qui ignorait tout de cette histoire, employait son énergie à veiller sur son fils. Elle s'était procuré des chiffons qu'elle avait déchirés pour en faire des langes. Son lait demeurait suffisant pour combler le bébé. Elle partageait sa « bonne fortune » avec d'autres accouchées, dont une qui avait donné naissance à des jumeaux. D'après Anka, trois de ces enfants moururent par la suite, et l'une des mères succomba à la tuberculose.

Malgré les bons auspices qui avaient présidé à sa venue au monde, Dan Nathan commença à maigrir un mois après sa naissance. « Il ne ressemblait plus aux autres bébés nés au même moment que lui. » En quelques semaines, le premier-né d'Anka développa une grave pneumonie. Il mourut un jeudi, le 10 avril 1944. « Mon petit garçon n'a pas été assassiné. Il n'était pas assez fort pour survivre, dira-t-elle. Il est mort dans mes bras. De mort naturelle... Je ne m'y étais pas préparée. Ce fut un choc terrible. »

Gonda Redlich évoqua la disparition de Dan dans son journal : « Un des bébés que les Allemands avaient autorisés à naître vient de mourir. Quel chagrin pour la mère, qui avait gagné un enfant par miracle et l'a perdu pour toujours ! »

Bernd assista à une brève cérémonie religieuse avant la crémation de son fils. Ses cendres furent placées dans une petite boîte en carton et conservées au columbarium du ghetto. En novembre 1944, elles furent peut-être jetées par les nazis, avec des dizaines de milliers d'autres, dans les remous de l'Ohře, un affluent de l'Elbe.

Mémorial aux morts de Terezín dont les cendres
furent jetées dans la rivière par les nazis

Anka n'eut pas la force d'assister à la crémation. Elle évoqua rarement son fils par la suite. « C'était affreusement triste, mais quand tout ce que vous vivez est affreux, vous finissez par oublier votre chagrin... Par le surmonter, d'une manière ou d'une autre. » Peu après la mort de Dan, elle demanda à une cousine pourquoi elle ne parvenait pas à pleurer son enfant. L'explication qu'elle obtint de sa parente lui convint parfaitement : « Nous ne pouvons pas nous permettre de pleurer, sans quoi nous sombrerions tous dans la folie. » Des années plus tard, Anka approuverait encore ce raisonnement : « Si vous commenciez à réfléchir, les questions et les souvenirs vous assaillaient. Vous repensiez à tout ce qui était arrivé, vous cherchiez à comprendre... C'était sans fin. Mieux valait essayer de ne pas y penser. »

« Demain est un autre jour », la phrase fétiche de Scarlett O'Hara dans *Autant en emporte le vent*, devint la maxime favorite d'Anka pendant la guerre : elle se la répétait à tout bout de champ pour se redonner du courage. Elle admettait volontiers que la « Théorie de Scarlett », ainsi qu'elle l'avait surnommée, puisse paraître « stupide » et « irrationnelle », mais elle assurait en avoir fait bon usage tout au long de sa vie. « Si vous repoussez un problème jusqu'au lendemain, vous jetterez peut-être un œil neuf sur la question après une nuit de sommeil. Jusqu'à présent, ce système a bien fonctionné pour moi [...]. L'une des caractéristiques de l'être humain est de penser qu'il finira par s'en sortir, d'une manière ou d'une autre [...]. Ceux qui renonçaient à tenir bon et qui se négligeaient physiquement mouraient plus vite que les autres. »

La succession de privations et d'humiliations imposées aux Juifs au cours des années précédentes avait minutieusement détruit leur cadre de vie et sapé en eux tout sentiment de sécurité. Désormais, ils ne pouvaient plus ni s'enfuir ni contrôler leur destin. « Ma seule manière de protester fut de survivre », déclarera sobrement Anka après la guerre.

Déjà accablée par la mort de son fils, Anka faillit être emportée par une jaunisse si virulente qu'on la plaça à l'isolement. Même Bernd n'eut pas le droit de lui rendre visite. Un jour, il cueillit l'une des rares fleurs qui poussaient dans le ghetto et vint la lui montrer à la fenêtre de l'infirmerie. Comme elle le confierait des années plus tard, bien que touchée par le romantisme de son geste, elle aurait préféré un morceau de pain à une fleur tant elle avait faim ce jour-là ! Malgré tout, elle se remit peu à peu, et put bientôt rejoindre son baraquement.

Au cours des mois suivants, alors que les Alliés se préparaient à débarquer en Europe, les premiers convois de Juifs danois arrivèrent à Terezín. Aussitôt, des représentants du gouvernement et des membres de la Croix-Rouge danoise assaillirent les autorités nazies de questions sur le sort réservé aux cinq cents ressortissants danois tombés entre leurs mains. Où étaient-ils ? Qu'allait-on faire d'eux ? Ils les interrogèrent également sur les rumeurs persistantes qui commençaient à courir en Europe : était-il vrai que les SS procédaient à des exterminations de masse dans les camps de concentration ? De tous les pays occupés, le Danemark était celui qui avait protesté avec le plus de véhémence contre les mesures anti-juives prises par les nazis. Les Danois eux-mêmes avaient réussi à sauver de nombreux membres de leur communauté juive en les cachant ou en les aidant à passer en zone libre. Ceux qui avaient été arrêtés malgré tout faisaient l'objet de tant d'attentions de la part du gouvernement danois que les nazis s'étaient résolus à leur accorder un traitement de faveur.

Soucieux d'apaiser l'inquiétude croissante des Danois et de la communauté internationale, les Allemands acceptèrent de laisser entrer à Terezín une délégation de la Croix-Rouge ainsi que quelques représentants du gouvernement danois, mais seulement après avoir transformé la forteresse en « ghetto modèle ». Ils commencèrent par évacuer les orphelins et la plupart des malades, surtout ceux qui souffraient de la tuberculose : cinq mille personnes furent déportées en mai 1944. Sept mille autres les suivirent peu après. Les prisonniers amaigris ou souffreteux furent consignés dans leurs baraquements pendant toute la durée de la visite ; et l'accès aux zones les plus délabrées du ghetto fut interdit à toute personne étrangère.

Ensuite, le commandant traça avec précision sur la carte du camp le parcours qu'emprunteraient les délégués de la Croix-Rouge. Il ordonna que les édifices et les baraquements visibles le long du parcours soient embellis, et que toutes les rues soient rebaptisées : perdant leur lettre initiale, elles répondirent, l'espace de quelques jours, à des noms plus riants : rue du Lac, notamment. Dans le cadre de ce même *Verschönerungsaktion* (programme d'embellissement), Anton Burger fit livrer de la terre fraîche pour les plates-bandes, planter des rosiers et installer des bancs publics. Tout fut repeint à la hâte et enjolivé ; des panneaux indiquant des écoles et des bibliothèques inexistantes furent dressés au coin des rues ; des fleurs vinrent remplir des jardinières flambant neuves ; des terrains de sport et de jeux, un manège, un kiosque à musique, et un centre de loisirs furent créés de toutes pièces. Les dortoirs qui se trouvaient sur le parcours furent décorés et de nouvelles rues furent ouvertes, bordées de boutiques colorées où les déportés « vendaient » les biens qui leur avaient été confisqués.

Les habitants du ghetto furent contraints d'assister à des répétitions pour déterminer où ils seraient, ce qu'ils feraient et diraient le jour J. Ceux qui refusaient d'obtempérer étaient menacés de mort. Tous reçurent l'ordre de porter leurs plus beaux vêtements, de se laver et de se coiffer. Enfin, les nazis veillèrent à ce que du pain, des fruits et des légumes frais soient livrés dans les cantines et les cuisines des baraquements. Le 23 juin 1944, tout était prêt pour la visite de la Croix-Rouge.

Les employés du ministère de la Propagande, placés sous la direction de Joseph Goebbels, firent intégralement filmer les six heures de visite. Ils ajoutèrent ces images à d'autres, tournées dans les mêmes conditions lors de l'embellissement du ghetto, afin de produire un film d'intoxication destiné à la communauté internationale : *Der Führer schenkt den Juden eine Stadt* (Le Führer offre une ville aux Juifs). On y voyait de charmantes saynètes se succéder au son du *Galop infernal* d'Offenbach, l'air préféré des amateurs de french cancan parisien : ici, de jeunes forgerons, des potiers ou des peintres travaillaient dans de petits ateliers, au-delà de l'enceinte de la forteresse ; là, des femmes fabriquaient des sacs à main, d'autres cousaient ou participaient à des travaux de menuiserie, avant de rentrer, bras dessous bras dessus, vers leurs baraquements pour lire, tricoter, jouer aux cartes ou assister à un récital ou une conférence ; plus loin, on apercevait des joueurs disputer un match de football, un couple de personnes âgées discuter sur un banc, et un groupe d'enfants aux joues rougies par le soleil se régaler de tartines de pain couvertes de beurre, un luxe dont ils étaient pourtant privés depuis des années.

Un brin facétieux, le cameraman se glissait ensuite dans les douches communautaires, où des hommes nus se savonnaient en riant, puis il s'attardait sur un groupe de déportés occupés à arroser le jardin du commandant cerné de hauts murs. Anka et Bernd participèrent, eux aussi, à la supercherie : on les voit assis dans une sorte de *Kaffeehaus* viennois, où ils semblent se régaler d'un bon café. Sous l'œil de la caméra, ils firent ce qu'on leur avait demandé de faire : ils vidèrent en souriant le contenu de leurs tasses remplies d'eau graisseuse, apportées par des serveuses en tablier blanc aussi souriantes qu'eux. Dans une séquence destinée à passer à la postérité, les délégués de la Croix-Rouge assistent, en compagnie de hauts gradés SS venus spécialement de Berlin, à une représentation du *Requiem* de Verdi, chanté par un chœur déjà amputé d'un grand nombre de ses participants.

Les prisonniers espéraient tous que les visiteurs étrangers ne s'arrêteraient pas à cette vision idyllique. S'ils posaient des questions, s'ils demandaient à s'écarter du parcours imposé par les Allemands, la vérité éclaterait peut-être ? Leurs espoirs se révélèrent vains. L'événement fut un triomphe pour les nazis. L'envoyé du Comité international de la Croix-Rouge, le Pr Maurice Rossel, nota dans son rapport : « De manière générale, aucun de ceux qui ont été envoyés ici n'a été déporté vers l'est. » Démentant les voix qui s'élevaient pour accuser les nazis d'extermination, ses collègues et lui décrivirent les installations du ghetto comme « relativement bonnes » et « confortables ». Ils remarquèrent que les dortoirs étaient dotés de tapis, se félicitèrent de la bonne marche des services postaux, constatèrent que les déportés étaient bien nourris, bien vêtus, et libres de participer à de nombreuses activités culturelles. Le rédacteur du rapport complimenta également l'administration du camp sur la « qualité remarquable » des programmes destinés à la jeunesse, avant de conclure : « Nous avons été extraordinairement surpris de découvrir à Terezín une ville presque normale. Nous nous attendions à bien pire. » Conscient de répondre aux inquiétudes de la communauté internationale, Maurice Rossel ajoutait que son rapport procurerait certainement un vif « soulagement » à ses nombreux lecteurs.

Les déportés ne furent pas informés de ses conclusions. Au cours des semaines suivantes, ils espérèrent vainement un changement, persuadés que le monde extérieur allait enfin ouvrir les yeux sur leurs terribles conditions de vie. Les délégués n'avaient pu s'arrêter aux « embellissements », se répétaient-ils. Le Pr Rossel avait certainement compris qu'il s'agissait d'une prison à ciel ouvert, où des dizaines de milliers de détenus s'entassaient sur un terrain d'un kilomètre carré, cruellement coupés du reste du monde ?

Après la visite de la délégation étrangère, tout ce qui avait servi à rénover et à embellir le ghetto fut enlevé, démonté ou détruit. Terezín et ses habitants furent rendus à leur état initial. Leurs rations alimentaires furent même diminuées pendant deux semaines pour rembourser la nourriture « supplémentaire » dont ils avaient bénéficié le 23 juin. Les bambins souriants qui avaient été filmés sur des chevaux à bascule ou sur des scènes de théâtre firent partie des cinq mille prisonniers transférés à Auschwitz quelques jours après la fin du tournage. Ces mêmes convois emportèrent Rafael Schächter, le chef d'orchestre qui avait dirigé le *Requiem* de Verdi ; Kurt Perron, le réalisateur juif qui avait tourné les images du film de propagande ; et Karel Ančerl, le chef d'orchestre devenu l'ami d'Anka, ainsi que sa femme et leur petit garçon. Déporté à Auschwitz, Rafael Schächter, qui avait rempli d'espoir le cœur de milliers de déportés et dirigé les derniers airs de musique que la plupart d'entre eux entendirent avant de mourir, périt lors d'une marche forcée en 1945, après avoir survécu à son internement dans trois camps successifs. Karel Ančerl demeura en vie jusqu'à la libération du camp, mais il perdit sa femme et son fils, assassinés dans les chambres à gaz.

Les policiers tchèques qui travaillaient à Terezín s'efforçaient d'informer secrètement les déportés de l'avancée des Alliés. Grâce à eux, la population eut la joie d'apprendre que les soldats britanniques et américains avaient débarqué en Normandie et menaient d'intenses combats dans toute la France. « La nouvelle s'est répandue comme une traînée de poudre. Nous avons cru que l'heure de la victoire avait sonné ! racontera Anka bien plus tard. Nous pensions que nous serions de retour chez nous le mois suivant. » Bernd et elle décidèrent alors d'avoir un autre enfant – « ce qui était complètement fou de notre part, admettra-t-elle. Ma première grossesse n'était pas prévue : le bébé était arrivé par surprise. La seconde, en revanche, était désirée. Nous nous disions : "Nous sommes ici depuis trois ans... Tôt ou tard, nous finirons bien par rentrer chez nous !" » Anka s'était persuadée qu'ils parviendraient à se débrouiller s'ils revenaient à Prague avec un bébé. S'ils n'étaient pas encore parents à la libération, en revanche, ils risquaient de repousser sans cesse à plus tard leur projet d'enfant, le temps de retrouver chacun un emploi et d'habiter un logement approprié.

A mesure que les convois transportaient toujours plus de déportés vers l'est, les nombreux greniers aménagés sous les combles des baraquements furent vidés de leurs occupants. Bernd cloisonna un petit espace dans l'un d'eux afin de pouvoir y retrouver son épouse. Il n'était pas le seul : ces cagibis, ou *kumbalek* comme on les surnommait dans l'enceinte du ghetto, accueillirent de nombreux couples désireux d'un peu d'intimité. Bientôt, Bernd s'enhardit à agrandir leur « grenier à foin » pour en faire une véritable pièce à vivre. « Nous l'avons très joliment adapté à l'usage que nous en faisions », confiera Anka.

Leurs escapades n'étaient pas sans risques : les SS fouillaient régulièrement les baraquements pour débusquer les couples clandestins. Pourtant, Bernd et Anka décidèrent de braver la menace. Les nouvelles du front occidental continuaient de les rassurer : après avoir libéré Paris et la quasi-totalité de la France, les Alliés se lançaient maintenant à l'assaut des Pays-Bas, sur lesquels ils menaient une intense campagne aérienne. A Terezín, l'été 1944 semblait interminable, avec son cortège de mouches et de canicules. Tandis que de nombreux détenus, surtout les plus âgés, succombaient au manque d'hygiène, à la faim ou à la maladie, Anka et Bernd savouraient le bonheur d'être ensemble dans un petit espace abrité des regards.

Les jours passaient sans que la jeune femme puisse déterminer son état avec certitude : perturbé par sa grossesse précédente, par sa maladie et par le manque de nourriture, son cycle menstruel avait perdu toute régularité. C'était un phénomène courant dans le ghetto, où de très nombreuses déportées souffraient de ce qu'elles appelaient le « syndrome de la prisonnière ». En septembre 1944, Anka ignorait encore qu'elle attendait un enfant lorsque les nazis décidèrent de transférer vers l'est la quasi-totalité des habitants de Terezín.

La défaite militaire du Reich semblait presque inéluctable : les troupes alliées se rapprochaient de l'Allemagne. Déjà, des divisions entières de la Wehrmacht avaient été contraintes de se rendre. Ces nouvelles circulaient à Terezín comme ailleurs. Craignant une rébellion, le commandant du ghetto ordonna d'abord le départ des hommes encore valides vers un nouveau camp, censément situé « près de Dresde », en Allemagne. Pour le peupler, mille personnes devraient quitter la place forte tous les deux jours au cours des quatre semaines à venir. Bernd croyait encore aux promesses faites aux « pionniers ». Il comprit qu'ils avaient été floués lorsqu'il reçut à son tour l'un des bordereaux tant redoutés : de couleur rose, le document lui ordonnait de se joindre à un nouvel *Aufbaukommando*. Quand le conseil des Anciens tenta de protester auprès des nazis en leur rappelant que les « pionniers » s'étaient vu promettre l'immunité, on leur rétorqua que toutes les dérogations de ce genre avaient été « abolies ».

Conformément au règlement du ghetto, Bernd dut rendre sa carte d'alimentation au personnel administratif afin d'interrompre la livraison de ses rations journalières. Le départ du convoi était prévu vingt-quatre heures plus tard. « Nous n'avions rien vu venir, racontera Anka. Tous les hommes ont soudain reçu l'ordre de partir vers un autre ghetto, en Allemagne. Nous pensions qu'il serait similaire à Terezín. Ce serait peut-être pire, mais ce serait tout même une sorte de ghetto... Personne n'associait cet endroit à l'horreur ni à une quelconque catastrophe. »

Anka dut néanmoins lutter contre ses larmes tandis qu'elle aidait, une fois de plus, Bernd à empaqueter quelques affaires pour une destination inconnue. Les hommes furent regroupés dans une grande cour, où leurs compagnes furent autorisées à les rejoindre pour un dernier adieu. Bernd et Anka s'étreignirent en se promettant de faire leur possible pour se retrouver. Ils ignoraient tous deux que la jeune femme était enceinte. Puis les prisonniers se dirigèrent vers la voie de chemin de fer, où ils s'entassèrent dans le train qui les attendait. On était le 28 septembre 1944, presque trois ans jour pour jour après l'arrivée de Bernd à Terezín.

Privée de sa présence, Anka sombra dans un profond désespoir. Les jours se succédèrent, aussi mornes les uns que les autres. Repliée sur elle-même, elle vécut dans un monde fait de chagrin, de faim et d'angoisse. Soucieux de renforcer leur arsenal militaire mis à mal par les Alliés, les nazis affectèrent la main-d'œuvre encore disponible à des ateliers d'armement dressés dans l'enceinte du ghetto : Anka fut choisie pour tailler des lamelles de mica destinées à fabriquer des bougies de moteurs d'avion. « Ce matériau, qu'ils appelaient *Glimmer*, se présentait sous forme de petites plaquettes transparentes. Nous les découpions en fines lamelles à l'aide de couteaux très pointus. » Considérées comme vitales pour la Luftwaffe, ces *Glimmerspalten* évitèrent à de nombreux déportés, dont Anka, d'être transférés vers l'est.

Terriblement seule et découragée par son nouveau travail, qui ne lui permettait plus de bénéficier de rations améliorées pour elle-même et pour Louis, son beau-père – le seul de ses proches qui n'avait pas encore été déporté –, Anka se sentait à bout de forces. Où trouver l'énergie nécessaire pour survivre ? Elle sombrait peu à peu dans l'indifférence quand les SS exigèrent le départ de mille personnes supplémentaires, affectées à la « construction » du camp en Allemagne. Le nom de sa chère Mitzka figurait sur la liste, avec ceux de plusieurs amis praguois, tous d'anciens « pionniers » comme elles. Quant à Anka, son travail à l'atelier d'armement lui valut d'être épargnée, cette fois encore. Pour apaiser la révolte qui grondait dans le ghetto, les autorités allemandes précisèrent quelques jours plus tard qu'elles accepteraient les départs volontaires de ceux qui souhaiteraient se rendre avec leurs proches dans ce nouveau camp, près de Dresde. Les déportés y virent une lueur d'espoir : prendre part à une brigade de travailleurs nécessaires à la construction du camp leur garantirait peut-être la vie sauve ? Il n'en était rien, mais les SS laissèrent délibérément planer le doute afin d'encourager les indécis à monter dans les convois.

Anka, elle, avait déjà pris sa décision : la perspective de rejoindre Bernd l'emportait sur toute autre considération. « Je savais que j'étais enceinte, mais mon mari l'ignorait [...]. C'était complètement insensé de ma part. » Ainsi qu'elle le préciserait par la suite, elle estimait à l'époque, à tort ou à raison, qu'elle parviendrait à survivre en Allemagne, puisque Bernd et elle avaient survécu trois ans à Terezín. Elle n'avait pas la moindre idée de l'endroit où se trouvait son mari, ni des conditions de vie qui étaient les siennes, mais elle était déterminée à le rejoindre, coûte que coûte. « Je me disais que l'Allemagne restait tout de même un pays civilisé où nous pourrions survivre. » Avec le recul, sa décision lui apparaîtrait comme « la plus grande folie de [sa] vie », mais sur le moment elle lui sembla raisonnable. Bernd et elle avaient traversé les pires épreuves ; ils avaient perdu un fils et la quasi-totalité de leur famille. Que pouvait-il leur arriver de pire ? Elle espérait le retrouver dès son arrivée, puis être affectée à un travail qui lui permettrait de côtoyer ses parents et ses sœurs, afin qu'ils puissent demeurer tous ensemble jusqu'à la fin de la guerre.

Elle craignait également d'être déportée vers un autre camp si elle ne se portait pas volontaire pour celui de

Dresde. Comment ferait-elle, alors, pour retrouver Bernd et sa famille ? Plus elle y songeait, plus le risque de les perdre à jamais lui paraissait élevé. Elle emballa quelques affaires – de manière bien plus pragmatique que trois ans plus tôt, lorsqu'elle était arrivée à Terezín avec un carton rempli de beignets – en compagnie d'une amie, qui avait choisi de rester dans le ghetto. « Personne ne savait que j'étais enceinte. Quand cette amie a remarqué que je mettais dans la valise la robe que quelqu'un m'avait faite pour ma première grossesse, elle s'est exclamée : "Pourquoi la prends-tu avec toi ?" Je n'ai rien répondu. Alors, elle a compris. "Mon Dieu ! a-t-elle crié. Tu es enceinte !" J'ai cru qu'elle allait s'évanouir. "Tu es complètement folle ! a-t-elle repris. Pourquoi t'es-tu portée volontaire ?" »

Anka quitta Terezín quelques jours plus tard, le dimanche 1er octobre 1944, alors que les troupes américaines venaient de franchir la ligne Siegfried, le long des frontières occidentales de l'Allemagne. Elle grimpa avec Mitzka et leurs amies dans un wagon de troisième classe déjà bondé, où elles furent vite « serrées comme des sardines ». Les SS verrouillèrent les portes et tirèrent les stores, puis la locomotive émit un long sifflement. Lorsque le train s'ébranla, Anka s'efforça de ne pas céder à la panique et pria pour que la distance qui la séparait de son mari ne soit pas trop longue.

Ses prières furent exaucées sur un point : elle rejoignit effectivement Bernd à l'endroit où il se trouvait, comme elle l'avait espéré. Mais cet endroit n'avait rien à voir avec Dresde.

Par une cruelle ironie du sort, le train s'arrêta un long moment en gare de Dresde. Les jeunes femmes se crurent arrivées. Ivres de soulagement, elles s'attendirent à voir s'ouvrir les portes et s'imaginèrent dans les bras de leurs proches, à l'entrée du nouveau camp. Epuisées par le voyage, affamées et déshydratées, elles attendirent et attendirent encore. En vain : le train finit par repartir sans que les portes se soient ouvertes. Elles furent saisies d'horreur lorsque le convoi se figea de nouveau. Elles se trouvaient maintenant à Bautzen, soixante kilomètres à l'est de Dresde. Elles comprirent alors que les Allemands leur avaient menti. « Nous avons commencé, lentement mais sûrement, à entrevoir quelle serait notre destination finale », expliquera Anka. Leurs soupçons furent confirmés à la lecture des panneaux entrevus par les fenêtres du wagon : les localités polonaises se succédaient à mesure que le train poursuivait imperturbablement sa route vers l'est. Ce fut, assurera-t-elle, un « très mauvais moment » pour l'ensemble des passagers.

« Ce que nous appelions "l'est" ne désignait en fait qu'un seul endroit, dont nous ignorions tout, excepté son nom : Auschwitz. C'était un camp, un camp terrifiant. Mais nous ne savions rien de plus. »

Anka l'ignorait mais si son fils avait survécu à sa pneumonie, si elle avait débarqué avec lui sur le quai d'Auschwitz-Birkenau en ce dimanche d'octobre, ils auraient tous deux été envoyés aussitôt vers les chambres à gaz. Dan avait péri, mais Anka portait une vie nouvelle en son sein, un petit être dont le cœur battait, envers et contre tout.

La jeune femme, qui avait déjà dissimulé une grossesse, s'était montrée prudente : nul ne savait qu'elle était de nouveau enceinte lorsque les portes du train s'ouvrirent après deux jours de voyage. Elle se trouva alors face à une vision qui n'avait rien du visage souriant de Bernd, mais tout de l'enfer sur terre.

4

Auschwitz-Birkenau

Priska

Dans le chaos insensé qui accompagna l'arrivée des déportés slovaques au deuxième des trois camps formant le complexe d'extermination d'Auschwitz, Priska et ses compagnons furent brutalement évacués des wagons sous les aboiements des bergers allemands et les hurlements des kapos, ces prisonniers en uniformes rayés réquisitionnés par les nazis pour assurer diverses fonctions dans les camps. Une sinistre phalange de sentinelles SS se tenait un peu à l'écart, armes levées. « Nous ne savions pas ce qu'était Auschwitz, mais à la seconde où nous sommes descendus du train nous avons compris. »

Réduits au silence par ce paysage inconcevable de grillages électriques enroulés de fil barbelé, de miradors hérissés de mitrailleuses, balayé par d'incessants rayons de projecteurs, Priska et Tibor furent assaillis par des ordres et des claquements de fouet : « *Alle heraus ! Schnell !* (Tout le monde dehors ! Vite !) Laissez vos bagages ! »

Jeunes et vieux se déversaient du train dans un même état d'hébétude, aussitôt répartis en files étroitement surveillées. Séparés les uns des autres, ils devaient abandonner leurs précieux bagages sur le sol boueux. Certaines femmes devenues hystériques s'agrippaient à leurs proches et tentaient de protéger leurs enfants des mains hostiles.

Priska fut arrachée des bras de son mari et serait tombée à terre si Edita ne l'avait rattrapée de justesse. Malgré les cris et les tentatives désespérées de son épouse, Tibor fut englouti par la foule. Poussée vers l'extrémité du quai, Priska se retrouva bientôt face à un médecin nazi dont elle apprendrait plus tard le nom : Josef Mengele. Pour l'heure, il n'était qu'un officier parmi d'autres, un SS au regard froid et impersonnel.

Josef Mengele

Un demi-sourire aux lèvres, Mengele se pencha vers elle.

— Que se passe-t-il, jolie fille ?

— Absolument rien, répliqua Priska en se ressaisissant, menton levé.

— Montrez-moi vos dents, déclara le docteur.

Elle hésita un instant, puis ouvrit la bouche.

— *Arbeiten !* (Bonne au travail !) décréta-t-il.

Des mains rudes la poussèrent vers la file de droite. Dans l'océan de souffrance qui les submergeait, nul ne pouvait s'arrêter ou regarder en arrière. Tibor avait disparu dans un interminable déferlement d'êtres humains. Priska n'était même pas certaine qu'Edita l'ait suivie.

Sous la menace des matraques et des « *Schneller !* » hurlés par les kapos et les SS, les femmes durent avancer par rangées de cinq en suivant un couloir boueux entouré de fossés et de hauts grillages électrifiés vers un bâtiment en brique situé à la périphérie du camp. Là, elles furent entassées dans une pièce tout en longueur, où elles durent se déshabiller pour être « désinfectées ».

La plupart de ces femmes abasourdies ne s'étaient jamais dévêtues devant quiconque, pas même devant leur époux. Elles durent cependant obtempérer : celles qui hésitaient ou cherchaient à se couvrir étaient rouées de coups. Vêtements, argent, montres et bijoux furent rapidement collectés pour être transférés vers le « centre de recyclage » d'Auschwitz, un grand hangar que les détenus appelaient *Kanada* en référence aux abondantes ressources naturelles de ce pays. Là, sous surveillance rapprochée, le *Kanada Kommando* composé d'un millier de prisonniers juifs, essentiellement des femmes, s'activait autour d'un gigantesque amas de vêtements, haut comme un bâtiment de trois étages.

Cette unité devait trier les vêtements chauds et de bonne qualité afin qu'ils soient lavés, désinfectés et envoyés en Allemagne. Les kapos veillaient également à ce que les femmes du *Kommando* inspectent ourlets et doublures où pouvaient être dissimulés or, billets, pierres précieuses et bijoux. Elles y trouvaient parfois des photographies de réunions de famille ou d'êtres chers. Certains de ces clichés furent courageusement conservés, mais la plupart étaient jetés au feu.

Une fois nues, les nouvelles venues furent poussées dans un long couloir menant à une petite pièce. Là, des doigts experts fouillèrent leur bouche et autres orifices. Car certaines avaient fait cacher des diamants dans leurs fausses dents, ou avaient dissimulé des bijoux dans leurs parties intimes. Très peu d'objets échappaient à ces fouilles minutieuses. Puis, telles des brebis, Priska et ses compagnes passèrent entre les mains rudes et hâtives des tondeurs.

Elles pleurèrent, tête basse, en voyant leurs précieuses boucles si soigneusement entretenues – une de leurs grandes fiertés, l'emblème même de leur féminité – disparaître dans de grands sacs. Tâtant avec effroi leur crâne tondu, elles se sentirent avilies et asservies. Puis, expédiées vers la kapo suivante, elles durent grimper sur un petit tabouret pour se faire raser les aisselles et le pubis. Cependant, dans la précipitation générale, quelques femmes, dont Priska, échappèrent à ce dernier traitement.

Ce passage sous les lames de rasoir – une mesure permettant de retrouver plus facilement les fuyards et de réduire la prolifération des poux – constitua pour beaucoup la partie la plus choquante du processus de déshumanisation propre au système concentrationnaire nazi. Les femmes qui arrivaient du camp de transit de Sered, maintenant dépourvues de vêtements, de cheveux, d'identité et de dignité, peinaient à se reconnaître sous les éraflures qui rougissaient leur crâne mal rasé, parsemé de mèches irrégulières. Amies et parentes se blottissaient les unes contre les autres, effrayées de perdre le contact physique dans cet univers déshumanisé où toutes se ressemblaient.

Trop nombreuses pour être passées en revue dans le bâtiment, Priska et ses compagnes furent brutalement conduites vers un vaste terrain de rassemblement et soumises à leur premier *Appell*, suivi d'une seconde inspection par Mengele.

L'air froid qui tombait sur leurs têtes chauves et leurs corps nus leur coupa le souffle. Plantées dans la boue par rangées de cinq pour être examinées, trop gênées pour se regarder dans les yeux, elles titubaient, victimes impuissantes d'un avilissement total. Brusquement dépouillées de leur vie d'antan, elles avaient le sentiment que la terre était sortie de son axe.

Où se trouvaient les êtres chers descendus du convoi en même temps qu'elles ? Dans la démence destructrice d'Auschwitz, écœurée par l'odeur infernale qui s'accrochait à ses narines, Priska ne fut pas la seule à craindre de devenir folle.

A mesure que Mengele s'approchait, Priska le voyait écarter les femmes affaiblies, ou celles qui présentaient des cicatrices et des blessures. Parfois, il semblait en écarter certaines au seul motif que leur visage lui déplaisait. L'ayant entendu poser la question à plusieurs reprises, Priska savait qu'il allait lui demander si elle était enceinte. En prévision de leur face-à-face, elle s'efforça de conserver un semblant de dignité, bien qu'elle n'ait jamais été aussi terrorisée et humiliée de toute sa vie.

Soudain, l'homme en uniforme se dressa devant elle, si près qu'elle sentit le parfum de son après-rasage. Elle leva la tête vers ce SS à la beauté incongrue, qui l'examinait de la tête aux pieds d'un œil appréciateur, visiblement impressionné par sa bonne santé – surtout si on la comparait aux centaines de femmes osseuses qui l'entouraient.

Priska pressentit qu'elle ne devait pas se fier à son sourire affable. Elle et son époux avaient été transportés comme des animaux, sans eau, sans nourriture. Ils avaient été frappés et insultés. Puis les nazis lui avaient arraché son bien-aimé, et volé toute sa dignité. On ne lui avait manifesté que du mépris depuis son arrivée. Si Hitler entendait véritablement « purifier » l'Europe de tous les Juifs, il ne laisserait la vie sauve à aucun de leurs bébés.

Sous le regard fixe et perçant de Mengele, elle n'eut qu'une fraction de seconde pour se décider. Un court instant, après qu'il eut posé sa question en allemand, elle le regarda droit dans les yeux.

— *Nein*, répondit-elle simplement.

Elle se contenta de ce petit mot, refusant de révéler sa maîtrise de cette langue que, dans leur arrogance, Mengele et ses cohortes présumaient comprise par tous. Son cœur battait à tout rompre. Elle savait que lorsque sa grossesse la trahirait, ce qui arriverait fatalement si elle restait dans ce camp, les conséquences seraient lourdes. Il y eut un silence, puis ce médecin et docteur en anthropologie, qui rêvait de devenir un grand scientifique, passa à la femme suivante.

Après ce premier appel, le groupe de Priska fut conduit au *Sauna*, un bâtiment sanitaire flambant neuf conçu en forme de T pour accueillir efficacement la faible proportion de détenus destinés au travail. Les kapos qui leur aboyaient dessus dans le but de se gagner les faveurs de leurs maîtres les introduisirent, toujours nues, dans une vaste salle cimentée. Là, mal assurées sur le sol glissant, agglutinées sous un enchevêtrement de tuyaux de cuivre et de larges pommes de douche, les femmes subirent une autre attente insupportable.

La salle de douches du *Sauna*, à Birkenau

Après l'affolement provoqué par les jets d'eau chaude qui jaillirent brusquement des pommeaux, elles rejetèrent la tête en arrière pour étancher leur soif. Mais l'eau n'était pas potable à Birkenau. Elles durent aussitôt recracher ce liquide salé et contaminé. Elles ne reçurent ni savon ni serviette. En revanche, les kapos les aspergèrent d'un désinfectant irritant qui s'infiltrait dans la moindre égratignure. Sous les jets qui passaient sans cesse du chaud au froid, les femmes firent du mieux qu'elles purent pour se laver.

Terrifiées par les hurlements incessants des kapos, elles se dirigèrent ensuite vers une autre pièce pour se sécher rapidement. Puis, après avoir emprunté un couloir parallèle à celui par lequel elles étaient arrivées, elles se retrouvèrent dans un espace presque aussi vaste que la salle de déshabillage, jouxté d'une petite pièce sans porte où s'alignaient des latrines.

A la pointe des matraques, les gardes les forcèrent à s'accroupir cinq par cinq, sans papier hygiénique, au-dessus de ces trous d'où émanaient d'immondes odeurs d'ammoniaque. Rares furent celles qui parvinrent à se soulager dans ces conditions. Egarées et apeurées, elles furent ensuite dirigées dans la pièce adjacente où les attendait une pile de vêtements usagés. Des kapos aux mains crasseuses fouillaient dans le tas d'habits dépareillés, y piochaient un ou deux effets qu'elles jetaient à chaque nouvelle venue sans même un regard.

Ces personnes, dont les choix aléatoires avaient pouvoir de vie ou de mort, lancèrent à Priska des chaussures choisies au hasard d'une pile, et une épaisse robe de toile noire pour laquelle elle remercierait bientôt le ciel. Car la plupart de ses compagnes reçurent des articles incongrus : des robes trop petites, des dessous d'homme, ou même des robes longues en satin. Ces fantaisies vestimentaires auraient été comiques n'importe où ailleurs. Mais à Birkenau, les femmes qui enfilèrent ces tenues ridicules sur leur peau humide furent saisies d'un pressentiment de plus en plus oppressant.

Les déportées slovaques furent ensuite évacuées par rangées de cinq vers un autre terrain d'appel, puis conduites entre deux clôtures de barbelé vers un autre bâtiment. Dans ce quartier situé à la périphérie du camp des femmes, qu'on appelait « *Lager C* » ou « *Durchs* » (transit), s'alignaient d'innombrables rangées de baraquements en bois de dix mètres sur trente, abritant des milliers de femmes terrorisées.

Ce vaste territoire voué à la mort au cœur duquel se trouvait Priska comprenait trois camps principaux et une quarantaine de camps satellites. Situé aux environs d'Oświęcim, une ville isolée du sud de la Pologne rebaptisée Auschwitz par les Allemands, l'endroit deviendrait le symbole de l'industrie génocidaire du Troisième Reich. Le camp d'Auschwitz I, dont les bâtiments abritaient autrefois un détachement de cavalerie austro-hongroise, fut d'abord un camp de « Classe 1 » réservé aux Juifs polonais, aux criminels non-juifs et aux opposants politiques. Auschwitz I fut officiellement classé *Vernichtungslager* (camp de concentration et d'extermination) en mai 1940, et confié à l'autorité du lieutenant-colonel SS Rudolf Höss, précédemment affecté aux camps de Sachsenhausen et Dachau.

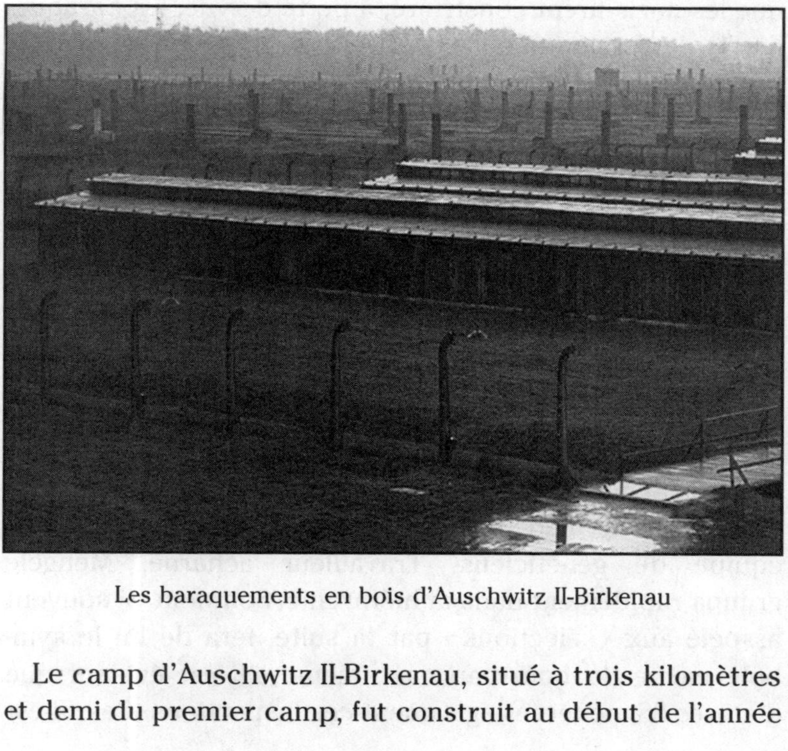

Les baraquements en bois d'Auschwitz II-Birkenau

Le camp d'Auschwitz II-Birkenau, situé à trois kilomètres et demi du premier camp, fut construit au début de l'année

1941 par des prisonniers de guerre soviétiques (cent mille y seront incarcérés et la plupart y périront), sur l'ancien village de Brzezinka, littéralement « la petite prairie aux bouleaux », rebaptisé Birkenau par les Allemands. Situé à la confluence de deux rivières au milieu d'une plaine marécageuse, cet endroit fut choisi pour sa position au centre du Reich et sa proximité avec une importante ligne de chemin de fer.

Lorsque les nazis décidèrent d'étendre leurs opérations en Pologne, les mille deux cents habitants de Brzezinka durent abandonner leurs maisons, qui furent rasées. Des milliers d'habitants de la région furent expulsés afin de créer un *no man's land* de vingt kilomètres carrés autour du complexe. Avec les briques des maisons détruites, les nazis firent construire l'arche et le bâtiment d'entrée, les quartiers des gardes et les premiers dortoirs de prisonniers, ou blocks. Quand la surpopulation gagna le complexe concentrationnaire, c'est avec les bois de la région que les nazis firent construire, à perte de vue, les baraquements des prisonniers.

Auschwitz III, construit en 1942 dans un endroit que les Allemands appelaient Monowitz, était un camp de travail forcé (*Arbeitslager*) qui procurait une main-d'œuvre gratuite au consortium pétrochimique IG Farben. Fin 1944, l'usine Buna-Werke, productrice d'essence synthétique, employait environ quatre-vingt mille personnes. Les premiers Juifs de Bratislava et de Silésie arrivèrent à Auschwitz I et Auschwitz-Birkenau au début de l'année 1942. Plus tard, les prisonniers des camps français de Drancy et hollandais de Westerbork y furent transférés, suivis par les habitants du ghetto de Terezín.

Josef Mengele arriva sur les lieux en mai 1943 avec un contingent de médecins spécialistes allemands, dont une équipe de généticiens. Travailleur acharné, Mengele grimpa rapidement dans la hiérarchie. Son nom, si souvent associé aux « sélections » par la suite, fera de lui le symbole même du bourreau nazi, même s'il est évident que d'autres SS menèrent également ces inspections. Ce qui est indéniable, c'est que Mengele exécutait sa tâche avec le plus grand zèle et présidait très volontiers à l'« accueil » d'un maximum de convois sur la rampe de triage.

En échange d'« actions spéciales » (sélections et exécutions de prisonniers), les officiers recevaient des suppléments de cigarettes, de savon, de schnaps et de nourriture, qui venaient s'ajouter aux copieux repas préparés par les chefs cuisiniers du club des Waffen SS – poulets rôtis, poissons au four, chopes de bière écumantes, glaces et desserts sucrés à volonté.

Pendant ce temps-là, des milliers de nouveaux candidats à l'extermination arrivaient chaque jour à Auschwitz, affamés et terrifiés. On estime que quatre-vingt-dix pour cent des déportés furent soumis au « traitement spécial » – noté dans les registres sous l'acronyme « SB » pour *Sonderbehandlung* – qui consistait à les assassiner dès la descente du train. Les premiers temps, le camp se trouvant à un kilomètre de la voie ferrée, ceux qui devaient mourir partaient vers leur fin dans des camions bâchés.

Les SS avaient expérimenté nombre de méthodes pour tuer les « ennemis du Reich » – les affamer, les fusiller, les asphyxier à l'oxyde de carbone – mais aucun ne leur semblait assez rapide et efficace. L'incinération des corps consommait beaucoup d'essence, produit précieux en temps de guerre. Conscients des failles de leur système, les dirigeants du Reich cherchèrent une méthode d'extermination de masse peu coûteuse et mobilisant peu de personnel. Dans un premier temps, de nombreux déportés furent tués par injection de phénol dans le cœur. Puis les ingénieurs nazis mirent au point les chambres à gaz, qui devinrent leur méthode de prédilection.

Au cœur de Birkenau, deux jolies maisons paysannes avaient survécu à la destruction du village d'origine. On les appelait la « maison rouge » et la « maison blanche ». Ces bâtiments en brique passaient pour être des douches où les déportés étaient lavés et désinfectés. Un camion arborant le sigle rassurant de la Croix-Rouge était souvent garé devant. Il servait en réalité à transporter les containers de gaz toxique, le fameux Zyklon B, un puissant pesticide utilisé contre la vermine. Au contact de la chaleur et de l'humidité, les cristaux dégageaient un acide cyanhydrique mortel. En 1941, dans une cellule-bunker d'Auschwitz I, des prisonniers soviétiques avaient été victimes d'expérimentations révoltantes qui permirent aux docteurs nazis de perfectionner cette méthode de mise à mort.

Pour entretenir le leurre, les déportés sélectionnés se voyaient remettre des serviettes et de petits bouts de savon par des hommes en blouses blanches, puis ils étaient conduits nus dans ces bâtisses aux fenêtres murées et aux portes étanches. La plupart n'avaient aucune idée de ce qui les attendait. Puis, pendant de longues minutes, les nazis laissaient la chaleur des corps réchauffer l'espace clos afin d'augmenter l'efficacité du gaz. C'est dans cet enfer obscur que les prisonniers, blottis les uns contre les autres, prenaient conscience de leur sort. Tous espéraient que l'eau allait jaillir des fausses pommes de douche, mais certains se tenaient déjà enlacés, priant et récitant le *Shema Israël* de la Torah[1]. Au bout d'un laps de temps bien déterminé, des soldats pourvus de masques à gaz grimpaient sur des échelles extérieures pour parvenir aux conduits spéciaux situés sur le toit ou en haut des murs. Au contact de la chaleur et de la sueur, les cristaux de pesticide déversés par ces conduits diffusaient leur vapeur mortelle.

Selon la distance qui les séparait des conduits les victimes mettaient parfois vingt minutes à mourir, bouche écumante et oreilles en sang. De l'extérieur, on les entendait suffoquer, hurler et cogner aux portes. Une fois le silence retombé et le gaz évacué par le système de ventilation, les déportés membres du *Sonderkommando* (commando spécial) devaient entrer dans le bâtiment pour emporter les corps. Ces esclaves du génocide rationalisé,

1. Livre du Deutéronome, chapitre VI, paragraphe 4.

vite surnommés les *Geheimnisträger* (les détenteurs de secrets), formaient une unité de quatre cents à neuf cents hommes, tenue strictement à l'écart des autres prisonniers. Leur tâche épouvantable consistait à ouvrir les chambres à gaz, évacuer les morts et s'atteler au nettoyage des excréments, du vomi et du sang, en prévision du prochain « lot ».

Parfois, ces malheureux tombaient sur des membres de leur famille. Confrontés à pareille atrocité, nombre d'entre eux optèrent pour le suicide. Les SS éliminaient les unités successives tous les trois à douze mois en fonction de leur efficacité. La première obligation du nouveau *Sonderkommando* était de débarrasser les corps du précédent. Très peu de ces hommes survécurent. Néanmoins, conscients du sort qui les attendait, certains notèrent et dissimulèrent les preuves écrites de leur calvaire afin qu'elles soient retrouvées après leur mort.

La chambre à gaz d'Auschwitz I

L'avilissement de ces hommes et de ceux dont ils manipulaient les corps ne s'arrêtait pas à la mort. Rien ne se perdait dans cette machine à recycler l'être humain. Le moindre sous-produit des cadavres était récupéré pour le Reich. Les boucles et les nattes des prisonnières servaient à fabriquer de la toile, des filets, des isolants et des rembourrages étanches utiles à la machine de guerre allemande. L'une des consignes des *Sonderkommando* était de forcer les bouches des cadavres encore chauds et d'arracher leurs dents à la pince. Les bonnes dentitions servaient à fabriquer des dentiers. Les pierres précieuses trouvées au fond des dents étaient remises aux SS pour couvrir les frais de transport, de logement et de nourriture liés au programme d'extermination. L'or dentaire était refondu en grosses pépites.

Par la suite, devant le nombre croissant de convois qui arrivaient jour et nuit, les nazis firent bâtir quatre grands centres de mise à mort : les crématoriums (*Krema*) KII, KIII, KIV et KV. Ces édifices en béton, pourvus de cinquante fours à eux quatre, se révélèrent bien plus efficaces que les deux petites maisons paysannes. Chacun d'eux mesurait cent mètres de long sur cinquante mètres de large. Les vestiaires souterrains conduisaient directement aux chambres à gaz insonorisées, déguisées en douches, elles aussi, mais équipées de monte-charges électriques permettant de hisser les corps vers les incinérateurs. A eux quatre, ces crématoires pouvaient gazer et brûler quatre mille personnes à la fois. Dans les périodes de « rendement maximum », ils exterminaient huit mille personnes par jour.

Les cendres encore chaudes des victimes étaient dispersées dans des étangs à la périphérie du camp. Mais ces bassins furent rapidement congestionnés, et les membres du *Sonderkommando* durent alors transporter et enterrer les restes des corps calcinés dans une clairière au milieu de la forêt de bouleaux. Utilisés également comme fertilisant dans les champs, ils firent de la région le plus grand cimetière juif du monde. Les vents d'est soulevaient souvent les cendres grises, faisant tournoyer cette poussière d'os à travers la plaine. Elle se frayait un chemin dans les crevasses des épidermes et se déposait partout et sur toutes les lèvres en couche épaisse. Les détenus ayant échappé au sort funeste de leurs proches se voyaient contraints d'inspirer jour et nuit leurs corps pulvérisés.

Aux premières heures de son arrivée à Auschwitz-Birkenau, Priska ne savait rien de tout cela. La seule chose dont elle était sûre, dans le baraquement surpeuplé, sombre et étouffant où on l'avait enfermée, c'est qu'elle et son bébé à venir se trouvaient en très grand danger. Par miracle, Edita l'avait rejointe et resterait à son côté jusqu'à la fin de la guerre. Les « anciennes » du baraquement commencèrent par demander aux nouvelles venues si elles avaient à manger. Déçues par leurs réponses négatives, ces femmes d'origines diverses, chauves, asexuées, aux yeux enfoncés dans leurs orbites, se mirent à discuter. C'est en les écoutant se chamailler entre elles que Priska commença à comprendre dans quel genre de camp elle avait été transférée. L'une des femmes affirma qu'elles étaient toutes condamnées. Elles avaient été amenées là pour mourir de faim ou d'épuisement. Leur situation était sans espoir. Dans le vacarme des prises de bec des différentes factions, une femme assura qu'elles étaient simplement en quarantaine. Pourquoi auraient-elles été tondues ? Pourquoi certaines auraient-elles été tatouées ? Une troisième expliqua qu'elles devaient toutes prier pour être jugées aptes au travail, que c'était leur seule chance de survie.

Les nouvelles posèrent des questions. Où se trouvaient leurs compagnons de voyage ? Qu'était-il arrivé aux membres de leur famille ? Se trouvaient-ils dans d'autres blocks ? Les avait-on envoyés travailler ailleurs ?

Avec un sourire amer, les pauvresses faméliques désignaient l'épaisse fumée qui jaillissait d'une immense cheminée, visible à travers les fentes des cloisons.

— Vous voyez ça ? murmura l'une d'elles. C'est là qu'elles sont, vos familles ! Et c'est là qu'on finira toutes !

Ce jour-là, après avoir entendu parler des chambres à gaz, après avoir senti par elle-même la puanteur écœurante de la chair humaine brûlée et des cheveux roussis, Priska cessa de douter de la réalité innommable que décrivaient ses compagnes d'infortune. Les nazis avaient bel et bien l'intention de tuer tous les Juifs d'Europe. La fumée des corps les enveloppait tel un linceul. « Dans cet endroit, le sort réservé aux femmes enceintes et à leurs bébés ne faisait aucun doute, dira-t-elle plus tard. En toute logique, nos chances de survie dans cet enfer étaient très minces. »

Son unique objectif fut désormais de sauver son enfant à naître. Pour y parvenir, elle devait avant tout éviter de mourir de faim. Au cours des heures suivantes, Priska et Edita comprirent qu'il leur faudrait survivre avec très peu : pour commencer avec l'« eau de vaisselle », une eau stagnante infusée de blé brûlé qui leur était servie matin et soir et que les Allemands appelaient café. A midi, elles avaient droit à une soupe de légumes moisis et à un petit carré de pain noir au goût de sciure.

Développant un instinct animal de survie, Priska et Edita remarquèrent qu'à la seconde où la soupe arrivait au block, les détenues sortaient de leur torpeur et se ruaient sur les tonnelets de cinquante litres. Des disputes éclataient entre cliques et nationalités, tandis que les kapos armées de triques et de tuyaux de caoutchouc frappaient violemment celles qui léchaient les éclaboussures au sol ou s'entre-déchiraient pour le moindre morceau répugnant. Les plus affamées enduraient les coups, continuant à fouiller la soupe de leurs mains crasseuses en quête d'un peu de matière. Chaque morceau étant essentiel à la survie, plus personne ne se lavait les mains avant de manger. Priska comprit vite que les meilleures portions étaient celles du fond, obtenues en penchant la soupière. Toutes les femmes les convoitaient et chacune devait attendre son tour.

Le soir, une fois qu'elles eurent léché les gamelles sales, quand la seule lumière restante fut celle des projecteurs aveuglants qui balayaient inlassablement le camp, elles tentèrent de dormir dans cette baraque sans fenêtres dont les planches mal ajustées laissaient entrer la pluie et le vent. Les châlits, qu'elles partageaient à six ou plus, étaient pourvus d'une paillasse et d'une fine couverture. Les femmes gardaient leurs bottes ou leurs chaussures pour éviter de se les faire voler, et s'accrochaient au moindre objet accordé par les nazis, gamelle ou cuillère, comme à des bouées de sauvetage.

Un dortoir de femmes dans un camp de concentration

Dans ces châlits à trois niveaux, la meilleure position était celle du bas, malgré les rats qui couraient sur la terre humide, qui les harcelaient et leur mordillaient les pieds. En été, celles qui dormaient au milieu étouffaient et manquaient d'air. Sur les couchettes du haut, les femmes suffoquaient l'été ou se faisaient tremper en hiver, mais elles pouvaient au moins manger la neige et lécher l'eau de pluie. Quel que soit le niveau où elles dormaient, elles se réveillaient courbatues et les os meurtris.

Désœuvrées, obnubilées par la peur, la faim et une soif inextinguible, Priska et les autres prisonnières redoutaient l'interminable écoulement des heures, attendant avec angoisse de connaître leur sort. Piégées dans cette baraque à l'air vicié, elles avaient l'impression que leurs journées passées dans la semi-obscurité s'étiraient à l'infini. L'oisiveté forcée ne faisait qu'aggraver leur angoisse. A demi folles de chagrin, beaucoup pleuraient leurs enfants, leur bien-aimé ou leurs proches disparus. Le désespoir était contagieux et la mort considérée comme une délivrance. Certaines étaient envahies par une terreur mortelle. Brisées, passives et fantomatiques, elles se refermaient complètement sur elles-mêmes et obéissaient aveuglément aux ordres.

Les chefs de block (*Blockältesten*) chargées de la surveillance étaient soit des criminelles de droit commun qui avaient obtenu ce statut privilégié, soit des déportées qui avaient prouvé aux nazis qu'elles étaient à la hauteur de l'immense brutalité qu'ils attendaient d'elles. Certaines, présentes au camp depuis des années, avaient appris que leur seule chance de survie résidait dans leur capacité à reproduire la haine incendiaire de leurs maîtres. Le mandat de tous les prisonniers employés du système nazi dépendait uniquement de leurs compétences. Si les kapos étaient trop indulgentes, elles risquaient une punition lourde, voire un aller simple pour la chambre à gaz. Celles qui contrariaient les SS perdaient leur grade et étaient jetées dans les baraquements qu'elles avaient dirigés, souvent livrées à la vengeance mortelle des femmes qu'elles avaient terrorisées. Du fait de ce système, les kapos contribuaient activement à maintenir l'ordre, particulièrement la nuit lorsque les SS désertaient le camp. En échange de leur collaboration, elles avaient droit à une chambre séparée en bout de block, à un lit, à des repas plus consistants et à du combustible pour se chauffer en hiver. Les femmes dont elles avaient la surveillance ne devaient ni communiquer ni coopérer entre elles. Les transgressions les plus minimes leur valaient d'être frappées, dans le meilleur des cas.

Pourtant, les détenues parlaient pendant la nuit. Elles se chuchotaient des histoires dans une langue ou dans une autre, se racontaient des anecdotes à propos de leurs amis, leurs familles, leurs maris, leurs amoureux, leurs enfants et leurs vies disparues. Mille souvenirs heureux les harcelaient. Elles avaient soif de couleurs, de rires, de chants d'oiseaux et de fleurs. De temps à autre, elles se récitaient des poèmes ou des passages de leurs livres préférés. Quand elles osaient, ensemble et à voix basse, elles chantaient des extraits de spectacles ou des complaintes à l'eau de rose avant d'éclater en sanglots.

Mais, surtout, elles parlaient de nourriture. Elles avaient beau esquiver le sujet, elles se torturaient sans cesse à l'évocation de grands festins passés, y ajoutant les ingrédients les plus fantastiques. Salivant ensemble dans l'air pestilentiel du dortoir, elles évoquaient les cuisines familiales aux odeurs de pain chaud, les tables ployant sous les mets et le goût sucré du vin rouge. Puis, lorsque cela devenait insoutenable, l'une d'elles hurlait pour faire taire les autres, et le silence retombait.

Quand leurs esprits et leurs corps épuisés succombaient enfin au sommeil, elles étaient si serrées sur leurs couches qu'elles ne pouvaient pas bouger. Même les chiens des SS avaient plus d'espace dans leurs niches. Allongées en rangs d'oignons sur le côté, elles devaient toutes bouger simultanément dès que l'une se tournait pour soulager une hanche meurtrie par le bois, ou descendait utiliser le seau. Leurs nuits agitées étaient entrecoupées de cauchemars, de rêves déchirants et de besoins naturels urgents.

Tous les matins, vers 4 heures, un coup de gong ou de sifflet perçant les tirait violemment du sommeil. Puis les kapos passaient en hurlant et leur frappaient les pieds pour les expédier sur la place d'appel, où elles étaient comptées et recomptées. Aveuglées par les projecteurs, trébuchant dans la boue, elles devaient rester alignées en rangées de cinq par n'importe quel temps, parfois pendant des heures. Celles qui se sentaient mal étaient soutenues par leurs amies, car tout signe de défaillance ou de maladie pouvait entraîner la mort.

Inhalant par la bouche pour ne pas sentir l'odeur des cendres, elles étaient souvent nues dans le vent mordant et les pluies verglaçantes qui balayaient la plaine. C'était en général le Dr Mengele qui décidait de leur sort : la mort immédiate en chambre à gaz ou la mort par épuisement dans les usines du Reich. Il prenait sa mission tellement à cœur qu'il remplaçait volontiers ses collègues à la direction des sélections.

Une fois, Mengele s'approcha inopinément de Priska et lui pinça brutalement le sein. « J'ai eu très peur d'avoir du lait, mais ce ne fut pas le cas, grâce à Dieu », dira-t-elle. Cet homme, décoré de la Croix de fer pour son rôle dans la campagne d'Ukraine, la fixa un instant de ses yeux noisette, puis passa à la femme suivante.

Mais une autre détenue dont il pinça le sein fut terrorisée de l'entendre s'écrier : « Du lait ! Une femme enceinte ! » D'un simple mouvement de main, tel le metteur en scène désignant le côté cour à un comédien, il l'expédia vers une détenue médecin qui confirma la grossesse après un examen hâtif. La détenue nia, mais la doctoresse insista. Quand cette dernière partit chercher un garde, la prisonnière retourna en toute hâte sur la place d'appel, et sauva ainsi sa peau ce jour-là.

Les rares fois où Mengele prenait du repos, les sélections matinales étaient conduites par d'autres membres de l'équipe médicale, notamment l'arrogant Dr Fritz Klein qui patrouillait toujours en compagnie de ses chiens. Une fois que les femmes avaient décliné leurs nom, âge et nationalité, il les inspectait en quête d'un eczéma, d'une imperfection ou d'une difformité, puis indiquait d'un geste du doigt s'il leur faisait la grâce d'un jour de plus ou si elles étaient bonnes pour le gazage. Lors de son procès pour crimes de guerre, ce virulent antisémite, qui affichait tant de dégoût à l'égard des femmes durant les sélections, déclarera publiquement que les Juifs formaient « l'appendice infecté » de l'Europe, et devaient être éliminés comme tel.

Chaque jour à la tombée de la nuit, les nazis reproduisaient à l'identique le macabre rituel matinal, évaluant avec soin le sort des femmes qu'ils détenaient. Celles qui avaient renoncé à survivre, ou qui ne tenaient plus debout à cause des diarrhées, des maladies et de la déshydratation, étaient emmenées, sans grande chance de retour.

Edita ne quittait pas la femme enceinte dont elle avait pris la responsabilité, l'aidant à se tenir droite, dormant contre elle pour la protéger et la réchauffer. Parfois, la nuit, elle lui chuchotait : « Ouvre la bouche. » Une lamelle de pomme de terre crue ou une petite bouchée de pain noir glissait alors entre les mâchoires tremblantes de Priska. « Ce sont les aliments les plus délicieux que j'aie jamais mangés. » Priska ne savait pas où Edita se procurait ces petits bouts de survie dans ce désert de désolation, mais elle affirmera que sans eux, elle n'aurait pas survécu.

Jour et nuit, les femmes subissaient les assauts de la vermine qui se cachait dans chaque recoin des baraques, se multipliant bien trop vite pour être éradiquée. Débusquer et écraser les poux du bout des ongles devint une sorte de passe-temps. En l'absence de soins médicaux ou de possibilité de laver les piqûres que les prisonnières ne pouvaient s'empêcher de gratter, les plaies s'infectaient rapidement. La dureté des lits, la saleté et la malnutrition fissuraient progressivement les épidermes, causant des crevasses terribles.

Parfois entassées à huit cents dans une même baraque, ces femmes sans défense étaient ravagées par les maladies et les crises quotidiennes de dysenterie. Les sanitaires, situés dans un bâtiment séparé, se réduisaient à un long bac équipé de deux robinets crachant une eau brune douteuse. Il n'y avait ni savon ni brosses à dents. Les anciennes montraient aux nouvelles comment se frotter avec du sable ou du gravier pour se laver. Certaines utilisaient leur urine pour nettoyer leurs plaies.

© Wendy Holden

Le block des latrines à Auschwitz-Birkenau

Elles ne pouvaient se rendre aux latrines qu'une ou deux fois par jour. Celles-ci consistaient en deux longs bancs de ciment de cinquante mètres de long percés de cinquante trous chacun, sous lesquels se trouvait une tranchée peu profonde. Conduites toutes ensemble vers ces trous maculés d'excréments, les femmes n'avaient droit qu'à quelques minutes pour faire leurs besoins, et ne pouvaient s'essuyer qu'avec la paille sale de leurs châlits, des fragments de vêtements déchirés, ou leurs propres mains. Les femmes réglées n'avaient rien pour éponger le sang menstruel. Au moins le bébé qui s'accrochait à la vie dans le corps amaigri de Priska lui épargnait-il ce souci. Puis les gardes se mettaient à hurler « *Weitergehen !* » (Circulez !). Les déportées se redressaient alors péniblement en veillant à ne pas perdre dans la boue les chaussures qui assuraient leur survie, et repartaient vers les dortoirs au pas cadencé – jusqu'à l'appel suivant.

A chaque sortie, Priska fouillait le camp du regard dans l'espoir d'apercevoir Tiborko. Elle ne voyait rien, hormis d'interminables alignements de baraquements, une succession de miradors en bois surnommés les « cigognes » et l'éternel panache de fumée noire au-dessus des fours.

Tibor lui avait conseillé de ne penser qu'aux belles choses. Mais qu'y avait-il à voir dans ce marécage incolore aux horizons tendus de fil barbelé et dont la terre boueuse ne laissait percer aucun brin d'herbe ? L'air stagnant empestait la mort dans ce camp tentaculaire. Certes, les bouleaux balançaient leurs branches sous le ciel immense, mais le soleil était trop pâle pour percer le jour obscur ; les oiseaux avaient fui ce coin désolé, laissant derrière eux un silence assourdissant. Où était le reste du monde ?

Dans ce complexe voué au démantèlement de l'esprit humain, les spectres informes qui entouraient Priska avaient le visage hâve et l'air dément. Envoyées à l'est et promises au néant, réduites à une existence inhumaine, ces femmes n'étaient plus que des ombres oscillant entre la folie et la mort. Nulle étincelle d'espoir dans leur regard. Partout, la mort semblait aux aguets. Les détenues se réveillaient souvent à côté d'un corps sans vie dont elles taisaient l'état pour obtenir une ration de nourriture en plus.

Déchirée par le mal du pays, hantée par l'absence totale de beauté et de douceur, Priska commença à douter de ses forces. Comment pouvait-elle espérer survivre à cet enfer ? Harcelée par la faim, la soif, les plaies, supportant à grand-peine sa propre odeur, elle était ahurie par tout ce qui lui était arrivé depuis qu'elle et Tibor avaient été pris dans une rafle. Où était passée la douceur de sa jeunesse à Zlaté Moravce ? Avait-elle rêvé l'époque où elle aidait son amie Gizka et mangeait des feuilletés à la cannelle sur le seuil de la pâtisserie ? Où s'étaient enfuis leurs moments de bonheur ? Les *Sachertorte* dégustées avec Tibor dans les cafés enfumés de Bratislava en compagnie d'amis vifs et intelligents ? Les moments passés à son côté tandis qu'il noircissait ses carnets de notes dans un nuage de tabac à pipe ? L'inconcevable objectif de Hitler avait englouti le passé de Priska ; il ne lui restait plus que des souvenirs.

Dans cet état d'angoisse et de stupéfaction, elle faillit succomber au désespoir comme tant d'autres détenues. Mais elle avait perdu trois bébés : de ce fait, sa volonté de vivre et de donner le jour à son enfant se révéla étonnamment tenace. Puisqu'elle ne pouvait prédire l'avenir, elle souhaitait ardemment revoir son époux une dernière fois.

A Birkenau, les hommes étaient scrupuleusement séparés des femmes et logés dans des blocks situés à l'autre bout de l'énorme complexe. Quelques hommes en uniformes rayés étaient parfois affectés à d'autres secteurs pour y nettoyer les latrines ou effectuer de menus travaux, mais ceux-ci portaient en général le triangle rose des homosexuels. Les tentatives de Priska étaient donc parfaitement futiles. Elle en vint à redouter que son mari, ce journaliste affable reconverti en employé de banque, ne soit déjà « parti en fumée » ou n'ait été déporté ailleurs. Ses espérances s'amenuisaient de jour en jour.

Un matin, le dieu qu'elle invoquait chaque jour au coucher répondit enfin à ses prières : à travers les spirales de fil barbelé, elle aperçut soudain Tibor au milieu d'un petit groupe d'hommes qui traversait le secteur. Malgré sa maigreur extrême et sa peau presque translucide, elle le reconnut immédiatement.

Au risque d'être exécutée ou battue à mort, Priska, dans ses lourdes galoches, fendit d'un trait le terrain boueux jusqu'au grillage électrifié, qu'elle prit soin de ne pas toucher. Là, elle put échanger quelques mots avec son époux avant d'être repérée.

Cet homme dont ils avaient fêté les trente ans deux semaines plus tôt faisait à présent le double de son âge. Il fut bouleversé de voir sa Piri, et lui dit combien il priait pour qu'elle et le bébé survivent.

— C'est ce qui me garde en vie, assura-t-il.

— Ne t'inquiète pas. Je rentrerai. On s'en sortira ! répondit Priska avec un regain de détermination.

Puis ils furent séparés et renvoyés à leurs secteurs respectifs avec quelques hématomes supplémentaires.

Cette rencontre miraculeuse et le fait de savoir que Tibor était encore en vie suffirent à redonner espoir à Priska. La perspective de le retrouver après la guerre lui offrait le réconfort auquel elle aspirait depuis des jours. Cette nuit-là, sur sa couche, coincée entre Edita et ses voisines, elle entendit résonner les paroles d'encouragement de son époux, et sa volonté farouche de sauver son enfant s'en trouva renforcée. La guerre serait forcément finie quand la petite Hanka ou le petit Miško viendrait au monde, se dit-elle.

Peu avant leur déportation, grâce aux bulletins d'information qu'ils suivaient clandestinement à la radio d'un ami, Tibor et Priska avaient appris que les Allemands étaient en déroute. La France était libérée. Ce n'était plus qu'une affaire de semaines avant que les camps ne le soient à leur tour. L'Armée rouge et l'armée des Alliés se rapprochaient l'une de l'autre, couvrant peu à peu l'ensemble du territoire occupé par le Reich. Tibor, elle et le bébé pourraient bientôt rentrer chez eux et reprendre le cours de leur vie si cruellement interrompu. Sur sa couche, les mains à plat sur son ventre, Priska calcula sa date d'accouchement. « J'étais enceinte depuis le 13 juillet 1944. Je savais donc très exactement quand les neuf mois seraient écoulés. »

Elle estima qu'elle accoucherait le 12 avril 1945. D'ici là, se promit-elle, elle protégerait son bébé envers et contre tout, et survivrait au moins jusqu'à la naissance. Relativement épargnée par sa vie à Bratislava durant les cinq premières années de guerre, elle était encore forte et solide. Son mari était vivant ; il l'aimait et comptait sur elle pour survivre.

Elle lui avait juré qu'ils s'en sortiraient, et elle tiendrait parole.

Priska s'accrocha à ces pensées rassurantes jusqu'à l'aube grise du 10 octobre 1944. Ce jour-là, deux semaines après son arrivée à Auschwitz-Birkenau, elle dut une fois de plus, avec ses compagnes, s'aligner sur la place d'appel pour se soumettre au pouvoir imprévisible du Dr Mengele. Souriant, comme toujours, et tapotant une cravache contre ses bottes cirées, il entreprit de sélectionner les femmes les plus vaillantes, d'un simple mouvement de badine à droite, pour les expédier en camp de travail. Comparée à celles qui avaient passé de longs mois dans les ghettos ou les camps, Priska avait encore les yeux vifs et le teint frais. Un spécimen de premier choix pour Mengele. Il n'hésita pas : d'un coup de cravache à droite, il lui ordonna de rejoindre le groupe de femmes jugées aptes au travail.

A leur grand étonnement, après avoir reçu un morceau de pain et une louche de liquide tiré d'une soupière de cinquante litres, les femmes furent dirigées vers un train de marchandises aussi long que lugubre, puis à nouveau sommées de grimper dans des wagons à bestiaux fermés.

Hurlant intérieurement le prénom de son époux tandis que les portes du wagon se refermaient sur elle, Priska perdit tout espoir de revoir Tibor. Puis, dans un sifflement de vapeur, la grosse locomotive noire l'arracha au brasier infernal d'Auschwitz et l'emporta vers une destination inconnue.

Rachel

Prises dans la mécanique parfaitement huilée de l'industrie meurtrière nazie, Rachel et ses sœurs connurent le même traitement que toutes les femmes déportées à Auschwitz à la fin de l'été et à l'automne 1944.

Le train de Łódź s'immobilisa dans un interminable crissement sur la voie de garage du camp de Birkenau. Les portes coulissantes s'ouvrirent et les femmes tressaillirent, aveuglées par l'afflux de lumière. Encore engourdies par des heures d'immobilité forcée, elles furent traînées hors des wagons et jetées au milieu d'une foule compacte, traversée de cris et de pleurs. Vite rassemblées et mises en rangs, elles furent poussées vers le *Sauna* où on les força à se déshabiller. A coups de fouet et d'injures, elles furent obligées d'abandonner les vestiges de leur vie passée.

« Ils nous ont rasé la tête et lavées au désinfectant, dira Rachel. Puis nous sommes ressorties de l'autre côté de la grande salle. Ils déambulaient parmi les femmes pour les examiner, puis ils sélectionnaient les plus jeunes et les plus vaillantes. Il n'y avait pas de bébés. Pas de mères. Seulement des femmes en bonne santé et capables de travailler. »

On leur arracha à la pince leurs boucles d'oreilles et elles furent dépouillées de leurs bagues par des mains crasseuses. « Vous n'aurez pas besoin de montres là où vous allez », raillaient les kapos. Les montres disparurent donc, elles aussi. Avant de les tondre, les gardes inspectèrent leurs oreilles, leur bouche et leurs parties génitales. Nues, rasées, totalement humiliées, ces jeunes femmes dont les SS évaluaient les capacités de résistance à l'épuisement se confondaient maintenant les unes avec les autres. Elles avaient toutes à peu près le même âge, la même taille, la même corpulence, ne présentaient pas d'imperfection ou de handicap visibles.

« Nous étions comme des brebis effrayées, dira Sala. Je n'ai même pas reconnu ma propre sœur une fois rasée. Je lui ai dit qu'on ne ressemblait plus à des êtres humains [...]. Je portais un petit collier qu'une amie m'avait fabriqué et, stupidement, je n'ai pas essayé de le cacher. Une des gardes me l'a arraché du cou. Elles ne nous adressaient même pas la parole. C'était d'une cruauté sans nom. Puis, pour ajouter à notre humiliation, on nous a fait sortir et défiler nues en plein vent. »

Debout dans les rangs, Rachel remarqua que l'élégant docteur SS déjà croisé sur le quai de débarquement pressait le sein d'une femme sur deux. Toutes celles dont la grossesse était manifeste devaient sortir de la file. Sans en avoir la certitude absolue, Rachel se doutait qu'elle attendait un enfant de Monik. Elle pressentait aussi que ce serait une erreur de révéler son état. Tremblante de froid et d'angoisse, la jeune mariée n'était même pas sûre de désirer un enfant si tôt. Elle portait néanmoins cette vie en elle. Que faire ? Elle décida, pour la préserver, de nier son existence.

Tandis que Mengele passait sans l'interpeller, Rachel s'en voulut de ne pas avoir partagé la nouvelle avec son époux et sa mère, la douce Fajga. A présent, elle n'osait même pas l'annoncer à ses sœurs, de peur qu'elles n'en payent les conséquences. Muées comme elle en marionnettes tremblantes, Sala, Bala et Ester traversaient à quelques rangées d'écart le même processus clinique visant à éliminer les femmes affaiblies ou sous-alimentées. Malgré les épreuves endurées à Łódź, les sœurs Abramczyk avaient l'avantage de la jeunesse : elles paraissaient plus vaillantes que la majorité de leurs compagnes.

Sélectionnées par le docteur à l'éternel sourire, les quatre sœurs furent orientées vers un groupe destiné à partir en camp de travail. De nouveau conduites vers le *Sauna* sous la menace des fouets, elles reçurent des tenues hétéroclites prélevées dans un amas informe de vêtements visiblement collectés après l'arrivée d'un convoi, comme si les déportés qui le composaient venaient tout juste de se dévêtir. Cette distribution de vêtements s'effectuait de manière aléatoire, au mépris de toute question pratique ou esthétique. On trouvait dans le tas des robes d'adolescentes, des bleus de travail, des chapeaux à plumes et même de la layette. Certaines prisonnières écopaient de robes de cocktail et de grosses bottes masculines. D'autres recevaient des vêtements de nuit ou des blouses d'été. Certaines avaient la chance d'obtenir des sous-vêtements, ou quelque habit pourvoyant à cet effet, mais la plupart en étaient privées, ce qui ne leur était jamais arrivé. Elles flottaient dans des souliers trop grands, des sabots noirs « hollandais », ou souffraient le martyre dans des chaussures à talons.

« J'ai eu beaucoup de chance, dira Rachel. On m'a lancé une grande robe noire qui avait dû appartenir à une infirme, aussi vaste qu'une tente et munie d'un empiècement détachable. J'ai tout de suite su que je pourrais cacher ma grossesse là-dessous. Personne ne devinerait quoi que ce soit. Puis, on m'a jeté une paire de chaussures importables, que j'ai portées quand même. »

Là encore, les sœurs parvinrent à rester groupées. Elles durent quitter le bâtiment au pas de charge et s'aligner sur la place d'appel. Au garde-à-vous par rangées de cinq dans leur accoutrement ridicule, attendant la suite du cauchemar, elles virent partir le reste de leur convoi vers un des baraquements – ou pire, peut-être. Cinglées par un vent glacé qui annonçait le froid impitoyable de l'hiver 1944, les femmes se demandaient ce qu'elles allaient devenir. Echapperaient-elles un jour à ce sinistre purgatoire ?

En cette fin d'année, les Allemands n'avaient plus de temps à perdre. Ils savaient que la Wehrmacht courait à la défaite. La plupart des hommes étant au front, le manque de main-d'œuvre pénalisait lourdement la machine de guerre allemande. Les nazis avaient bien compris que tout prisonnier valide, même juif, pouvait leur être utile. Les quatre sœurs Abramczyk furent envoyées dans une usine essentielle à la poursuite des offensives aériennes, que les Allemands jugeaient primordiales. Les progrès technologiques avaient accru la puissance des forces aériennes alliées, mais la Luftwaffe avait dominé l'Europe de l'Ouest au début de la guerre grâce à ses appareils : Messerschmitt, Junkers, Heinkel, Stuka et Focke-Wulf. Hitler considérait son « artillerie volante » comme le soutien indispensable à son infanterie. Mais lorsque l'équilibre des forces bascula côté Alliés à l'issue de la bataille d'Angleterre, l'aviation allemande subit une série de dommages catastrophiques – de la part des Britanniques, d'abord, puis des Russes : la Luftwaffe perdit neuf cents engins durant la bataille de Stalingrad. Il fallait en construire d'autres, et vite. Dès lors, tous les prisonniers furent évalués en fonction de leur capacité physique à travailler. Ceux qui rataient cet examen étaient tout bonnement éliminés.

Inconscientes de la décision que les nazis avaient prise à leur égard, les déportées polonaises ahuries et assoiffées attendirent longtemps dans le jour tombant et le froid de plus en plus mordant. Sommées de rester immobiles, elles entendaient de loin en loin les aboiements des chiens et les salves sifflantes et saccadées des mitraillettes. Terrorisées par les kapos et les gardes SS, elles étaient frappées ou giflées dès qu'elles flanchaient, demandaient à boire ou à aller aux toilettes.

Enfin, elles furent autorisées à s'asseoir dans la boue froide et on leur distribua une petite quantité de breuvage clair. Elles comprirent tout de suite que ces gamelles collectives avaient été utilisées comme pots de chambre. Le liquide salé et puant était imbuvable, mais dans l'espoir d'étancher leur soif, les femmes se pincèrent le nez pour l'ingurgiter. « On nous a donné de la soupe, mais pas de cuillère. Alors, on l'a mangée avec nos mains », dira Rachel. Son esprit se révoltait tandis que son corps criait famine.

Elles restèrent assises des heures dans l'obscurité, les yeux braqués sur l'étrange rougeoiement du ciel au-dessus des cheminées, les mains plaquées sur le nez pour ne pas inspirer l'odeur âcre de viande brûlée qui leur piquait la gorge. Parfois, des anciennes s'approchaient et leur chuchotaient au creux de l'oreille : « Tu vois ces cheminées ? Ils gazent les gens là-bas, puis ils les brûlent. Si ta mère est partie vers la gauche, c'est qu'elle est là-bas maintenant. »

Elles refusèrent d'abord d'admettre ces informations. Ces paroles diaboliques ne pouvaient être vraies ! songeaient-elles, profondément abattues. Puis elles comprirent avec horreur que les créatures aux yeux fous disaient la vérité. Réalisant que presque tous leurs proches étaient partis vers ces abattoirs, elles se mirent à suffoquer dans la fumée corrosive. Rachel, médusée, se demanda soudain ce que des bourreaux capables de gazer des hommes, des femmes et des enfants innocents feraient à un nouveau-né. Le ventre noué, elle parvenait à peine à respirer.

Elle avait effectivement toute raison de craindre le pire.

Parmi les milliers de femmes qui arrivaient quotidiennement à Auschwitz depuis l'ensemble des territoires annexés, certaines attendaient un enfant. Les nazis le savaient. Ils détectaient aisément les grossesses avancées sur la rampe de triage et envoyaient aussitôt ces futures mères à la chambre à gaz. Lorsqu'ils décidèrent par la suite d'employer toutes les jeunes déportées valides dans les usines d'armement du Reich, ils s'interrogèrent sur le sort des femmes en début de grossesse. Ne pouvaient-elles pas contribuer à l'effort de guerre, elles aussi ? Ils ouvrirent à Birkenau un centre d'avortement rudimentaire tenu par des prisonniers médecins. Ces interventions effectuées dans des conditions hostiles et insalubres se soldaient souvent par la mort. Les femmes qui parvenaient à cacher leur grossesse, puis leur accouchement, voyaient généralement leur nourrisson mourir de faim quelques jours plus tard. Celles qui étaient autorisées à mener leur grossesse à terme étaient le plus souvent séparées de leurs nouveau-nés, qui devenaient les cobayes du Dr Mengele. Dans ses quartiers surnommés le « zoo », l'officier SS et son équipe médicale conduisaient des expériences abominables (stérilisations, castrations, électrochocs, amputations), parfois sans anesthésie, sur les jumeaux, les nains, les bébés et les adultes. Les détenus médecins encourageaient parfois les mères à tuer leur bébé pour avoir une chance de survivre à cet enfer.

Pendant un temps, les nazis changèrent de politique : les avortements furent interrompus, les femmes enceintes mieux nourries et autorisées à ne pas se présenter aux innombrables appels. Mais cette décision fut vite révoquée. Les bébés des détenues non juives furent arrachés à leurs mères et confiés à des couples allemands sans enfants pour être « germanisés ». Au block des accouchements, presque trois cents femmes furent envoyées à la chambre à gaz. Certains bébés abandonnés moururent de faim, de soif ou de maladie. D'autres furent gazés ou directement incinérés, d'autres encore, tués par une injection dans le cœur, ou noyés dans des seaux.

Rachel ne savait rien de tout cela, mais elle pressentait qu'Auschwitz n'était pas un camp comme les autres. Elle peinait encore à admettre que ses parents et ses jeunes frères et sœurs avaient vraisemblablement été assassinés dès leur arrivée, mais une certitude se faisait jour dans son esprit : ici, la mort rôdait partout, en permanence. Hébétées par tant d'horreurs, Rachel et ses sœurs apprirent aussi que les chambres à gaz étaient déguisées en douches. « Tôt ou tard, nous rejoindrons notre famille dans les fourneaux », disaient froidement les femmes arrivées avant elles. A l'aube, quand les gardes les tirèrent brutalement du sommeil et les forcèrent à aller se doucher, leurs nerfs lâchèrent. Alignées en file indienne – chacune d'elles une main posée sur l'épaule de la femme qui la précédait –, elles se dirigèrent vers le bâtiment sanitaire comme des somnambules, désormais indifférentes à leur nudité. Nombre d'entre elles priaient à voix haute, promettant à Dieu d'être de meilleures Juives, de se vouer au bien commun s'il leur accordait la vie sauve. « Ils nous ont amenées dans une pièce et j'ai vu les douches, dira Sala. Je me suis dit : “On est fichues. Le gaz va se répandre dans la pièce.” Mais non. L'eau a coulé et nous avons été sauvées, encore une fois. »

L'espoir resurgit sous les jets glacés qui les lavèrent de leur terreur. L'eau signifiait la vie ; la vie impliquait le travail ; et le travail, la survie. Encore trempées, les narines irritées par le désinfectant dont on les avait aspergées, elles quittèrent les douches sous les ordres de SS, récupérèrent leurs vêtements, reçurent un petit bout de pain et un savon, puis furent prestement conduites jusqu'à la voie de chemin de fer qu'elles avaient empruntée la veille. Contraintes d'obéir en silence, les quatre sœurs ahuries parvinrent malgré tout à rester groupées. Elles furent poussées sur une passerelle en bois vers un wagon de marchandises. Les portes coulissantes se refermèrent et les clenches furent verrouillées dans un horrible fracas métallique.

Entassées dans la pénombre, les sœurs Abramczyk faillirent suffoquer. Le wagon empestait la sueur, l'urine et la peur du convoi précédent, dont les malheureux passagers étaient sans doute déjà partis en fumée. Prises de nausée, les quatre-vingts femmes tentèrent de s'accoutumer à l'obscurité. Elles ne savaient absolument pas où elles allaient, ni ce qui leur arriverait une fois parvenues à destination. Serrées les unes contre les autres, elles ne pouvaient ni s'asseoir, ni se reposer, ni respirer normalement, et ne verraient sans doute pas le ciel pendant des jours. Aucune ne dormirait. Toutes souffriraient. Certaines mourraient peut-être.

Cependant, seul leur importait alors le soulagement de ne plus avoir à inhaler les cendres des morts. Elles n'avaient pas imaginé qu'il puisse y avoir un « après » Auschwitz, une suite à cet enfer où elles se voyaient périr à petit feu, lentement étouffées par les restes de leurs proches.

© Wendy Holden

Les voies de chemin de fer et le portail d'Auschwitz II

Le train s'ébranla dans une secousse qui les bascula violemment. Tandis qu'il franchissait le seuil de cet univers de cruauté, Sala se fraya un chemin jusqu'à l'unique petite ouverture du wagon. Le train prit de la vitesse. Observant le paysage dans la lumière grise du petit matin, Sala eut le sentiment de pénétrer dans un autre monde : elle aperçut des vergers remplis de pommiers et de vastes champs où des gens travaillaient, ramassant des courges et des choux comme si tout était normal. Sous ses yeux se déployaient des milliers d'hectares cultivés par des prisonniers de guerre et des colons allemands, envoyés dans la région dans le cadre d'une expérience agricole. Tandis que les détenus d'Auschwitz-Birkenau mouraient de faim, des champs fertiles regorgeant de fruits et légumes frais s'étendaient de l'autre côté des grillages électriques.

Soudain, Sala sentit son cœur bondir dans sa poitrine. Elle venait d'apercevoir une femme qui ressemblait à sa mère chérie. Ivre de joie, elle perdit tout contrôle d'elle-même. « Je me suis mise à hurler : "Mère ! Mère !" La paysanne s'est redressée et m'a regardée comme si j'étais folle. Je n'oublierai jamais son visage. Exactement le même que celui de ma mère. »

Rachel, qui se tenait près d'elle, la saisit par les épaules et la gifla violemment. Les deux jeunes femmes tombèrent ensuite l'une contre l'autre, tandis que le train accélérait, les arrachant peu à peu aux fantômes de leurs êtres chers.

Anka

Quand Anka et son amie Mitzka arrivèrent à Auschwitz deux jours après avoir quitté Terezín, elles étaient dans un état pitoyable, tant physique que moral. Dès le départ, les SS leur avaient interdit de remonter les stores et d'ouvrir les fenêtres. Entassées avec plusieurs centaines d'autres dans un wagon de troisième classe, elles avaient cruellement manqué d'air et d'espace, mais surtout d'eau et de nourriture. Dans un air raréfié qui empestait la sueur et l'urine, elles s'étaient vite affaiblies : « Le pire de tout, dira Anka, fut la soif. »

Bien avant que l'interminable convoi ne commence à ralentir, les prisonniers qui avaient dérogé à l'interdiction de regarder sous les stores avaient aperçu des flammes rougeoyantes à l'horizon. « Nous ne savions pas de quoi il s'agissait, mais c'était une vision d'épouvante [...]. L'odeur qui s'en dégageait ne ressemblait à aucune autre... J'avais beau chercher, je n'arrivais pas à l'identifier [...]. Je n'oublierai jamais cette odeur, mais [...] ce qui est sûr, c'est que personne ne pouvait regarder ces cheminées sans frémir. Nous avons tous reculé, alors que nous ne savions même pas ce qui se passait là-bas. »

Le train s'était arrêté peu après. Dès que les portes s'étaient ouvertes, elles avaient titubé hors du wagon. Un désordre indescriptible régnait sur le quai, où des dizaines de SS hurlaient des ordres en allemand : « *Raus ! Schnell ! Laufen !* » (Dehors ! Vite ! Dépêchez-vous !) Saisis de panique, les déportés de Terezín chancelaient dans l'air glacé, comme pris de boisson. Des hommes aux allures de « déments », vêtus de pyjamas rayés, leur demandèrent de laisser sur le quai leurs valises soigneusement étiquetées, en affirmant qu'ils les retrouveraient plus tard. Ce ne fut pas le cas.

« Les chiens aboyaient, les gens criaient... C'était assourdissant. Personne ne savait où aller [...]. Le quai grouillait de monde [...]. Il y avait au moins un millier de personnes. Etait-ce le jour ou la nuit ? Je ne m'en souviens plus, confiera Anka des années plus tard. Les SS criaient et frappaient ceux qui passaient à leur portée. On aurait dit la fin du monde. Nous étions saisis d'horreur, sans bien savoir pourquoi. » Les kapos séparèrent rapidement les hommes des femmes, ce qui n'effraya pas outre mesure les déportés de Terezín : ils en avaient pris l'habitude dans le ghetto. « J'avais voyagé dans le même wagon qu'un ami de mon âge. Nous nous connaissions depuis toujours. Quand nous sommes arrivés, il m'a dit : “Eh bien, je crois qu'il vaut mieux se dire au revoir maintenant, parce que je vais devoir aller avec les hommes, et toi avec les femmes, mais on se reverra après la guerre !" Je ne l'ai jamais revu. »

Les prisonniers durent ensuite s'avancer, chacun leur tour, vers un officier SS, le sinistre Dr Mengele, qui les examinait rapidement, avant de les orienter à gauche ou à droite. « J'étais jeune et en bonne santé, alors il m'a orientée vers la droite. Toutes les femmes qui avaient des enfants, et tous ceux qui avaient plus de quarante ans [...] partaient vers la gauche [...]. Sur le moment, ça ne m'a pas semblé très important. Ça l'était, pourtant. »

Anka, ses amies et les autres *Häftlinge* furent alors alignées par rangées de cinq et sommées de se mettre en marche. « Nous avons dû courir dans la boue [...] avec cette odeur et ces flammes au-dessus de nos têtes. C'était abominable. Personne ne peut imaginer [...] la terreur qui régnait sur cet endroit. C'est indescriptible. » Conduites comme un troupeau d'oies vers le *Sauna*, elles furent rassemblées dans une pièce où se trouvaient déjà d'autres femmes à demi nues. Là, on leur ordonna d'ôter vêtements et sous-vêtements, et de les laisser en tas dans un coin. L'ordre s'accompagnait d'une menace : celles qui refuseraient d'obéir seraient exécutées sur-le-champ. Comme toutes celles qui les avaient précédées, elles durent également céder leurs bijoux, qui leur furent arrachés des doigts, du cou et des poignets.

A Terezín, Anka avait réussi à garder son alliance et la bague de fiançailles que Bernd lui avait offerte à Prague : elle les cachait précipitamment sous sa langue ou dans son poing fermé chaque fois que nécessaire. Elle fit de même ce jour-là, et parvint une fois encore à conserver son anneau d'or et son améthyste, malgré les yeux de fouine des kapos de Birkenau.

Une fois nues, elles furent poussées vers la pièce voisine, où un groupe d'hommes et de femmes leur rasèrent la tête. Contrainte de demeurer assise sous la lame qui lui éraflait la peau, Anka s'efforça de ne pas pleurer en voyant ses longues mèches de cheveux tomber au sol.

Armée d'un balai en bouleau, une kapo les poussa vite le long du mur où elles rejoignirent les boucles blondes ou brunes des autres prisonnières, formant un nuage de cheveux entremêlés de rubans, de peignes et d'épingles. Traitées comme des animaux qu'on envoie à la tonte, les jeunes femmes se sentaient niées dans leur humanité même. Des années plus tard, Anka en parlait encore comme une des pires choses qui lui soient arrivées : « On se sent plus nue que nue ; dégradée [...] comme un cafard qu'on peut écraser d'un coup de talon. Ce ne fut pas douloureux, mais... ce fut une telle humiliation... Quand la décision ne vous appartient pas [...], vous ne pouvez pas imaginer de quoi vous aurez l'air et ce que vous ressentirez sans vos cheveux. »

Tas de cheveux coupés à Auschwitz

Lorsque les prisonnières durent se remettre en rangs, Mitzka, qui avait été brièvement séparée de son amie, se mit à crier :

— Anka ! Anka ! Où es-tu ?

— Si tu es Mitzka, répondit-elle, alors je suis juste à côté de toi.

« Nous étions obligées de courir nues d'une pièce à l'autre sous le regard des kapos. C'était affreux. Nous avions peur, mais nous ne savions pas encore de quoi », confiera-t-elle.

Entraînée avec les autres vers la place d'appel, où elles durent piétiner un long moment en plein vent et sous la pluie, Anka passa pour la seconde fois de la journée devant le Dr Mengele, qui la jugea de nouveau apte au travail. Le bras replié sur sa poitrine, elle tentait de conserver un semblant de dignité lorsqu'elle vit les gardes fouiller les prisonnières pour s'assurer qu'elles n'avaient gardé aucun bijou. Anka ôta discrètement ses bagues et les laissa tomber à terre. Puis, les yeux brûlants de larmes, elle les couvrit de son pied nu et les enfonça profondément dans le sol boueux. « J'ai enlevé mes deux bagues et je les ai jetées dans la boue en pensant : "Aucun Allemand ne les aura !" Ça m'a brisé le cœur, mais je préférais m'en séparer moi-même plutôt que devoir les leur donner [...]. J'ignore si quelqu'un les a trouvées. En tout cas, c'était ce que j'avais de plus précieux. » En agissant ainsi, elle savait qu'elle perdait pour toujours les souvenirs de son amour avec Bernd, mais elle le vécut comme un acte de résistance. Et se promit de poursuivre dans cette voie.

Après l'appel, Anka et ses amies furent reconduites au *Sauna*, où on leur ordonna de se doucher, ce qu'elles accueillirent avec soulagement parce qu'elles n'avaient pas idée du sens que pouvaient revêtir ces mots à Auschwitz. L'eau qui jaillit par intermittence des tuyaux était glacée et croupie. On ne leur distribua ni savon ni serviettes. Ensuite, les kapos leur lancèrent des vêtements informes et rugueux qui leur irritèrent aussitôt la peau. « Ils piochaient dans un tas de hardes. Certaines avaient la chance de recevoir des chaussures ; d'autres non. Moi, j'ai eu de grosses galoches », racontera Anka. On les entraîna ensuite vers les rangées de masures qui servaient de baraquements aux prisonnières. Dès qu'elles sortirent du *Sauna*, l'étrange odeur leur envahit de nouveau les narines. Ecœurante, nauséabonde, elle planait sur l'ensemble du camp et semblait émaner des immenses cheminées.

Une des femmes se tourna vers Anka, l'air perplexe.

— Pourquoi font-ils griller de la viande ? demanda-t-elle.

Anka jeta un regard vers les volutes de fumée noire qui jaillissaient des cheminées. Elle n'en avait pas la moindre idée, elle non plus. « A ce moment-là, nous étions tellement horrifiées, tellement stupéfaites, que tout prenait des allures de cauchemar. Ensuite, nous avons compris que ce cauchemar était réel. »

Leur « dortoir » ressemblait à un immense poulailler : un sol de terre battue et de minces ouvertures pratiquées dans le toit en guise de fenêtres. Le long des murs, des couchettes superposées sur trois niveaux accueillaient déjà jusqu'à douze femmes par châlit, sans matelas ni couvertures. Lors de l'arrivée des déportées de Terezín, le bâtiment abritait sans doute un millier de prisonnières, qui les accueillirent en grimaçant. Saisies par la puanteur qui régnait sur les lieux, Anka et ses amies demeurèrent dans l'allée centrale. Aucune d'elles n'osait s'asseoir, encore moins s'allonger, parmi ces détenues faméliques au regard vide.

Au bout d'un moment, l'une des compagnes d'Anka, qui cherchait vainement un visage connu dans l'assistance, se risqua tout de même à les interroger.

— Que se passe-t-il, dans ce camp ? Quand reverrai-je mes parents ? Je croyais les trouver ici !

Les autres *Häftlinge* partirent d'un rire hystérique. Anka les observa avec stupeur. Avaient-elles perdu l'esprit ? Etait-ce là le sort qu'on leur réservait : les interner dans un asile de fous pour qu'elles deviennent folles à leur tour ?

— Tu vas voir ce que tu vas voir ! cria une femme.

Près d'elle, une autre, un sourire dément aux lèvres, renchérit aussitôt :

— Pauvre idiote ! Tes parents sont partis en fumée. Tu les retrouveras quand on passera par la cheminée, nous aussi !

Elles sont vraiment folles, songea Anka. « Mais nous avons vite compris qu'elles avaient raison et que nous avions tort [...]. C'est à ce moment-là que nous avons pris conscience de ce qui se passait dans le camp [...] : ils faisaient brûler les gens dans les cheminées. »

Les femmes de Terezín finirent par s'asseoir où elles le pouvaient en s'efforçant de rester ensemble. Anka et Mitzka s'installèrent entre deux prisonnières crasseuses sur un tas de planches rigides à peine suffisant pour accueillir un corps d'enfant. Recroquevillées sur leur châlit, elles repensèrent à ce qu'elles avaient enduré depuis qu'elles avaient quitté ce qu'elles percevaient maintenant comme un endroit luxueux : leur ghetto en Tchécoslovaquie. Certaines femmes commencèrent à pleurer, mais la plupart d'entre elles demeurèrent silencieuses, vaincues par la fatigue ou paralysées par la peur que leur inspiraient les kapos qui patrouillaient dans le bâtiment.

« Les kapos étaient des prisonnières comme nous, mais elles avaient obtenu ce travail parce qu'elles étaient là depuis plus longtemps. Certaines d'entre elles se montraient correctes, d'autres étaient pires que les Allemands. Le premier soir, elles ont glissé un mot par-ci, un mot par-là, et nous avons fini par comprendre : les déportés qui étaient envoyés vers la gauche étaient gazés quelques minutes après leur arrivée. Mes parents, mes sœurs, mon neveu Peter, et tous ceux qui nous avaient précédés à Auschwitz avaient fini dans les chambres à gaz. »

Alors qu'Anka tentait de concevoir l'inconcevable, une des femmes qui avaient voyagé avec elle se mit à chanter un air très populaire en Allemagne. Elle était chanteuse lyrique avant l'accession de Hitler au pouvoir. Ce soir-là, Hannelore voulut chanter pour les réconforter. D'après Anka, elle obtint exactement l'effet inverse, et toutes les prisonnières se mirent à hurler pour la faire taire. « C'était apocalyptique, se souviendra-t-elle, parce que nous avions aussi peu envie d'écouter sa chanson que d'être envoyées à la chambre à gaz. »

Quelques heures après leur arrivée, les kapos apportèrent un chaudron sale rempli d'un breuvage huileux censé être de la soupe. Elles distribuèrent des assiettes creuses mal lavées – une pour quatre personnes –, mais pas de cuillère, et versèrent une louche de breuvage dans chaque assiette. « Nous étions tellement ahuries par tout ce qui nous arrivait, tellement effrayées et à moitié folles, que nous n'avions pas faim. Pas encore, du moins. » Loin d'imaginer à quel point elles seraient mal nourries dans le camp, les nouvelles venues dédaignèrent le seul repas qui leur ait été proposé depuis plusieurs jours. Les Polonaises se précipitèrent alors sur les gamelles encore pleines, qu'elles lapèrent comme des animaux.

Lisa Miková, une jeune Tchèque déportée à Auschwitz en même temps qu'Anka, se souviendrait encore de cette scène des années plus tard : « Les Polonaises n'en croyaient pas leurs yeux. "Vous ne voulez pas manger ?" se sont-elles écriées. "Non. C'est infâme et les assiettes ne sont pas lavées", avons-nous répondu. Ce qu'elles ont ri, alors ! "On peut la prendre ?" ont-elles demandé en montrant la soupe. C'est en les voyant laper, puis lécher les gamelles, que nous avons compris à quel point elles étaient affamées. Le jour suivant, quand on nous a servi la même soupe, nous avons hésité de nouveau. Les Polonaises nous ont dit : "Nous aussi, nous avions l'habitude de manger avec des couverts. C'était normal. Mais cet endroit n'est pas normal. Si vous ne mangez pas, vous maigrirez, vous perdrez goût à la vie, et vous mourrez." Il suffisait de regarder autour de nous pour comprendre qu'elles avaient raison. Alors, nous aussi, nous avons fini par laper cette soupe infâme. »

Peu d'entre elles parvinrent à dormir au cours de cette première nuit. Celles qui réussirent tout de même à somnoler furent brutalement réveillées à l'aube pour le premier *Appell* de la journée. Chassées du bâtiment par des kapos munies de matraques, elles furent de nouveau contraintes de se déshabiller, puis durent se mettre en rangs dans la cour, où elles furent comptées et recomptées pendant des heures sans autre but apparent que de les faire souffrir. Certaines furent frappées et traitées de « sales Juives » ; d'autres furent giflées ou humiliées par les SS qui leur crachaient à la figure. Nombre d'entre elles furent sorties du rang et emmenées au pas de charge. « Pour arriver à la place d'appel, il fallait traverser la moitié du camp en courant dans la boue, dira Anka. Et pendant tout ce temps, les cheminées crachaient des flammes au-dessus de nos têtes... Un véritable enfer. Peu à peu, nous avons commencé à comprendre ce qui se passait. »

Tandis qu'elle attendait de savoir si elle serait condamnée à mort ou autorisée à vivre, Anka se félicitait d'avoir des chaussures aux pieds, aussi inconfortables soient-elles. Les femmes qui n'en avaient pas enduraient un tourment perpétuel : tremblantes de froid, contraintes de courir et de piétiner des heures entières dans la boue collante et glacée, elles ne résistaient pas longtemps. Consciente du danger, Anka se promit de ne jamais quitter ses galoches. Au cours des jours suivants, elle apprit d'autres principes élémentaires de survie – principalement l'art de devenir invisible, de garder la tête basse, de se fondre dans la masse sans attirer l'attention. Les détenues formaient des groupes distincts liés principalement à leur nationalité : celles qui venaient d'Europe de l'Ouest – Allemandes, Autrichiennes et Tchèques – d'un côté ; les Polonaises, les Roumaines et les Hongroises, originaires d'Europe de l'Est, de l'autre. Les vols de nourriture, de vêtements et de chaussures étaient fréquents, surtout pendant la nuit. A bout de nerfs, certaines femmes en venaient parfois aux mains. Mieux valait alors se tenir prudemment à l'écart.

« Plus vous restiez dans le camp, plus vous appreniez à survivre, expliquera Anka. Nous faisions notre possible pour ne pas offenser les SS [...], pour devenir aussi insignifiantes que des fourmis. Nous ne pensions qu'à une chose : arriver au bout de la journée sans avoir été brutalisées. » Sur ce point, sa maîtrise de la langue allemande lui fut très utile : elle lui permettait de comprendre et d'obéir plus rapidement aux ordres. Anka mit également à profit son sixième sens, qui lui permettait de discerner d'emblée les personnes hypocrites ou dangereuses. Enfin, elle eut l'intelligence de fermer son esprit à ce que l'heure d'après risquait de lui apporter, pour mieux se concentrer sur celle qu'elle était en train de traverser.

« Nous vivions dans une terreur permanente. Si vous restiez paralysée par la peur, vous n'étiez plus en mesure d'endurer ce qui vous tombait dessus... J'ai repensé à la devise de Scarlett O'Hara – "Demain est un autre jour" – et j'ai essayé de la garder en tête. De remettre mes problèmes au lendemain, plutôt que de les laisser m'envahir. »

Anka passa dix jours dans ce qu'elle appelait l'« enfer sur terre ». Dix jours à respirer des milliers de morts. Pour ce qu'elle en savait, ces dix jours auraient aussi bien pu s'étirer sur dix années. Elle avait perdu la notion du temps. Arc-boutée sur sa survie, elle traversait chaque heure comme si c'était la dernière, sans jamais savoir ce qui lui arriverait l'instant d'après. « J'avais peur vingt-quatre heures sur vingt-quatre », confiera-t-elle. Les déportées ne recevaient rien à manger – ou si peu : un morceau de pain rassis et un breuvage couleur de café le matin ; un peu d'eau salée le soir. Elles avaient beau chercher, elles ne trouvaient pas le moindre brin d'herbe, pas la moindre baie à cueillir dans le camp. Autour d'elles, des milliers de détenues mouraient de faim ou de maladie. La nourriture qu'on leur servait leur soulevait l'estomac et provoquait des diarrhées, mais pour la première fois de leur vie, elles ne pouvaient pas aller aux toilettes quand elles le souhaitaient. D'après Anka, pratiquement toutes les prisonnières souffraient de dysenterie : « Je vous laisse imaginer à quoi ça ressemblait et ce que ça sentait dans les baraquements [...]. Privées d'eau et de sanitaires, nous faisions peur à voir. J'ai beaucoup souffert de ne pas pouvoir me laver, mais le fait d'attendre un enfant m'aidait à aller de l'avant. »

Lorsque venait enfin le moment de se rendre aux latrines – un bâtiment puant et dépourvu de cloisons –, elles y étaient accueillies par des officiers SS désireux de « s'amuser un peu » : « *Schneller ! Scheisse !* » criaient-ils en les poussant et les piquant dans le dos pendant qu'elles déféquaient. Anka n'oublierait jamais ces « pratiques humiliantes » : « Ça les faisait rire. Je les ai entendus en parler entre eux : "Venez ! a dit l'un d'eux. On va se moquer des Juives pendant qu'elles font ce qu'elles ont à faire..." C'était tellement avilissant ! »

L'*Appell*, annoncé par une sonnerie stridente, se déroulait à l'aube et au crépuscule. Les *Selektions*, elles, se produisaient de manière aléatoire, jusqu'à plusieurs fois par jour. Dans l'arithmétique du centre de mise à mort qu'était Birkenau, il y avait tant de vivants et de cadavres à compter, puis à inscrire dans des registres, que les appels duraient souvent plus de trois heures. Contraintes de défiler nues devant une équipe de médecins en uniforme, cigarette au coin des lèvres, les détenues se départaient vite de leur pudeur. « C'était atroce, avec ou sans vêtements, se souviendra Anka. Attendre des heures le ventre vide, transie de froid et d'angoisse, pour savoir si on irait à gauche ou à droite – à ce stade, nous avions toutes compris ce que cela signifiait [...]. A quatre heures du matin [...] debout sous la pluie, en plein vent [...]. A chaque fois, j'étais terrorisée. Je me disais : "Cette fois, ce sera mon tour." Je savais qu'ils m'enverraient immédiatement de l'autre côté s'ils découvraient ma grossesse. »

Anka subit au moins douze sélections durant son internement à Birkenau. « Je ne crois pas qu'ils nous considéraient comme des êtres humains. Ils se demandaient seulement si nous avions encore la force de travailler. » Tandis qu'elle piétinait dans la boue en attendant d'être examinée, les mêmes questions revenaient en boucle dans son esprit : « Est-ce que je vais y arriver ? Est-ce qu'ils me laisseront encore passer cette fois-ci ? » Comme elle l'expliquerait des années plus tard, « Vous n'avez plus qu'une personne en tête : moi, moi, moi [...]. Entre la vie et la mort, vous choisissez la vie [...]. Vous ne faites rien de particulier pour la mériter, mais vous êtes infiniment soulagée d'aller à droite quand d'autres vont à gauche. Vous n'avez rien contre elles, mais c'est ainsi : vous avez été autorisée à vivre, et pas elles. »

Si une détenue (malade ou morte) manquait à l'appel, toutes les autres devaient rester en file sur la place jusqu'à ce que le nombre de femmes présentes corresponde au nombre attendu. Epuisées et affaiblies, certaines titubaient de fatigue. D'autres, comme Anka, luttaient pour ne pas s'évanouir. « Celles qui perdaient connaissance ou qui paraissaient souffrantes étaient aussitôt envoyées à la chambre à gaz. Il m'est arrivé de m'évanouir pendant l'appel, parce que j'étais enceinte, parce que j'avais froid, que j'avais faim et que j'avais peur, mais mes amies m'ont relevée, mise sur mes pieds et maintenue entre elles pour que je ne glisse pas au sol. C'est ce qui m'a sauvée [...]. Ce jour-là, tout le monde a été gentil avec moi [...] parce qu'il ne fallait surtout pas être malade à Auschwitz : soit vous alliez à l'hôpital, soit vous étiez fusillée, soit vous partiez pour les chambres à gaz. »

Tout comme Priska avait espéré retrouver Tibor, Anka rêvait de se blottir dans les bras de Bernd. L'espoir était tout ce qui lui restait : espoir de connaître des lendemains meilleurs ; espoir de garder son bébé et de ne pas tomber malade ; espoir de sortir vivante de cet enfer. Bernd avait-il, lui aussi, traversé cette terrible phase d'acclimatation lorsqu'il était arrivé à Auschwitz une semaine plus tôt ? Se trouvait-il dans un baraquement à l'autre extrémité du camp, l'esprit agité d'un tourment égal au sien, ivre d'inquiétude pour elle, comme elle l'était pour lui ?

Comme Priska, Anka renonça vite à l'espoir d'apercevoir son mari : les détenues lui apprirent que les hommes étaient internés dans une autre partie du camp, séparée par de grands piliers en béton et des kilomètres de fil barbelé. Elle ne parvint pas davantage à obtenir des nouvelles de sa famille – ses sœurs, ses parents et ses grands-parents, ses oncles et ses tantes. Les plus jeunes et les plus valides d'entre eux avaient peut-être, comme elle, échappé aux chambres à gaz ? Là encore, c'était le seul espoir qui lui restait.

Anka ignorait qu'elle faisait partie d'une minorité : sur le un million trois cent mille personnes qui furent déportées à Auschwitz entre 1940 et le début de 1945, un million cent mille n'en revinrent pas. La plupart des membres de sa famille périrent dans les chambres à gaz, y compris, ainsi qu'elle le découvrit par la suite, ceux qui s'étaient vu promettre un internement « privilégié » dans le *Familienlager*, le « camp des familles ». Ce secteur du camp avait été bâti par les SS à Birkenau au cours de l'été 1943, lorsqu'ils s'attendaient à recevoir la visite des délégués de la Croix-Rouge qui avaient inspecté le ghetto de Terezín. Pendant quelques mois, dans le cadre d'une campagne de propagande nazie menée dans toute l'Europe occupée, les déportés de Terezín furent internés dans le camp des familles où ils furent autorisés à garder leurs bagages, leurs cheveux et leurs vêtements. Peu après leur arrivée, on les força à écrire des cartes postales à leurs proches restés en Tchécoslovaquie, afin d'apaiser les inquiétudes soulevées par leur « transfert » : ceux qui partaient, disait-on, ne donnaient plus jamais de nouvelles.

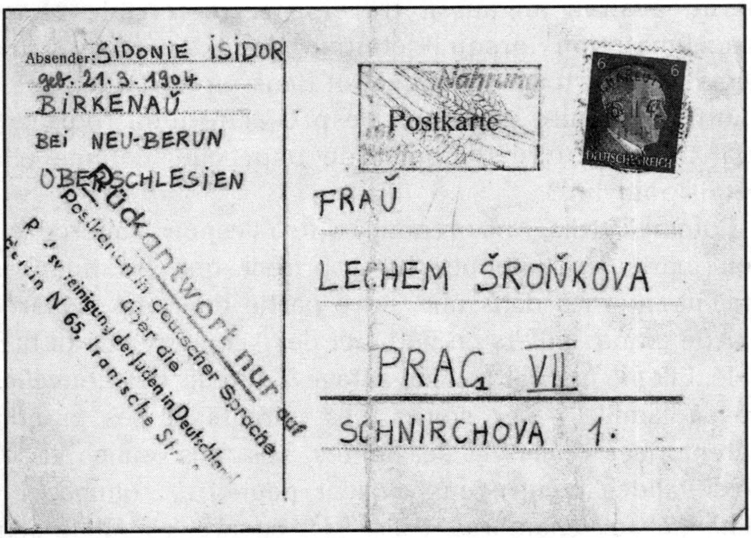

Carte postale envoyée de Birkenau par Zdena, la sœur d'Anka. Le prénom de la destinataire est remplacé par « *lechem* » (pain en hébreu).

Zdena, la sœur d'Anka, dut ainsi adresser quelques mots à leur cousine Olga, qui résidait rue Schnirchova, à Prague. Datée d'octobre 1943, la courte missive, rédigée en allemand, parvint sans encombre à sa destinataire : « Mes chers cousins, je suis ici avec mon mari, ma sœur et mon neveu. Nous sommes tous en bonne santé [...]. Avec toute mon affection, Zdena Isidor. » Au risque d'être exécutée, Zdena avait remplacé, sur le côté droit de la carte, le prénom de sa cousine par le mot « *lechem* », qui signifie « pain » en hébreu. Elle espérait ainsi attirer l'attention de ses proches sur leurs terribles conditions de détention à Birkenau. Olga saisit l'allusion : elle envoya immédiatement à Birkenau un colis de vivres que Zdena et les siens ne reçurent certainement pas.

Mandaté par le Comité international de la Croix-Rouge, le Dr Maurice Rossel demanda effectivement, et de manière impromptue, à visiter le camp d'Auschwitz. Le commandant lui interdit l'accès aux baraquements et à l'infirmerie, mais discuta aimablement avec lui de sports d'hiver. Le délégué suisse repartit peu après en promettant d'envoyer des médicaments et des cigarettes aux déportés. Les Allemands laissèrent encore passer quelques semaines puis, voyant que l'organisation humanitaire n'exprimait pas d'exigences supplémentaires concernant le sort des Juifs envoyés à Auschwitz, ils liquidèrent le *Familienlager*. Les parents, les grands-parents et les enfants de Terezín furent brutalement arrachés à leur petite enclave, ce « havre dans un océan d'horreur » comme on le surnommerait par la suite. Dans la nuit du 8 au 9 mars 1944, cinq mille déportés tchèques et moraves furent assassinés, dont trois mille sept cents Juifs, au nombre desquels figuraient la plupart des proches parents d'Anka. Pour les déportés tchèques, ce fut le massacre le plus meurtrier de l'histoire du camp. Plusieurs témoins racontèrent les avoir entendus chanter leur hymne national tandis que les SS les menaient vers les chambres à gaz.

Quelques jours après son arrivée à Birkenau, Anka perdit la notion du temps. Elle n'eut bientôt plus la force de s'interroger sur le sort réservé à ses proches ; au bout d'une semaine, elle ne parvenait même plus à songer au petit être qui grandissait en elle, et dont la présence la plaçait dans un danger toujours plus grand. Elle n'avait qu'une obsession : survivre à la sélection suivante. Et éviter, autant que possible, de respirer les cendres qui planaient horriblement dans l'air du camp.

Le matin du 10 octobre 1944, elle entendit le Dr Mengele faire le commentaire suivant à ses subordonnés : « *Diesmal sehr gutes Material* » (Cette fois, nous avons du bon matériel). Puis, un sourire satisfait aux lèvres, il continua de faire son choix parmi les « spécimens » du jour, en faisant tourner les femmes sur elles-mêmes pour les examiner sous toutes les coutures. Anka parvint une fois de plus à dissimuler sa grossesse et rejoignit la file de celles qu'il jugeait aptes au travail. « Nous nous sentions comme du bétail qu'on envoie à l'abattoir. »

Ensuite, toujours nue, ses hardes roulées en boule sous le bras, elle ne fut pas reconduite à son baraquement, mais entraînée avec un groupe de détenues vers un grand bâtiment bas d'aspect lugubre. Celles qui se mirent à pleurer en l'apercevant essuyèrent une pluie de coups. « Est-ce ici ? se demanda Anka. Est-ce la chambre à gaz dont on nous a parlé ? Je croyais que j'étais apte au travail ! » Elle avait bien compris, pourtant, que cette « aptitude » ne ferait que différer sa fin, puisque les nazis la feraient travailler jusqu'à ce que mort s'ensuive.

Poussées dans le bâtiment, elles furent sommées de prendre une douche. Elles se dévêtirent en priant et durent se serrer dans une grande pièce, chacune d'elles partageant le désespoir de toutes les autres. Leur soulagement fut indescriptible lorsqu'un jet d'eau glacée, et non de gaz, jaillit des pommeaux. « C'est de l'eau ! Nous sommes sauvées ! » crièrent plusieurs d'entre elles. Puis, plus propres qu'elles ne l'avaient été depuis des jours, elles prirent en tremblant les hardes supplémentaires que leur lancèrent les kapos, avant d'être nourries d'un peu de pain et de salami. Ensuite, elles durent courir jusqu'aux voies de chemin de fer et grimper à toute allure dans des wagons de marchandises. Entassées à plus de cinq cents dans un même convoi, elles virent les portes se refermer sur elles et entendirent les kapos verrouiller les loquets. Le train démarra peu après, laissant derrière lui le spectacle d'apocalypse, la puanteur et les émanations écœurantes du centre de mise à mort.

Le front collé à la paroi du wagon à bestiaux, où un petit interstice entre deux planches permettait de regarder au-dehors, Anka vit s'éloigner les immenses flammes des fours crématoires. Elle n'avait pas la moindre idée de leur destination, mais elle s'autorisa à respirer librement pour la première fois depuis dix jours. « Nous partions, c'est tout ce qui comptait. Nous étions ivres de joie parce que nous savions qu'il ne pourrait rien nous arriver de pire [...]. Le seul fait de quitter Auschwitz *vivantes* – vous ne pouvez pas vous imaginer ! C'était le paradis. »

Ainsi qu'elle le répéterait souvent par la suite, voir disparaître à l'horizon l'enfer de Birkenau constitua l'une des plus grandes joies de sa vie – de même que pour Priska et Rachel. Ce dont aucune d'elles n'avait conscience, c'est que les pires menaces restaient à venir pour elles-mêmes et pour leurs bébés à naître : la faim, l'épuisement et le froid les attendaient encore bien au-delà d'Auschwitz.

5

Freiberg

© Université de Freiberg

L'usine de Freiberg où les trois femmes
furent réduites en esclavage

Ce fut dans une usine d'armement récemment ouverte à Freiberg, une ville médiévale de Saxe, à trente-cinq kilomètres au sud-ouest de Dresde, que les noms des trois futures mères firent leur première apparition officielle dans les registres des travailleurs forcés du Reich.

Rachel Friedman, vingt-cinq ans, enregistrée comme « Juive polonaise » sous le patronyme de « Rachaela Friedmann » (*Häftling* n° 53485), arriva la première, dans le convoi qui quitta Auschwitz le 31 août 1944 avec deux cent quarante-neuf déportées à bord, en majorité d'origine juive. Rachel était accompagnée de ses sœurs Sala, Bala et Ester, toujours en état de choc après avoir vu disparaître tous les autres membres de leur famille quelques instants après leur arrivée à Auschwitz.

Priska Löwenbeinová, vingt-huit ans (*Häftling* n° 54194), désignée par les lettres « SJ » pour « Juive slovaque », arriva au KZ Freiberg le 12 octobre 1944 dans un convoi en provenance d'Auschwitz, constitué de cinq cents déportées de toutes origines : Tchèques, Allemandes, Slovaques, Néerlandaises, Yougoslaves, Italiennes, Polonaises, Hongroises, Russes, Américaines et même une poignée de femmes « apatrides ». Par chance, Priska avait réussi à voyager en compagnie d'Edita, sa nouvelle amie, qui avait promis à Tibor de veiller sur elle.

Priska avait côtoyé sans le savoir une autre femme enceinte : Anka, vingt-sept ans (*Häftling* n° 54243), inscrite dans le registre sous le nom de « Hanna Nathan », Juive tchèque. Elle arriva le même jour que Priska à Freiberg, avec son amie Mitzka et plusieurs autres camarades de Terezín.

Le 22 septembre, un deuxième train avait transporté à Freiberg deux cent cinquante et une prisonnières de Birkenau, essentiellement des Juives polonaises. Toutes furent inscrites à l'arrivée sous leur numéro de détenue, ce qui témoigne d'une étroite coopération entre le haut commandement d'Auschwitz et les responsables du camp de concentration de Flossenbürg, en Bavière, dont dépendait le sous-camp de Freiberg.

Bien que les nazis ne les aient jamais considérées autrement que comme un simple numéro, aucune des mille et une femmes âgées de quatorze à cinquante-cinq ans qui furent envoyées vers une fabrique de porcelaine désaffectée, au cœur du centre-ville de Freiberg, n'avait été tatouée sur l'avant-bras à son arrivée à Birkenau. Cette pratique, inaugurée en 1941, demeurerait jusqu'à la fin de la guerre une des particularités du camp d'extermination polonais : elle ne fut adoptée nulle part ailleurs dans le système concentrationnaire nazi. Les SS d'Auschwitz ne marquaient cependant pas tous leurs prisonniers : ceux qu'ils destinaient à la chambre à gaz n'étaient ni tatoués ni enregistrés, d'où l'inquiétude de ceux qui échappaient au marquage.

« Nous avions constaté que les autres femmes étaient tatouées, dira Anka. Je n'ai jamais compris pourquoi [nous ne l'étions pas]. Ils estimaient peut-être que ça n'en valait pas la peine, puisque nous allions toutes mourir dans le camp ou être mises au travail en Allemagne. »

Le trajet d'Auschwitz à Freiberg durait deux nuits et trois jours. Enfermées dans des wagons de marchandises, sans eau et quasiment sans nourriture, les déportées avaient traversé la Pologne, puis l'Allemagne, sans rien voir d'autre qu'un faible rai de lumière à travers la grille d'aération. Adossées les unes aux autres ou recroquevillées dans un coin, les jambes repliées sur la poitrine, elles s'étaient soulagées tour à tour dans le seau laissé à leur disposition, avec un profond sentiment d'humiliation. Selon les convois, certaines avaient reçu du café, du pain et de la soupe en provenance d'une cantine rudimentaire installée dans l'un des wagons. D'autres, comme Anka, n'avaient rien eu à manger.

Lorsque leur train s'était enfin arrêté sur une des voies de la grande gare de marchandises de Freiberg, les femmes étaient sorties en chancelant, tétanisées par la soif. A peine vidés, les wagons avaient été aspergés d'eau et refermés dans l'attente de la cargaison suivante. « Nous sommes sorties du train à demi mortes de soif, de faim et de fatigue, mais vivantes, racontera Anka. La soif, surtout, nous rendait folles. C'est inimaginable [...]. Entre la faim, la soif et le froid, la soif est le pire des maux, croyez-moi. Tout le reste est supportable, mais la soif vous assèche de l'intérieur. Vous avez l'impression d'avoir de la boue plein la bouche. Et ça ne cesse d'empirer [...]. C'est un supplice indescriptible [...]. Vous donneriez tout pour une goutte d'eau [...]. Quand le train s'est enfin arrêté en Allemagne, on nous a donné à boire. Je ne sais plus ce que c'était, mais ça m'a semblé exquis. Un véritable nectar. Nous n'étions plus à Auschwitz, mais dans un pays civilisé. »

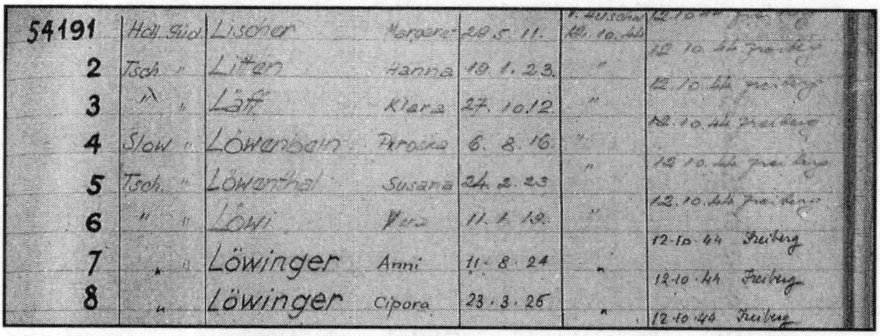

54191	Holl. Jüd.	Lischer	Margarete	28.5.11.	Auschw. 12.10.44	12.10.44 Freiberg
2	Tsch. 〃	Litten	Hanna	19.1.23.	〃	12.10.44 Freiberg
3	〃 〃	Löff	Klara	27.10.12.	〃	12.10.44 Freiberg
4	Slow. 〃	Löwenbein	Piroska	6.8.16.	〃	12.10.44 Freiberg
5	Tsch. 〃	Löwenthal	Susana	24.2.23	〃	12.10.44 Freiberg
6	〃 〃	Löwi	Vera	11.1.19.	〃	12.10.44 Freiberg
7	〃 〃	Löwinger	Anni	11.8.24	〃	12.10.44 Freiberg
8	〃	Löwinger	Cipora	23.3.26	〃	12.10.44 Freiberg

Inscription de Priska dans le registre de Freiberg

Sales, les yeux encore écarquillés d'angoisse, les prisonnières constatèrent avec soulagement que l'horizon semblait dépourvu de cheminées. Nulle flamme, nulle fumée noire n'obscurcissait le ciel. Le cœur gonflé d'espoir, elles entamèrent sous bonne garde l'ascension de la colline qui dominait la ville. Les bâtisses médiévales alignées sur Bahnhofstrasse émerveillèrent nombre d'entre elles. « C'était tellement paisible ! se souviendra Gerty Taussig, une déportée originaire de Vienne, âgée de quatorze ans à l'époque. Il n'y avait personne dans les rues. Nous avions l'impression que tout irait mieux, désormais. Nous nous trompions, naturellement. » Priska, elle, fut ravie d'apercevoir un peu de verdure : « Quand nous avons senti le parfum des fleurs et aperçu de grands arbres dans un jardin public, ce fut un éblouissement. »

Nichés entre la Saxe et la Bohême, au pied des montagnes de l'Erzgebirge (littéralement, les « monts métallifères »), Freiberg et ses environs abritaient un grand nombre de mines de fer et d'argent, ainsi qu'une école des mines réputée depuis le XVIIIe siècle. La plupart des habitants travaillaient dans l'industrie minière ou optique. Il ne restait en ville qu'un très petit nombre de Juifs allemands, tous mariés à des non-Juifs. Les autres avaient fui depuis longtemps, ou avaient été déportés par les nazis. Dès le début de la guerre, des dizaines de convois transportant des *Häftlinge* depuis ou vers les ghettos, les camps de concentration ou de travail, avaient traversé la ville. Ceux qui arrivaient d'Auschwitz se dirigeaient vers le camp de travail d'Oederan ou de Hainichen, en Saxe centrale, ou bien s'arrêtaient à Freiberg pour livrer leur cargaison humaine, bientôt réduite en esclavage dans les mines et les usines de la ville.

Sur les trente-cinq mille habitants que comptait Freiberg pendant la guerre, seule une poignée d'entre eux tenta de porter secours aux malheureux prisonniers détenus sur leur sol. Et aucun d'eux ne fit le moindre geste envers les cohortes de femmes qui traversèrent le centre-ville en août, septembre et octobre 1944. Le trajet de la gare à l'usine Freia prenait environ trente minutes, au cours desquelles les habitants auraient pu leur parler. Sala, l'une des sœurs de Rachel, pensait savoir pourquoi ils ne l'avaient jamais fait : « En nous apercevant de loin, ces gens nous ont sûrement prises pour des aliénées, des prostituées, des criminelles ou des prisonnières. Nous faisions peur à voir [...]. Nous n'avions pas l'air normales, pieds nus ou chaussées de sabots et vêtues de vieilles hardes. » Et Priska de renchérir : « Les gens nous regardaient comme des animaux échappés d'un cirque. »

Le gouvernement du Reich, les industriels concernés et la SS avaient pris la décision d'installer une usine de construction aéronautique dans une fabrique désaffectée de Freiberg dès la fin de l'année 1943. Les mois suivants les avaient confortés dans ce projet : outre les nombreux avions abattus lors des raids aériens, la Luftwaffe se voyait très affaiblie par les bombardements massifs entrepris lors de la « grosse semaine » du 20 au 25 février 1944 : les pilotes américains et britanniques avaient alors détruit la plupart des usines allemandes de production aéronautique. En trois mille cinq cents sorties, la RAF et l'US Air Force avaient lâché plus de dix mille bombes sur les villes allemandes et remporté une bataille décisive contre l'aviation du Reich. Dès le mois de mars 1944, les Alliés régnaient en maîtres sur l'espace aérien européen. Les nazis durent déplacer à la hâte ce qui restait de l'industrie de guerre allemande et le réinstaller dans des bunkers souterrains ou dans des localités qui n'avaient jamais été associées à l'industrie militaire.

Cette stratégie fonctionna jusqu'en octobre 1944 : considérée comme une paisible bourgade médiévale, Freiberg n'avait jamais été la cible d'attaques militaires. Puis, le 7 octobre, cinq cents bombardiers américains censés détruire des raffineries de pétrole dans la région industrielle de Most, en Tchécoslovaquie, furent gênés par des nuages bas. Contraints de modifier leur trajectoire, ils décidèrent de viser Freiberg, ses voies de chemin de fer et ses nombreuses usines. Ce jour-là, ils lâchèrent soixante tonnes de bombes qui tuèrent près de deux cents personnes et détruisirent des centaines d'habitations. Les SS mirent immédiatement au travail les déportés déjà détenus dans la ville : les gravats furent déblayés et les voies réparées en moins d'une semaine, si bien que le troisième convoi en provenance d'Auschwitz put livrer sans encombre sa cargaison de cinq cents femmes (dont Anka et Priska) à leurs nouveaux gardes.

L'immense bâtisse au fronton de stuc qui s'étendait sur Frauensteiner Strasse, au sommet de la colline dominant la ville, avait été construite en 1906 pour produire des isolants électriques et des tuyaux en porcelaine destinés à l'industrie. Frappée de plein fouet par la crise économique, la société Kahla AG, qui possédait la Freiberger Porzellan Fabrik, l'avait fermée en 1930. Son propriétaire, un Juif allemand nommé Werner Hofmann, s'était suicidé après la Nuit de cristal. Au début de la guerre, le bâtiment, déserté depuis plus de dix ans, avait d'abord été utilisé pour stocker du matériel militaire et loger les soldats de la Wehrmacht. Lorsque les autorités nazies avaient décidé d'y fabriquer des pièces détachées pour la Luftwaffe, les hommes qui l'occupaient furent remplacés par des femmes.

© Wendy Holden

L'usine et les dortoirs en ruine

La société Arado-Flugzeugwerke, basée à Potsdam, s'entendit avec le ministère de l'Armement et de la Production de guerre du Reich pour produire les ailerons, les roues, les ailes et autres pièces détachées nécessaires à la fabrication de ses avions Arado – en particulier l'Arado Ar 234, premier bombardier à réaction du monde, si rapide et furtif qu'il était décrit comme quasiment impossible à intercepter. Cet avion constituait un élément essentiel du « programme des chasseurs » (*Jägerprogramm*) conçu pour tenter de regagner le contrôle de l'espace aérien. Sous le nom de code Freia GmbH, Arado accepta de payer à la SS quatre reichsmark par jour pour chaque « travailleur » qu'elle lui fournirait, moins soixante-dix pfennigs par jour pour leurs « besoins alimentaires ». Ainsi, pour la « location » de main-d'œuvre à la seule usine de Freiberg, la SS pouvait gagner jusqu'à cent mille reichsmark par mois, l'équivalent de quarante mille euros d'aujourd'hui.

La plupart des déportées travaillèrent dans l'usine principale gérée par Freia. Certaines d'entre elles furent transférées à l'usine de munitions de Hildebrand, non loin de Freiberg, où elles durent fabriquer des cartouches et des pièces optiques de précision pour les avions et les sous-marins. Toutes furent placées sous la supervision de quelques ouvriers allemands qualifiés, et sous la surveillance de vingt-sept gardes et de vingt-huit gardiennes issus des rangs de la SS. Le surveillant général du camp était un *SS Unterscharführer* (sergent) nommé Richard Beck, vite surnommé « Chara » par les détenues.

Les déportées arrivées à l'automne 1944 furent les premières femmes envoyées à Freiberg, où l'industrie minière et militaire allemande employait déjà trois mille travailleurs forcés, dont des prisonniers de guerre italiens, ainsi que des déportés russes, polonais, belges, français et ukrainiens. Les Italiens avaient été transférés en Saxe en guise de « punition » pour la « trahison perfide » de leur pays envers Reich. Les *Ostarbeiter* (travailleurs de l'Est), recrutés de force dans les territoires occupés par l'Allemagne, se voyaient qualifiés d'*Untermensch*, de « sous-humains », par les nazis, qui les traitaient en conséquence. L'usine employait également quelques *Volksdeutsche*, des ouvriers issus des minorités germanophones des pays annexés ou occupés par le Reich, leurrés par la promesse de pouvoir rentrer chez eux dès la fin de leur contrat.

Alors que les troupes américaines venaient de franchir la ligne Siegfried à l'ouest et que l'Armée rouge renforçait ses positions à l'est, annonçant un tournant de la guerre, la SS continuait de bâtir des baraquements en bois et béton pour les déportées juives, à un kilomètre cinq cents de l'usine, près de l'entrée de la mine d'argent de Freiberg. En attendant que la construction soit terminée, les déportées d'Auschwitz furent installées au sixième et dernier étage de la vaste usine en brique rouge de Freia.

Lorsque Rachel arriva avec le premier convoi, rien ou presque n'avait été fait pour les accueillir : les machines et le matériel n'ayant pas été livrés, les prisonnières furent d'abord enfermées du matin au soir dans leurs dortoirs surpeuplés. Les *Appelle*, que les SS organisaient, là aussi, deux fois par jour, constituaient l'unique sortie de la journée : quelle que soit la température extérieure, elles devaient se mettre en rangs dans la cour et attendre sans bouger que les gardes aient fini de les compter. Tout de même, se répétaient-elles, c'était mieux qu'à Auschwitz.

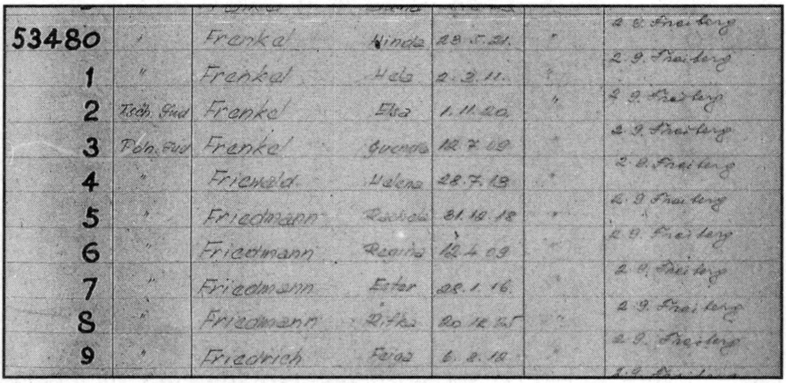

53480	"	Frenkel	Hinda	23.5.21		2.9. Freiberg
1	"	Frenkel	Hela	2.3.11		2.9. Freiberg
2	Tsch. Jud	Frenkel	Elsa	1.11.20		2.9. Freiberg
3	Poln. Jud	Frenkel	[illegible]	12.7.09		2.9. Freiberg
4	"	Friewald	Helena	28.7.13		2.9. Freiberg
5	"	Friedmann	Rachela	31.12.18		2.9. Freiberg
6	"	Friedmann	Regina	12.4.09		2.9. Freiberg
7	"	Friedmann	Ester	28.1.16		2.9. Freiberg
8	"	Friedmann	Rifka	20.12.25		2.9. Freiberg
9	"	Friedrich	Feiga	6.8.18		2.9. Freiberg

Inscription de Rachel dans le registre de Freiberg

Les dortoirs se révélaient presque supportables : elles dormaient à deux par couchette sur des lits de trois niveaux dans des pièces pouvant accueillir jusqu'à quatre-vingt-dix prisonnières. Elles bénéficiaient même d'un oreiller et d'une vague courtepointe. Elles avaient accès à des douches, d'où coulait un filet intermittent d'eau glacée, et à des latrines dépourvues de papier-toilette. Elles y remédiaient en utilisant ce qui leur tombait sous la main : la doublure d'un vêtement, des morceaux de carton ou de vieux journaux. Nombre d'entre elles se rappelleraient avoir été ravies d'employer à cet effet les pages où figurait une photo de Hitler.

Les gardes leur annoncèrent qu'elles seraient bientôt réparties en deux équipes chargées de travailler douze à quatorze heures d'affilée. Lorsqu'une équipe regagnerait les dortoirs, l'autre prendrait le relais à l'usine. Elles s'apprêtaient à commencer quand plusieurs cas de scarlatine furent détectés, contraignant les SS à les mettre en quarantaine pendant une semaine. Les plus souffrantes furent admises à l'infirmerie de fortune montée avec l'accord du surveillant général par deux prisonnières : Alexandra Ladiejchtchikova, une médecin russe de quarante-deux ans, et Edita Mautnerová, une pédiatre tchèque de trente-deux ans, de confession juive, qui jouerait par la suite un rôle important dans la vie de Priska, de Rachel et d'Anka.

Les SS les mirent au travail dès la fin de la quarantaine. Deux semaines s'étaient écoulées depuis qu'elles avaient quitté Auschwitz. L'équipe de jour se réveillait à 3 heures du matin ; l'appel avait lieu à 4 h 30 et l'embauche à 6 h 30. Après une courte pause à midi, elles se remettaient au travail jusqu'à 18 heures. Faute d'équipement, les superviseurs leur assignèrent d'abord des tâches relativement aisées consistant à limer et à polir de petites pièces métalliques. Quelques semaines s'écoulèrent ainsi, aussi mornes les unes que les autres. « Nous étions toutes déprimées, et il fallait se remonter le moral pour tenir le coup [...]. Le pire de tout, c'était de devoir rester debout pendant quatorze heures de suite sans pouvoir échanger un mot. »

Quand le troisième convoi arriva, l'ensemble du site était opérationnel. Les superviseurs mirent immédiatement les nouvelles venues au travail. « Nous avons marché de la gare jusqu'à une énorme usine au sommet de la colline où nous avons tout de suite commencé à travailler », racontera Anka, qui fut postée au rivetage de l'empennage. Les outils leur semblèrent lourds et difficiles à manier, mais il faisait chaud et elles étaient au sec – que demander de plus ? songèrent-elles avec soulagement. « Je n'avais jamais vu de machine à riveter de ma vie ; mon amie non plus. Je vous laisse imaginer à quel point l'exécution manquait de finesse ! [...] Nous travaillions quatorze heures par jour et les SS n'arrêtaient pas de nous houspiller, mais il n'y avait pas la moindre chambre à gaz en vue. C'était tout ce qui comptait. »

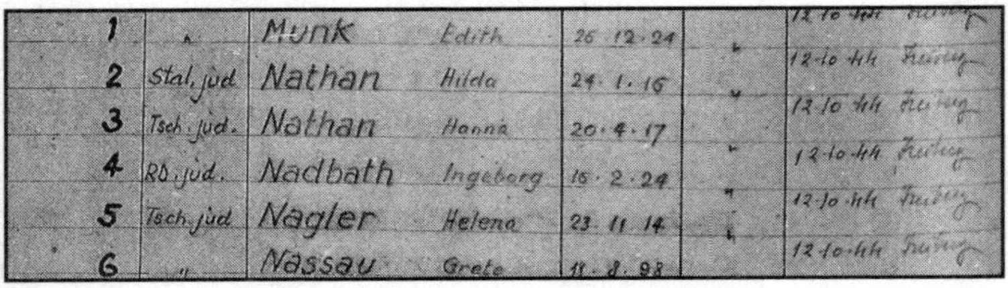

1	"	Munk	Edith	26.12.24		12.10.44 Freiberg
2	Stal. jud.	Nathan	Hilda	24.1.16	"	12.10.44 Freiberg
3	Tsch. jud.	Nathan	Hanna	20.4.17	"	12.10.44 Freiberg
4	RD. jud.	Nadbath	Ingeborg	16.2.24	"	12.10.44 Freiberg
5	Tsch. jud.	Nagler	Helena	23.11.14	"	12.10.44 Freiberg
6	"	Nassau	Grete	11.8.98		12.10.44 Freiberg

Inscription d'Anka dans le registre de Freiberg

« [Les Allemands] nous ont fait construire des avions. C'est pour ça qu'ils ont perdu la guerre ! » dira Sala avec ironie. D'après Priska, les déportées commettaient tant d'erreurs qu'on « ne pouvait se fier à aucun des avions qui sortaient de cette usine ».

Les femmes travaillaient par groupes de deux dans d'immenses ateliers au rez-de-chaussée et au premier étage. Toujours chaussées des galoches usées, trop grandes ou trop petites, qu'on leur avait données à Auschwitz, elles restaient des heures debout sur le sol glacé sans pouvoir s'asseoir. Certaines devaient manier une perceuse à air comprimé sur l'aile de l'avion posée sur des trépieds métalliques ou sur un grand échafaudage. D'autres soudaient, râpaient, ponçaient ou laquaient. Il fallait aussi trier le petit matériel et limer les bords des feuilles d'aluminium. Pour la plupart de ces femmes diplômées et qualifiées, ce type de travail manuel se révéla vite éprouvant et répétitif. Les tâches à accomplir leur faisaient mal aux mains, aux bras et aux épaules. Privées de soins et de repos, elles se réveillaient chaque jour plus meurtries que la veille. Dans le vacarme des machines à air comprimé et des perceuses, l'air se chargeait de fines particules métalliques qui le rendaient hautement toxique.

Rachel et sa sœur Bala furent séparées des autres durant la journée et envoyées à l'usine Hildebrand, qui fabriquait à la chaîne des hélices et de petites pièces détachées pour l'aéronautique militaire. Les femmes SS, qui les surveillaient « comme le lait sur le feu », les mirent en garde contre les représailles encourues en cas de sabotage :

« Elles nous ont annoncé que les responsables des pièces défectueuses, s'il y en avait, seraient pendues à leur machine devant toute l'équipe », racontera Rachel.

L'usine Freia employait un lieutenant SS par étage, sous les ordres duquel travaillait un groupe de surveillantes, également issues des rangs de la SS. Si certaines se montraient franchement cruelles, d'autres traitaient les prisonnières avec indifférence. Les punitions étaient monnaie courante, et les *Häftlinge* étaient régulièrement frappées, parfois sans raison apparente. Une des gardes gifla violemment Priska pour une broutille, ce dont elle se souviendrait encore des années plus tard. Anka fut frappée, elle aussi, par une surveillante à peine sortie de l'adolescence. « J'étais enceinte, en haillons et le crâne rasé. Je devais avoir l'air épouvantable [...]. Cette femme a surgi devant moi et m'a frappée au visage. Elle ne m'a pas vraiment fait mal, mais c'était complètement arbitraire. » Sur le moment, elle eut « très envie de pleurer », tant l'« injustice » d'avoir été giflée sans raison, et sans même pouvoir se défendre, lui sembla « criante », mais elle refusa de faire ce plaisir à la surveillante. « Cette gifle m'a blessée moralement plus qu'aucune autre offense du même genre. »

Les *Meisters* (contremaîtres) issus de la société civile qui formaient les détenues et travaillaient à leurs côtés se bornaient à leur transmettre les ordres nécessaires à la production. Les rares fois où ils essayaient de communiquer davantage, ils s'exprimaient dans un dialecte saxon que nulle ne comprenait, pas même celles qui parlaient allemand. Certains de ces hommes étaient d'anciens soldats de la Wehrmacht. Blessés au combat ou jugés trop âgés, ils avaient été renvoyés chez eux. Ils espéraient tous garder leur emploi à l'usine jusqu'à la fin de la guerre plutôt que d'être rappelés au front. « Ils n'ont jamais compris qui nous étions ni même cherché à le savoir, dira Anka, qui faisait équipe avec son amie Mitzka. Ils ne me parlaient pas et aucun d'eux n'a essayé de m'aider. Ils ne nous ont jamais demandé [...] d'où nous venions et ce qui nous était arrivé. Ils n'avaient pas la moindre idée de la situation. Aucun ne m'a donné un morceau de pain ou quoi que ce soit d'autre, alors qu'ils voyaient très bien à quel point nous étions démunies et maltraitées. »

Lisa Miková, qui a beaucoup témoigné après avoir survécu à sa déportation, faisait équipe avec une amie pharmacienne. Leur *Meister*, un dénommé Rausch, ne s'adressait à elles que par gestes. Un jour, comme la pharmacienne lui apportait par erreur un outil qu'il n'avait pas demandé, il se fâcha violemment. « Il l'a pris et l'a lancé contre le mur. Puis il l'a frappée. Elle s'est fâchée à son tour et lui a répliqué dans un allemand parfait : "Si vous m'aviez dit ce que vous vouliez, je vous l'aurais apporté." »

Rausch la fixa avec stupeur.

— Vous parlez allemand ?

— Bien sûr, répondit l'amie de Lisa. Qu'est-ce que vous croyez ? Nous avons fait des études. Nous sommes toutes médecins ou professeurs.

— On nous a dit que vous étiez des prostituées et des criminelles, et qu'on vous avait rasé la tête en prison avant de vous amener ici.

— Non. Nous sommes juives, c'est tout.

— Mais les Juifs sont noirs ! s'écria le contremaître, manifestement endoctriné par une des dernières campagnes de propagande nazie.

Après cet incident, Rausch leur témoigna davantage de respect. Ce ne fut pas le cas de certains de ses collègues. Engoncés dans leur uniforme et leurs certitudes, ils refusèrent d'admettre que les déportées n'étaient ni prostituées ni criminelles. L'un d'eux, un ancien de la Gestapo dénommé Loffman, jetait souvent son marteau à la figure des détenues qu'il devait superviser. « Toi, professeur ? Tu n'es qu'un tas de merde ! » rétorqua-t-il un jour à l'une d'elles. D'autres gardes se montraient plus méchants encore : ils battaient les prisonnières à coups de poing, de ceinture ou de corde. Le surveillant général de l'usine, le SS *Unterscharführer* surnommé Chara, explosait à la plus petite contrariété. Il frappait alors toutes celles qui se trouvaient sur son chemin.

Les surveillantes SS se montraient souvent plus cruelles que leurs homologues masculins. Non contentes de frapper ou de fouetter les prisonnières, elles concevaient des « châtiments » propres à les humilier en tant que femmes : elles leur interdisaient d'aller aux toilettes, ou exigeaient que leurs camarades viennent raser le peu de cheveux qui avaient repoussé sur leur tête – ou qu'elles n'en rasent qu'une partie, laissant une bande ridicule au milieu du crâne. Un jour, la plus brutale d'entre elles jugea bon de tirer un coup de feu pour effrayer les déportées. Ce faisant, elle blessa une femme à la jambe. La plaie s'infecta et commença à se gangrener faute de soins.

Les prisonnières travaillaient sept jours sur sept, tantôt la nuit, tantôt le jour, selon les semaines. Elles bénéficiaient parfois d'un peu de repos le dimanche, ce qui leur permettait de dormir et de laver leurs vieilles hardes. Une fois par mois, les rares déportées qui travaillaient dans les bureaux, et donc plus près des Allemands, traversaient la ville au pas de charge, et sous bonne garde, pour se rendre à l'*Arbeitshaus*, une belle demeure du XVIIe siècle située au cœur du centre historique de Freiberg. Les lieux abritaient un foyer de travailleurs, où les déportées étaient autorisées à prendre une douche.

Toutes étaient si mal nourries et soumises à un rythme de travail si exténuant qu'elles déclinèrent rapidement. Dès l'automne, nombre d'entre elles perdaient connaissance à leur poste, ralentissant la production. Furieux, les surveillants ou les contremaîtres les frappaient alors à coups de pied jusqu'à ce qu'elles reprennent leurs esprits. D'après Klara Löffová, il fallait respecter deux règles essentielles à l'usine Freia : « Ne jamais dire que vous étiez malade ou que vous n'aviez pas compris les consignes. » Elles ne bronchaient pas davantage lorsque les sirènes d'alarme se déclenchaient pour annoncer un raid aérien. « Le risque d'être tuées ou blessées par une bombe nous semblait moins grand que celui d'être surveillées par des SS armés. » En leur for intérieur, elles saluaient avec joie le passage de chaque avion allié et se moquaient du martèlement assourdissant des batteries de défense aérienne installées sur les toits voisins. Si l'un des bombardiers britanniques ou américains se faisait descendre, le moral de l'équipe chutait également, « et le reste de la journée était fichu ».

Bien que la société Freia ait accepté de rémunérer la SS pour nourrir la main-d'œuvre mise à sa disposition, les surveillants du camp de travail donnaient à peine aux femmes de quoi survivre. Après guerre, l'une des rescapées compara les rations à « de la boue réchauffée ». Chacune d'elles avait tout de même droit à une tasse, une gamelle et une cuillère, ce qui leur évitait de devoir plonger leurs doigts incrustés de crasse dans la nourriture pour la porter à leur bouche. Pour le reste, elles n'étaient guère mieux loties qu'à Auschwitz : un bol d'eau teintée de café amer le matin, accompagné d'un morceau de pain ; une soupe à l'odeur suspecte le soir – betterave, légume-racine ou potiron, selon les semaines. Elles avalaient le tout debout ou assises à même le sol. « La soupe, tantôt épaisse, tantôt liquide, provenait d'une cantine rudimentaire. Nous la mangions sur de longues tables, sans pouvoir nous asseoir. Le *Lagerführer* montait sur la table et l'arpentait d'un bout à l'autre pendant le repas, son ceinturon de SS à la main, prêt à nous frapper. Nous avons vite compris qu'il valait mieux éviter de chiper dans le bol de la voisine ! » racontera Klara Löffová. Les détenues de Freiberg apprirent également à se protéger les yeux : une blessure les aurait renvoyées à Auschwitz, et à une mort certaine.

Le soir, on leur distribuait quatre cents grammes de pain et un bol de café. De temps à autre, elles avaient droit à des *Nachschub* – des provisions supplémentaires : un petit morceau de margarine, une cuillère de confiture ou une fine tranche de salami. Elles hésitaient souvent à manger la margarine, préférant l'étaler comme une crème sur leur peau desséchée et gercée. Anka raconterait par la suite que certaines femmes se montraient assez disciplinées pour diviser leurs maigres rations en petites portions, qu'elles mangeaient à intervalles réguliers au cours de la journée. « Moi, je mangeais tout d'un coup, puis j'avais faim pendant vingt-quatre heures ! »

Enceinte, Priska était tenaillée par l'envie irrépressible de croquer dans un oignon cru. A Freiberg, il lui arrivait fréquemment d'échanger la totalité de sa ration de pain journalière contre un petit morceau d'oignon. Elle avait cependant la chance de bénéficier de la protection d'Edita, qui avait réussi à emporter secrètement, puis à garder sur elle, quelques objets de valeur, dont elle usait pour soudoyer l'un des contremaîtres les plus âgés, un ancien soldat de la Wehrmacht que les déportées surnommaient « Oncle Willi » ou « le Valeureux » et qui semblait encore posséder un cœur sous son uniforme. Il risqua plusieurs fois son emploi, voire sa vie, pour leur apporter de la nourriture en cachette et aider celles qui travaillaient sous ses ordres. Grâce à lui, Edita put continuer à murmurer : « Ouvre la bouche » à son amie enceinte, qui la refermait ensuite sur un morceau de pain ou de salami.

« Nous savions exactement qui avait caché de l'or ou des diamants dans ses parties intimes, dira Gerty Taussig, parce que ces femmes-là avaient meilleure mine que la majorité d'entre nous. Mais nous n'avons jamais révélé leur secret. »

Ces petits luxes étaient trop rares pour apaiser les besoins croissants des femmes enceintes, qui devinrent vite obsédants. La faim ne les quittait jamais. Elle devint pour elles un compagnon aussi fidèle que leur bébé à naître.

Malgré tout, Anka ne s'autorisa jamais à penser qu'elle ne survivrait pas. « J'ai la chance d'être de nature optimiste, ce qui m'a énormément aidée [...]. Je regardais toujours devant moi, jamais derrière [...]. Je savais que je m'en sortirais, ce qui était totalement stupide et irrationnel de ma part, mais je vivais dans cette idée [...] alors même que j'étais à demi morte de faim. »

Rachel n'était jamais rassasiée, elle non plus. « Nous rentrions épuisées au dortoir. Si l'une d'entre nous avait réussi à garder un morceau de pain, elle le partageait avec les autres. » Un jour, elle trouva une tranche de pomme de terre crue et la suça comme un bonbon jusqu'à ce qu'il n'en reste rien. Un peu plus tard, elle aperçut un chou moisi à demi enterré dans la boue. Elle n'ignorait pas qu'elle serait fusillée si on la surprenait en train de le ramasser, mais elle avait si faim qu'elle décida de courir le risque. Le chou empestait et se révéla si décomposé que ses doigts s'y enfoncèrent quand elle s'en saisit – mais qu'importe : elle le dévora en quelques bouchées et affirma que rien ne lui avait jamais semblé plus savoureux.

Les femmes discutaient de leurs recettes favorites dès qu'elles avaient un moment de liberté. « Et quelles recettes ! se souviendra Anka. Nous ne mettions pas un ou deux œufs dans nos gâteaux imaginaires mais dix, plus quatre kilos de beurre et un kilo de chocolat. C'était notre seule façon de tenir. Plus la préparation était riche, mieux cela valait ! Nous inventions toutes sortes de desserts, des bananes au chocolat et à la confiture, par exemple. Ces discussions nous faisaient plaisir. Je crois qu'elles nous aidaient à supporter la faim... De toute façon, quand vous avez le ventre vide, vous ne pouvez pas faire autrement que d'y penser. » Le retour à la réalité se révélait cruel : en lieu et place des merveilleux gâteaux dont elles rêvaient, les déportées devaient se contenter de liquides « infâmes » et d'un peu de pain. Pourtant, comme le soulignera Anka, « au bout d'un moment, nous avons commencé à apprécier tout ce qu'ils nous donnaient à manger. Les pires repas nous semblaient délicieux et nous n'en avions jamais assez ».

A la fin de leur travail, les femmes étaient autorisées à regagner les dortoirs situés dans les étages supérieurs de l'usine – des pièces chauffées qu'elles retrouvaient avec soulagement. Elles se félicitaient chaque jour de ne pas être enfermées dans des baraquements glacés, comme à Auschwitz. Les dortoirs de Freia présentaient cependant un inconvénient majeur : ils étaient infestés de punaises. Les SS avaient accusé les déportées d'avoir transporté ces *Wanzen* avec elles, ce qu'elles réfutaient en silence, convaincues que les parasites occupaient déjà les lieux avant leur arrivée. « Ces petites bêtes dégageaient une odeur très particulière, légèrement sucrée, racontera Anka.

C'était d'autant plus affreux qu'il y en avait des milliers… Elles tombaient du plafond quand nous mangions, si bien que nous commencions toutes nos repas par une cuillerée de punaises. Au début, ça ne nous dérangeait pas trop, parce que les punaises ne vivent que dans les endroits chauds. Nous avons fini par les détester quand même, à cause de l'odeur qui se répandait dans la pièce quand on les écrasait. »

Privées d'informations et d'accès au monde extérieur, les femmes furent bientôt incapables de compter les jours. Elles n'avaient aucune idée des événements qui agitaient l'Europe en guerre. Personne ne prenait la peine de leur annoncer quoi que ce soit dans ces ateliers sans fenêtres où elles ne voyaient jamais la lumière du soleil. Même les contremaîtres plus âgés qui leur témoignaient parfois un semblant de bienveillance limitaient leurs échanges au strict minimum. Elles ne surent pas que le *Sonderkommando* d'Auschwitz-Birkenau avait fait sauter le crématorium IV en octobre 1944. En revanche, elles surprirent des bribes de conversations entre les ouvriers allemands à propos de la bataille qui faisait rage entre les Alliés et la Wehrmacht dans les Ardennes.

Plusieurs semaines s'écoulèrent ainsi. Une fois instaurée, l'organisation de leur vie quotidienne ne souffrait aucun changement. Sales et malodorantes, le dos rompu, les pieds crevassés, les dents abîmées, la plupart des femmes passaient leurs journées et leurs nuits à lutter contre leurs propres terreurs pour tenter de rester en vie. Celles qui ne parvinrent pas à supporter cette misérable existence devinrent à demi folles, et furent renvoyées. « Nous travaillions sans cesse. Debout devant les machines, en haillons et sans cheveux sur le crâne. Chacune s'occupait de ses affaires. On mangeait ce qu'on nous donnait et on se tenait à carreau, dira l'une des prisonnières. En rentrant, nous lavions nos vêtements. On les remettait encore mouillés, et on se couchait. Impossible de faire quoi que ce soit d'autre : nous n'avions pas le temps. » Pourries de l'intérieur, leurs gencives se mettaient à saigner ; leurs mains et leurs pieds gercés se craquelaient douloureusement ; la moindre égratignure était potentiellement mortelle ; aucune femme n'avait ses règles, comme si le fonctionnement cyclique de leur corps s'était interrompu, renonçant à donner la vie. A bout de nerfs et d'énergie, elles n'avaient pas la force de résister à leurs oppresseurs. « A Freiberg, nous n'avons jamais rien saboté. Nous avions peur de notre ombre, expliquera une autre détenue. Nous n'avions aucun moyen de nous défendre. Si vous vous risquiez à poser une question simple – "où m'emmenez-vous", "pourquoi ?" –, vous étiez frappée ou fusillée sur place. Nous avons vite compris qu'il valait mieux garder le silence. »

La production de l'usine souffrait du manque de compétence de sa main-d'œuvre, principalement constituée de femmes diplômées mais dénuées d'aptitudes manuelles. Lorsque l'équipe de Klara Löffová termina une première aile d'avion juste avant Noël, les SS et les contremaîtres décidèrent de fêter l'événement. Ils promirent aux prisonnières des rations supplémentaires de savon, de pain et de fromage – elles n'en virent jamais la couleur –, puis entreprirent de suspendre l'aile de l'avion à des cordes fixées au plafond. « Tout à coup, l'une des cordes s'est rompue, l'aile est tombée et s'est abîmée, racontera Klara. Ils étaient furieux. Alors, c'est nous qui avions quelque chose à fêter ! » Certaines déportées reçurent tout de même quelques petits « cadeaux » à Noël – une ration alimentaire légèrement améliorée et la possibilité d'« acheter » un peu de sel de céleri –, mais pour la plupart d'entre elles, la journée ressembla à toutes les autres.

Le soir du 31 décembre 1944, Anka trébucha en transportant un lourd établi métallique. Il s'écrasa sur sa jambe, l'entaillant profondément. Enceinte de six mois, elle dissimulait son état sous sa robe informe. « Ma première pensée fut pour mon bébé. Qu'allait-il lui arriver ? J'ai été envoyée à l'infirmerie, où on a pansé ma plaie. J'y suis restée quelques jours. Il faisait chaud et je n'avais plus à travailler, c'est tout ce qui comptait. On ne me donnait pas grand-chose à manger, mais ma blessure a pu cicatriser, parce que j'étais au repos. »

Durant ce bref séjour à l'infirmerie, Anka s'efforça avant tout de paraître assez valide pour ne pas être renvoyée à Auschwitz. Elle l'avait bien compris : nul ne pouvait se permettre d'être malade dans un endroit où la mort constituait la seule alternative au travail. Certaines déportées ignoraient jusqu'à l'existence de l'infirmerie ; d'autres en avaient entendu parler, mais préféraient l'éviter à tout prix : persuadées qu'elle servait d'antichambre à l'exécution, elles se soignaient elles-mêmes avec les moyens du bord. « Celles qui tombaient malades devaient continuer à travailler. Sinon, elles mouraient, expliquera Gerty Taussig. Beaucoup d'entre nous soignaient leurs problèmes de peau avec de l'urine. C'est tout ce que nous avions. Ma meilleure amie, qui avait de l'impétigo, s'en est sortie comme ça. Elle a appliqué sa propre urine sur son bras purulent. Quant à moi, j'ai failli rester paralysée en tombant de ma couchette, qui s'est brusquement effondrée. Personne ne m'a soignée, mais j'ai survécu. »

Anka mit aussi à profit ces quelques jours de répit à l'infirmerie pour se concentrer sur l'enfant à naître, ce qu'elle n'avait pas eu l'occasion de faire jusque-là. Elle ne le sentait pas bouger comme lors de sa grossesse précédente, mais elle n'en doutait pas : il était vivant. Se souvenant des nuits que Bernd et elle avaient réussi à passer ensemble, dans leur « grenier à foin » de Terezín au cours de l'été précédent, elle calcula que leur second enfant naîtrait à la fin du mois d'avril. Elle commença aussi à s'interroger sur le sort qui lui serait réservé s'il naissait en bonne santé. Contrainte de révéler sa grossesse au Dr Mautnerová, la prisonnière tchèque qui s'occupait d'elle, Anka lui confia aussi ses craintes. « Je lui posais toutes sortes de questions stupides, se souviendra-t-elle. Je lui disais : "Qu'arrivera-t-il si la guerre n'est pas finie en avril et que les Allemands me prennent mon bébé pour l'élever dans une famille allemande ? Comment ferai-je pour le retrouver ?" Je n'imaginais pas un instant qu'ils le tueraient, ou qu'ils me tueraient, moi. J'en parlais souvent avec elle. Jamais elle ne s'est moquée de ma naïveté : elle me répondait gentiment et m'assurait que je retrouverais mon bébé. »

Anka dut reprendre le travail quelques jours plus tard, mais elle fut assignée à une tâche « facile » : balayer l'ensemble de l'usine de la cave au grenier, sans oublier les escaliers, pendant quatorze heures d'affilée. Bien que très monotone, c'était d'après elle le meilleur exercice possible pour une femme enceinte. Par chance, les gardes ne remarquèrent pas qu'elle attendait un enfant, sans quoi ils l'auraient certainement renvoyée à Auschwitz.

Rachel eut de la chance, elle aussi : son contremaître tchèque allégea sa charge de travail lorsqu'il devina son état en voyant son ventre s'arrondir sous sa robe. « Il m'a chargée de vérifier que les rivets étaient bien fixés sur les ailes. Grâce à lui, j'ai pu travailler assise au lieu de rester debout. J'avais beaucoup maigri, mais je n'avais pas de nausées [...]. Je tenais vraiment à sauver cet enfant. Rien n'était plus important pour moi. »

Au début du mois de janvier 1945, les ouvriers chargés de la construction des nouveaux baraquements destinés aux travailleurs juifs, à deux kilomètres de l'usine, achevèrent leur tâche. Situés rue Schachtweg, dans le quartier de Hammerberg, ils étaient entourés de hautes palissades censées les isoler des regards extérieurs. Les femmes durent quitter leurs dortoirs chauffés et infestés de punaises pour s'installer dans leurs nouveaux quartiers. Il soufflait un blizzard terrible quand elles arrivèrent sur le site encore en chantier et couvert de neige. Les baraques sentaient le bois vert et le ciment. Pas de chauffage, bien sûr. L'eau suintait des plafonds et coulait le long des murs, imbibant la paille des matelas fétides qu'on leur ordonna de garnir. Bas de plafond, les lieux ne pouvaient abriter que des lits à deux niveaux, au lieu des trois habituels. Les femmes comprirent vite qu'elles perdaient au change, les couchettes du haut étant aussi mouillées que celles du bas étaient humides.

Les *Waschraum* se trouvaient dans un bâtiment distinct, mais les lavabos n'étaient pas encore raccordés à l'eau courante quand les déportées arrivèrent. Les premiers temps, elles durent se contenter d'un robinet extérieur qui gelait deux jours sur trois. Elles trouvèrent de petits poêles dans les dortoirs et même un peu de charbon, vite subtilisé par les kapos, soucieuses de chauffer leurs propres chambres. Dès lors, une épaisse couche de glace se forma chaque nuit sur la face interne des carreaux.

D'autres baraques se dressaient sur le site : elles abritaient des prisonniers de guerre russes, ukrainiens, italiens, polonais, français et belges, que les déportées pouvaient apercevoir derrière les rangées de fil barbelé qui les séparaient. Certains de ces prisonniers travaillaient comme mécaniciens ou comme électriciens à l'usine Freia. Les détenues qui faisaient équipe dans les mêmes ateliers qu'eux les reconnurent aussitôt. Au cours des mois suivants, prisonniers et déportées échangèrent parfois de courts messages au péril de leur vie : ils les enroulaient et les ficelaient sur de petites pierres, qu'ils lançaient ensuite de l'autre côté des grilles. Ils purent ainsi se transmettre les quelques nouvelles qui leur parvenaient du front, et même, dans certains cas, nouer des relations amoureuses. Priska, qui ne faisait pas mystère de sa maîtrise des langues étrangères, accepta de traduire les *billets doux*[1] d'un prisonnier français à une déportée slovaque. Elle ignorait de quel châtiment ce « crime » était passible à Freiberg, mais elle le perpétra avec plaisir, en repensant aux lettres d'amour qu'elle avait elle-même échangées avec Tibor, et à l'instant merveilleux où elle l'avait entraperçu à Auschwitz, derrière un grillage.

Un jour, un SS la surprit en train de griffonner quelques mots sur un morceau de papier – elle traduisait cette fois la réponse d'un jeune Belge à une déportée qui lui avait avoué ses sentiments. Prise sur le fait, Priska froissa le

1. En français dans le texte.

message, le porta à sa bouche et l'avala. Elle fut battue et longuement interrogée, mais elle réussit à garder le secret.

A l'orée de l'hiver, l'entreprise allemande, qui comptait disposer de sa main-d'œuvre à peu de frais au moins jusqu'à la fin de la guerre, estima judicieux de la garder en vie pendant les grands froids : elle fit donc « cadeau » aux détenues de bas, de vêtements chauds, et de sabots noirs qui claquaient sur les pavés lorsqu'elles allaient et venaient de l'usine aux baraquements. Celles qui n'en reçurent pas – Freia n'en avait pas prévu assez – durent garder les chaussures trouées ou trop fines qu'on leur avait distribuées à Auschwitz. Celles qui en reçurent ne furent pas forcément mieux loties : souvent trop petits ou trop grands, les sabots leur donnaient des ampoules, qui ne guérissaient pas et s'infectaient rapidement. Dépourvues de crampons, les semelles se révélaient très glissantes sur le verglas. Ouverts à l'arrière du pied, ils se remplissaient d'eau ou de neige et ne séchaient jamais complètement.

Ils présentaient un inconvénient supplémentaire : ils résonnaient bruyamment sur les pavés durant leurs trajets quotidiens, faisant trembler leurs jambes déjà meurtries. Parfaitement chaussés de bottes bien cirées, les SS qui les conduisaient d'un bout à l'autre de la vieille ville ajoutaient au vacarme en criant « *Links ! Zwei ! Drei ! Vier... !* » pour les obliger à marcher en rythme. « Les gens qui vivaient dans la rue que nous empruntions pour aller et revenir du travail n'étaient pas contents du tout, se souviendra Klara Löffová. Il faut dire que nous faisions un bruit du diable en passant sous leurs fenêtres à 5 heures du matin ! Certains d'entre eux se sont même plaints aux responsables de l'usine. Il y avait de quoi : nous étions cinq cents, presque toutes chaussées de sabots... Sans compter que les habitants n'avaient pas le droit d'allumer la lumière à l'époque, à cause des bombardements. A 6 heures, le vacarme recommençait quand l'équipe de nuit revenait de l'usine. Les habitants étaient d'autant plus furieux que c'était le seul moment de la journée où ils osaient se mettre au lit :

la RAF rentrait toujours en Angleterre au petit matin après les bombardements de la nuit. Nous, on s'en fichait, puisque nous ne dormions pas non plus. »

La plupart des femmes portaient encore les vêtements informes qui leur avaient été distribués à Auschwitz. Déjà usés jusqu'à la corde, ils ne tenaient maintenant plus qu'à l'aide de pinces ou de bouts de ficelle. Hormis celles qui avaient reçu les bas de Freia, les déportées n'avaient ni sous-vêtements ni chaussettes. Certaines d'entre elles avaient eu la chance de trouver un morceau d'étoffe, qu'elles nouaient autour de leur crâne rasé pour se protéger du vent durant leurs trajets quotidiens. A d'autres moments de la journée, elles se servaient du même chiffon pour se fabriquer une brassière, rembourrer des sabots trop grands ou envelopper leurs orteils gelés. Elles devaient alors veiller à ne pas attirer l'attention des gardes, qui semblaient prendre un malin plaisir à leur confisquer ces précieux morceaux de tissu.

Dans ces conditions, le trajet des baraques à l'usine, et de l'usine aux baraques, devint bientôt une nouvelle forme de torture. Leurs membres raidis par le froid et les longues heures de travail ou d'immobilité sur des châlits glacés les portaient à peine dans la neige qui recouvrait les rues. « Nous devions traverser la ville à pied sous les insultes et les crachats des gardes. Et tout ça sans manteau [...] sans bas ni rien [...]. C'était affreux », dira Anka. Chavna Livni, une autre rescapée, en garda, elle aussi, un souvenir atroce : « Chaque matin, il fallait traverser la ville en pleine nuit, avant l'aube, dans l'obscurité totale. Il n'y avait quasiment personne dans les rues. A force d'emprunter ce trajet, j'en connaissais chaque pavé, je savais où le vent m'attaquerait le plus cruellement. Le soir, il fallait refaire le parcours en sens inverse, toujours dans l'obscurité, jusqu'aux baraques glacées où nous attendaient des poêles désespérément éteints. »

Dès le début de l'hiver, la pluie se mua en neige. Les prisonnières affamées et transies durent progresser entre des tranchées glacées que venaient sans cesse recouvrir de nouvelles couches de poudreuse. Les gardes qui marchaient près d'elles portaient, quant à eux, plusieurs épaisseurs de vêtements chauds sous leurs longs manteaux militaires. Fusil en bandoulière, ils enfonçaient profondément leurs mains gantées dans leurs poches pour se protéger du froid.

Rachel avait la chance de travailler avec un *Meister* attentif et bienveillant, qui lui donna en secret de longues bandes de coton blanc déchirées dans l'étoffe estampillée « Freiberg KZ », dont il se servait pour lustrer les ailes d'avion. La jeune femme emprunta à l'une des prisonnières la bobine de fil et l'aiguille qu'elle avait réussi à se procurer, et parvint ainsi à se fabriquer un soutien-gorge. Elle en fit un autre pour sa sœur Bala dans le tissu restant. Le même contremaître s'arrangea à plusieurs reprises pour leur apporter un peu de nourriture, et même pour leur trouver des sabots, car ni l'une ni l'autre n'en avaient reçu lors de la distribution organisée par la direction de l'usine. « Il a prétendu que nous risquions de nous blesser les pieds sur les rails métalliques des machines-outils, et que ces blessures s'infecteraient, entraînant des complications, mais nous avons toujours pensé, ma sœur et moi, qu'il nous offrait les sabots pour que nous n'arrivions plus à l'usine les pieds trempés et gelés après notre longue traversée de la ville. »

Il ne fut pas le seul employé de l'usine Freia à risquer sa vie pour aider les déportées : ce fut également le cas de Leopoldine Wagner, une Autrichienne recrutée pour servir d'interprète aux prisonniers de guerre italiens. « Ça me brisait le cœur de voir [ces femmes] si maigres, le crâne rasé, sortir par moins 18 °C sans manteau, sans chaussettes [...] les pieds en sang dans leurs sabots », confiera-t-elle. Mariée à un Allemand, elle en venait à rougir de cette union face à une telle misère et à la vue de ces personnes « martyrisées » et « moins bien traitées qu'un chien », aux pieds ruisselant de sang et de pus. Lorsqu'elle découvrit qu'elles ne recevaient pour toute pitance qu'une « infâme » soupe de navets, elle prit l'habitude de glisser un morceau de pain dans la bouche des prisonnières qui entraient dans son bureau pour frotter les sols. Un jour, elle offrit un soutien-gorge à une femme qui ne portait rien sous sa blouse grossière.

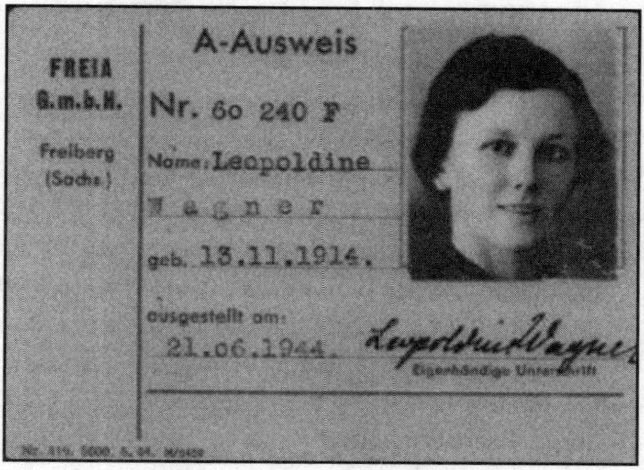

Carte d'identité de Leopoldine Wagner

Le lendemain, un officier SS lui tendit le sous-vêtement en lui demandant si c'était le sien. Elle acquiesça d'un air penaud. « Si vous avez un cadeau à faire, faites-le à une Allemande, répondit froidement l'officier. Sinon, vous ne vous appellerez bientôt plus Frau Wagner, mais Numéro mille et quelques ! »

Après cette terrifiante mise en garde, Leopoldine Wagner cessa pendant un moment d'aider les prisonnières. « Bien sûr que j'ai eu peur ! dira-t-elle. A l'époque, si vous ne hurliez pas avec les loups, vous aviez déjà un pied dans les camps de concentration. » Mais son courage reprit vite le dessus. Emue par la détresse d'une très jeune Hongroise nommée Ilona, qui avait été pianiste avant guerre, Leopoldine décida de l'aider à s'évader. « Je lui ai fait apprendre par cœur l'adresse de ma sœur en Autriche, expliquera-t-elle. Je m'étais imaginé qu'elle pourrait se cacher dans un couvent jusqu'à la fin de la guerre. » Avec l'aide d'un prêtre catholique de Freiberg, elle dissimula une robe et une cornette de religieuse dans le confessionnal de la Johanniskirche, une des églises du centre-ville, en prévision du jour où sa protégée se rendrait comme chaque mois à l'*Arbeitshaus* toute proche pour prendre une douche. Ilona devait essayer d'échapper à la vigilance des SS pendant le trajet, sortir du rang, et se glisser dans l'église pour se changer. « Je ne sais pas si elle a réussi à s'enfuir. Mais les vêtements ont disparu. »

D'autres employés de l'usine prirent les déportées en pitié. Citons notamment Christa Stölzel, une Allemande alors âgée de dix-sept ans, qui travaillait dans les bureaux : elle cachait du pain et des biscuits dans sa corbeille à papier afin que les prisonnières puissent s'alimenter lorsqu'elles feraient le ménage à la nuit tombée. Il s'agissait là d'un « crime » passible d'une lourde peine, mais Christa le commit à de nombreuses reprises dans l'espoir d'aider les déportées. Un des contremaîtres agissait de manière similaire : il cachait des pansements et parfois un petit sachet de bonbons derrière les étais qui soutenaient les ailes d'avion en construction. Quoique peu nombreuses, ces petites attentions destinées à demeurer clandestines firent la joie de leurs destinataires.

Hormis ces rares exceptions, la majorité des habitants de Freiberg ne fit rien pour secourir les détenues du camp de travail. Par peur ou par ignorance ? Les deux, sans doute. D'après Leopoldine Wagner, les civils évitaient soigneusement la question : « Personne n'en parlait. La plupart d'entre nous savaient qu'il y avait des baraquements à Hammerberg, mais personne ne cherchait à savoir qui était enfermé là-bas, et ce que les prisonniers enduraient. »

Quasiment privées d'aide extérieure, les déportées connurent des difficultés croissantes à mesure que la température chutait. Même serrées les unes contre les autres, à trois ou quatre sur une couchette pour tenter de se tenir chaud, elles manquaient chaque nuit de périr sous leur fine couverture. La faim les tenaillait d'autant plus douloureusement qu'elles devaient brûler des calories pour lutter contre le froid. Soumises à de telles épreuves, elles commencèrent à s'effondrer, physiquement et psychiquement.

Profondément découragées, les femmes devaient bien souvent endurer une épreuve supplémentaire lors de la traversée de la ville, si elles venaient à croiser ou à apercevoir des Allemands vaquant à leurs occupations – des enfants bien emmitouflés occupés à construire un bonhomme de neige sur le chemin de l'école, ou des hommes partant au travail sous le regard aimant de leur épouse postée à la fenêtre. « Les gens nous regardaient passer, bien à l'abri dans leurs jolies maisons, dira Lisa Miková. Nous étions entourées de SS, une bonne vingtaine d'hommes, ce qui rendait impossible toute communication : nul ne pouvait nous parler ou nous donner quoi que ce soit. Mais ils n'ont même pas essayé de le faire. Ils ne s'intéressaient pas à nous. »

Gerty Taussig, alors âgée de quatorze ans, avait compris dès l'automne que ses parents et sa sœur avaient été gazés à Auschwitz. « C'était déchirant de voir ces gens assis autour d'une table dans leur maison bien chauffée, de les voir manger, rire et mener une vie de famille normale, confiera-t-elle. Aucun d'eux n'a jamais eu un geste envers nous. Pas le moindre témoignage de gentillesse. Pour eux, nous n'étions que des fantômes. Nous-mêmes étions persuadées que nous ne survivrions pas. Que nous ne retrouverions jamais une vie normale, comme la leur. »

Un matin, l'une des déportées, une Allemande de vingt-deux ans nommée Hannelore Cohn, s'arrêta net au milieu du trajet, manquant faire trébucher toute la file. Sa mère, une non-Juive originaire de Berlin, venait de surgir à l'angle de la rue pour la regarder passer. Sur la demande d'Hannelore, l'un des contremaîtres allemands de l'usine avait secrètement écrit à ses proches pour leur annoncer qu'elle était encore en vie. « Sa mère est aussitôt venue s'installer à Freiberg. Elle savait qu'elle ne pourrait pas lui parler, mais elle nous attendait chaque jour devant les grilles de l'usine, rien que pour la voir », racontera Esther Bauer, une amie d'enfance d'Hannelore, déportée en même temps qu'elle. « Hannelore savait qu'elle était là. Nous le savions toutes. »

Gerty Taussig n'oubliera pas, elle non plus, la vision de cette femme blonde postée sur le trajet : « Quelle tragédie pour elle de voir passer sa fille affaiblie, émaciée, sans même pouvoir lui faire un signe de la main ! » Cette femme venait pourtant chaque matin devant la grille, procurant un profond réconfort à sa fille – comme à toutes celles qui l'apercevaient.

Une fois arrivées à l'usine, les prisonnières se séchaient et se réchauffaient peu à peu. Leurs mains bleuies par le froid rougissaient sous l'afflux de sang, leur procurant des élancements douloureux. S'il neigeait ou pleuvait lors du trajet du retour, ou pendant l'*Appell* du soir, elles arrivaient trempées aux baraquements, sans autre choix que de dormir dans leurs vêtements mouillés, puisqu'elles n'en avaient pas d'autres et ne pouvaient rien faire sécher dans les dortoirs glacés. Bien souvent, il gelait si fort que l'eau se figeait dans les tuyaux, rendant la toilette impossible. Elles partageaient toutes la même serviette et un petit morceau de savon, si elles avaient eu la chance d'en obtenir. Aucune d'elles n'avait de brosse à dents ou de peigne. Lorsque leurs cheveux commencèrent à repousser par plaques disgracieuses et enflammées, elles eurent souvent la mauvaise surprise de constater qu'elles avaient blanchi avant l'âge.

Les jours passaient sans leur offrir de répit. Chacune d'elles se recroquevillait dans cette demi-vie qui lui était imposée, s'efforçant de tenir jusqu'au soir, puis jusqu'au lendemain matin, sans espérer davantage. Priska, Rachel et Anka dormaient dans des baraques différentes et ne travaillaient pas aux mêmes postes. Elles se côtoyaient sans se connaître, et surtout sans savoir qu'elles n'étaient pas seules à dissimuler leur grossesse, et à se demander combien de temps encore elles pourraient le faire. D'autres femmes, pourtant, se trouvaient dans la même situation. Une amie tchèque de Lisa Miková, qui avait réussi à cacher son état jusqu'au terme, accoucha au cours d'une nuit. « Elle a accouché dans les baraquements de Freiberg en 1945, mais les SS ont tué le nourrisson, racontera Lisa. Les gardes sont venus et lui ont pris le bébé. Elle a appris par la suite qu'ils l'avaient tué. » Deux autres déportées enceintes furent renvoyées à Auschwitz lorsque le surveillant général comprit qu'elles attendaient un enfant.

On ignore ce qui leur arriva, mais leur état ne plut certainement pas au Dr Mengele, si l'on en croit la rescapée tchèque Ruth Huppert, qui fut déportée à Terezín avec son mari au même moment qu'Anka. Lorsque Ruth découvrit sa grossesse à la fin de l'année 1943, alors que la SS transférait de plus en plus de Juifs vers l'est, elle supplia les autorités du ghetto de lui permettre d'avorter, mais les nazis avaient alors interdit aux médecins juifs de pratiquer ce type d'intervention. Comme Priska, Rachel et Anka, Ruth était enceinte lorsqu'elle fut envoyée à Auschwitz. Elle parvint à cacher son état lors des sélections, puis à persuader une kapo de mettre son nom sur la liste des déportées « aptes au travail ». Elle atteignait le terme de sa grossesse et travaillait dans une raffinerie de pétrole quand son état fut découvert. Elle fut renvoyée à Auschwitz en août 1944. Mengele exigea de savoir comment elle avait fait pour se cacher si longtemps, puis il déclara : « Vous allez accoucher ici. Ensuite nous verrons. » Quelques heures après la naissance de la petite fille, « l'Ange de la Mort » annonça qu'il souhaitait connaître la durée de vie d'un nourrisson privé de nourriture. Il ordonna que les seins de la mère soient bandés pour l'empêcher d'allaiter sa fille, qui fut néanmoins laissée avec elle. Huit jours durant, Ruth et l'enfant demeurèrent couchées l'une près de l'autre, sans que la mère aux seins gonflés de lait puisse interrompre le supplice infligé à son enfant. Mengele venait deux fois par jour constater l'évolution de la situation. Lorsque le bébé fut à demi mort de faim, Ruth se résolut à lui injecter en secret la solution de morphine que lui avait donnée un déporté employé à l'infirmerie. Elle fut envoyée peu après dans un autre camp de travail, où elle parvint à survivre jusqu'à la fin de la guerre.

Les trois futures mères de Freiberg et leurs enfants auraient peut-être connu un destin similaire si leur grossesse avait été découverte et si le surveillant général du camp les avait renvoyées à Auschwitz. Ce ne fut pas le cas, mais leur sort ne paraissait guère plus enviable à Freiberg, où plusieurs de leurs camarades moururent dans les mois qui suivirent leur arrivée. La première fut une Slovaque d'une vingtaine d'années, atteinte de septicémie. On l'enterra à l'automne 1944, le même jour qu'une Allemande de trente ans, touchée par la scarlatine. Leur disparition fut suivie d'au moins sept autres – des femmes et des adolescentes âgées de seize à trente ans qui succombèrent à des maladies infectieuses, des déficiences cardiaques ou pulmonaires. Toutes furent incinérées et enterrées dans une fosse commune du cimetière Saint-Donat de Freiberg.

© Wendy Holden

Monument aux morts du KZ Freiberg

Priska était aussi affamée et épuisée que ses compagnes, mais elle refusait obstinément de se laisser envahir par des pensées morbides. Agrippée à l'espoir de retrouver Tibor après la guerre, elle s'évertuait à suivre le conseil qu'il lui avait donné de ne « penser qu'aux belles choses ». Elle passait de longs moments à contempler les motifs délicats que formait le givre sur les carreaux de leur baraque. Et lorsqu'elles allaient et revenaient de l'usine, Priska faisait toujours partie des rares déportées qui levaient la tête pour observer les rues environnantes. Elle soulevait la poudreuse du bout de ses sabots pour le simple plaisir de la voir étinceler sous le soleil, et s'émerveillait du spectacle féerique que lui offraient les arbres couverts de givre au petit matin. Elle avait promis à Tibor de rester en vie et de protéger leur enfant à naître ; de son côté, il lui avait assuré qu'il mettrait tout en œuvre pour les retrouver. « Je me concentrais sur mon mari et sur mon bébé. Je n'essayais pas vraiment de me lier avec les autres [...], dira-t-elle. J'espérais que [Tibor] serait là quand je rentrerais à la maison. »

Le moral des prisonnières chuta encore tandis que la température continuait de baisser, accentuant leur isolement. Toutes savaient qu'un hiver long et rigoureux aggraverait les maux dont elles souffraient. Privées de tout, réduites en esclavage, elles perdirent encore du poids. A bout de forces dans leurs vêtements usés, elles constituaient des proies faciles pour les poux et les punaises, qui les laissaient couvertes de boutons purulents. Manger et survivre jusqu'au lendemain mobilisait toute leur énergie, les empêchant de penser à quoi que ce soit d'autre. « Je crois que je ne rêvais même pas, dira Anka. C'était tellement épuisant de rester en vie que j'étais incapable de faire plus. »

Anka et Rachel, qui avaient déjà enduré plusieurs années de privations à Terezín et à Łódź, désespéraient de voir s'achever leurs tourments. Cette existence misérable et coupée du monde ne cesserait-elle donc jamais ? Que leur arriverait-il, à elles et à leurs bébés, dans les mois à venir ?

Qu'était-il advenu à Bernd et à Monik ? Etaient-ils encore en vie ? Anka avait la chance d'être restée avec Mitzka, qui partageait sa couchette et semblait toujours prête à l'écouter et à la rassurer, alors que ses confidences mettaient sa propre vie en danger. Rachel, qui faisait équipe avec Bala et dormait près d'elle, ne lui avait pas révélé sa grossesse (pas plus qu'à ses deux autres sœurs) par crainte de les mettre en danger, elles aussi.

Sala et Ester travaillaient toutes deux à des tâches administratives dans les bureaux de l'usine, où elles bénéficiaient d'une alimentation plus consistante, de vêtements décents et de meilleures conditions de travail qu'à l'atelier. « Au début, ils nous avaient postées dans un des ateliers de construction aéronautique, mais un officier SS est venu me trouver alors que j'étais en train de polir une feuille d'aluminium, racontera Sala. Il m'a demandé en allemand : “Où est votre sœur ?” Il faut dire que nous étions toujours ensemble, elle et moi ! J'étais stupéfaite. Je n'aurais jamais pensé que cet homme savait que nous étions sœurs. » L'officier SS leur ordonna de les suivre à l'autre bout du bâtiment. « Il m'a demandé, toujours en allemand : “Savez-vous lire et écrire ?” Il nous a installées toutes les deux dans le bureau où ils conservaient les plans de construction des avions, et nous sommes restées à l'abri pendant huit mois ! Ce fut une telle chance... Nous ne travaillions pas trop dur ; nous avions nos dimanches et les Allemands nous emmenaient dans le bunker pendant les bombardements. Il faisait quand même très froid dans notre bureau. Nous mettions du papier journal dans nos chaussures et sous nos vêtements pour ne pas tomber malades. »

A la fin de leur journée de travail, Sala et Ester rejoignaient les autres femmes pour rentrer aux baraquements. Elles retrouvaient alors Rachel et Bala, et s'efforçaient de les encourager à garder espoir. « Nous nous soutenions les unes les autres. Ça nous aidait beaucoup, assurera Sala. Nous le faisions dès que l'une de nous semblait sur le point de craquer. Nous répétions : “Tout ira mieux demain, tu verras !” On remettait tout au lendemain. »

Bien que perpétuellement affamées, les déportées continuaient de concevoir des festins imaginaires et d'échanger des recettes de cuisine. Un de leurs jeux favoris consistait à « inviter » des amies à dîner et à leur faire la conversation pendant toute la durée des « préparatifs », avant d'entamer la « dégustation » des nombreux mets destinés à remplir leur estomac. Elles aimaient aussi se lancer dans d'interminables discussions sur la première chose qu'elles mangeraient à la fin de la guerre – cet événement magique, quasi mythique, tout entier contenu dans un seul mot : « après », et qu'aucune d'elles n'avait la certitude de voir advenir. Si la tranche de pain frais tartinée de beurre faisait l'unanimité, les plus jeunes confessaient rêver de denrées plus sucrées, avant de se rallier à l'avis général pour accorder la première place aux pommes de terre, du moment qu'elles étaient de bonne qualité, rissolées si possible.

Celles qui n'avaient jamais préparé un repas avant la guerre, soit parce que leur mère s'en chargeait, soit parce qu'elles avaient des domestiques, affirmeraient des années plus tard avoir appris à cuisiner à Freiberg, bien que l'énumération des ingrédients nécessaires à leurs festins imaginaires ait souvent failli les rendre folles. Ce faisant, elles s'infligeaient une sorte de torture mutuelle. L'évocation de leurs mères et de leurs grands-mères, de leurs confortables vies « d'avant », de toutes les odeurs, de toutes les saveurs d'autrefois les blessait comme autant de coups qu'elles se seraient infligés à elles-mêmes : le pain fraîchement sorti du four, le café encore brûlant qu'on versait dans les tasses, le savon à la lavande qu'elles utilisaient pour se laver les mains avant chaque repas... Comment endurer de tels souvenirs sans flancher ? Lorsqu'elles baissaient les yeux sur leurs ongles incrustés de crasse, elles en riaient à travers leurs larmes.

« Soudain, l'une de nous criait : “Ça suffit ! On n'en parle plus !” Mais on recommençait une demi-heure plus tard, se souviendra Lisa Miková. Nous ne pensions qu'à manger, en permanence. C'était une obsession. Nous rêvions de plats de viande et de quenelles, ou de choses toutes simples comme du jambon et du pain. Je disais souvent que si je pouvais seulement avoir du pain et des pommes de terre, je ne demanderais rien d'autre de toute ma vie. »

Un jour, Gerty Taussig trouva une grosse pomme de terre crue, qu'elle partagea avec sa meilleure amie. « Nous l'avons coupée en très fines tranches, que nous avons savourées une à une. C'était la meilleure chose que j'avais mangée de toute ma vie. Je me suis dit : "Si je m'en sors, je ne mangerai plus que ça !" Nous l'avons terminée bien trop vite, hélas. »

Les déportées enduraient de multiples problèmes médicaux dus à leur sous-alimentation, pour lesquels elles ne recevaient ni traitement approprié ni témoignages de sympathie de la part de leurs gardiens. Lorsque Klara Löffová fut prise d'une rage de dents, elle supporta sa douleur en silence. « Au début, personne ne faisait attention à moi, mais au bout de quelques jours, j'avais la moitié du visage si enflée que je n'y voyais plus rien. Le *Lagerkommandant* m'a emmenée voir un dentiste en ville. Il marchait derrière moi, son fusil à baïonnette pointé sur ma nuque. Les gens qui nous regardaient ont dû penser qu'il venait de capturer l'agent double le plus recherché au monde ! » Le commandant informa le dentiste qu'il devait se contenter de faire « le strict nécessaire » pour soigner la prisonnière : inutile de « gâcher » pour elle ses précieux anesthésiants. Le SS ajouta qu'il souhaitait surveiller le déroulement des opérations, mais le médecin le pria gentiment de rester dehors en arguant que le cabinet n'était pas assez grand pour les accueillir tous trois. « Je suis entrée dans le cabinet, racontera Klara. Il faisait chaud, c'était très propre et le dentiste s'est montré poli avec moi. Les larmes me sont montées aux yeux. Il s'est interrompu aussitôt, craignant de m'avoir fait mal. "Non, ai-je répliqué. Je pleure parce qu'il y a très longtemps que je n'ai pas été traitée comme un être humain." Il m'a soulagée avec de la Novocaïne en me recommandant de dire au *Scharführer*, s'il me posait la question, que j'avais eu très mal. J'ai acquiescé. Après l'opération, il m'a laissée dans le fauteuil pendant une bonne heure, pour que je puisse me reposer. J'ai apprécié chaque minute de cette consultation. J'y suis retournée avec joie la semaine suivante pour un contrôle qui s'est révélé superflu. »

Il était rare que les déportées suscitent une telle compassion. La plupart d'entre elles vivaient dans l'attente d'une mort prochaine. Après avoir jugé que rien ne pourrait être pire qu'Auschwitz, elles commençaient à comprendre que leur séjour au camp de travail de Freiberg risquait aussi de leur coûter la vie. « Nous aurions dû mourir, déclarèrent plusieurs d'entre elles par la suite. Mais nous désirions tellement continuer de vivre ! » Plus les jours passaient, moins elles croyaient à l'arrivée des libérateurs tant attendus. Désormais, elles ne se demandaient plus *si* elles allaient mourir, mais quand et comment. De faim ? De mauvais traitements ? Ou sous les bombes alliées ? s'interrogeaient-elles tandis que les raids aériens se faisaient toujours plus nombreux.

Lorsque Arthur Harris, le général de corps aérien de la RAF, donna l'ordre d'attaquer Dresde, à trente-cinq kilomètres de Freiberg, l'équipe de nuit se trouvait au complet dans l'usine Freia. Rachel, Anka et Priska en faisaient partie. Comme la plupart des habitants de la région, les déportées étaient convaincues que Dresde ne serait pas prise pour cible en raison de son prestige historique et culturel. Tous ignoraient que les nazis avaient placé la ville sur la nouvelle ligne de défense qu'ils prévoyaient d'établir au cours du sixième hiver de guerre : la « ligne de l'Elbe », qui courait de Prague à Hambourg et qui mit Dresde au beau milieu des axes de visée alliés. Soucieux d'empêcher un important transfert de troupes ennemies, le commandement tactique aérien de la RAF décida de bombarder massivement la ville du 13 au 15 février 1945.

Six années s'étaient écoulées depuis que Hitler avait ordonné le bombardement stratégique de nombreuses villes polonaises, dont Varsovie et Wieluń, avant de lancer une série de raids dévastateurs sur les Pays-Bas. Puis, de septembre 1940 à mai 1941, le *Blitz* entrepris sur Londres avait coûté la vie à vingt mille Britanniques. Cette intense campagne de bombardements menée par la Luftwaffe se répéta pendant soixante-seize nuits et détruisit plus d'un million d'habitations. Au même moment, l'aviation nazie frappait le port de Liverpool et sa région lors d'une série de raids aériens, du mois d'août 1940 à celui de mai 1941, faisant près de quatre mille victimes. Enfin, la ville de Coventry subit dix-huit raids aériens lors de l'opération *Mondscheinsonate* – Sonate au clair de lune –, dont le plus massif, daté du 14 novembre 1940, anéantit plus de quatre mille habitations et laissa les deux tiers de la ville en ruine. Cette nuit-là, quelque cinq cents bombardiers allemands, missionnés pour détruire des usines sidérurgiques et des ateliers de fabrication de munitions, lâchèrent cinq cents tonnes d'explosifs et de bombes incendiaires sur la ville britannique. Les bombardements firent des centaines de morts et plus d'un millier de blessés, qui vinrent s'ajouter à ceux des raids précédents. Au cours des années suivantes, Coventry subit d'autres bombardements allemands qui portèrent à mille deux cent trente-six le nombre total de victimes.

Ces attaques, comme de nombreuses autres, firent l'objet d'une riposte alliée sur l'Allemagne et la Pologne occupée : les bombardiers britanniques, bientôt associés à leurs homologues américains, frappèrent Hambourg, Berlin, Pforzheim, Swinoujscie et Darmstadt, causant autant de pertes humaines et matérielles que ceux de la Luftwaffe. Cependant, le sort qui fut réservé à Dresde, surnommée la « Boîte à bijoux » pour son architecture baroque et ses nombreux bâtiments de style rococo, suscite encore aujourd'hui de nombreuses controverses. Le 13 février 1945 à 22 heures, tandis que les premiers bombardiers Lancaster partis du Lincolnshire arrivaient sur Dresde après cinq heures de vol, les sirènes se mirent à hurler sur Freiberg pour prévenir les habitants d'une possible attaque aérienne. Les SS enfermèrent la plupart des déportées, dont Priska, Rachel et Anka, au dernier étage de l'usine (dont ils n'ignoraient pas qu'elle pouvait constituer une des cibles de la RAF), puis ils coururent se réfugier au sous-sol avec les contremaîtres et les employés.

Les femmes reçurent l'ordre d'éteindre les lumières et de tirer les rideaux pour ne pas attirer l'attention des pilotes. Elles désobéirent aussitôt et se penchèrent aux fenêtres pour mieux voir les sept cents et quelques bombardiers qui traversaient le ciel à basse altitude. Certains appareils s'approchèrent du bâtiment et le survolèrent lentement, comme s'ils effectuaient un simulacre de bombardement. A moins qu'ils ne s'apprêtent vraiment à bombarder l'usine ? se demandèrent plusieurs déportées en observant attentivement leur manège. « Nous avons ordonné aux avions de la RAF de lâcher ses bombes sur nous [...] pour que l'usine ne puisse plus participer à l'effort de guerre, dira Anka. Mais ils ne l'ont pas fait. »

Rachel se souviendrait, elle aussi, d'avoir crié les yeux levés vers le ciel : « "Venez ! Venez nous bombarder ! Nous allons mourir, de toute façon !" A cette époque, nous étions absolument certaines qu'aucune de nous ne survivrait au camp. Nous essayions juste de tenir le plus longtemps possible. Les bombardements sur Dresde nous ont redonné espoir. Nous avons commencé à envisager la fin de notre calvaire. »

Les quelques gardes allemands postés devant les portes des dortoirs pour empêcher les femmes de s'évader leur reprochèrent vivement leur attitude, qui mettait leur propre vie en danger. « Ils nous ont ordonné de nous éloigner des fenêtres et de cesser d'envoyer des signaux lumineux aux pilotes, expliquera Lisa Miková. Nous étions ravies, et ça les faisait enrager de nous voir si heureuses. »

Les bombes incendiaires et explosives larguées sur la capitale de la Saxe, pourtant distante d'une bonne trentaine de kilomètres, rougissaient le ciel de Freiberg. On estime à vingt-cinq mille le nombre de civils tués sous les bombes alliées, qui détruisirent l'agglomération de Dresde sur plus de six kilomètres carrés. « C'est le spectacle le plus magnifique que j'aie vu de ma vie. Nous suivions les trajectoires lumineuses de toutes ces bombes incendiaires en souhaitant les pires catastrophes à ceux qui se trouvaient dessous. C'était fabuleux [...]. Nous éprouvions une telle satisfaction ! confiera Anka. Après la guerre, tout le monde a dit du mal du général Harris, mais je l'ai toujours considéré comme un saint. »

© akg-images

La ville de Dresde en ruine

Le lendemain, un des contremaîtres arriva de la ville dévastée. Il ne restait, d'après lui, « pas une pierre debout » dans la vieille ville, où chaque famille comptait ses blessés ou ses disparus. Gerty Taussig, qui l'écoutait, n'éprouva aucune pitié pour « ces gens qui avaient voté Hitler », mais se désola d'apprendre que des œuvres d'art inestimables étaient parties en fumée. « Une des gardes SS nous a confié à quel point ils étaient tous bouleversés, racontera Rachel. "C'est notre ville ! criait-elle. Notre peuple !" Puis elle a ajouté que les déportées qui sembleraient se réjouir des bombardements ou qui jetteraient simplement un regard vers les fenêtres seraient exécutées. » Rachel transmit aussitôt la nouvelle à ses camarades afin de les inciter à la prudence.

Les premiers raids alliés sur Dresde s'étaient déroulés au cours de la nuit du 13 février. Les avions revinrent en plein jour le lendemain pour larguer sept cents tonnes de bombes. Le troisième jour, ils s'attaquèrent à la périphérie et à une raffinerie de pétrole située à l'écart de la ville. « On l'a deviné en voyant les flammes. L'incendie a duré des heures, dira Lisa Miková. Je dois avouer que nous n'éprouvions aucune sympathie pour les victimes. Nous nous disions : Et nos parents ? Nos maris ? Qui a commencé cette guerre ? Nous restions de marbre, alors que nous savions très bien qu'il y avait aussi des femmes et des enfants parmi les milliers de morts. Le lendemain, les gardes ont été odieuses avec nous. Elles nous giflaient pour un rien et nous ont interdit toute la journée d'aller aux toilettes. »

L'apparition dans les rues de Freiberg de longues files de réfugiés allemands fuyant la ville bombardée raviva l'espoir des déportées. Confortées par la vision des centaines d'avions alliés sillonnant le ciel, elles s'autorisèrent à croire que la libération était à portée de main. Elles ne furent même pas fâchées de devoir aller nettoyer en ville les gravats causés par une campagne de raids sur la région : c'était un plaisir de constater les dégâts causés par les Alliés. Rachel regrettait seulement qu'ils n'aient pas bombardé les voies de chemin de fer : « Pourquoi n'ont-ils pas détruit les voies ou les trains ? se demanderait-elle encore des années plus tard. S'ils l'avaient fait, les Allemands n'auraient plus pu envoyer personne dans les camps de concentration ! »

Après les bombardements de février, l'usine de Freiberg fut coupée de ses sources d'approvisionnement par une série de raids alliés. Bientôt, les matières premières cessèrent d'être acheminées, les machines-outils ne purent plus tourner faute de carburant et le courant électrique ne fonctionna que par intermittence. Le 31 mars 1945, toute la production fut arrêtée. Soucieux de ne pas perdre leur emploi, les gardes SS ordonnèrent aux prisonnières de « s'occuper », ce qu'elles firent en confectionnant de menus objets à l'aide de chutes de métal : des petits couteaux, qu'elles utilisaient pour couper et manger de l'herbe – « le meilleur repas du monde », d'après elles. Maintenant que la neige fondait, elles pouvaient se pencher et cueillir discrètement des touffes d'herbe lors de leurs trajets quotidiens des baraquements à l'usine. D'autres déportées fabriquèrent de petits peignes en aluminium. Ce précieux objet de toilette leur rappelait une époque où il avait toute son utilité.

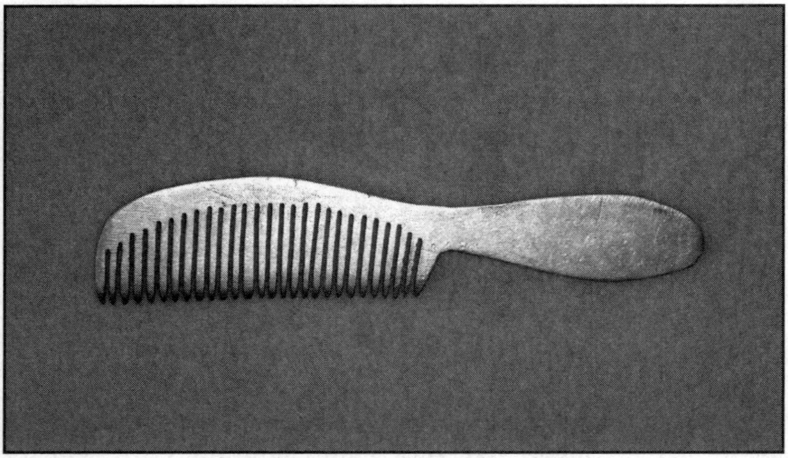

Peigne fabriqué à l'aide d'un morceau de métal
par une détenue du KZ Freiberg

L'une des amies de Gerty Taussig s'était confectionné l'un de ces peignes. Elle y tenait tant qu'elle le gardait serré dans son poing en permanence de peur de se le faire voler. Lors d'un *Appell*, un des SS l'aperçut et le lui arracha des mains.

— A quoi cela vous sert-il ? demanda-t-il d'un ton sec.

— A peigner mes beaux cheveux, répondit la prisonnière en lissant du plat de la main son crâne encore très dégarni.

Sa remarque déclencha un fou rire chez ses compagnes, vite imitées par le garde lui-même, qui ne rendit pourtant pas le peigne à sa propriétaire.

Ce fut aussi lors d'un *Appell* matinal (que les SS continuaient d'organiser avec zèle malgré la débâcle annoncée) que Priska, alors enceinte de neuf mois, faillit perdre son enfant sous les coups. Ce jour-là, elle rejoignit tardivement la file des prisonnières : ses chevilles enflées et ses pieds gercés la portaient à peine. En arrivant sur la place d'appel, elle fut aussitôt prise à partie par l'un des SS, visiblement furieux.

— Pourquoi êtes-vous en retard ? cria-t-il.

Priska haussa les épaules.

— Mon petit retard ne portera sûrement pas atteinte à la grandeur du Reich.

Le garde leva le poing et la frappa si violemment qu'elle tomba au sol. Elle se recroquevilla aussitôt sur elle-même pour protéger son ventre des coups qu'il continuait à lui infliger. Il aurait pu les tuer, elle et l'enfant, s'il l'avait voulu. Lorsqu'il s'arrêta enfin, ses camarades l'entourèrent pour l'aider à se relever. La bouche en sang, elle les rassura d'un geste.

— Ça va, dit-elle en forçant un sourire. Ce n'est rien. Des coups de poing valent mieux qu'un coup de fusil !

Le printemps commençait à réchauffer l'air hivernal. Désormais, les femmes entendaient chanter quelques oiseaux à travers les fenêtres de l'usine ou des baraquements, et se réjouissaient de voir les arbres se couvrir de feuilles. Pour la plupart d'entre elles, cette nouvelle année serait la sixième qu'elles passeraient sous le joug nazi. Que leur apporteraient les semaines et les mois à venir ? Lorsque plusieurs *Meisters* furent rappelés au combat et que les autres leur ordonnèrent de démanteler les machines-outils pour qu'elles soient transportées dans une autre usine, les déportées ne surent si elles devaient s'inquiéter ou se réjouir. Les rumeurs les plus folles se mirent à circuler dans le camp de travail. Seraient-elles « liquidées » ? Exécutées dans leurs baraques avant la fuite des SS ? Ou emmenées avec le reste du matériel militaire ? Leur pire crainte restait d'être renvoyées à Auschwitz. Elles ignoraient que l'Armée rouge avait libéré le camp d'extermination en janvier, de même que d'autres centres de mise à mort comme Treblinka, Bełżec et Sobibór.

Après l'arrêt de la production, les déportées furent confinées dans leurs quartiers. Hormis quelques équipes qui reçurent l'ordre de déplacer des tas de cailloux d'un endroit à un autre pour paraître occupées, la plupart n'eurent rien d'autre à faire qu'attendre. Comme elles ne travaillaient plus pour le Reich, leurs rations furent progressivement réduites : elles ne reçurent plus que deux cents grammes de pain chacune par jour et une demi-part de soupe insipide. « Ils nous ont expliqué que nous avions moins besoin de manger puisque nous ne travaillions plus, racontera Lisa Miková. Après ça, ils nous ont distribué du pain tous les jours, mais de la soupe un jour sur deux. C'était extrêmement cruel de leur part. Nous étions persuadées qu'ils voulaient nous tuer. »

Déjà très amaigries, les femmes commencèrent à perdre le peu de masse musculaire qui leur restait – et avec elle, leurs dernières réserves d'énergie. Leur peau grisâtre, desséchée et tendue à l'extrême, se mit à peler et à se fissurer. Elles haletaient au moindre effort et peinaient à marcher sur leurs jambes enflées. Prises de frissons, elles ne parvenaient pas à se réchauffer et succombaient à diverses infections dues au manque d'hygiène. Elles restaient néanmoins soudées, comme elles l'avaient toujours été depuis le début de leur déportation. Priska pouvait compter sur le soutien d'Edita et de Magda Gregorová, l'épouse de Martin Gregor, le célèbre acteur slovaque ; Rachel et ses sœurs demeuraient très unies ; quant à Anka, elle formait un groupe très solide avec ses camarades praguoises, dont Mitzka, Klara Löffová et Lisa Miková. « Quand nous travaillions à l'atelier, debout pendant des heures, nous parlions sans arrêt : nous nous récitions des poèmes et nous évoquions des souvenirs jusqu'à ce que les SS se mettent à gueuler “Taisez-vous !”, confiera Lisa Miková. Nous avons essayé de continuer quand nous avons été confinées dans les baraques : on se racontait des histoires, on évoquait les films qu'on avait vus, les livres qu'on aimait... Parfois, ça nous aidait, parfois, non. Certaines filles se mettaient à pleurer : “Arrêtez, je vous en prie ! Ça me rappelle mon pays." Dans ces moments-là, les souvenirs d'avant guerre nous faisaient terriblement souffrir. »

Elles passaient donc leurs journées à attendre, tandis que les Allemands « tournaient en rond » sans parvenir à prendre une décision. Coupées du monde extérieur, les prisonnières ignoraient que les Alliés s'apprêtaient à remporter la bataille cruciale de la Ruhr ; elles ne savaient pas que Cologne et Dantzig avaient récemment capitulé ; elles n'avaient ni entendu ni lu les messages radiodiffusés par les Alliés ou largués par avion sur les villes allemandes et autrichiennes pour annoncer aux civils que Hitler était sur le point de perdre la guerre. En ce printemps 1945, elles n'avaient qu'une certitude : elles avaient faim, et elles avaient peur. Plus les jours passaient sans apporter de réponse, plus la tension montait dans les baraques. Désœuvrées et désespérées, les femmes se chamaillaient pour un rien.

Un matin d'avril, alors qu'elles se lavaient à l'eau froide, une déportée tchèque remarqua soudain le ventre proéminent de Priska, dissimulé sous son épaisse tunique. Elle se mit à hurler. Cette femme avait réussi à garder les diamants de sa famille depuis le début de la guerre, et craignait que les gardes ne les soumettent à une fouille systématique – ou pire encore – s'ils découvraient la grossesse de Priska.

— Tu vas toutes nous faire tuer ! cria-t-elle. Tu auras nos morts sur la conscience !

Elle était si hystérique que les gardes accoururent vers elle.

— Que se passe-t-il ici ?

— Elle est enceinte ! Elle est enceinte ! glapit la Tchèque en montrant Priska du doigt.

Cette dernière se figea, le cœur battant.

— Vraiment ? demanda l'une des SS en fixant d'un air incrédule sa silhouette amaigrie.

A neuf mois de grossesse, Priska pesait moins de quarante kilos.

— Oui, admit-elle dans un souffle, persuadée qu'elle allait être exécutée sur-le-champ.

Les gardes échangèrent un regard interloqué.

— C'est pour quand ? reprit l'une d'elles.

— Bientôt. Très bientôt.

Les SS s'éloignèrent pour discuter tandis que Priska regagnait le baraquement, où elle se laissa choir sur sa couchette. La nouvelle de sa grossesse se répandit comme une traînée de poudre parmi les membres de son unité de travail, qui s'efforcèrent de la rassurer. « Tout ira bien, tu verras ! » répétaient-elles. Et de fait, plusieurs jours s'écoulèrent sans que rien ne se produise. Puis, un matin, une des gardes s'approcha discrètement de Priska.

— De quoi avez-vous besoin ? lui demanda-t-elle.

Cette semaine-là, Priska avait terriblement mal aux pieds. Gonflés, sanguinolents et purulents, ils la mettaient au supplice.

— J'ai besoin d'eau chaude pour me laver les pieds, répondit-elle sans hésiter.

A sa grande surprise, son souhait fut exaucé : on lui apporta une bassine remplie d'eau chaude. Assise sur le bord de sa couchette, vêtue de hardes pleines de poux, Priska plongea ses pieds dans l'eau « comme une reine », sous le regard éberlué et envieux des autres prisonnières. « C'était brûlant, se souviendra-t-elle. Un vrai délice ! »

« Tout le monde était gentil avec moi. On m'avait prise en pitié... Ils étaient convaincus que l'enfant serait mort-né ou anormal ! » Le revirement des gardes n'était manifestement pas désintéressé. Priska ne se faisait guère d'illusions à leur sujet, mais elle résolut de tirer profit de sa bonne fortune tant qu'elle durerait. « Mon mari et moi étions très épris l'un de l'autre, et je tenais absolument à garder cet enfant. »

La grossesse d'Anka, elle aussi, avait été révélée aux gardes, non par la pédiatre tchèque à laquelle la jeune femme s'était confiée, mais par d'autres détenues qui avaient remarqué son ventre protubérant lorsqu'elle se tenait de profil. « J'étais de plus en plus maigre, mais mon ventre, lui, devenait de plus en plus gros. Certains gardes le savaient. S'ils l'avaient découvert avant le 18 janvier, ils m'auraient renvoyée à Auschwitz, mais Auschwitz n'existait plus [...] alors ils ne pouvaient plus m'envoyer nulle part ! Mais ça, je l'ignorais, à l'époque. Comment aurais-je pu le savoir ? [...] Les gardes m'avaient posé la question, et j'avais dû admettre la vérité. Je ne pouvais pas ne pas l'avouer, mais eux ne pouvaient plus me renvoyer. »

Terriblement maigre, Anka était de plus en plus gênée par son ample poitrine, encore alourdie par l'imminence de l'accouchement. Ses seins gonflés de lait la faisaient souffrir sous sa tunique râpeuse, surtout pendant les traversées de la ville, que les SS les forçaient à effectuer au pas de charge. Consciente de ses tourments, son amie Mitzka emprunta du fil et une aiguille et lui fabriqua un soutien-gorge dans un morceau de tissu. Etrangement pointu, l'objet trahissait le peu d'expérience de la couturière, mais Anka le jugea si efficace qu'elle le porta jusqu'à la fin de la guerre.

Rachel, qui avait dissimulé sa grossesse à ses sœurs pendant neuf mois, fut elle aussi trahie par son ventre rond. Une des déportées le remarqua et s'en fut aussitôt trouver Bala.

— Sais-tu que Rachel est enceinte ? demanda-t-elle.

— Rachel ? répéta Bala, incrédule. Qu'est-ce que tu racontes ? Je le saurais : nous partageons la même couchette, elle et moi !

— Rachel, enceinte ? Impossible ! s'écrièrent Ester et Sala un moment plus tard.

Elles ne faisaient pas partie de la même équipe que Rachel et Bala, mais toutes quatre se retrouvaient chaque soir dans les baraquements, et aucune des trois cadettes n'avait remarqué la grossesse de l'aînée. Lorsqu'elles comprirent que cette dernière attendait bel et bien un enfant, elles en furent bouleversées. Rachel approchait du terme dans un piteux état : très affaiblie, elle pouvait à peine marcher et passait de longs moments à l'infirmerie. « Nous n'arrivions pas à y croire, confiera Sala. Et surtout, nous étions infiniment tristes pour elle. Imaginez un peu...

Qui aurait voulu être enceinte dans des circonstances pareilles ? »

« On ne nous donnait presque plus à manger, se souviendra Rachel. Mes sœurs ne pouvaient rien pour moi. » Très abattue, elle s'efforçait de ne pas penser à ce qui leur arriverait, à elle et à son enfant, après l'accouchement.

Quelques jours plus tard, l'un des Allemands qui travaillaient avec Sala dans les bureaux de l'usine lui fit secrètement cadeau d'une orange. « Ils avaient peur de nous aider, mais cet homme m'a tout de même offert ce fruit. Une orange splendide ! Je n'avais rien vu ni senti d'aussi attirant depuis des siècles. Je brûlais de la garder pour moi seule, mais je l'ai cachée sous ma robe et je l'ai donnée à Rachel. Le bébé et elle en avaient plus besoin que moi. »

A ce moment-là, même Sala et Ester n'avaient quasiment plus rien à faire à l'usine. Elles passaient comme toutes les autres le plus clair de leur temps enfermées dans les baraquements, tenaillées par une faim difficilement concevable aujourd'hui. A l'extérieur, les tirs de mortier semblaient se rapprocher de la ville. De toute évidence, les Alliés prendraient bientôt possession de Freiberg. Que feraient les SS, alors ? Nombre d'entre elles craignaient qu'ils cèdent à la panique et les assassinent avant de prendre la fuite. D'autres, plus découragées, n'avaient même plus la force de s'en soucier.

Priska Löwenbeinová perdit les eaux le matin du jeudi 12 avril 1945, quelques jours après son bain de pieds. Elle ne s'était pas trompée : d'après ses calculs, elle devait effectivement arriver à terme le 12 avril. La première contraction lui arracha un cri de douleur, alertant ses camarades qui la transportèrent aussitôt à l'infirmerie aménagée dans un petit local de l'usine. Là, elles l'aidèrent à s'allonger sur une grande planche posée en travers d'une table, tandis que le Dr Mautnerová rassemblait à la hâte le peu de matériel dont elle disposait. C'est avec l'aide de cette femme mais sans le moindre antalgique, dans une pièce dépourvue d'équipement stérile, que Priska endura les douleurs qui annonçaient l'arrivée du premier bébé qu'elle ait porté jusqu'à terme.

Chaque fois qu'elle se redressait, les joues en feu, pour mieux affronter la contraction suivante, elle se trouvait face à une trentaine de spectateurs massés dans l'entrebâillement de la porte : outre ses amies venues la soutenir, elle accoucha en présence de plusieurs SS, des contremaîtres de l'usine et même du *Lagerälteste*, le doyen du camp. Certains observateurs lancèrent des paris sur le sexe de l'enfant : « Ils disaient que si c'était une fille, la guerre serait finie ; et que si c'était un garçon, elle se poursuivrait encore longtemps. »

Tandis qu'ils faisaient monter les paris, Priska usait ses dernières forces à lutter contre les pires douleurs qu'elle ait jamais connues. Enfin, après plusieurs heures de travail, elle mit au monde une petite fille. Un des gardes consulta sa montre : il était exactement 15 h 50. Anémiée et affamée, Priska, qui avait perdu d'importantes quantités de sang, reposa la tête sur la planche, au bord de l'évanouissement.

— C'est une fille ! C'est une fille ! crièrent les Allemands avec enthousiasme, l'arrachant à sa torpeur. La guerre sera bientôt finie !

Elle se redressait pour voir son bébé quand une des SS se mit à hurler :

— Regardez ! C'est un diable !

L'enfant qui avait survécu neuf mois dans le ventre dénutri de Priska était venu au monde les poings serrés de chaque côté de son crâne. L'espace d'un instant, toute l'assistance prit ses mains fermées pour de petites cornes, sous leur enveloppe sanguinolente. Certains spectateurs poussèrent des cris d'horreur. Priska elle-même céda à la panique. A l'immense soulagement d'avoir enfin donné naissance à un enfant vivant après plusieurs fausses couches, succédait la crainte qu'il soit anormal ou difforme. Or sa fille semblait dotée d'une tête énorme au regard de son petit corps. Etait-elle normale ? En l'observant de plus près, elle fut rassurée : hormis son petit gabarit – trois livres et demie à peine –, elle n'avait aucun défaut. Priska fut alors submergée par le chagrin de ne pouvoir partager sa joie avec Tibor, puis pétrifiée d'angoisse. Qu'allait-il leur arriver, à présent ?

Jusqu'à maintenant, elle avait pu cacher le bébé et lui offrir la protection relative de son propre corps contre les dangers qui les menaçaient. Depuis quelques minutes, tout était différent. Ce petit être nu et vulnérable avait quitté son cocon et jailli dans un monde gouverné par les nazis. Priska baissa les yeux : sa fille était si faible qu'elle n'avait même pas la force de crier ni de remuer ses membres chétifs.

Le docteur coupa le cordon ombilical et lava l'enfant du mieux possible à l'aide d'un chiffon mouillé, avant de la tendre à Priska qui l'étreignit pour la première fois. Le nourrisson avait été si mal nourri dans le ventre maternel que sa peau distendue plissait sur ses jambes comme des bas trop grands. Son visage ridé était « affreux à voir », mais elle avait hérité des grands yeux bleus de son père.

— *Moja Hanka* (mon Hanka), murmura Priska, les yeux brillants de larmes, en se souvenant de sa dernière conversation avec Tibor, quelques minutes avant l'arrivée de leur convoi à Auschwitz.

Hanka pour une fille, Miško pour un garçon. Profondément émue, Priska regarda de nouveau sa fille et sentit ses lèvres s'incurver à la vue de sa « jolie tête ronde » et de son petit nez.

« Ne pense qu'aux belles choses ! » lui avait crié Tibor avant de débarquer sur la rampe de triage d'Auschwitz-Birkenau. Priska avait suivi son conseil à la lettre. En arrivant à Freiberg, elle s'était promis de ne regarder que les plus beaux enfants qu'elle croiserait matin et soir lors de leur traversée de la ville. Ainsi, espérait-elle, non seulement son propre enfant parviendrait à terme, mais il serait magnifique. Tandis que les autres prisonnières marchaient tête baissée, agrippées les unes aux autres, Priska cherchait délibérément à croiser le regard des bambins blonds aux yeux bleus qui se trouvaient sur leur chemin. Elle priait pour donner naissance à un enfant au « nez en trompette » et à la peau pâle, comme Tibor, autrement dit, à un fils ou une fille qui ressemblerait le moins possible aux Juifs de la famille Rona.

Ses prières avaient été exaucées. Priska jugeait sa fille quasiment parfaite. Conçue avec amour dans un appartement de Bratislava par un couple déjà durement éprouvé par le Reich, le petit être qu'elle tenait dans ses bras avait survécu à l'occupation nazie, aux horreurs d'Auschwitz, à l'un des hivers les plus glacials du siècle, puis à six mois de vacarme, de violence, de malnutrition et de travail forcé avant de naître dans une Europe déchirée par la guerre. Sa naissance incitait les belligérants des deux parties à rêver d'un avenir meilleur. « C'était le plus beau bébé que j'avais jamais vu, assurera Priska des années plus tard en évoquant ce petit sac d'os couvert de peau plissée. Nous avions traversé tant d'épreuves, et pourtant nous étions là toutes les deux, bien vivantes ! » Elle savait qu'elles n'auraient pas survécu sans la sollicitude d'Edita, qui l'avait aidée et soutenue dès son arrivée à Auschwitz. Aussi décida-t-elle d'appeler sa fille « Hana Edith » en son honneur.

L'hémorragie et les douleurs de l'accouchement coûtèrent à Priska ses dernières forces : après avoir regardé et serré sa fille dans ses bras, au bord de l'évanouissement elle laissa retomber faiblement sa tête sur la planche. Hanka n'était guère plus vaillante : frêle et maigre, elle risquait de souffrir d'hypothermie. Incapable de la nourrir ou de lui offrir des soins adaptés, le Dr Mautnerová craignit aussitôt pour sa vie. Priska elle-même parviendrait-elle à survivre dans de telles conditions ? Elle les veilla autant que possible au cours des vingt-quatre heures suivantes, durant lesquelles la mère et l'enfant dormirent beaucoup. Chaque fois que Priska s'éveillait, elle serrait tendrement sa fille dans ses bras et poussait, du bout de l'index, son petit nez vers le haut dans l'espoir de lui offrir un profil encore plus *retroussé*[1].

1. En français dans le texte.

La fin de la guerre semblait chaque jour plus imminente, incitant les gardes et les kapos à relâcher les règles en vigueur dans le camp. Priska fut autorisée à recevoir la visite de quelques amies, dont celle d'Edita, qui fondit en larmes en apprenant que le bébé avait hérité de son prénom. Les déportées avaient réuni leurs précieuses réserves de confiture, et l'avaient mélangée à de l'eau pour en faire un sirop qu'elles tendirent au bébé dans la tasse la plus propre qu'elles avaient pu trouver. Elles avaient aussi confectionné une robe à Hana dans un pan de tissu blanc frappé du logo « KZ Freiberg ». Le col brodé ainsi que le bonnet qui l'accompagnait, orné de petites fleurs rouges et d'une bordure en fil bleu, témoignaient de l'affection qu'elles lui portaient. Priska garda ses vêtements après la libération et les chérit toute sa vie comme un véritable trésor.

Layette confectionnée pour Hana
dans une chute de tissu du KZ Freiberg

Lors de cette visite, ses amies lui apprirent la mort du président américain Franklin Roosevelt, qui avait succombé à une hémorragie cérébrale le jour de la naissance de Hanka. Le président, arrivé au pouvoir la même année que Hitler, avait soixante-trois ans. L'une des déportées avait entendu un officier SS annoncer la « bonne nouvelle » à ses collègues. Ensemble, les femmes prièrent pour que ce décès ne vienne pas différer la victoire des Alliés.

Au deuxième jour de sa vie, la frêle Hana « bondit » sur le sein de sa mère : « Elle a tété tout ce qu'elle pouvait. Malheureusement, c'était plus de l'eau que du lait. C'était un bon bébé. Elle tétait, puis elle s'endormait en pleurant. » Si Priska fut soulagée de pouvoir nourrir son enfant – elle lui aurait donné tout l'or du monde –, ces tétées lui coûtaient ses dernières forces sans réellement profiter au bébé, qui demeurait pâle et léthargique. Ses gémissements pitoyables serraient le cœur de sa mère.

Le 14 avril, trente-six heures après l'accouchement, le SS qui secondait l'*Unterscharführer* la réveilla brutalement vers minuit en criant qu'ils évacuaient le camp : « *In einer Stunde muss alles marschbereit sein !* » (Tout le monde doit être prêt à partir dans une heure !) déclara-t-il d'un ton sec – et ce « tout le monde » incluait manifestement Priska et Hanka. Effarée, la jeune mère tenta de se rassurer : si les SS ne l'avaient pas exécutée dans son lit ou abandonnée à son sort dans l'usine désertée, c'est que Hana et elle avaient peut-être une chance de s'en sortir. « Les Soviétiques étaient aux portes de la ville. Les SS prenaient la fuite et nous emmenaient dans leur fuite. »

Depuis le mois de décembre 1944, les nazis acculés par l'avancée des troupes alliées évacuaient un à un les camps de travail ou de concentration qu'ils avaient créés dans toute l'Europe occupée. Désormais conscients d'avoir perdu la bataille militaire, ils tenaient à s'assurer une victoire totale sur les Juifs, qu'ils éliminaient dans la précipitation la plus complète. Des milliers d'entre eux furent gazés ou fusillés avant l'évacuation des camps ; les SS ne laissaient la vie sauve qu'aux prisonniers les plus valides, qu'ils emmenaient avec eux. En pleine déroute, les dirigeants du Reich demeuraient convaincus qu'ils auraient besoin d'une main-d'œuvre d'esclaves pour rebâtir l'empire. Hitler et Himmler envisageaient de se retrancher dans ce qu'ils nommaient l'*Alpenfestung*, une sorte de gigantesque territoire fortifié situé au cœur des Alpes. D'après eux, cette « forteresse » destinée à abriter le haut commandement du Reich et ses troupes d'élite s'étendrait à travers toute l'Autriche occidentale, depuis le sud de la Bavière jusqu'au nord de l'Italie. Les prisonniers serviraient à la défendre – d'où l'idée de transférer vers le sud du Reich les *Häftlinge* qui avaient survécu à leur incarcération. Dans un souci d'efficacité et de rapidité, les détenus que les SS choisirent d'épargner temporairement devaient être convoyés en train. Dans les régions où le matériel roulant se révélait indisponible ou inopérant du fait des bombardements alliés, les chefs de camp évacuèrent les déportés à pied. Ces « marches de la mort », entreprises durant l'un des hivers les plus rigoureux du siècle, vinrent s'ajouter aux épreuves déjà subies et permirent aux nazis d'éliminer les membres les plus faibles du contingent.

Au cours des six derniers mois de la guerre, près de trois cent mille des sept cent mille détenus qui avaient réussi à survivre dans le système concentrationnaire nazi périrent lors de l'évacuation des camps. Dès la mi-janvier 1945, soixante mille prisonniers quittèrent Auschwitz à pied pour gagner une gare distante de quarante kilomètres, où ils furent entassés dans des convois à destination du sud de l'Allemagne et de l'Autriche. Près de quinze mille d'entre eux périrent de froid, de faim ou de fatigue lors de ces marches – quand ils n'étaient pas abattus par les SS au moindre signe de faiblesse. Ceux qui parvinrent à destination durent affronter les rigueurs d'autres camps surpeuplés, où beaucoup moururent d'épuisement et de maladie.

Les détenues du camp de travail de Freiberg furent contraintes d'obéir, elles aussi, à l'ordre d'évacuation, même Priska (qui tenait à peine sur ses jambes) et son bébé (qui aurait dû être placé en couveuse).

Rachel n'avait pas encore accouché, mais elle n'était guère plus vaillante. Dès qu'elle apprit l'évacuation du camp, elle se leva pour avertir ses sœurs. « J'étais très faible. Je ne pouvais plus rien faire. Je n'aurais même pas eu la force d'accoucher ! Mais cette nuit-là, quand j'ai entendu dire qu'ils nous emmenaient, je n'ai pas pu rester couchée. Je me suis levée et je suis allée trouver mes sœurs. "Préparez-vous, leur ai-je dit. Nous partons cette nuit." » Les Allemands se montrèrent, d'après elle, « organisés et disciplinés jusqu'à la dernière minute » : ils ordonnèrent aux déportées de tout nettoyer et de faire disparaître les traces de leur séjour dans le camp, puis ils leur firent traverser la ville une dernière fois, en cadence et en formations parfaitement rectilignes. « Ils ne savaient pas où ils nous emmenaient. Ils nous ont seulement dit qu'il fallait partir parce que les Russes approchaient. »

La rapidité avec laquelle les baraques furent nettoyées et évacuées stupéfia Lisa Miková : « Nous sommes parties au milieu de la nuit. Ça se passait toujours au milieu de la nuit avec eux, racontera-t-elle. Ils sont entrés dans les baraquements et nous ont ordonné d'emporter nos affaires : nos gamelles, nos cuillères et nos couvertures… Ils ne nous avaient averties de rien ! Puis ils nous ont emmenées à pied jusqu'à la gare et nous ont fait monter dans un convoi. Nous ne savions pas qu'Auschwitz n'existait plus et nous avions terriblement peur d'y retourner. Rien ne nous semblait pire qu'Auschwitz. » Il faisait nuit noire, mais les habitants de Freiberg étaient descendus dans les rues, eux aussi. Baluchon sur l'épaule, des familles entières fuyaient l'avancée des Alliés et les escadrons de bombardiers qui sillonnaient le ciel nocturne. Certains tentaient de prendre un train, d'autres partaient à pied, mais tous souhaitaient se réfugier au sud du Reich, le plus loin possible des soldats de l'Armée rouge – leur plus grande terreur après les avions de la RAF.

Priska, son bébé, et trente-cinq prisonnières trop malades pour se déplacer furent les dernières à quitter le KZ Freiberg. Les SS leur ordonnèrent d'abord de marcher sous la pluie, comme les autres. Elles se traînèrent péniblement sur quelques centaines de mètres, puis ralentirent encore, incapables d'aller plus loin. Les gardes discutèrent un moment, puis ils sommèrent la cohorte de femmes valides d'avancer vers la gare, tandis que les malades restaient sur le bord de la route. « Les autres femmes étaient persuadées qu'ils allaient nous exécuter, dira Priska. Elles se sont mises à pleurer et nous ont fait leurs adieux. »

Lorsque la colonne de prisonnières se fut éloignée, les quelques SS restés avec les déportées malades ne les mitraillèrent pas en pleine ville, comme elles le redoutaient : ils les firent grimper dans un camion militaire. A peine furent-elles montées que les portes se refermèrent derrière elles. Le SS qui s'était installé au volant démarra aussitôt. Hana était si léthargique qu'elle ne gémissait même plus, bien que sa peau ait commencé à se couvrir de cloques. Priska la serrait contre son cœur dans l'espoir de la réchauffer. Où les emmenait-on ? Aucune des femmes n'en avait la moindre idée, mais elles craignaient d'être débarquées dans une clairière isolée et exécutées sur-le-champ. Certaines, qui avaient entendu parler de Chelmno, étaient persuadées que les SS avaient l'intention d'introduire le monoxyde de carbone du moteur Diesel dans l'habitacle pour les asphyxier. Priska posa un baiser sur le crâne de sa fille et se mit à prier. « J'étais très croyante. Je m'en suis remise à Dieu. Il savait que j'avais accouché. C'est pour ça qu'il est venu à mon secours. »

Les SS n'avaient guère de temps à perdre cette nuit-là : les Russes approchaient de Freiberg par l'est, tandis que les Américains arrivaient par l'ouest. Les gardes ont-ils craint de manquer de temps pour exécuter, puis enterrer les déportées malades ? Peut-être. En tout cas, le camion militaire s'arrêta un long moment sans raison apparente, avant de redémarrer. Lorsqu'il s'immobilisa de nouveau, Priska et ses compagnes terrorisées furent accueillies par des cris de joie : elles étaient arrivées à la gare, devant leurs camarades qui pensaient ne jamais les revoir.

Dans toute l'Europe occupée, les nazis avaient réquisitionné le moindre train disponible pour transporter des troupes ou des munitions jusqu'aux lignes de front ; les wagons restants – s'il en restait – étaient réservés aux civils allemands qui fuyaient les zones de combat. A Freiberg cette nuit-là, le seul matériel que l'administration ferroviaire parvint à trouver pour le transport des neuf cent quatre-vingt-dix femmes d'origine juive et des quelques prisonniers masculins arrachés aux baraques voisines du camp de travail, fut quinze wagons à ciel ouvert et une poignée de wagons de marchandises dépourvus de fenêtres. Certains d'entre eux avaient servi à transporter de l'anthracite : on s'y enfonçait dans la suie jusqu'aux chevilles ; d'autres avaient accueilli du bétail ou des prisonniers, d'autres encore avaient été remplis de chaux éteinte, dont les restes brûleraient les pieds déjà à vif des déportés.

Après quelques beaux jours ensoleillés, le printemps 1945 s'était mis à la pluie. Lorsque les femmes furent tassées, par contingent de soixante à quatre-vingts personnes, dans les wagons à ciel ouvert, la pluie se changea en neige fondue. Sans rien d'autre pour se couvrir que leurs courtepointes, elles furent vite trempées. Debout les unes contre les autres, elles commençaient à frissonner quand les portes des wagons se refermèrent avec fracas. En se hissant sur la pointe des pieds, ou en se juchant sur les épaules d'une camarade, certaines parvinrent à voir défiler les faubourgs de Freiberg. La consternation fut générale lorsqu'elles s'aperçurent qu'une *Aufseherin* (une surveillante) était montée avec elles pour s'assurer qu'elles ne regarderaient pas à l'extérieur et ne tenteraient pas de s'échapper. Prises de panique, elles commencèrent à s'interroger mutuellement. Où les emmenait-on ? Dans le wagon de Priska, l'une des déportées assura avoir entendu les SS déclarer qu'elles seraient conduites dans une usine de munitions installée dans un bunker, puis enterrées vivantes ; d'autres craignaient d'aboutir au camp de concentration de Flossenbürg, en Bavière, où elles seraient exterminées « comme de la vermine ». Sinon, quel usage les SS pourraient-ils faire de plusieurs centaines de femmes à demi mortes de faim et incapables de travailler dans la carrière de granit ouverte près de Flossenbürg ?

Priska ne les écoutait pas. Penchée sur son bébé, elle n'avait qu'une obsession : survivre aux quelques heures à venir. En montant dans le semi-wagon, elle avait veillé à protéger sa fille des coups de coude, puis elle s'était laissée glisser sur le sol noirci en tirant le petit bonnet d'Hanka sur ses yeux pour l'inciter à dormir.

Rachel se trouvait quelques wagons plus loin. Parvenue au terme de sa grossesse, elle était si faible qu'on l'avait installée avec les mourantes, ce qui avait pour seul avantage de lui procurer un peu plus d'espace vital. Elle s'était vite allongée près de ses compagnes, « comme des sardines dans une boîte ». Hormis ses sœurs et quelques proches amies montées dans d'autres wagons à ciel ouvert, personne ne savait que Rachel attendait un enfant. L'immense majorité des déportées ignoraient aussi la naissance de Hana. Focalisées sur leur propre survie, elles avaient d'autres soucis en tête.

Quant à Anka, enceinte de neuf mois, elle avait réussi à grimper avec Mitzka dans un wagon à charbon. Elle ressemblait alors, dira-t-elle plus tard, à un « squelette en haillons ». Aussi terrifiée que ses compagnes, elle priait pour ne pas être renvoyée à Auschwitz. Elle s'agrippa à la paroi du wagon afin de garder l'équilibre lorsque le convoi s'ébranla, quelques minutes après le lever du soleil.

Sous un panache de fumée noire, la locomotive en route pour une destination inconnue arracha lentement sa cargaison d'infortunés à une Allemagne cernée de toutes parts.

6

Le train

© Musée Auschwitz-Birkenau

Déportés transportés dans des semi-wagons
au cours de l'hiver 1944

En ce petit matin sombre et pluvieux d'avril 1945, les voyageurs présents sur le quai de la gare de Freiberg ne prêtèrent sans doute pas attention au train de marchandises qui s'ébranlait vers l'ouest. Comme pour tous les trains, un aiguilleur dut agiter une lanterne, le chef de gare donner un coup de sifflet ou secouer un drapeau pour signifier le départ de ce « convoi spécial », et le conducteur ouvrir les vannes pendant que son équipe jetait du charbon dans la chaudière.

Seuls les visages hagards des prisonnières de grande taille, dépassant légèrement de ces lourds wagons dépourvus de toit, laissaient deviner qu'il ne s'agissait pas d'un énième convoi de marchandises ou de munitions destiné au front. Mais les Allemands qui cherchaient à fuir l'arrivée des Alliés avaient d'autres préoccupations. Aucun d'eux ne pouvait imaginer qu'au milieu de ces femmes épuisées se trouvaient un bébé de deux jours et deux autres sur le point de naître. Et s'ils l'avaient su, personne ne s'en serait soucié.

Le vaste réseau ferroviaire du Troisième Reich, dirigé par la *Deutsche Reichsbahn* (DR) avec la coopération de plusieurs ministères et compagnies de chemins de fer nationales, couvrait cent mille kilomètres de voies à travers l'Europe et disposait d'un parc de douze mille locomotives. Outre leur fonction première, consistant à convoyer les troupes et ravitailler le front en combustible et en munitions, les trains réquisitionnés dans toute l'Europe occupée jouèrent également un rôle majeur dans la mise en œuvre de la « solution finale ». Les trains de la DR convoyèrent la plus grande partie des millions de victimes du régime nazi.

Chargés au maximum pour faire face aux demandes croissantes de la SS, les wagons couverts à porte coulissante furent vite privilégiés par la DR pour transférer d'une gare à l'autre ces « marchandises supplémentaires », l'un des nombreux artifices de langage utilisés par les nazis pour dissimuler la réalité. Surnommés les « boîtes à sardines » par les déportés, ils offraient l'avantage de dissimuler les prisonniers et de les empêcher de sortir – vivants, du moins. Longs de dix mètres, ils permettaient également de maximiser les recettes de cette vaste opération de transport entièrement financée par l'Allemagne. Doublés, ces trains pouvaient aisément transporter le minimum de mille *Stücke*, ou « pièces », nécessaires à l'obtention de la réduction tarifaire pour transport de marchandises.

Si les convois contenaient plus de quatre cents passagers, les compagnies ferroviaires ne facturaient qu'un tarif de troisième classe à la SS, ce qui revenait à un pfennig du kilomètre pour chaque personne convoyée. Ajoutant à l'horreur, les autorités nazies imputaient souvent les frais de transport aux prisonniers eux-mêmes. Les montants étaient versés en liquide ou en objets de valeur, ou déduits par la suite des « salaires » des déportés. Dans cette arithmétique effrayante, les enfants de moins de quatre ans partaient gratuitement à la mort ; ceux de moins de dix ans à moitié prix. Les « pièces » ne recevaient bien entendu qu'un aller simple.

Ces trajets, conçus pour infliger un maximum de souffrances aux millions de prisonniers qui les subirent, étaient de durée variable. Le transfert le plus interminable partit de l'île grecque de Corfou en juin 1944 avec deux mille personnes à bord. Il dura dix-huit jours. Quand les portes du convoi s'ouvrirent à Auschwitz, des centaines de morts emplissaient les wagons. Les survivants, pratiquement tous agonisants, furent gazés séance tenante.

© Wendy Holden

Wagons dotés d'un compartiment surélevé utilisés en Europe de l'Est pour le transport des déportés

Les soldats qui escortaient les convois devaient également payer leur billet – un aller-retour, cependant. Ils voyageaient dans des sortes de cabines surélevées et accolées aux wagons, comme on en trouvait sur la plupart des trains d'Europe de l'Est à l'époque. Si les wagons n'en étaient pas pourvus, les soldats voyageaient alors dans des voitures munies de fauteuils confortables, attenantes au convoi ou ajoutées en queue de train, mais très rarement avec les déportés eux-mêmes.

Certains gardes et employés ferroviaires ne supportèrent pas d'être assignés à ce type de transport. On rapporte que, à la suite d'un trajet de douze heures entre Terezín et Auschwitz, des soldats effondrés réclamèrent d'être envoyés au front plutôt que d'affronter une autre mission similaire. Adolf Filipik, un chef de train tchèque, fit une dépression nerveuse et dut cesser son travail après avoir livré sa « cargaison ». A Kolín, à cinquante kilomètres de Prague, des conducteurs et un chef de convoi interrompirent également leur « service spécial » pour des raisons de santé. Leurs remplaçants parvinrent jusqu'à la ville de Český Brod, avant d'être hospitalisés. Des officiers SS prirent alors les commandes du train.

Toutefois, en dépit de quelques interruptions inopportunes, le service fut mené durant toute la guerre avec la plus grande efficacité, dans un souci constant de rentabilité. Nettoyés après chaque livraison, les trains repartaient immédiatement chercher la « cargaison » suivante. Certains wagons à bestiaux étaient équipés de cordes et d'anneaux métalliques que des prisonniers désespérés employaient pour se donner la mort. Durant toutes ces années, les animaux furent transportés avec plus de compassion et d'humanité que les prisonniers : affamés et assoiffés, les « ennemis du Reich » n'avaient même pas droit à la rudimentaire couche de paille octroyée au bétail.

Les puissantes *Kriegslocomotiven* de série 52, les fameuses « locomotives de guerre » qui tiraient la plupart des convois, devinrent le symbole de la domination nazie. Ce sont elles qui rendirent possible la « solution finale » de

Hitler. Les cheminots des divers pays annexés – conducteurs, mécaniciens, aiguilleurs – jouèrent également un rôle de premier plan. Ces employés surveillés par les nazis, et menacés de mort s'ils aidaient les prisonniers, contribuèrent à l'efficacité du processus (dont ils bénéficièrent parfois), devenant ainsi les complices involontaires de la destruction d'une population entière.

Certaines autorités locales, averties du véritable objectif de ces « convois spéciaux », et effarées de les voir transiter par leur territoire, leur refusèrent le passage, surtout lors des derniers mois de la guerre. Dans ces cas-là, les prisonniers furent renvoyés dans l'enfer du camp d'où ils venaient, ou exterminés à l'endroit même où le convoi était bloqué. Hormis ces rares exceptions, la majorité des convois put traverser l'Europe sans obstacles administratifs.

Dans le vacarme des machines, les cheminots n'entendaient peut-être pas les cris de détresse et les gémissements des passagers assoiffés. Mais comment ne pas les entendre lorsqu'il fallait arrêter le train pour échapper à un raid aérien, respecter le couvre-feu ou black-out, ou laisser passer un train prioritaire ? Durant ces nombreuses haltes, les SS et les employés des trains extorquaient souvent des bijoux, des vêtements ou de l'argent aux prisonniers en échange d'un peu d'eau – quand ils ne leur arrachaient pas leurs biens sans contrepartie.

La puanteur acide qui émanait des wagons souillés d'urine et d'excréments ne pouvait échapper aux employés des trains et des voies ferrées. Ni, a fortiori, les cadavres évacués pendant les haltes. On raconte que certains conducteurs furent payés en vodka : une fois ivres, ils fermaient plus facilement les yeux sur les exactions auxquelles ils participaient. D'autres acceptèrent ce travail pour des raisons financières, ou parce qu'ils avaient trop peur de refuser. En outre, les milliers de civils voyaient ces nombreux convois passer à plein, avec leurs cortèges de cris et d'odeurs, puis repasser à vide. Si la plupart d'entre eux ne faisaient rien, quelques-uns alertaient, au péril de leur vie, d'autres villageois résidant plus loin, afin qu'ils lancent de la nourriture, de l'eau, des vêtements et des couvertures dans les wagons au passage des convois.

Certains civils aidèrent également les groupuscules de résistants qui cherchaient à interrompre toute circulation ennemie, y compris celle des convois de la mort. Malgré les risques de torture et d'exécution, les voies de chemin de fer furent constamment sabotées, ainsi que les feux de signalisation, les freins et les moteurs des locomotives ; les robinets d'eau étaient ouverts, le charbon subtilisé, les conducteurs contraints de ralentir à cause des embuscades et des déraillements. Du début à la fin de la guerre, le courage des résistants contribua à perturber la machine de mort nazie.

Ce ne fut malheureusement pas le cas du convoi des femmes malades et affamées de Freiberg. Transportées sous des tempêtes de neige et par des températures négatives, elles se blottirent dans les quelques centimètres carrés dont chacune disposait. « Nous ne pouvions pas nous asseoir toutes ensemble, expliquera Klara Löffova des années plus tard. Comme il n'y avait pas assez de wagons, ils nous avaient entassées [...]. En Europe centrale, le mois d'avril est froid, neigeux et pluvieux. C'était l'enfer. » Sans eau, sans nourriture, livrées aux intempéries, la plupart du temps dans l'obscurité totale, elles se retrouvaient encore une fois à la merci des nazis, convoyées vers une destination qu'elles redoutaient finale.

Leur convoi traversa le nord-ouest des Sudètes, et les villes annexées de Teplice et Šanov, avant de se diriger vers Most et Chomutov. La direction allemande des chemins de fer de Bohême-Moravie (*Böhmisch-Mährische Bahn*, ou BMB) dut constamment recalculer leur itinéraire, le long duquel il fallut ouvrir de petites gares à la hâte et mobiliser des aiguilleurs afin que le convoi puisse poursuivre sa course macabre. Impuissantes face à des hommes qui méprisaient la vie humaine, les femmes semblaient devoir affronter une mort certaine. Les jours et les nuits infestées de vermine s'enchaînèrent dans un cycle sans fin.

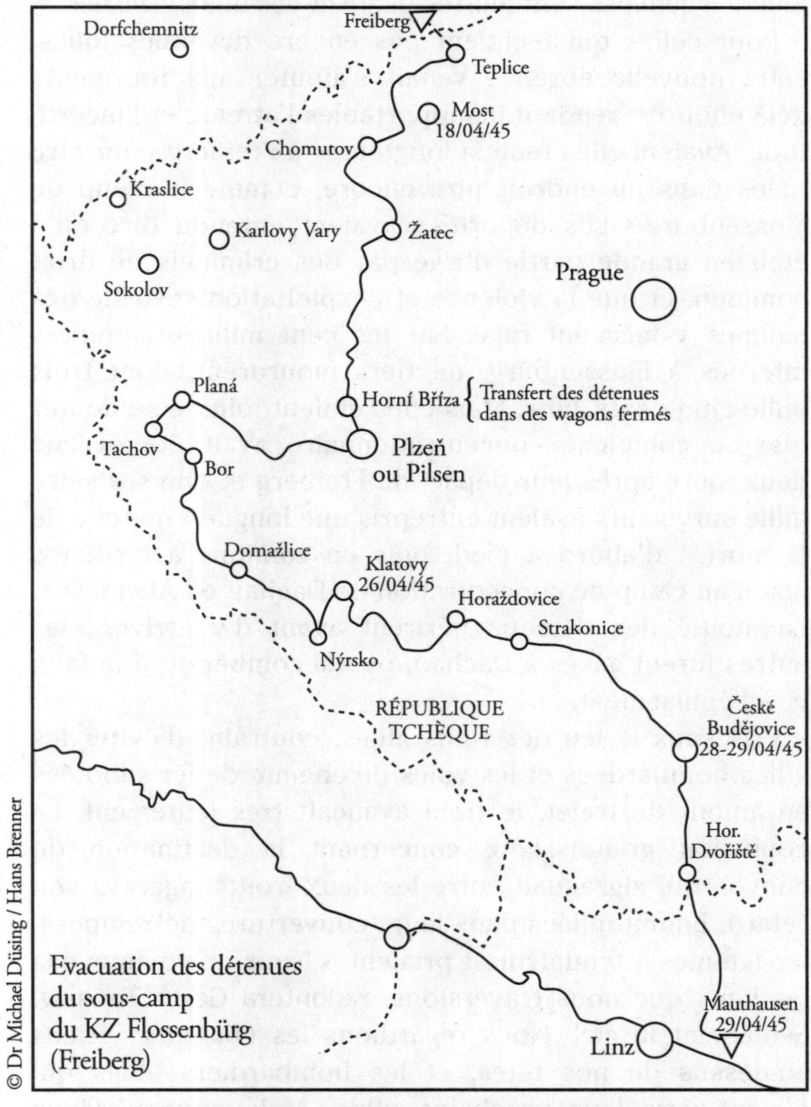

Parcours emprunté par le convoi de Freiberg à Mauthausen

« Nous ne savions pas où nous allions, mais nous étions terrorisées, dira Lisa Miková. Il pleuvait et il neigeait dans les wagons à ciel ouvert. Dans ces moments-là, nous pouvions ramasser de la neige ou boire l'eau de pluie [...].

Parfois nous roulions de nuit. Ça dépendait des raids aériens. Bien des femmes sont mortes pendant ces nuits glaciales. »

Pour celles qui n'étaient pas encore devenues folles, cette nouvelle épreuve venait s'ajouter aux tourments déjà endurés, rendant insupportables l'attente et l'incertitude. Avaient-elles tenu si longtemps à Freiberg pour être tuées dans un endroit pire encore, comme le camp de Flossenbürg ? Les déportées avaient entendu dire qu'il était en grande partie dirigé par des criminels de droit commun, et que la violence et l'exploitation sexuelle des femmes y faisaient rage. Sur les cent mille prisonniers internés à Flossenbürg, un tiers moururent, dont trois mille cinq cents Juifs. Mais elles étaient loin de se douter que ce complexe concentrationnaire avait été évacué deux jours après leur départ de Freiberg et que ses seize mille survivants avaient entrepris une longue « marche de la mort », d'abord à pied, puis en camions à bestiaux, jusqu'au camp de concentration de Dachau en Allemagne. La moitié des détenus périrent avant d'y arriver ; les autres furent gazés à Dachau, ou succombèrent à la faim et à l'épuisement.

Pris sous le feu des raids alliés, contraint d'éviter les villes bombardées et les voies de chemin de fer sabotées en amont du trajet, le train avançait très lentement. La confusion grandissante concernant la destination du convoi, qui zigzaguait entre les deux fronts, aggrava son retard. Emmitouflées dans leurs couvertures détrempées, les femmes attendaient et priaient. « Nous ne voyions pas les lieux que nous traversions, racontera Gerty Taussig. Seulement le ciel. Nous regardions les combats aériens au-dessus de nos têtes, et les bombardiers alliés qui filaient vers leur prochaine cible. Mais nous n'avions même plus la force de leur faire signe. Nous tentions d'arracher l'herbe qui poussait entre les rails. C'était tout ce que nous avions à manger, sauf quand on nous jetait du pain dans les wagons ; et alors, c'était la bagarre, car tout le monde en voulait un morceau. » Le plus souvent, les prisonnières avaient la langue et la gorge si sèches qu'elles ne pouvaient pas avaler ce qu'on leur jetait. Alors, ballottées par les secousses du train, elles serraient ces précieux petits morceaux dans leurs poings. « Nous savions juste que les SS avaient dû renoncer à l'itinéraire initial, parce que les voies avaient été bombardées, et qu'on nous transportait ailleurs, dira Lisa Miková. Le train ne cessait de s'arrêter et de repartir. A chaque fois qu'on s'arrêtait, les gardes ouvraient les portes pour évacuer les mortes. Chaque jour, ou presque, nous apercevions des convois remplis de prisonniers en uniformes rayés. Certains allaient dans notre direction, d'autres à l'opposé. »

Certaines femmes, hissées discrètement par d'autres pour regarder à l'extérieur des wagons, constatèrent en lisant les panneaux indicateurs que le train était entré en Bohême-Moravie. Malgré la germanisation de tous les noms de villes occupées, les femmes purent lire leur nom d'origine, encore lisible ou à demi effacé, sur les panneaux. Les Tchèques furent bouleversées à l'idée de se trouver « chez elles ». La survivante Hana Fischerová, originaire de Plzeň, se souviendra précisément de l'émotion qui fut la sienne : « Ce que j'ai ressenti en traversant notre pays est indescriptible [...]. Savoir que nous étions chez nous, mais que nous devions continuer vers un endroit inconnu d'où nous ne pensions jamais revenir... »

Dans le vacarme des sirènes et des tirs antiaériens, elles entendirent avec émotion leurs compatriotes crier « *Nazdar !* » (Salut !) ou « *Zůstat Naživu !* » (Restez vivantes !). D'autres encore leur assuraient que la guerre touchait à sa fin. Elles les virent courir vers le train pour leur jeter de la nourriture, malgré les gardes qui menaçaient de les mitrailler. Elles espéraient s'arrêter, mais la triste odyssée se poursuivait, avec son cortège de cadavres. Anka priait pour que le train prenne la direction de Terezín : « Le ghetto faisait figure de paradis, comparé aux camps. Un paradis que je savais proche, en plus. Je brûlais d'y retourner. Parce que sans eau, sans vivres, sans toit – et il pleuvait sans arrêt –, ce voyage était terrible. Inimaginable ! Et j'étais dans mon neuvième mois ! »

Ces conditions atroces eurent raison de beaucoup d'entre elles. Harcelées jour et nuit par les poux, elles ne pouvaient s'empêcher de se gratter. Etourdies par la faim, elles s'évanouissaient ou restaient prostrées sur le flanc, serrées les unes contre les autres, comme elles l'avaient fait à Auschwitz. Les nazis leur avaient ordonné d'emporter leurs gamelles et leurs cuillères. Pourquoi, songeaient-elles, hormis pour se rire d'elles, une fois encore ? Sous les habits affreusement souillés, les corps dépérissaient, et l'espoir avec eux.

Celles qui mouraient étaient déposées dans un coin du wagon. Avant que leurs cadavres ne soient évacués et jetés on ne sait où, les survivantes déchaussaient les pieds inertes des malheureuses, enfin libérées de la faim. Certaines déportées avaient déjà la mort au fond des yeux. La première semaine, huit femmes moururent dans le wagon de Gerty Taussig. « A quatorze ans, tout ce que je ressentais, c'était de la gratitude pour l'espace qu'elles libéraient. Les SS les laissaient pourrir le long des voies sans aucune cérémonie, sans même une prière. » Une centaine de corps furent ainsi retrouvés au bord d'une ligne de chemin de fer dans une localité de Bohême-Moravie.

A chaque halte, les *Aufseher* se rendaient dans les fermes et les commerces avoisinants et demandaient de la nourriture « pour les prisonniers », ou se contentaient de faire main basse sur les provisions qu'ils pouvaient trouver. Le plus souvent, les femmes SS rapportaient des œufs qu'elles faisaient frire sur de petits réchauds dans leur wagon séparé, et dont l'odeur parvenait aux prisonnières. Quelle que soit la nature de leur butin, les gardes le partageaient rarement avec les détenues.

Souffrant davantage de la soif que de la faim, ces dernières ne cessaient de quémander de l'eau – *Wasser ! Bitte ! Trinken !* – mais leurs supplications étaient rarement entendues. Une des gardes du wagon de Rachel décida cependant, de manière complètement inattendue, de lui administrer de l'eau et de la nourriture à la petite cuillère. Toutes se méfièrent de ce revirement, mais Rachel était trop faible pour s'en soucier. « Elle me nourrissait et je lui disais : "Laissez-moi tranquille. Je n'ai pas la force." »

Cette immonde prison roulante continua à transporter sa misérable cargaison humaine vers une destination incertaine. Il ne restait rien des ravissantes jeunes filles cultivées, issues pour la plupart de l'élite intellectuelle des plus belles villes d'Europe : couvertes de plaies et de parasites, empestant la sueur et l'urine, les dents déchaussées, on aurait dit des spectres. Elles ne s'étaient pas regardées dans un miroir depuis des mois, voire des années, mais à la vue des lèvres crevassées, des joues creuses, des cheveux sales et emmêlés des autres *Häftlinge*, elles savaient à quoi s'en tenir et leur désespoir grandissait encore. « Rien à manger. Rien pour se laver. Partout, la suie huileuse du charbon qui nous collait à la peau... Nous n'avions plus rien d'humain. C'était horrible », dira Anka.

Au cours de leurs haltes dans de petites gares ou sur des voies de garage, elles apercevaient des trains de voyageurs et de militaires. Accroupies à côté des voies, agrippées au wagon, les prisonnières tremblantes tentaient de se soulager ou cherchaient désespérément quelque herbe à manger. Elles voyaient alors passer des femmes et des enfants bien nourris, bien habillés, qui les regardaient sans les voir. Comble de cruauté, les déportées sentaient parfois les odeurs de cuisine émanant des maisons que longeait le convoi, des arômes de pain, de viande, de légumes ou de poisson qui les rendaient folles. Elles avaient depuis longtemps renoncé au « jeu » qui consistait à inventer des recettes sophistiquées, ou même à parler de nourriture. La plupart d'entre elles demeuraient silencieuses, recroquevillées sur leurs souffrances et leur enfer personnel.

Lisa Miková expliquera que beaucoup de femmes à court d'espoir ou d'énergie cessaient de parler. D'autres, au contraire, parlaient sans cesse pour tenter de garder le moral. « Nous demandions : “Que voyez-vous ?”, “Savez-vous quelque chose ?”, “Avez-vous entendu parler de cet endroit ?” Nous traversions toutes de terribles moments de désespoir, mais nous nous efforcions de nous soutenir, physiquement et moralement. »

Entassées les unes contre les autres, elles poursuivirent leur impitoyable voyage au cœur des ténèbres. Le train s’arrêtait parfois pendant des heures, sans raison apparente. A chaque arrêt, les femmes réclamaient de l’eau à grands cris, mais les gardes SS ne donnaient rien. Lors d’une halte, quelques femmes se précipitèrent vers une mare sale. Les gardes qui s’ennuyaient tirèrent dans leur direction pour les effrayer. A chaque raid aérien, le train s’arrêtait et les SS s’enfuyaient ou rampaient sous les wagons. Les femmes priaient alors pour que les pilotes les prennent pour cibles. « Ce serait tellement bien d’exploser maintenant ! disaient-elles. Ils sont juste en dessous de nous, on les écraserait en mourant ! »

Le grand souci de Priska était d’encourager la petite Hana à téter. Le peu de lait que l’enfant tirait de sa poitrine plate n’avait aucune substance. Enceinte, elle aurait dû ingérer quotidiennement cinq cents calories de plus qu’il n’en faut en temps normal. Or, son corps soumis sept jours sur sept à douze ou quatorze heures de travaux forcés, par des températures extrêmes, avait dû survivre sur un maximum de trois cents calories journalières, sans aucun apport de fer et de protéines.

Dans un autre wagon, Rachel ne parvenait plus à soutenir le poids de son ventre, démesuré dans son corps terriblement amaigri : elle ne pesait que trente-deux kilos. Elle restait étendue, le cou raide, entre les carcasses osseuses de ses compagnes, sur le plancher du wagon à ciel ouvert. Si proche à la fois de l’accouchement et de la mort – en dépit des attentions de la SS –, elle se sentait incapable d’enfanter. Pour ajouter à ses souffrances, une voisine mentalement dérangée s’escrimait à l’utiliser pour soulager ses jambes gonflées. « Elle avait les jambes malades et le seul endroit surélevé était mon ventre. Alors, elle posait ses jambes dessus. Il n'y a pas de mots pour décrire ce dont nous étions témoins et la façon dont nous vivions [...]. Parfois je me dis : "Comment as-tu pu t'en sortir ?" »

Plus loin dans le convoi, Anka luttait pour rester debout et garder espoir. « Il pleuvait, il neigeait, puis le soleil brillait ; nous étions entassées dans cette poussière de charbon [...]. Nous avions froid, chaud, froid, chaud. Nous étions sales et affamées [...]. Avec la pluie, la suie nous collait à la peau. De quoi avions-nous l'air ? Je suis contente de ne pas m'être vue [...] ! Je me suis accrochée à mon humanité. »

Le 18 avril, le train s'arrêta sur un embranchement près de Triebschitz, non loin de Most, pour laisser passer des convois de munitions et de soldats blessés. Cette immobilisation dura plusieurs jours. Sur une voie parallèle se trouvait un convoi en provenance du camp de Buchenwald, libéré au début du mois d'avril par les Alliés. Les prisonniers qui avaient été évacués par les SS avant la libération demandèrent aux femmes des nouvelles du front arrière. Les passagers des deux convois parvinrent même à s'échanger quelques habits pouilleux avant que le train de Freiberg ne reparte vers Most.

Située entre le plateau de Bohême centrale et les monts Métallifères, la ville industrielle de Most (rebaptisée Brüx par les Allemands) constituait un important nœud ferroviaire : de sa grande gare partaient et arrivaient les nombreux convois liés à son industrie pétrochimique et ses usines d'essence de synthèse. Les forces aériennes alliées, qui cherchaient à anéantir les ressources pétrolières de l'Axe, bombardaient régulièrement la ville. Malgré ces attaques incessantes, et la désorganisation du système ferroviaire tchèque, le train de Freiberg finit par reprendre sa course lente et tortueuse vers la ville sidérurgique de Chomutov. Puis, dans un chaos grandissant, il dut repartir en sens inverse pour s'éloigner du front américain.

Quelque part en chemin, un convoi de neuf cents prisonniers issus du camp de Flossenbürg, de son annexe de Venusberg et d'un camp de travail destiné à la fabrication des lance-roquettes antichars – les fameux bazookas – vint s'ajouter à celui de Freiberg. Les femmes de l'usine Freia, déjà bien en mal de savoir ce qu'il se passait dans le wagon voisin, ne surent absolument rien de cet ajout. Elles se contentaient de lutter pour survivre.

Lors de la grande attaque aérienne lancée sur Most et Chomutov le 19 avril 1945, le train fut immobilisé entre les deux villes dans un endroit exposé et parfaitement visible depuis le ciel. Au milieu de la nuit, en plein raid aérien, Rachel perdit les eaux. Tandis que le sol tremblait sous l'impact des bombes alliées, le travail commença. Etendue sur le plancher souillé d'excréments, dans ce wagon où gisaient plusieurs cadavres, Rachel frissonnait dans sa couverture détrempée. Lorsque la première contraction vrilla son corps épuisé, elle comprit que son bébé, conçu avec Monik dans leur petite chambre du ghetto de Łódź, à une époque qui lui semblait si lointaine, avait décidé de venir au monde envers et contre tout.

Haletante, elle s'agrippa au bras de sa sœur Bala. La SS appela à l'aide et on fit venir Edita Mautnerová, le médecin tchèque en charge de l'infirmerie de Freiberg qui avait aidé Priska à accoucher. Sous le rayon d'une lampe torche tenue par les gardes, Edita guetta l'apparition de la tête du bébé. La rumeur de cette naissance circula rapidement d'un wagon à l'autre. Pour assister à l'événement, certaines gardes surgirent même de sous les voitures où elles s'étaient réfugiées. Elles se mirent bientôt à lancer des paris. Rachel était scandalisée. « Vous vous imaginez en train d'accoucher, allongée dans un wagon à charbon à ciel ouvert, au milieu de toutes ces femmes ? »

Pendant des heures, sous la pluie, dans les lueurs des tirs antiaériens, elle s'arc-bouta sur le plancher du wagon, luttant contre les vagues de douleur qui la submergeaient. Enfin, vers la fin de la nuit, trempée et glacée, elle donna naissance à une petite créature ensanglantée. Cet être minuscule qui avait tout juste l'air humain était un garçon, lui dit-on.

— Un autre Juif pour le Führer ! s'esclaffa une des gardes.

Dans la pénombre de son châlit à Freiberg, quand elle s'autorisait à penser au bébé qu'elle portait, Rachel avait secrètement décidé de l'appeler Max (qui deviendrait Mark). Son nouveau-né couvert de sang était tout fripé, le visage froncé, et il ne pesait guère plus d'un kilogramme. Trop affaiblie pour être heureuse, Rachel était complètement hébétée. « Je me disais : "Eh bien, j'ai un enfant, mais qui sait si cela durera ?" Nous ne savions pas ce qui nous attendait. » Dans ces conditions sordides, personne ne savait comment couper le cordon ombilical qui avait assuré la vie du bébé pendant la grossesse. Quelqu'un suggéra à Rachel de mordre dedans. Finalement, une SS fournit une lame de rasoir usagée. « Elles trouvèrent aussi une boîte à pain en carton, dans laquelle elles installèrent le bébé, dira Rachel. Comme il pleuvait ou neigeait sans cesse, je l'ai gardé dans cette boîte jusqu'à la fin du voyage. »

Etonnamment, tout comme Priska, Rachel avait un peu de lait et put allaiter son nouveau-né. On sait aujourd'hui que le corps d'une femme enceinte sous-alimentée pressent la fragilité du fœtus et produit un lait particulièrement riche en lipides, même si ce processus épuise dangereusement la mère. « J'étais juste contente d'avoir assez de lait », expliquera-t-elle. Mais elle n'avait rien pour laver son fils, et très peu pour le tenir au chaud et le protéger des intempéries.

Rachel demanda la date afin de se souvenir de l'anniversaire de son fils, quoi qu'il advienne. Les femmes n'étaient plus très sûres, mais la SS qui s'était occupée d'elle lui déclara : « Dis que le garçon est né le même jour que Hitler, le 20 avril. Ça le sauvera peut-être. » Les SS distribuèrent un petit supplément de pain à Rachel ce jour-là, non parce qu'elle avait accouché, mais en l'honneur de l'anniversaire du Führer. Dans un rare moment d'humanité, l'une d'elles lui offrit une vieille chemise pour emmailloter l'enfant. Rachel portait encore la grande robe à empiècement qu'on lui avait distribué à Auschwitz, mais elle était maintenant déchirée et usée jusqu'à la corde par sept mois de port continuel. La jeune femme tremblait de froid et d'épuisement. Après l'expulsion du placenta, quelqu'un dénicha un manteau qu'on lui mit autour des épaules.

Extrêmement affaiblie, Rachel demanda si elle pouvait voir ses deux autres sœurs. Les gardes parcoururent le convoi en appelant Sala et Ester. Quelques wagons plus loin, entendant leurs prénoms, les jeunes femmes effrayées firent d'abord la sourde oreille ; puis elles finirent par se manifester. « Votre sœur a eu un fils », apprirent-elles.

Abasourdies, elles demandèrent à la voir, et furent stupéfaites d'y être autorisées. Clopinant après des jours d'enfermement, elles se rendirent jusqu'à la voiture où était né leur neveu et trouvèrent Rachel et son bébé dans un état alarmant. « Pelotonnée dans un manteau, elle n'était pas belle à voir », dira Sala. Le wagon puait. Des cadavres et des femmes agonisantes gisaient à proximité. « Elle était si malade, et nous étions tellement persuadées que le bébé ne survivrait pas, que nous ne pouvions pas nous réjouir. Puis on nous a ramenées à notre wagon. Nous pleurions, car nous pensions ne jamais les revoir. »

Dans ces conditions désespérantes, leur convoi retraversa la ville détruite de Chomutov, rapidement cette fois, et se dirigea vers Zatec. Puis, en ce huitième jour de voyage, le train s'immobilisa de nouveau. « De temps en temps, les civils jetaient du pain dans les wagons pour nous ravitailler. C'était indescriptible », expliquera Anka. Les gardes présentes dans les wagons s'emparaient généralement du pain et refusaient de le partager ; les détenues qui parvenaient à en saisir un morceau l'avalaient rapidement. Encombrée par son gros ventre, Anka n'y arrivait jamais. Prostrée, ressemblant selon ses propres termes à l'« incarnation vivante de la faim », elle entendit une prisonnière annoncer que des dizaines de drapeaux nazis étaient déployés. « C'est l'anniversaire de Hitler », expliqua une garde.

« Alors, c'est mon anniversaire aussi », déclara Anka faiblement. Pour tenter de lui remonter le moral, ses amies prétendirent que les drapeaux rouge et noir avaient été hissés en son honneur. Après un effort de mémoire, elle se souvint de l'année en cours et calcula qu'elle avait vingt-huit ans. Apprenant la nouvelle de son anniversaire, la garde lui jeta du pain. Cette manne tenait du miracle pour Anka, qui n'avait rien mangé depuis plusieurs jours. Elle s'y accrocha comme à un trésor. C'était la première fois depuis sa naissance, le 20 avril 1917 à Třebechovice pod Orebem, que la fille de Stanislav et Ida Kauder était heureuse de partager son anniversaire avec Hitler.

Tandis que les avions des Alliés vrillaient et tournoyaient au-dessus de leurs têtes pour esquiver les salves incessantes des tirs antiaériens, les femmes estimèrent, à la position du soleil, que le train filait vers Plzeň, une ville frontière de la région annexée des Sudètes. La ville, connue pour la bière Pilsner, abritait également la gigantesque usine d'armement Skoda d'où sortaient les fameux Panzer, les chars d'assaut blindés de la Wehrmacht. L'aviation américaine ne cessait de bombarder la ville et son réseau ferré pour stopper la production et le déploiement des Panzer, des obusiers et des blindés antichars fabriqués dans cette usine contrôlée par les nazis. Conscients de l'avancée de l'Armée rouge, les Américains décidèrent de détruire l'usine elle-même – l'une des plus grandes fabriques de munitions du Reich – plutôt que la voir tomber aux mains des Soviétiques. La 8e armée de l'US Air Force affréta presque trois cents bombardiers B-17 *Flying Fortress* et deux cents avions de chasse pour l'opération du 25 avril 1945, appelée à devenir son ultime mission avant l'armistice.

Tandis que le convoi approchait de Plzeň, Rachel et son petit Max n'avaient plus que la peau sur les os ; Priska tentait d'allaiter la minuscule Hana au teint cireux ; et Anka soutenait son gros ventre en priant pour ne pas accoucher dans le train.

Le général Eisenhower ayant prévenu la population de l'imminence d'une attaque aérienne, le train fut aiguillé dès le samedi 21 avril vers une ligne secondaire qui n'avait encore jamais vu passer de convois de prisonniers. Le soir venu, sous une pluie battante, le train fit halte en gare de Horní Bříza, une bourgade rebaptisée Ober Birken par les Allemands.

Antonin Pavlíček, un monsieur grisonnant, père de deux enfants, travaillait comme chef de gare depuis 1930. Très respecté au sein de sa petite communauté, responsable de plusieurs employés, il servait les chemins de fer et les trois mille habitants de sa bourgade avec la plus grande ponctualité, et tenait méticuleusement ses registres. Les villageois l'admiraient pour sa droiture et sa force de caractère.

Antonin Pavlíček, chef de gare à Horní Bříza

Epargnée par la guerre, la ville de Horní Bříza ne possédait qu'une industrie : l'usine de kaolin et d'argile réfractaire de Bohême occidentale, ouverte en 1899. Les cinq Juifs de la commune avaient été raflés et envoyés en camp de concentration peu après l'arrivée des Allemands. Quelques troubles avaient éclaté entre les jeunes de la ville et les jeunesses hitlériennes. Mais dans l'ensemble, la vie des habitants n'avait pas été affectée par l'occupant. L'usine de kaolin était même restée sous contrôle tchèque. Elle produisait annuellement quarante mille tonnes de kaolin et vingt-deux mille tonnes d'argile réfractaire, de silice et d'objets en céramique, essentiellement voués à l'exportation. Des problèmes causés par quelques résistants employés à l'usine ayant attiré l'attention de la Gestapo de Plzeň, les agitateurs avaient été arrêtés, puis la vie avait repris son cours à l'usine, comme dans le reste du village.

Au printemps 1945, lorsque les raids aériens sur Plzeň et sa région se multiplièrent, Antonin Pavlíček se trouva soudain à la tête d'un secteur ferroviaire de plus en plus emprunté. Le 12 avril 1945, un régiment de soldats soviétiques collaborationnistes – les « vlasovites », du nom du général soviétique Andrey Vlasov rallié à Hitler en 1942 et fondateur de l'Armée russe de libération – arriva à Horní Bříza, suscitant des représailles alliées. Bombardés, les soldats russes s'enfuirent en abandonnant leur train. Cinq jours plus tard, à l'aube du 17 avril, dans le hurlement des sirènes, des avions de chasse soviétiques bombardèrent certains bâtiments de la ville, faisant sauter le réseau électrique. Neuf de ces avions ouvrirent le feu sur les convois vlasovites abandonnés et détruisirent des hangars adjacents. Antonin Pavlíček refusa de quitter son poste et nota soigneusement les faits. Lorsque l'électricité fut rétablie, il envoya un rapport extrêmement détaillé à ses supérieurs à Prague, consultable dans les archives.

Le train des vlasovites à Horní Bříza

Quatre jours plus tard, le soir du 21 avril, le convoi de Freiberg arriva dans la vallée boisée abritant Horní Bříza. Jusqu'alors, tous les « convois exceptionnels » en route pour le sud avaient évité la ville, empruntant une ligne plus rapide. Avec sa rigueur habituelle, M. Pavlíček nota que le train n° 7548 était arrivé à 20 h 58. « Le train avait quarante-cinq wagons divisés en trois convois ; un convoi d'hommes et deux de femmes », rapportera le chef de gare.

Les wagons contenaient jusqu'à cent prisonniers chacun. Il estima le nombre de passagers à près de trois mille. Le chef de gare notera également : « Deux des convois avaient des wagons fermés. Un des deux convois de femmes avait quinze wagons à ciel ouvert. »

Des travaux de réparation ayant été entamés plus loin sur la voie pour une durée d'au moins vingt-quatre heures, le train dut s'arrêter sur une voie de garage de l'usine de kaolin, à proximité de la gare. Avec ses cinq cents mètres de longueur, le train disparaissait en grande partie derrière une colline.

Même sous le régime nazi, les trains restaient officiellement sous la responsabilité des chefs de gare. Par conséquent, M. Pavlíček mit un point d'honneur à inspecter le train sur toute sa longueur, malgré la pluie et les tentatives des SS pour le garder à distance. Les portes des wagons avaient été ouvertes. Le chef de gare fut saisi d'horreur face aux centaines de créatures malades, à l'odeur et à l'apparence répugnantes, qui mouraient de faim dans le froid et l'humidité. Il fut plus révolté encore par le comportement des gardes à leur égard, surtout celui des surveillantes, qu'il qualifierait plus tard de « grossier ».

Le temps froid et pluvieux mettait particulièrement à l'épreuve les déportées serrées dans les wagons sans toit. Le chef de gare demanda à parler au surveillant général du convoi, l'*Unterscharführer* surnommé « Chara », à qui il fit une proposition audacieuse. Invoquant des raisons « humanitaires », M. Pavlíček suggéra de reloger un maximum de femmes dans les quelques wagons fermés du train des vlasovites, déserté une semaine plus tôt. Ses proches assureraient plus tard qu'il prenait un risque énorme en affrontant le sergent Chara : nerveux et colérique, ce dernier aurait pu l'abattre pour son impudence. Dans un premier temps, le sergent refusa. Fermement décidé à aider les prisonniers placés temporairement sous sa juridiction, le chef de gare insista.

Jaroslav Lang, qui avait dix ans à l'époque, habitait à cinquante mètres de la gare. Depuis sa fenêtre, il aperçut un interminable train de marchandises qui éveilla sa curiosité. « Il n'y avait pas école ce jour-là, à cause des avions qui sillonnaient le ciel. Par la fenêtre, mon grand frère et moi avons vu le chef de gare qui se disputait avec le commandant SS. Nous ne comprenions pas encore ce qu'il se passait. Il y avait plusieurs officiers et beaucoup d'Allemands armés. Les SS étaient très stricts. Ils hurlaient aux gens de rester à distance. A l'évidence, ils ne voulaient aucun témoin. Mais c'était la première fois que nous apercevions des SS et des Allemands casqués. Nous voulions tout voir. Pour les petits garçons que nous étions, c'était palpitant. »

Ces négociations tendues durèrent plusieurs heures. Après avoir généreusement nourri et abreuvé les officiers SS, M. Pavlíček finit par obtenir l'accord du commandant. « Lorsque le commandant du train a enfin cédé, le transfert a commencé, rapportera-t-il plus tard. Les femmes avaient faim et personne n'avait accès à elles pendant la nuit. Lorsque j'ai déplacé les voitures et transféré les prisonnières jusqu'aux wagons fermés, j'ai pu leur apporter de la nourriture, mais uniquement de nuit. »

Priska, Rachel et d'autres femmes très affaiblies eurent la chance d'être déplacées. Malgré sa grossesse avancée, Anka, qui n'avait aucune idée des changements à l'œuvre à l'autre bout du convoi, resta dans un wagon ouvert.

Emu par la gratitude des prisonnières et conscient du péril extrême qu'elles encouraient, M. Pavlíček eut une idée. Le train avait beau être là par hasard, le chef de gare voulait agir en accord avec ce que lui dictait sa morale de fervent catholique. Le lendemain, dimanche 22 avril, au lieu d'assister à la messe matinale de 6 h 30, il rendit visite à Josef Zoubek, le directeur de l'usine de kaolin, et à Antonín Wirth, le propriétaire de la *Tovární Hostinec*, une grosse auberge de trois étages située à côté de la gare où se retrouvaient les employés de l'usine après le travail. Il demanda aux deux hommes combien de temps il faudrait pour préparer une grande quantité de nourriture pour les prisonniers, « si le surveillant du train est d'accord », précisa-t-il.

Comme il s'y attendait, le sergent résista plus encore à cette seconde proposition. Bien décidé à obéir à sa hiérarchie jusqu'à la fin de la guerre, Chara ne voyait pas l'intérêt de nourrir des personnes destinées à mourir, mais il lui était impossible de révéler le fond de sa pensée au chef de gare. Après de longues négociations, il accepta qu'une cantine soit mise en place aux frais de la ville et qu'un repas chaud soit servi aux prisonnières affamées relevant momentanément de M. Pavlíček.

La nouvelle de l'état critique des prisonnières se répandit rapidement dans le village. Les habitants d'Horní Bříza se précipitèrent à l'auberge avec tout ce qu'ils pouvaient offrir : des paniers de pain, d'œufs, de fruits, de viande et de fromage. « Au début, mon frère et moi ne savions pas qu'il y avait des prisonniers dans le train, dira Jaroslav Lang. Mais en suivant tous ces gens qui leur apportaient à manger, nous avons compris ce qui se passait. Alors, nous sommes rentrés en courant pour demander du pain à notre mère. Elle avait très peur, mais elle nous a donné un petit quelque chose. A l'époque, nous vivions sur des cartes de rationnement à cause des pénuries, mais les villageois ont donné leur ration aux déportés. »

Pressentant l'urgence de la situation et fort du soutien de ses concitoyens, M. Pavlíček délégua l'organisation de cette collecte massive à l'instituteur du village, Jan Rajšl, un homme « strict mais juste ». Le meunier, Jan Kovář, et le boucher, M. Kočandrie, fournirent de la farine, de la pâte à tarte et des saucisses. De nombreux habitants de la région vinrent les aider. Postés tous les cinquante mètres le long du train, armes levées, les SS empêchaient quiconque d'approcher du convoi.

Les cuisines fonctionnèrent à plein régime tout au long du dimanche. Ensemble, les villageois préparèrent cinq mille miches de pain, d'énormes plats de pâtisseries, d'innombrables litres de café et des paquets de petits pains et d'œufs durs pour les malades.

Pendant ce temps, M. Pavlíček continuait à arpenter son domaine et à se renseigner sur les prisonniers, en espérant leur parler directement. Il apprit que parmi toutes les nationalités représentées dans le convoi – il y avait même des prisonniers grecs –, beaucoup étaient des compatriotes. Selon ses propres termes, leur état général était « très mauvais ». Apprenant l'organisation du ravitaillement, de nombreux prisonniers pressèrent M. Pavlíček de leur remettre la nourriture en mains propres plutôt qu'aux gardes, qui la leur voleraient aussitôt. Le chef de gare en fut scandalisé.

Il fut plus révolté encore d'apprendre que parmi les détenus se trouvaient son collègue M. Šiška, le chef de gare d'une ville voisine, et Ilsa Fischerová, la veuve du Dr Otto Fischer, un dentiste de Plzeň battu à mort durant l'évacuation d'un camp. Cette femme de trente-neuf ans et sa fille de dix-sept ans supplièrent le chef de gare d'informer leur famille qu'elles étaient en vie. Le sergent Chara surprit cette discussion interdite et frappa violemment l'épouse du dentiste. M. Pavlíček, qui ne put intervenir, se hâta de retourner vers la gare pour transmettre le message à la famille.

Liška Rudolf parvint à communiquer avec le chef de gare à travers la petite fenêtre de son wagon fermé. « Le 22 avril au matin, j'ai rencontré M. Pavlíček, rapportera-t-elle après la guerre. Il a vu dans mes yeux que j'avais faim et m'a dit qu'il me ferait parvenir à manger. Le surveillant SS m'a ensuite reproché d'avoir parlé à un civil en zone ennemie. “Ne vous approchez plus de la fenêtre ou je vous fais exécuter”, m'a-t-il dit. » Plus tard, à travers les portes entrebâillées de son wagon, Liška Rudolf reçut deux tranches de pain et de la confiture qu'elle parvint à attraper sous les regards noirs des autres détenues. « Tout le wagon m'enviait. Plus tard dans l'après-midi, j'ai reçu deux petits pains et deux œufs de la même manière. »

En dépit du risque encouru, le chef de gare continua à nourrir celles qu'il pouvait et promit d'envoyer des messages à leurs proches. En longeant un wagon, il entendit pleurer un bébé. Horrifié, il demanda combien il y avait d'enfants dans le train. Le sergent Chara voulut d'abord taire cette information, craignant que le bruit se répande, puis il finit par admettre qu'il y avait « deux ou trois » nourrissons à bord. M. Pavlíček demanda à les voir et fut abasourdi : les nouveau-nés si maigres et si peu vêtus risquaient la mort à chaque instant.

La nouvelle se répandit comme une traînée de poudre dans la petite localité : il y avait des « bébés dans le train de la mort » ! Certains nourrissons venaient de Freiberg, comme Hana et Mark, d'autres de Venusberg (mais aucun de ces derniers ne semble avoir survécu). Etonnamment, les jeunes mères du convoi ne savaient pas qu'elles n'étaient pas seules dans cette situation. M. Pavlíček convoqua immédiatement le médecin du village afin qu'il examine mères et bébés. Mais cette requête fut brutalement repoussée par le surveillant général : « J'ai dit au commandant du convoi que le Dr Jan Roth se tenait prêt à soigner les malades. Il m'a répondu que les prisonnières avaient leur propre docteur parmi elles. »

Navré de ne pouvoir intervenir, le Dr Roth rentra chez lui et en parla avec son épouse, enceinte de leur premier enfant. En prévision de la naissance, la future mère avait préparé une layette complète. Quand elle apprit l'existence des nourrissons, elle apporta les petits vêtements cousus main à M. Pavlíček, et le pria de veiller à ce que chaque nouveau-né reçoive un présent. Deux autres femmes, Mme Benesová et Mme Krahuliková, donnèrent également des habits, que M. Pavlíček distribua aux déportées et à leurs bébés. « Les jeunes mères m'ont remercié les larmes aux yeux. Pour elles, nous avions également préparé des plats spéciaux. »

Priska reçut de quoi manger, ainsi que des vêtements pour Hana, des couches, des langes et une couverture. « On m'a offert une layette complète. Il y avait même des produits de toilette, du talc, du savon ; toutes ces petites choses nécessaires à l'hygiène d'un nourrisson. » Lorsqu'elle vit les jolis habits brodés elle n'osa pas les toucher avec ses mains couvertes de suie, ni même les enfiler à Hana dont la peau de bébé était fissurée et couverte de plaies suppurantes. Portant les robes minuscules à son visage, Priska inhala le parfum du linge frais et amidonné – une odeur qui lui rappela un temps où la propreté coulait de source. Elle décida de réserver soigneusement les habits et d'attendre d'être arrivée à destination. Là, espérait-elle, elle et sa fille pourraient faire une toilette bien méritée.

A l'intérieur d'un petit pain, Priska trouva un mot rédigé en tchèque de la main d'un villageois : *Accrochez-vous ! Soyez forte ! La guerre sera bientôt finie !* L'espace d'un instant, la joie l'envahit. Toutes les femmes qui trouvèrent ces messages de soutien dans leurs pains et leurs sandwichs ressentirent une émotion similaire.

Plus loin, dans un autre wagon fermé, Rachel et son fils ne reçurent rien ce soir-là. Comme Priska, elle se réjouissait de ne plus être exposée au froid, mais la minuscule fenêtre ne suffisait pas à ventiler l'air vicié de la voiture surpeuplée, et elle ne pouvait plus boire l'eau de pluie.

En bout de convoi, Anka ne sut rien de cette distribution de nourriture et de layette. La vie semblait la quitter peu à peu. L'unique réconfort que lui procurait cette halte résidait dans l'ouverture momentanée des portes du wagon, qui lui évitait d'être écrasée par ses compagnes. A ce stade, dira-t-elle, « la survie n'était plus une question de jours, mais d'heures ». Sous l'œil des gardes, elle se tenait sur le seuil du wagon, couverte de plaies et noire de suie. Soutenue par la seule force de l'espoir, elle humait l'odeur des arbres en repensant aux promenades en forêt qu'elle faisait autrefois avec ses amis ou sa famille. Lorsque ses souvenirs commençaient à la torturer, elle prenait exemple sur Scarlett O'Hara et se disait une fois de plus : « Demain est un autre jour. »

« J'ai la chance d'être d'un naturel optimiste, confiera Anka. Cela m'a énormément aidée dans la vie [...]. C'est de l'optimisme pur et simple. Rien d'autre. En toutes circonstances je me disais : "J'y penserai demain." Etrangement, le lendemain, les choses me semblaient différentes [...]. J'ai eu tant de chance de survivre, alors que j'aurais pu mourir à chaque instant ! »

Soudain elle entendit un bruit de voix. Arrachée à ses pensées, elle leva la tête et aperçut un groupe de civils qui se hâtaient, probablement pour aller distribuer des vivres aux prisonnières. « Ils ne s'attendaient pas à une telle vision, dira-t-elle. L'un d'eux était fermier. Il s'est figé devant moi. Je n'oublierai jamais son expression quand il a vu ce spectre de femme enceinte d'une trentaine de kilos seulement, réduit à un ventre... Un squelette vivant, chauve et terriblement sale. » Selon Anka, le fermier blêmit comme on le ferait devant une vision d'apocalypse. « Difficile d'imaginer que les civils n'étaient pas au courant, mais là-bas, c'était vraiment le cas : ils ne savaient rien du tout. » Le surveillant général se tenait à proximité, armé d'un fouet et d'un fusil. D'un regard noir et menaçant, il refoula le fermier hébété. Mais l'homme revint cinq minutes plus tard, muni d'un verre de lait qu'il offrit courageusement à Anka.

Elle le regarda sans y croire. « Je déteste le lait, expliquera-t-elle. Je n'en buvais jamais, et n'en reboirais plus jamais. Mais ce verre-là, je l'ai pris. » Quand elle tendit la main, le *Unterscharführer* leva son fouet comme s'il s'apprêtait à la frapper. « Le fermier était complètement retourné. On aurait dit qu'il allait perdre connaissance. Il ne disait rien, mais ça se voyait sur son visage. Il était horrifié à l'idée de ce qui pouvait se passer. Alors, je ne sais pas pourquoi, le SS a baissé son fouet, et j'ai avalé le lait qui m'a fait l'effet d'un élixir de vie. Un vrai nectar... Ce lait m'a probablement sauvée. Après, je me sentais forte comme un bœuf. Ce verre de lait m'a rendu mon humanité. »

Anka s'essuya la bouche du plat de la main et rendit le verre à ce bon Samaritain abasourdi en le remerciant dans son tchèque natal, avant de regagner sa prison maculée de charbon.

De toutes les jeunes mères, Priska fut la plus chanceuse. Outre la layette, M. Pavlíček lui donna en personne du pain et de la confiture : « La meilleure chose que j'aie jamais mangée ! » Les villageois « faisaient la queue » pour aider, se souviendra-t-elle. Lorsque les surveillantes de Freiberg l'aperçurent sur le seuil du wagon, elles vinrent aux nouvelles de la petite fille née à l'usine.

— Elle est encore vivante ! s'exclama quelqu'un, incrédule.

Ce ne fut pas le cas de tous. Dix-neuf femmes et dix-neuf hommes périrent ce jour-là à Horní Bříza. Leurs corps fluets furent jetés sur les rails. Quand M. Pavlíček constata que les gardes les évacuaient comme des immondices, il demanda qu'ils soient enterrés. « J'ai réclamé les noms ou les matricules de ces personnes mortes pour les inscrire sur le registre ferroviaire. Le commandant a refusé dans un message stipulant que ces gens « ne signifiaient rien pour le monde » ».

Epouvanté par l'attitude du sergent Chara, le chef de gare alerta la police locale, qui dépêcha le brigadier Josef Šefl. Après enquête, le policier délivra au surveillant général un document officiel émis par les autorités municipales, selon lequel trente-huit cadavres avaient été évacués du train. Ainsi, M. Pavlíček et le brigadier Šefl rendirent leur dignité aux morts en obtenant qu'ils soient enterrés dans la forêt, à la discrétion de la nuit, dans des fosses que les Allemands durent creuser.

Au crépuscule, le commandant SS accepta enfin que l'on apporte la grande quantité de nourriture si gentiment préparée par les villageois à l'auberge. L'idée était de servir à chacun un bol de soupe traditionnelle aux pommes de terre, une miche de vrai pain blanc, du café, une pâtisserie et un fruit. D'après les témoins, le sergent Chara vit rouge quand le chef de gare insista pour que les prisonniers soient servis directement par les villageois, sans l'entremise des gardes. Après une discussion houleuse, Chara accepta – peut-être pour ne pas risquer de gâcher ce repas chaud –, à condition que seuls le chef de gare et l'aubergiste servent les détenus. Les habitants du village, quant à eux, devaient garder leurs distances.

© Wendy Holden

Stèle élevée au cimetière de Horní Bříza
en hommage aux morts du convoi

La veuve et la fille du dentiste de Plzeň eurent la chance d'être nourries. « Le responsable des chemins de fer et son équipe ont fait tout ce qu'ils pouvaient pour nous, dira Hana Fischerová. Ils ont été si gentils ! Ils nous ont préparé de la soupe à l'auberge. Ce repas restera sans doute le meilleur de ma vie. » D'autres témoignages corroboreront ce sentiment. « Je n'oublierai jamais ce pain et cette soupe de pommes de terre que nous avalions en pleurant, dira une prisonnière. Aucune de nous ne l'oubliera. C'est une image qui restera gravée dans ma mémoire. » Une déportée s'émerveilla de constater que le pain blanc existait encore ; ses larmes coulaient toutes seules devant ce « signe d'un autre monde ». Coupées de tout depuis si longtemps, les prisonnières croyaient avoir été abandonnées, jusqu'à ce que ce chef de gare et les villageois risquent leur vie pour les aider. Elles eurent le sentiment de voir briller une petite lumière dans les ténèbres qui les encerclaient.

« A la nuit tombée, presque tout le monde avait eu de la soupe et du pain, se souviendra Liška Rudolf. Les déportés pleuraient de joie et s'écriaient : "On a traversé l'Ukraine, la Pologne, la Hongrie, l'Autriche, l'Allemagne, la France, et personne ne nous a vus, nulle part ! Seuls les Tchèques ont du cœur [...]. Nous n'oublierons jamais Horní Bříza." » « Le village entier est arrivé avec de la soupe et du pain, déclarera Klara Löffová. C'était comme un miracle. On était chez nous. Ces gens étaient les nôtres, et nous étions les leurs. »

Jaroslav Lang et son frère Milan s'étaient cachés dans la forêt pour regarder les prisonniers à qui l'on servait à manger, wagon après wagon. « Nous n'avions pas le droit d'approcher, donc nous ne les distinguions pas très bien, rapportera-t-il. Mais on devinait quand même qu'ils étaient tristes et épuisés. Ils devaient se soutenir mutuellement pour marcher. Beaucoup portaient des uniformes et des casquettes, et ils remerciaient tout le monde. » Les jeunes garçons n'auraient su dire si les prisonniers étaient des femmes ou des hommes. « Ils sortaient des wagons en file, entourés de deux rangées de gardes pour éviter les évasions. Comme ils n'avaient pas de gamelle, ils devaient manger un par un. Certains mangeaient avec leurs mains. Ça a pris très longtemps et certains n'ont rien reçu. »

Malgré ses bonnes intentions, M. Pavlíček ne put nourrir tout le monde. Les SS subtilisèrent beaucoup de vivres, prétendant vouloir accélérer le processus en distribuant eux-mêmes la nourriture dans les wagons les plus éloignés. Ceux-ci furent totalement laissés pour compte. « Quand le convoi s'arrêtait, rapportera Lisa Miková, les SS ordonnaient aux habitants d'apporter à manger. Le commandant leur disait qu'ils nous distribueraient la nourriture, mais ils gardaient l'essentiel et nous donnaient quelques pommes de terre. »

Jaroslav Lang, toujours caché dans la forêt, assista à d'autres scènes. « A un moment, un Allemand a voulu frapper un prisonnier qui demandait à manger, mais ce dernier a esquivé les coups, racontera-t-il. Quand on a vu ça, mon frère et moi, on a eu très peur. Puis il s'est remis à pleuvoir. Il faisait de plus en plus noir. Soudain, on a vu des lumières de balles traçantes et entendu des moteurs d'avions. Les Allemands se sont mis à crier, les tirs fusaient, alors on a filé. Le jour suivant, on a appris que des prisonniers s'étaient enfuis de leur file ou de leur wagon. » Puis, baissant la voix, il ajoutera : « C'est une expérience qu'on n'oublie jamais. »

Hana Selzarová, une jeune Praguoise de vingt-trois ans qui ne pesait que trente-cinq kilos, faisait partie des fugitifs : elle parvint à échapper cette nuit-là à la vigilance du SS qui montait la garde sous sa grande cape de pluie. Elle courut vers la forêt dans ses hardes crasseuses. Dans le vacarme des tirs, elle aperçut une lumière vers laquelle elle se précipita. En arrivant, elle comprit qu'il s'agissait du poste de police. Les agents affolés lui confièrent que si elle restait là ils devraient l'arrêter. Puis ils lui indiquèrent une maison où elle obtiendrait de l'aide. « Là-bas, les gens m'ont donné des vêtements et un foulard, car je n'avais pas beaucoup de cheveux. Ils m'ont nourrie et m'ont même remis de l'argent pour voyager, puis ils m'ont indiqué où attraper un train. » Elle dormit sur place et partit le lendemain matin pour Prague, où un ami la recueillit.

Vaclav Stepanek avait dix-sept ans quand deux évadées vinrent frapper à la porte de la maison de ses parents, située dans les bois à trois cents mètres de la gare. Les femmes – dont l'une était peut-être Hana Selzarová – déclarèrent qu'elles venaient de Plzeň et de Prague et demandèrent à quelle distance se trouvait Plzeň. « Elles portaient des tenues de prisonniers et paraissaient très affamées, dira Vaclav. Mes parents leur ont donné à manger et des vêtements. On était tous au courant pour le convoi, et nous avions de la peine pour eux. »

Le père de Vaclav, qui était forestier, accepta de laisser les deux femmes dormir dans la grange. « Ce n'était pas la première fois que mes parents cachaient des fugitifs. Ma mère avait très peur, mais si elles étaient découvertes, nous espérions pouvoir prétendre que nous n'étions pas au courant. Elles sont parties tôt le lendemain matin et nous n'avons plus jamais entendu parler d'elles. Je me suis toujours demandé ce qu'il leur était arrivé. »

Ayant nourri toutes celles qu'il pouvait, y compris Priska et Rachel, M. Pavlíček donna les restes au commandant SS, qui prétendit vouloir les redistribuer plus tard aux prisonniers. Apprenant que la voie vers Plzeň était dégagée, le chef de gare se trouva à court de prétextes pour retarder le train. Cependant, il se lança dans une dernière discussion avec le *Unterscharführer* pour le convaincre de s'enfuir avec ses soldats en abandonnant les prisonniers sur la voie de garage. Mais le SS, « inflexible », se montra déterminé à accomplir son devoir jusqu'au bout. Il demanda à Antonin Pavlíček quel était le meilleur itinéraire pour la Bavière, et refusa d'admettre qu'il avait très peu de chance d'y arriver vivant.

« Nous avons entendu le chef de gare discuter avec le commandant pour le persuader de partir sans nous, racontera Helga Weiss, une survivante tchèque, alors âgée de quatorze ans. Les habitants du village prendraient soin de nous, insistait-il. Ils nous nourriraient. [Mais le commandant] n'a rien voulu savoir. Il voulait nous emmener à tout prix. »

M. Pavlíček et ses subordonnés ne pouvaient plus rien faire pour éviter aux prisonniers de repartir vers une mort certaine. Le lundi 21 avril à 6 h 21, le convoi de Freiberg quitta son sanctuaire de Horní Bříza sous un nouveau matricule. Dans un nuage de vapeur, le transport n° 90124 s'ébranla vers le sud. La gorge nouée, le chef de gare regarda disparaître les wagons en espérant que la guerre s'achèverait à temps pour sauver ce train d'infortunés.

Conscients de laisser derrière eux une enclave de bonté humaine sans espoir d'en trouver une autre sur le parcours, les passagers virent défiler la ville de Plzeň, si chère à nombre d'entre eux. « Ce fut horrible de passer devant chez nous sans pouvoir s'arrêter », dira une prisonnière originaire de la ville. Deux jours plus tard, l'usine Skoda qui fabriquait les Panzer fut réduite en cendres. Les bombes incendiaires et les bombes à fragmentation détruisirent soixante-dix pour cent de l'agglomération et anéantirent le réseau ferroviaire. Les détenus du convoi échappèrent de peu à ces raids aériens, qui auraient pu les tuer comme les libérer. Le convoi connut bien d'autres déceptions le long d'un parcours sans cesse modifié par les explosions et l'approche des Alliés. Les Russes n'étaient plus très loin, et les Allemands les redoutaient bien plus que les Américains.

Ignorant encore vers quel camp diriger ces trois mille déportés, la direction des chemins de fer du Reich continua à aiguiller le convoi vers le sud le long de la même petite ligne de chemin de fer. Chaque gare traversée faisait monter l'angoisse d'un cran dans les wagons. Les prisonniers criaient les noms des localités – Plana ! Tachov ! Bor ! Domažlice ! Nýrsko ! Quand elles en avaient encore la force, certaines déportées s'écriaient : « C'est ma ville ! », ou « Ma famille habite ici ! » D'autres sombraient dans une profonde mélancolie à la vue de ces collines si harmonieuses, de ce bétail si bien nourri et de ces paysans qui vaquaient librement à leurs occupations.

Selon les derniers ordres communiqués au surveillant général, le train devait se rendre à Železná Ruda. Mais les SS ayant appris que la 3e armée américaine du général Patton s'y trouvait déjà, le convoi dut retourner vers Nýrsko. Il parvint à Běšiny aux alentours du 27 avril. Là, une cinquantaine de déportés encore valides durent partir à pied à Klatovy pour réparer un tronçon de voie détruit par les bombes. Pendant ce temps, les autres prisonniers furent autorisés à sortir brièvement pour se soulager, nettoyer les wagons à grande eau et évacuer les cadavres. A cette occasion, tandis que les gardes avalaient le reste des pâtisseries de Horní Bříza, quelques femmes arrachèrent des roseaux pour les manger, ou burent à même un petit ruisseau pour soulager leur gorge desséchée.

D'après le témoignage de Liška Rudolf, les prisonniers envoyés réparer les voies racontèrent à leur retour que les habitants de Klatovy s'étaient mis à pleurer en les voyant arriver. Ils avaient essayé de leur donner à manger, mais les SS les avaient repoussés. « Le soir, les gens de Běšiny et des environs arrivèrent chargés de cartons de petits pains, de salami et de soupe. Mais ils durent livrer le tout au mess des SS. Nous les regardions par la seule fenêtre du wagon en chantant des chansons tchèques. Ça ne s'est pas trop mal passé. Nous avons juste reçu quelques coups de fouet. Mais aucun de leurs cadeaux ne nous a été distribué. »

Après de longues heures d'attente, les SS apprirent qu'ils pouvaient se rendre avec le convoi au sud-ouest du Reich, via Horaždocvice et Strakonice, jusqu'au camp de concentration de Dachau situé en Bavière. Mais le haut commandement nazi était alors en pleine déroute : son contrôle sur l'Europe faiblissait de jour en jour. Les Russes avaient pris Berlin ; Mussolini avait été capturé et serait bientôt pendu ; les forces allemandes avaient capitulé dans la région de la Ruhr. Le 28 avril, le convoi s'arrêta à nouveau sur une voie de garage, près de České Budějovice, une ville qui grouillait de réfugiés allemands. Le jour suivant, la 7e armée américaine libéra Dachau, évitant ainsi aux femmes de Freiberg d'y être déportées. Inauguré par Himmler, conçu comme le prototype de tous les camps à venir, Dachau s'était vite mué en une véritable « école de la violence » avec son centre d'entraînement dédié aux soldats SS. On estime à deux cent mille le nombre de déportés qui y furent internés, et à plus de quarante mille le nombre de ses victimes.

Au cours d'une halte nocturne dans un endroit isolé, sous un ciel zébré par les tirs antiaériens et les balles traçantes, les femmes entendirent soudain un craquement dans l'un des wagons. A leur grande surprise, un résistant tchèque surgit par un trou percé dans le plancher. Malheureusement, la plupart des femmes étaient trop affaiblies, malades et terrifiées pour tenter de s'évader. Quelques-unes seulement saisirent cette occasion, notamment Edita Mautnerová, la pédiatre qui avait soigné la jambe d'Anka et accouché Rachel et Priska. Elle choisit la fuite, et survécut à la guerre. Quand les SS découvrirent son évasion et celle de ses compagnes, ils frappèrent les occupantes du wagon pour qu'elles livrent les responsables et la destination des fugitives. Mais nombre d'entre elles n'étaient même plus en état de s'en soucier. Quasiment inconscientes, beaucoup renonçaient à survivre et s'éteignaient lentement dans un coin du wagon. D'autres sombraient dans la folie.

« Les prisonnières hurlaient de faim [...], certaines devenaient folles ; leurs yeux brillaient dans la nuit comme ceux des bêtes », témoignera Liška Rudolf. Ces longues nuits étaient toujours terrifiantes. Mais pour ces femmes à demi conscientes, ballottées par les secousses, la dernière nuit – celle où leur convoi se mit à filer vers le sud après České Budějovice le long de la vénérable *Summerauerbahn*, la vieille ligne de chemin de fer reliant la Tchécoslovaquie à l'Autriche – fut certainement la plus longue et la plus pénible de toutes.

« Quand nous avons à nouveau changé de direction, nous nous sommes dit qu'ils nous emmenaient dans un endroit affreux, racontera Lisa Miková. Ça nous a vraiment secouées. Nous avions très peur. Le silence s'est installé. Chacune de nous restait enfermée dans ses pensées. Plus d'histoires. Plus de discussions. Comme toutes les autres, je ne voulais pas l'admettre, mais je savais que ma famille avait été assassinée. Alors, s'ils m'envoyaient moi aussi à la chambre à gaz, que pouvais-je y faire ? Nous étions trop exténuées pour nous battre plus longtemps. » Après tant d'années passées à lutter pour survivre, les déportées furent soudain gagnées par le désespoir lorsqu'elles comprirent que la seule destination possible était celle de Linz, en Autriche. Ou plus exactement, du camp qui se trouvait à proximité de Linz. Un camp qui les terrifiait presque autant qu'Auschwitz.

« Lorsque nous sommes repartis, dira Anka, il n'y avait plus qu'une destination possible : Mauthausen. »

Tout semblait perdu.

Beaucoup d'entre elles tremblaient à la seule évocation de ce nom, terrifiant pour tous les « ennemis du Reich ».

A l'époque des ghettos, le camp était déjà tristement célèbre. A Terezín, Anka avait appris la disparition du célèbre chanteur et compositeur tchèque Karel Hašler, assassiné à Mauthausen – une information probablement relayée par deux évadés d'Auschwitz qui vinrent brièvement se cacher à Terezín. Hašler, un Tchèque non-juif marié à une Allemande, avait été arrêté par la Gestapo pour ses chansons patriotiques, et déporté en décembre 1941 vers ce camp situé au cœur des montagnes autrichiennes. Là, après l'avoir torturé, les nazis le muèrent en « statue de glace » : ils le postèrent dehors, entièrement nu, et l'aspergèrent d'eau glacée jusqu'à ce que son corps gèle.

Malgré l'horreur que leur inspirait ce traitement, les déportées redoutaient plus encore la manière dont les détenus mouraient d'épuisement sous les travaux forcés. « Le principe de Mauthausen, c'était d'exterminer les prisonniers en les envoyant travailler dans une carrière de granit, expliquera Anka. Tout le monde à Terezín le savait [...]. Les gens devaient tailler des pierres, puis gravir plus de cent cinquante marches avec ces pierres sur le dos. Ceux qui n'y parvenaient pas étaient exécutés. Mourir ainsi nous terrifiait toutes. »

Après tout ce qu'elles avaient traversé – des années de tyrannie nazie et de famine dans les ghettos, les sélections de Mengele, la menace du Zyklon B, la faim, les maladies, l'épuisement, les bombardements alliés et, maintenant, cet interminable trajet en train –, elles se retrouvaient soudain terriblement proches de la fin.

Mauthausen.

Situé près de Linz, l'énorme camp n'était plus qu'à une nuit de voyage dans la vallée du Danube. Les Alliés arriveraient-ils à temps pour les sauver d'une mort certaine ? Aucune d'elles n'y croyait. Anka, Rachel et Priska – et leurs bébés nés ou à naître – étaient sur le point d'être internées dans l'un des pires centres du système génocidaire nazi.

Le convoi atteignait son terminus.

7

Mauthausen

© Ethel Davies Alamy

La ville pittoresque de Mauthausen
sur les berges du Danube

Malgré sa réputation terrifiante, le KZ Mauthausen était peut-être le plus « pittoresque » des camps nazis. Dressé au sommet d'une colline dans une région célèbre pour sa beauté, il jouissait d'un panorama exceptionnel sur la Haute Autriche.

Située à proximité de l'Allemagne et du protectorat de Bohême-Moravie, la petite bourgade de Mauthausen était desservie par un important réseau routier et ferroviaire. Elle se trouvait à cent soixante-cinq kilomètres à l'est de Vienne et à vingt kilomètres à l'ouest de Linz, sur les berges du Danube, le deuxième plus long fleuve d'Europe. Hitler, qui avait grandi à Linz, considérait cette région comme son fief. Il entretenait des projets monumentaux pour sa ville natale – « la plus allemande des villes autrichiennes » d'après lui – inclue dans les cinq *Führerstädte*, les villes du Führer, aux côtés de Berlin, Munich, Nuremberg et Hambourg.

Il avait prévu d'y faire construire le *Führermuseum*, un bâtiment grandiose dessiné par Albert Speer, le ministre des Armements. Censé rivaliser avec le Louvre ou le musée des Offices, il se distinguerait par son fronton imposant, une succession de colonnes romaines de cent cinquante mètres de long. L'endroit devait accueillir les œuvres prestigieuses que les nazis avaient pillées dans les musées et les collections privées, principalement juives. Ce musée à la gloire du dictateur, ainsi qu'un opéra et un théâtre devaient être bâtis avec le beau granit doré des *Wiener Graben*, les carrières de Vienne, dont l'extraction et la taille étaient confiées aux « ennemis du Reich » les plus négligeables.

Les carrières appartenaient à la ville de Vienne depuis des décennies ; leurs blocs de granit pavaient déjà les boulevards de la capitale autrichienne. En 1938, après l'Anschluss, l'exploitation de la carrière fut cédée à la société Deutsche Erd und Steinwerke dirigée par la SS. Jusqu'en 1945, de luxueuses brochures vantèrent la qualité de sa production exportée dans divers pays d'Europe pour la construction de monuments, de bâtiments, de complexes industriels et d'autoroutes. Erigée sur une colline adjacente à la carrière par des criminels de droit commun précédemment internés à Dachau, la forteresse de Mauthausen était destinée à accueillir des forçats travaillant à l'extraction du granit. Cet emblème monolithique de la suprématie nazie ouvrit ses portes en 1939. Son corps de garde, ses miradors et sa muraille fortifiée le rendaient visible à des kilomètres à la ronde.

Les premiers détenus furent essentiellement des prisonniers politiques et des opposants au régime, professeurs d'université ou intellectuels, condamnés à mourir d'épuisement par le travail. Puis vinrent des *Häftlinge* de toutes confessions raflés dans les pays annexés ou occupés par le Reich, notamment des témoins de Jehovah, des prêtres catholiques et des républicains espagnols. A Mauthausen, les Juifs ne représentaient qu'une minorité de détenus. Hormis quelques prisonnières contraintes de se prostituer dans le bordel du camp, très peu de femmes furent internées à Mauthausen avant 1945. Les prisonniers de guerre soviétiques y furent particulièrement maltraités : sur les quatre mille Soviétiques emprisonnés dans le camp, moins de deux cents survécurent. Non contents de les exploiter jusqu'à la mort, les gardes ne leur octroyaient que des demi-rations et les forçaient à dormir nus dans des dortoirs dont ils avaient ôté les fenêtres. Une fois la construction du « camp russe » achevée, le nombre de prisonniers soviétiques s'était réduit de manière si drastique que le quartier fut transformé en infirmerie, sans perdre pour autant son appellation première.

Sur les deux camps de concentration de « classe III » du système concentrationnaire nazi, le KZ Mauthausen, que les déportés surnommaient *Knochenmühle* (moulin à os), se tailla rapidement une réputation terrifiante : nulle part ailleurs, disait-on, les conditions de détention n'étaient plus atroces et le taux de mortalité plus élevé. On rapporte qu'un haut gradé nazi assura en 1941 : « Personne ne quitte Mauthausen vivant. » Beaucoup de dossiers de prisonniers portaient le tampon « RU », pour *Rückkehr Unerwünscht* (retour indésirable). Conçus au bénéfice de la machine SS, Mauthausen et sa quarantaine de sous-camps (dont Gusen, le second camp de classe III) bénéficiaient d'un accès illimité à la main-d'œuvre gratuite que constituaient les déportés de toute l'Europe. En 1944, ce complexe était l'un des plus rentables de l'empire nazi : il générait onze millions de reichsmark par an.

Le travail dans les carrières se voulait particulièrement pénible. Il fallait creuser la roche, puis faire exploser et tailler d'énormes blocs de granit, soit à la main, soit à l'aide de pic. Ces blocs d'environ quarante kilos devaient ensuite être remontés à dos d'homme le long d'une paroi de schiste extrêmement abrupte dont le sol se dérobait sous les pieds ensanglantés des prisonniers, hâtant leur trépas. Plus tard, un escalier de cent quatre-vingt-six marches fut grossièrement taillé à flanc de colline, et aussitôt surnommé « l'escalier de la mort ». Postés le long des marches, les gardes armés bousculaient, harcelaient et frappaient les hommes surchargés, contraints d'enjamber les corps de ceux qui s'étaient effondrés.

Le mur des « parachutistes » constituait une autre menace : les nazis s'amusaient à pousser les forçats du haut de cette paroi verticale en criant : « *Achtung ! Fallshirmspringer !* » (Attention ! Parachutiste !). Les hommes allaient s'écraser sur des rochers ou se noyer dans des fosses aux eaux stagnantes au pied de la falaise. Ceux qui ne mouraient pas sur-le-champ étaient abandonnés à leurs souffrances : leur agonie pouvait durer plusieurs jours. Vivant sur des rations de misère, frappés quotidiennement, confrontés à d'éreintantes périodes de travail de douze heures par des températures extrêmes, beaucoup d'hommes finissaient par sauter d'eux-mêmes de la falaise. Outre l'extermination par le travail, plus de soixante méthodes d'assassinat furent pratiquées à Mauthausen : passage à tabac, fusillade, pendaison, expériences médicales, injection d'essence et autres formes de torture. Jusqu'en 1941, beaucoup d'hommes furent asphyxiés dans des camions ou envoyés au château de Hartheim, près de Linz, pour y être gazés. Puis les nazis ordonnèrent aux détenus de construire leur propre chambre à gaz. On estime à cent vingt mille, dont trente mille Juifs, le nombre total de victimes du KZ Mauthausen.

« L'escalier de la mort » des carrières de Mauthausen

Les premiers temps, les cadavres des personnes gazées furent transportés par camions vers les villes de Steyr et de Linz. Conscientes du manque de discrétion d'une telle organisation, les autorités nazies ordonnèrent la construction d'un four crématoire. A l'automne 1944, alors que l'évacuation d'Auschwitz-Birkenau était déjà programmée, dix grands incinérateurs y furent démantelés pour être transférés à Mauthausen. En février 1945, une entreprise locale obtint le contrat de reconstruction, mais le projet ne put être mené à bien.

Ce massacre se produisait à quelques kilomètres seulement de la jolie ville fluviale qui avait donné son nom au camp. Pendant plus de six ans, les mille huit cents habitants du bourg, essentiellement catholiques, virent passer les détenus débarqués des trains, qui ne repassaient jamais en sens inverse. Ils virent ceux qui s'effondraient être abattus d'un coup de fusil contre leurs murs. Ils nettoyèrent le sang sur ces murs. Ils entendirent les cris des prisonniers frappés et assassinés dans les carrières. Attroupés près du bac qu'ils empruntaient pour traverser le Danube, ils observèrent ces hommes étranges, en pyjamas rayés, que les SS envoyaient par bateau vers les camps annexes. Du moins le firent-ils jusqu'à ce que les SS menacent d'abattre les badauds.

Si le Reich estimait dès 1938, lors d'une annonce officielle, que la création du camp de Mauthausen constituait une grande « distinction » pour la région, il est difficile d'imaginer que les habitants s'en soient réjouis. Dans les faits, la présence de quatre cents gardes SS à proximité du village leur permit d'être ravitaillés tout au long de la guerre et de faire fructifier l'économie locale. Les bars, les restaurants et les boutiques s'enrichirent considérablement grâce au commerce généré par les nazis, qui ne lésinaient pas sur leur consommation de cidre, de bacon, de poisson et autres denrées coûteuses. L'auberge la plus proche du camp devint leur repaire favori. Le savon, les vêtements et les bijoux volés aux prisonniers s'échangeaient au marché noir. Plusieurs femmes du bourg entamèrent des relations, voire se marièrent avec des SS. Dans les carrières, un grand nombre d'ouvriers et de tailleurs de pierre allemands gagnaient confortablement leur vie comme contremaîtres. Quant aux détenus, ils étaient souvent « prêtés » aux habitants de la ville pour effectuer diverses corvées : décoration, jardinage, construction ou travaux agricoles. En 1943, pour décorer son jardin, le chef des SS commanda une statue de cerf au repos à Stanislav Krzykowski, un sculpteur polonais détenu à Gusen.

Les gardes allaient souvent chasser le gibier avec les chasseurs locaux. Ils constituèrent également leur propre équipe de football. Celle-ci s'entraînait sur un terrain aménagé par les prisonniers et situé au-dessus du camp russe, à l'extérieur de la forteresse. Des tribunes avaient même été façonnées dans la pente herbeuse. Lorsque l'équipe municipale intégra le championnat régional, certains matchs furent disputés sur le terrain en question. Il est impossible que les supporters de la région n'aient pas vu, senti ou entendu une partie de ce qui se déroulait à l'intérieur du camp. Les matchs étaient couverts par la presse allemande qui, au détour de ses comptes rendus, mentionnait brièvement la présence de prisonniers spectateurs installés sur le toit de l'infirmerie.

Près du terrain de football, le réservoir en béton prévu pour parer aux incendies faisait office de piscine pour les nazis. Quelques civils privilégiés étaient parfois invités à se joindre à eux ou à profiter du cinéma du camp, excepté les jours de grande activité au crématorium. Les détenus devaient également cultiver un potager cerné de murs, et un verger dont ils ne mangeaient jamais les fruits.

Il est impossible de croire que les villageois se soient illusionnés au sujet des véritables intentions de la SS. Des avertissements placardés en ville affirmaient que quiconque aiderait les prisonniers serait fusillé. Si les civils employés dans les carrières étaient surpris en train de discuter des conditions de travail, ils étaient aussitôt arrêtés et emprisonnés. Un tailleur de pierre s'étant plaint des conditions inhumaines fut renvoyé et déporté à Buchenwald. Les habitants de la bourgade apprirent donc vite à se taire.

Les historiens ont fait état de quelques plaintes déposées auprès de l'administration locale, et de rares tentatives d'aide de la part des gens du bourg. Une femme nommée Anna Pointner, membre de la résistance autrichienne, dissimula des documents et des clichés du camp pris secrètement par des prisonniers espagnols. Une autre jeune femme, Anna Strasser, employée à la comptabilité d'un entrepôt situé en face de la gare, assista malgré elle à l'interminable défilé des convois de prisonniers. Leur état abominable lui fit perdre le sommeil. Chaque jour à midi, elle partait marcher le long des voies lors de sa pause-déjeuner et, par une fente ménagée au fond de sa poche, elle laissait tomber des bouts de pain, des sachets de sel et de sucre, des aiguilles, du fil et des boutons dans l'espoir qu'ils soient ramassés par les détenus. Elle trouva également des cartes d'identité et des messages désespérés glissés par les prisonniers entre les planches des wagons afin que leurs proches soient avertis de leur lieu de détention. Elle coupa court à ses efforts humanitaires quand son patron, un Autrichien marié et père de famille, fut arrêté pour avoir lancé du pain aux prisonniers. Il fut envoyé à Dachau où il mourut.

Dans le cadre de l'effort de guerre, Anna Strasser dut alors aller travailler dans une usine de chars d'assaut, où on la surprit en train d'aider les prisonniers. Arrêtée par la Gestapo, elle fut envoyée à Ravensbrück, où elle échappa à la mort grâce à la bienveillance d'une médecin et résistante, qui l'aida à survivre jusqu'à la Libération.

En février 1945, de très nombreux prisonniers russes parvinrent à s'évader de Mauthausen. Si quelques paysans prirent le risque d'en cacher certains, beaucoup de villageois se joignirent à la « chasse au lièvre », pistant et abattant les fugitifs que les SS leur avaient dépeints comme des criminels endurcis dangereux pour leurs familles. Sur les quatre cents évadés, la plupart furent tués ou moururent de froid dans la nuit. Deux furent cachés dans le grenier de la maison du maire par son équipe d'employés. Sur les cinquante-sept qui furent capturés vivants, onze seulement survécurent.

Une religieuse, employée dans un dispensaire local dirigé par l'ordre de la Sainte-Croix, témoigna des frustrations des villageois. Ceux-ci souhaitaient intervenir, mais se sentaient impuissants : « Nous aimerions tant pouvoir aider ces gens ! Malheureusement, les règles intraitables imposées par les SS ne le permettent pas, et le moindre geste à leur égard nous met en danger », lui expliqua à l'époque un habitant du bourg. Certains villageois se réunirent en secret pour discuter des mesures à prendre, mais ils étaient trop effrayés pour passer à l'action. La plupart refusaient de comprendre ce qu'il se passait sur la colline, ou vivaient dans la crainte mortelle de subir le même sort. Certains se plaignirent de l'odeur du camp, de la fumée et des cendres du crématorium qui dérivaient jusqu'à leurs habitations. Pour les apaiser, la SS recommanda aux autorités du camp de ne « lancer les brûleurs » que de nuit. Et pour déjouer les inquiétudes des villageois concernant leur santé, elle mit en place le *Sonderrevier*, une « infirmerie spéciale » gérée par des médecins prisonniers censés circonscrire les forts risques de contagion et d'épidémie.

L'unique plainte officielle fut déposée dans les bureaux du parti politique local par Eleonore Gusenbauer, une femme de paysan dont la maison donnait sur la carrière. Voici un extrait de sa déposition : « Ceux qui ne sont pas abattus ne meurent pas tout de suite et sont abandonnés à côté des morts pendant des heures, voire toute une demi-journée [...]. Je suis souvent le témoin non consentant de ces crimes [...] ce qui m'atteint si profondément au plan nerveux que je ne pourrai pas endurer longtemps cette situation. Je demande que l'on ordonne de cesser ces actes inhumains, ou qu'ils soient effectués à l'abri des regards extérieurs. »

C'est dans cette bourgade et dans ce camp qu'arrivèrent les épaves humaines du KZ Freiberg après avoir sillonné l'Europe centrale pendant seize jours. Parmi elles se trouvaient Priska et sa petite Hana de dix-sept jours, Rachel et son petit Mark de neuf jours, et Anka sur le point d'accoucher. Les trois femmes se croyaient seules dans leur situation et consacraient leurs maigres forces à survivre minute après minute.

Quand le convoi n° 90124 acheva son interminable périple en gare de Mauthausen, des mains expertes ouvrirent les clenches pour faire coulisser les portes de la prison roulante. De nombreuses passagères n'avaient pas survécu aux derniers jours de voyage. Les autres – des créatures anéanties par la souffrance – furent aveuglées par la lumière qui se déversa dans les wagons obscurs. Tirées hors des wagons, elles durent s'aligner en colonnes dépenaillées sur la rampe de débarquement située à quelques centaines de mètres à peine des eaux scintillantes du Danube.

Aveugle à la beauté incongrue de cet endroit, Anka ne vit que les grosses lettres noires qui s'étalaient sur le mur d'en face : MAUTHAUSEN – littéralement, « maison de péage ». En cette soirée glaciale du 29 avril 1945, la succession de lettres enfonça chez Anka le clou fatal, provoquant ses premières contractions. L'optimisme de Scarlett O'Hara ne pouvait plus rien pour elle. Cette fois, demain n'était plus un autre jour : il se déroulait ici et maintenant.

« Dès que j'ai lu ce que je refusais de croire, mes contractions ont commencé, dira-t-elle. Même si je ne me faisais pas d'illusions, j'y étais. Bel et bien [...]. J'ai eu si peur que le travail s'est déclenché. Mauthausen ou Auschwitz, c'était du pareil au même : sélections, chambres à gaz. Bref, un camp d'extermination. »

Lisa Miková fut terrassée par l'angoisse, elle aussi : « En voyant le nom de la gare, nous avons su que nous étions arrivées dans un endroit similaire à Auschwitz. Nous nous sommes dit : "Ici ou là-bas, c'est la même chose. Nous allons mourir." Nous nous sommes regardées. Nous étions effrayantes. Des sacs d'os. Sales et infestées de poux. Nous avions déjà l'air mortes. »

Paralysée de douleur et d'horreur, Anka endura courageusement la première contraction. Accrochée à la porte du wagon, elle tenta de reprendre son souffle et de cacher qu'elle était sur le point d'accoucher. Neuf mois plus tôt, presque jour pour jour, par une chaude journée de l'été 1944, alors que leurs proches étaient probablement déjà partis en fumée à Birkenau, Bernd et elle s'étaient aimés et réconfortés dans leur « grenier à foin » de Terezín. Là, après la perte du petit Dan qui avait failli les briser quelques mois plus tôt, ils avaient conçu un autre enfant. Quelques semaines plus tard, Bernd Nathan avait été transféré à l'est. Etait-il encore vivant ? Anka l'ignorait. Elle s'efforçait de garder espoir, mais elle redoutait le pire : elle était passée par Birkenau, elle aussi. Si Bernd avait été assassiné, la seule famille qui lui restait était ce bébé, dont elle admirait la ténacité face au danger.

Elle avait frémi à l'idée d'accoucher à l'usine de Freiberg. Elle avait lutté pour ne pas donner naissance dans un wagon à charbon dépourvu de toit. Elle aurait été stupéfaite d'apprendre que deux des femmes du convoi avaient enduré ces tourments. A présent, c'était son tour. Elle n'avait qu'une pensée : le bébé qu'elle s'apprêtait à mettre au monde risquait d'être aussitôt tué avec elle dans la chambre à gaz de Mauthausen.

Haletante, les mains crispées sur son ventre, Anka parvint à descendre du wagon, tandis qu'un essaim de gardes s'agitait autour d'elle. Là, ses jambes flanchèrent et elle s'écroula au sol. Traînée vers un groupe de femmes trop faibles pour marcher, elle resta prostrée à terre, pliée en deux, vaguement consciente de l'arrivée d'une charrette. Elle vit que les gardes entassaient les malades et les agonisantes en une pile aléatoire de bustes et de membres. Puis ils la jetèrent à son tour dans la charrette : « Celles qui pouvaient encore marcher sont parties en colonnes vers la forteresse. Les SS ont déchargé les malades et les mourants du train et les ont empilés sur des charrettes, car le camp se trouvait au sommet d'une colline qui dominait Mauthausen. »

Frissonnante de fièvre, Anka demeura à l'arrière de la carriole grinçante, le regard rivé sur un panorama à couper le souffle. Elle avait beau perdre les eaux au milieu de la crasse et de la vermine, collée à des corps nauséabonds et ravagés par le typhus, elle fut submergée par la beauté du paysage. « J'avais une faim de loup, je pesais trente-cinq kilos et je n'avais aucune idée de ce qui m'attendait en haut […]. Et, comme si de rien n'était, j'admirais la vue ! »

Il devait être 20 heures. Avachie dans le chariot, après deux semaines passées au fond d'un wagon sombre dépourvu de toute beauté, Anka fut bouleversée par le coucher de soleil spectaculaire qui illuminait la vallée. « Le soleil brillait encore et il faisait un froid terrible, mais c'était une splendide soirée de printemps. Tandis que nous gravissions la colline, j'admirais le Danube en contrebas, et [les champs] qui verdissaient déjà [...]. Je me disais que je n'avais jamais rien vu de plus beau et que ce serait sans doute la dernière fois que je verrais de la beauté en ce monde. »

Au cours des deux kilomètres et demi d'ascension, ses contractions s'amplifièrent. Le paysage de carte postale, avec ses églises, ses châteaux et ses sommets enneigés, cessa de la distraire. L'atroce réalité de sa situation lui coupa le souffle. « La charrette était puante et boueuse, et j'étais entourée de créatures tondues et déguenillées. Des femmes agonisaient. Les poux grouillaient par milliers sur chacune de nous. J'étais assise, mais ces pauvres femmes inconscientes me tombaient sur l'épaule ou en travers des jambes. Mon bébé allait venir au monde, et je n'avais qu'une crainte : qu'il ne survive pas. »

A l'approche du camp, elle se retourna pour voir la forteresse. Elle se dressait devant elle, immense, construite pierre après pierre par ses malheureux occupants. Les contractions continuaient de se succéder. Elle leva les yeux vers l'énorme portail en bois et les terribles miradors permettant de scruter l'horizon jusqu'aux Alpes. Une fois entrée dans ces murs, se dit-elle, il n'y aurait plus d'espoir.

Le portail de Mauthausen, lieu de naissance d'Eva

Sachant qu'elle avait besoin d'aide, elle avisa soudain la médecin russe qui avait travaillé avec Edita Mautnerová à l'infirmerie de Freiberg. « Je l'ai suppliée de m'aider, mais elle a haussé les épaules avec un petit signe de main et s'est éloignée. Elle ne m'a même pas regardée ni offert un mot d'encouragement. »

La charrette s'immobilisa sous le portail et Anka fut placée dans une carriole en bois, « de celles qu'on utilise pour transporter le charbon ». Les muscles bandés pour tenter encore de différer l'inévitable, elle fut entassée avec les mêmes femmes, plus d'autres qui avaient perdu la raison. Les yeux plissés par la douleur, elle sentit le chariot s'éloigner du portail infernal et descendre lentement vers le *Sanitätslager*, l'infirmerie qui jouxtait le terrain de football.

Anka laissa échapper un cri, qu'elle étouffa aussitôt : un SS accompagnait le chariot, un autre le conduisait et un troisième le freinait. Le garde le plus proche lui dit : « *Du kannst weiter schreien* » (tu peux continuer à crier). Elle ne sut jamais s'il était sarcastique ou compatissant. Convulsée par la douleur, persuadée qu'elle vivait ses dernières minutes, elle laissa libre cours à ses hurlements.

« Pendant tout ce temps, je pensais à ma mère, Ida. Non pas à sa désolation, mais à la façon dont elle m'aurait dit : "Comment peux-tu enfanter dans ces conditions ? Dans une carriole… Et pas lavée depuis trois semaines !" Elle aurait été furieuse. » Ce fut pourtant dans ces conditions qu'Anka accoucha. L'enfant glissa littéralement hors de son ventre dans une mare de sang et de plasma, un travail étonnamment rapide en regard de celui qu'elle avait vécu pour Dan. Mais ce nourrisson-ci était bien plus petit. « Soudain mon bébé est arrivé. Il était né ! » Le minuscule nouveau-né ne bougeait pas. « Pendant sept à dix minutes, il n'a ni crié ni remué… J'étais assise avec ces femmes affalées sur moi, et le bébé était là. C'était indescriptible ! »

Peu après, le chariot s'arrêta devant l'infirmerie. La nuit tombait. Quelqu'un appela un prisonnier médecin, dont elle apprit plus tard qu'il avait été chef obstétricien dans un hôpital de Belgrade. « Il s'est précipité, il a coupé le cordon, puis il a claqué les fesses du bébé [pour le faire crier et respirer] et tout est rentré dans l'ordre. Le bébé s'est mis à pleurer [...]. Le médecin m'a dit : “C'est un garçon.” Quelqu'un l'a enveloppé dans du papier, et j'ai soudain été transportée de bonheur. »

Anka avait secrètement souhaité une fille, mais en berçant son bébé miracle, elle décida de l'appeler Martin. Elle demanda l'heure et la date : on était le 29 avril 1945 à 20 h 30 précises, des informations qu'elle se promit de ne pas oublier. Puis on la fit entrer dans l'infirmerie, où on l'installa sur une paillasse qu'elle n'avait à partager avec nul autre que son bébé. Malgré l'insalubrité ambiante et l'odeur répugnante d'excréments, Anka comprit que ce lit individuel constituait un immense privilège.

Son minuscule enfant à l'épaisse chevelure brune fut allongé sur son ventre, comme Dan l'année précédente. Un bébé aussi petit aurait dû être placé en couveuse. Mais en le serrant contre sa peau nue, Anka devint « la meilleure couveuse du monde ».

« J'étais aussi heureuse qu'il était possible de l'être, au vu des circonstances. J'étais vraiment ravie. »

Rachel et son petit Mark ne connurent pas cette joie. Ils furent également chargés sur une charrette pleine de mourantes et conduits directement à travers les mâchoires béantes du grand portail, un seuil qu'il était rare de franchir en sens inverse. Arrachées au chariot, puis alignées en une file loqueteuse, les femmes reçurent l'ordre d'attendre sur cette longue place d'appel jonchée d'éclats de granit. La plus grande confusion semblait régner dans le camp. L'air était saturé par la fumée suffocante des dossiers que l'on jetait dans les fours, en plus de celle des corps récemment incinérés. Les soldats allemands couraient en agitant des documents, comme si un événement considérable se préparait.

Au cours des mois précédents, la population du camp avait doublé : un flot constant de prisonniers drainé par les « marches de la mort » était venu s'ajouter aux dizaines de milliers de détenus. Dans ces conditions, le contrôle de la situation avait commencé à échapper aux SS, débordés par la surpopulation et l'avancée des Alliés. Les vivres manquaient, les maladies proliféraient. Même les tentes du camp provisoire étaient bondées. Au printemps 1945, près de huit cents détenus mouraient chaque jour à Mauthausen et dans ses sous-camps. En avril, en dépit du flot des arrivées, il y avait déjà vingt mille détenus de moins qu'en mars. Les SS s'efforçaient d'effacer toute trace de leurs crimes, particulièrement depuis l'opération alliée du 23 avril : sur ordre de Churchill, de Staline et de Truman, les pilotes avaient largué plusieurs milliers de tracts sur toute l'Europe occupée pour annoncer en plusieurs langues « la traque et le châtiment implacable » qu'encouraient tous ceux qui maltraitaient les prisonniers. Cela, plus le fait que Soviétiques et Américains étaient aux portes du camp, signifiait que le monde entier était sur le point de découvrir les horreurs perpétuées à Mauthausen au cours des six années écoulées.

Le convoi de femmes dont Rachel faisait partie posait un problème supplémentaire aux autorités du camp. Finalement, après leur avoir annoncé qu'elles devaient « prendre une douche », les SS conduisirent les femmes épuisées en bas d'un escalier, par groupes de cinquante. Cachant Mark sous sa robe, Rachel était tellement affaiblie qu'elle était à peine consciente des événements. Mais le souvenir d'Auschwitz la hantait bien assez pour qu'elle comprenne ce que « prendre une douche » voulait dire. Depuis la construction de la chambre à gaz, des milliers de personnes avaient été « euthanasiées » dans ses seize mètres carrés. Les registres du camp révélèrent que mille quatre cents détenus y furent assassinés au cours des semaines précédant la libération. Le 28 avril, veille de l'arrivée du convoi de Freiberg, trente-trois communistes autrichiens jugés « ennemis de l'Etat », cinq Polonais, quatre Croates, et un prisonnier à la double nationalité autrichienne et britannique furent exécutés. Ces tueries avaient été perpétrées en dépit de la présence à Mauthausen de responsables de la Croix-Rouge, chargés de négocier l'évacuation de plusieurs centaines de prisonniers français, belges, néerlandais et luxembourgeois.

La chambre à gaz de Mauthausen fonctionnait un peu différemment de celle d'Auschwitz. Les cristaux mortels de Zyklon B étaient versés dans une grosse boîte métallique extérieure reliée à l'intérieur par un étroit tuyau. Une brique chauffée était placée dans la boîte. Quand le gaz commençait à se dégager sous l'effet de la chaleur, il était soufflé dans la pièce au moyen d'un ventilateur électrique.

La chambre à gaz de Mauthausen

Rachel ne savait rien de tout cela. Elle ne savait pas non plus où se trouvaient ses sœurs, ni même si elles avaient survécu aux derniers jours du voyage ; elle s'était presque résignée à la mort probable de son époux ; elle n'espérait plus revoir son frère, le courageux Moniek, et n'entretenait aucun espoir concernant le sort de ses parents et de ses jeunes frères et sœurs livrés aux mains du Dr Mengele et de ses acolytes. Lorsqu'elle et son petit garçon s'avancèrent dans cette pièce carrelée parcourue de tuyaux métalliques, elle sut qu'ils allaient mourir. Cette fin pitoyable semblait le dénouement logique de l'existence misérable que les nazis avaient imposée à sa famille pendant les six années d'occupation de la Pologne.

« Ils avaient l'intention de nous gazer, dira-t-elle, mais les prisonniers avaient démonté les tuyaux, et ils n'ont pas pu le faire. »

Nous ne saurons jamais si Rachel et ses compagnes furent réellement conduites à la chambre à gaz ou s'il s'agissait de la vraie salle de douches du camp, située près de la place d'appel. Les témoignages divergent et, dans le chaos des derniers jours du conflit, les SS rédigèrent très peu de rapports sur leurs activités. Plusieurs témoignages de prisonniers, d'employés administratifs et d'officiers indiquent que les derniers gazages eurent lieu le 28 avril. Passé cette date, les assassinats auraient été trop difficiles à masquer. De nombreux rescapés du convoi de Freiberg affirmèrent que l'objectif était de les gazer le jour de leur arrivée : les gardes le leur auraient laissé entendre. S'agissait-il d'une énième torture psychique, ou les SS étaient-ils déterminés à obéir coûte que coûte aux ordres d'extermination massive lancés par le haut commandement nazi ?

Gerty Taussig, qui se trouvait peut-être dans le même groupe que Rachel, déclara par la suite que les prisonnières étaient censées être gazées, pas lavées : « Ils ont envoyé cinquante d'entre nous aux "douches", mais c'était une chambre à gaz. Comme le gaz ne sortait pas, ils nous ont à nouveau jetées dehors. Je crois qu'ils n'avaient plus de gaz. [Les chambres] n'ont pas été démontées. C'est juste qu'elles ne fonctionnaient plus. »

Rachel racontera qu'en sortant de la pièce – sèche, vêtue et vivante –, elle constata que le chaos s'était encore amplifié dans le camp. « Les Allemands criaient et couraient dans tous les sens. L'un d'eux s'est exclamé : "Pas d'inquiétude : on va les mettre dans le camp russe et la vermine les mangera vivantes !" » Dans le crépuscule légèrement pluvieux, les femmes furent reconduites sur la place d'appel. On leur servit de l'eau et un peu de soupe provenant des colis que la Croix-Rouge venait de livrer au camp. Puis, assises à même le sol glacé, les femmes arrivées en charrette durent attendre le contingent de squelettes dépenaillés jugés assez vaillants pour venir à pied.

© Wendy Holden

Le sentier escarpé qui mène au camp de Mauthausen

« Ça leur a pris des heures pour monter », dira Rachel. Quand elles arrivèrent, le groupe de Rachel dut se lever et redescendre avec elles la portion de colline menant au camp russe. Là, à quelques centaines de mètres de l'infirmerie où Anka et son bébé se reposaient, les déportées furent parquées dans un baraquement sordide, derrière une enceinte de fil barbelé électrifié à deux mille volts.

« Il n'y avait rien d'autre que de la paille et des punaises, déclarera plus tard Gerty Taussig. Je souffrais de la typhoïde. Je ne sais pas comment j'ai survécu. Il faut croire que j'ai eu de la chance. » D'autres femmes témoigneront également de leurs terribles conditions de détention : « Nous étions très malades [...]. Les femmes mouraient dans les bras les unes des autres [...]. Nous ne ressentions plus rien [...]. On aurait dit des pierres [...]. Nous gisions à moitié mortes dans nos propres déjections [...]. Nous attendions de mourir. »

D'autres, comme Priska – qui portait la petite Hana et la layette offerte par les femmes de Horní Bříza –, gravissaient encore lentement la colline. Priska vécut chaque pas de ces deux longues heures d'ascension comme un combat. Son bébé, que des plaies suppurantes faisaient gémir piteusement sous sa blouse et son bonnet crasseux, reposait inerte contre sa poitrine vide.

Malgré leur immense faiblesse et les souffrances que leur imposaient leurs pieds meurtris, Priska et les survivantes de son groupe furent malmenées et battues par les gardes du convoi, eux-mêmes encouragés à la barbarie par les SS survoltés de Mauthausen. A peine vêtues, poussées en avant par rangées de cinq, les *Häftlinge* traversèrent la jolie bourgade, fière de ses maisons à colombages et de ses jardinières aux fenêtres, comme une cohorte de fantômes. La plupart des habitants les ignorèrent. Certains leur crachèrent au visage ou leur déclarèrent qu'elles mourraient en arrivant en haut de la colline.

Pendant les quelques pauses qu'on leur accorda pour souffler, elles s'imprégnèrent au maximum de ce bref passage à travers le « monde libre », et surtout de son incroyable paysage, d'autant plus poignant pour Priska qu'en son centre, comme à Bratislava, coulait le Danube. « Ne pense qu'aux belles choses », lui avait recommandé Tibor. Elle mettait donc toutes ses forces à ignorer sa terreur et sa soif pour se concentrer sur les haies luxuriantes, les prés recouverts de fleurs sauvages et le chant presque oublié des oiseaux.

Selon que les prisonnières furent chargées sur des carrioles ou contraintes de grimper la colline par l'un ou l'autre des deux itinéraires, leurs expériences différèrent sensiblement. Celles qui traversèrent le centre du bourg eurent l'impression d'être invisibles pour les villageois, qui saluaient et hélaient les gardes, les conviaient à dîner ou leur demandaient quel film passait au cinéma du camp. Certaines, accablées par la soif, sortirent des rangs à la vue de la vieille fontaine en pierre qui se dressait sur la place du village. « Mortes de faim, nous nous sommes traînées à travers la ville. La soif était terrible. Il y avait une fontaine merveilleuse au centre ; nous nous sommes précipitées pour boire, mais les gens du village nous ont chassées en nous jetant des pierres [...]. Il y a eu une grosse altercation avec les SS, qui nous ont battues et remises en rangs. »

La fontaine de Mauthausen où les femmes
ne furent pas autorisées à boire

Celles qui contournèrent le village par un sentier escarpé ramassèrent des herbes sauvages, qu'elles glissèrent entre leurs lèvres desséchées. Certaines cueillirent des fleurs de cerisier qu'elles avalèrent tout rond. D'autres tombèrent à genoux pour laper un filet d'eau de source qui jaillissait de la montagne à son endroit le plus pentu.

Etourdie par la faim, Priska grimpait en serrant la pauvre petite Hana dans ses bras. Tibor saurait-il qu'il était père ? se demandait-elle sans cesse. Sa fille survivrait-elle jusqu'au 12 mai pour fêter son premier mois ? « Je voulais tellement sauver mon enfant ! dira-t-elle plus tard. C'était extrêmement important pour moi. Rien ne comptait plus à mes yeux. » Au crépuscule, elle parvint enfin à la forteresse et se rangea sur la place d'appel, près des autres déportées aussi hébétées qu'elle. « J'avais tellement faim que je ne reconnaissais plus mes amies. » Une surprise les attendait. « Il y avait des colis de la Croix-Rouge sur la place. On nous a donné du café et des gâteaux ! »

Affamées, et si assoiffées qu'elles pouvaient à peine déglutir, les femmes avalèrent tout ce qu'elles purent, convaincues qu'elles allaient être gazées. Une haute cheminée de brique les surplombait, balayant tout espoir. Durant les deux heures d'attente qui suivirent cette collation, elles sentirent que leur sort était scellé. Trop fatiguées pour fuir ou lutter, elles parvenaient tout juste à lever les yeux pour regarder ceux qui étaient sur le point de les exterminer.

« Assises ou debout dans la cour, nous attendions la fin, déclarera Lisa Miková. Des prisonniers qui se trouvaient dans les parages nous ont demandé d'où nous venions, puis ils nous ont dit que nous avions de la chance parce que la chambre à gaz ne fonctionnait plus. L'un d'entre eux a déclaré : "Les secours approchent. Ils [les nazis] ne vous feront plus de mal. Ça ne les intéresse plus. Ils sont trop occupés à préparer leur fuite." Nous avions du mal à les croire. Même si les secours étaient à une journée, cela laissait quand même le temps de nous tuer. »

Affalée sur le sol, transpercée par le vent d'altitude, Priska fut tirée de ses divagations par la voix « glaciale » d'un officier SS. Dans une langue qu'elle ne comprenait que trop bien, elle l'entendit expliquer à ses collègues qu'il n'y avait plus de gaz et que les nouveaux « arrivages » pouvaient loger dans les *Zigeunerbaracke* (baraquements tsiganes), où des déportés arrivés de Ravensbrück avaient été récemment installés. « Ce convoi peut être placé là-bas... pour l'instant », conclut-il. Dans le vacarme familier des *Schnell !* les femmes cernées de gardes et de kapos agressifs se pelotonnèrent pour se protéger. Tandis qu'elles se levaient péniblement pour atteindre leur énième destination, la petite Hana se mit à gémir. L'une des kapos repéra le minuscule paquet recroquevillé sur la poitrine de Priska et s'écria : « *Ein Baby ! Ein Baby !* » Une autre se précipita, bras tendus pour attraper Hana, en hurlant : « *Keine Kinder hier !* » (Pas d'enfant ici !)

Soudain animée d'une force insoupçonnée, Priska se défendit contre les deux kapos, les griffant au visage tandis qu'elles tentaient de saisir le nouveau-né par ses petites jambes maigres. Hurlant « *Nein ! Nein !* », Priska se débattit comme une sauvage. Sa précieuse layette fut piétinée et mise en lambeaux. Pendant plusieurs minutes, tandis que les trois femmes et le bébé criaient à pleins poumons, l'issue de l'incident demeura incertaine. Puis l'échauffourée cessa aussi brusquement qu'elle avait démarré : une kapo plus âgée posa une main sur l'épaule de Priska et leva l'autre à l'intention de ses adjointes, qui lâchèrent prise. Caressant la tête de l'enfant, la femme parla d'une voix douce : « *Ich habe nicht ein Baby in sechs Jahren gesehen* » (Je n'ai pas vu de bébé depuis six ans). Puis elle ajouta : « J'aimerais passer du temps avec elle. »

Priska ravala un cri de protestation et dévisagea la kapo avec stupeur. Les deux gardes reculèrent sans mot dire. Priska comprit alors qu'elle tenait peut-être sa seule chance de sauver sa fille. Lorsque la SS tendit les bras pour la lui prendre, Priska n'hésita qu'un instant avant d'obtempérer. « Suis-moi », ordonna la femme avec un accent dont Priska reconnut l'origine polonaise.

S'ensuivit une succession d'événements surréalistes : Priska reçut l'ordre d'attendre à l'extérieur du baraquement des kapos, tandis que la femme emportait Hana à l'intérieur. Se précipitant à la fenêtre pourvue de jolis rideaux en vichy, la jeune mère affolée vit l'étrangère déshabiller sa fille et la poser sur une table. Puis, penchée au-dessus d'elle, la femme se mit à sourire et à gazouiller, indifférente à l'état désastreux du bébé. La kapo se dirigea ensuite vers un placard duquel elle sortit un bout de ficelle et une plaque de chocolat – un luxe dont Priska avait quasiment oublié l'existence. La femme détacha un carré de chocolat, l'accrocha au bout de la ficelle et se mit à taquiner le bébé en agitant la friandise au-dessus de sa bouche. Visiblement enchantée par ce tout premier jeu, la petite Hana se mit à agiter ses jambes couvertes de plaies, ouvrant sa petite bouche affamée, tandis que dehors, le visage collé au carreau, Priska embuait la vitre.

Au bout d'une heure, la garde remballa Hana dans son habit et son bonnet crasseux et retourna dehors. « Tiens », fit-elle brusquement en rendant son bébé à une Priska tremblante de froid. Puis elle ordonna à une autre kapo d'accompagner la mère et l'enfant aux blocks tsiganes et tourna les talons comme si la suite des événements ne la concernait absolument pas.

Pour se rendre à ses nouveaux quartiers – un bâtiment appelé le « camp Messerschmitt » à cause des pièces détachées des avions Messerschmitt qu'on y avait fabriquées pendant un temps, Priska dut descendre « l'escalier de la mort » menant à la carrière, laquelle était heureusement fermée pour la nuit. De jour, la descente était déjà rendue passablement traîtresse par l'irrégularité des marches. Mais de nuit, sur des jambes tremblantes de fatigue et chargée d'un bébé, Priska faillit glisser à plusieurs reprises. Une fois parvenues en bas de la falaise, là où tant d'hommes avaient péri, Priska et Hana furent conduites au plus éloigné des quelque trente baraquements du secteur – un dortoir humide et rudimentaire à la périphérie de la carrière. A l'intérieur, dans un coin, des femmes qui semblaient être des prostituées se disputaient bruyamment. Elles ne levèrent même pas les yeux. Quelques bottes de paille et des grabats cassés avaient été jetés à même la terre imbibée d'urine. Les femmes du train gisaient, recroquevillées, à l'endroit même où on les avait poussées.

Nulle beauté en ce lieu. C'était un mouroir où les nazis laissaient pourrir les malheureux qu'ils détenaient.

D'autres femmes du convoi de Freiberg avaient emprunté le même chemin que Priska pendant que la kapo jouait avec Hana. Incapables de faire un pas de plus, beaucoup étaient tombées dans l'escalier et avaient dû être portées jusqu'en bas. En arrivant aux baraquements, elles s'étaient effondrées dans un coin, « trop épuisées pour vivre ». Les plus chanceuses, comme Lisa Miková, avaient été envoyées dans des baraques un peu moins sordides, situées dans le camp principal, en haut de la colline. Là, elles durent s'entasser à quatre par châlit, mais des prisonniers prirent soin d'elles, allant jusqu'à risquer leur vie en leur offrant leurs propres rations d'eau et de nourriture dans l'espoir de les sauver. Aucune de ces femmes n'avait, comme Priska, un bébé à nourrir.

Un *Sanitätslager* insalubre pour Anka et son nouveau-né, un dortoir infesté de vermine proche de l'infirmerie pour Rachel et Mark, et un baraquement immonde pour Priska et Hana, qui gisaient à même le sol : l'interminable « marche de la mort » s'achevait enfin pour les femmes du convoi de Freiberg. Mais elles demeuraient à la merci d'un régime assassin, et leur guerre était loin d'être terminée. On comptait d'innombrables manières de mourir au KZ Mauthausen, les plus communes étant la famine, l'épuisement et la maladie – dont elles-mêmes et leurs bébés souffraient déjà. Dans ces conditions, l'hypothermie, l'hypoglycémie ou la jaunisse menaçaient dangereusement les trois nourrissons.

Les jeunes mamans ignoraient de quoi serait fait leur lendemain, et elles étaient bien trop épuisées pour y penser. Au matin du lundi 30 avril 1945, alors que le soleil se levait sur les Alpes, les trois femmes étaient loin d'imaginer l'importance de la journée à venir.

Au cours de l'après-midi, tandis que l'Armée rouge s'approchait du *Führerbunker* souterrain à Berlin, Adolf

Hitler et sa fiancée Eva Braun, assis côte à côte sur le canapé du bureau, se dirent adieu. Ils avalèrent chacun une capsule de cyanure et Hitler se tira une balle dans la tempe. Leurs corps furent transportés à l'extérieur, aspergés d'essence et incendiés. Dans son testament et ses dernières volontés rédigés le jour où Anka avait accouché, Hitler avait indiqué : « Choisir la mort plutôt que subir le déshonneur de la destitution ou de la capitulation. » Il avait ordonné à ses partisans d'appliquer les lois raciales « jusqu'au bout » et de « résister impitoyablement à la Juiverie internationale, poison de toutes les nations ».

La nouvelle de la mort de Hitler se propagea comme une traînée de poudre à travers les vestiges du commandement nazi, mais elle ne parvint pas jusqu'aux déportés qui agonisaient encore sous le joug des SS. Les seuls échos que purent percevoir les détenus au cours des derniers jours du conflit furent les cris et les coups de feu incessants, dont le vacarme leur rappelait qu'ils étaient piégés au cœur d'un des ultimes complexes servant encore le programme hitlérien d'extermination des « ennemis du Reich ».

« Les Allemands étaient hystériques ; ils hurlaient sur tout le monde, dira Lisa Miková, assignée à un baraquement central dans le camp du haut. Nous redoutions de sortir, de peur d'être abattus. » Prête à mourir, elle s'était effondrée sur un matelas puant, posé à même le sol du dortoir. Lorsqu'un prisonnier tchèque lui apporta du pain, elle se redressa dans un ultime sursaut d'énergie : « A présent, je dois vivre », se dit-elle. L'odeur et l'apparence de ce pain, à base de sciure et de farine de châtaigne, étaient repoussantes, mais elle mordit dedans sans hésiter. « J'étais si fatiguée que je n'ai pas pu mâcher. Et si fiévreuse que j'avais l'impression de rêver. Une femme s'est approchée. Elle a forcé ma main pour récupérer le pain serré entre mes doigts. Je l'ai regardée faire avec indifférence. J'étais trop faible pour bouger ou lutter. »

Seuls Anka et son bébé reçurent un semblant de soins à l'infirmerie. En l'absence d'équipements médicaux, l'endroit servait essentiellement de mouroir aux prisonniers. Mais après les coups et les insultes dont les gardes les abreuvaient dans le train, elle eut l'impression que ceux de Mauthausen étaient « aux petits soins » – même si son bébé, encore enveloppé dans du papier journal, n'était toujours pas lavé, et qu'elle-même restait sale, affaiblie et entourée de déportés atteints de maladies infectieuses. « Quand nous sommes arrivées, déclarera-t-elle, les Allemands avaient déjà cédé à la panique et commençaient à nourrir les prisonniers » – un changement d'attitude qu'elle jugerait « horrible et écœurant » : « Le jour précédent, ils nous éliminaient ; celui d'après, tout allait bien et nous étions le peuple "élu" ! »

De sa grossesse précédente, elle avait retenu qu'un nouveau-né ne devait pas être allaité les douze premières heures. Elle se reposa et laissa le petit Martin dormir avant de tenter de le nourrir. A son grand étonnement, quand elle commença à l'allaiter, elle avait tant de lait qu'elle aurait pu « nourrir cinq bébés ». « Je ne savais pas d'où cela sortait, dira-t-elle. Si j'étais croyante, je dirais que c'était un miracle. » Son bébé, dont les bras n'étaient guère plus gros que son auriculaire, téta goulûment. Après s'être contentée de quelques bouchées de pain rassis pendant plusieurs semaines, elle reçut une gamelle de macaroni nageant dans l'huile. « J'avais tellement faim que je les ai dévorés. Impossible de décrire l'étendue de ma faim ! [...] Mais ces pâtes auraient pu me tuer. Mes intestins ne les ont pas supportées. » Presque aussitôt, elle fut saisie d'une diarrhée terrible. « J'aurais pu contaminer le lait du bébé. Mais comment résister à la nourriture quand on meurt de faim ? »

Par chance, elle parvint à surmonter rapidement ce revers. « Mais à quoi bon, songeait-elle, puisque les nazis peuvent m'assassiner demain ? » Depuis les châlits adjacents, les autres détenues tâchèrent de lui expliquer qu'elle n'avait plus à craindre la chambre à gaz, car celle-ci avait « sauté ». Anka se méfiait tant qu'elle se garda d'y croire, mais elle l'espéra de tout son cœur.

La survie des femmes de Freiberg parquées dans les baraques situées au-delà du *Sanitätslager* ne semblait guère plus assurée. Leurs quartiers grouillaient de vermine et de microbes. Harcelées par les parasites, elles étaient plus sales que jamais. Le seul fait de respirer constituait une épreuve, tant l'air empestait l'urine, les excréments et la chair humaine en décomposition. Les cadavres de certains avaient été transportés dans les bois et entassés en piles d'os et de chair. Gerty Taussig, qui s'était traînée jusque-là pour se soulager, s'effondra sur une bûche, hébétée. Un détenu s'assit à son côté et lui adressa la parole d'un air conspirateur : « Je vais vous révéler un secret : les meilleurs morceaux se trouvent dans les cuisses. »

Le lendemain matin, personne ne vint les forcer à se lever, ce qui ne leur était pas arrivé depuis un temps infini. Personne non plus ne vint leur servir de l'eau brunie au café. A mesure que la panique s'emparait des nazis, les coups de feu se faisaient toujours plus nombreux au loin. Dans la journée, le vacarme d'une explosion enchanta leurs oreilles. Le martèlement des pics et des machines à l'œuvre dans les carrières continua un moment, puis un silence inquiétant s'installa sur le camp. Les femmes se redressèrent sur leurs châlits. Avaient-elles été abandonnées là pour y mourir ?

Dans les jours qui suivirent la mort de Hitler, les détenus – déjà organisés en comités et groupes de résistance – perçurent un changement notoire dans l'atmosphère du camp. Les SS procédaient encore aux appels, mais le travail diminua considérablement dans les carrières. Puis le nombre d'Allemands diminua à son tour. Les détenus les plus anciens découvrirent alors qu'ils pouvaient se déplacer librement, apporter à boire et à manger aux plus faibles, les encourager à tenir jusqu'à l'arrivée des secours. Les véhicules nazis quittaient les lieux dans un constant vrombissement de moteurs diesel. Enfin, la Croix-Rouge fut autorisée à entrer pour évacuer les prisonniers belges et français. Ils constatèrent alors que la plupart des colis de vivres avaient disparu avec les SS. Pendant ce temps, les *Häftlinge* logés au bas de la colline continuaient d'agoniser, inconscients de l'imminence de la libération.

Pour la première fois depuis des mois, Anka dormit profondément. Rachel et Priska tentèrent également de se reposer pour reprendre des forces, tandis que leurs bébés les vidaient de leurs dernières gouttes de lait maternel. Aucune des trois femmes ne sut que le 3 mai à l'aube, le *Standartenführer* Frank Ziereis – l'officier SS de trente-neuf ans qui dirigeait le KZ Mauthausen depuis six ans – ordonna à ses hommes de partir. Le container de Zyklon B qui alimentait la chambre à gaz avait été démonté, et le camp confié à une brigade viennoise de la *Feuerschutzpolizei*, assistée de vétérans de l'armée allemande. Le commandant Ziereis, qui se réfugia d'abord dans son pavillon de chasse avec sa femme, fut capturé et tué peu après. Les membres de son équipe disparurent dans la nature.

Ce même jour, les Alliés reçurent un message rapportant le témoignage d'un officier français libéré la semaine précédente par la Croix-Rouge. A la suite d'une lettre de Himmler ordonnant la destruction de toutes les traces susceptibles d'incriminer les nazis, des dizaines de milliers de prisonniers risquaient d'être assassinés à Mauthausen et dans ses camps satellites. Le message se poursuivait ainsi : « [L'officier français] a déclaré que les Allemands prévoient de tous les exterminer. Lors de son évacuation, du gaz, de la dynamite et des barges pour les noyer avaient déjà été livrés, et les massacres avaient commencé. »

Deux jours plus tard, le matin du 5 mai 1945, cédant à l'insistance d'un délégué de la Croix-Rouge, un escadron d'éclaireurs de la 11e division blindée de la 3e armée américaine – les Thunderbolt –, en patrouille dans la région pour vérifier la sécurité des ponts, se rendit aux camps de Gusen et de Mauthausen. Les troupes étaient placées sous les ordres d'Albert J. Kosiek, un adjudant dont les parents polonais avaient émigré aux Etats-Unis. Après le décès de son lieutenant, Kosiek avait refusé une promotion pour rester avec ses hommes. Lorsqu'il aborda la forteresse de Mauthausen (qu'il prit d'abord pour une énorme usine), il avait vingt-trois soldats avec lui, et seulement six véhicules, dont un char et sa voiture de reconnaissance.

© Larry Kosiek

L'adjudant américain Albert J. Kosiek,
libérateur de Mauthausen

Les « odeurs immondes » qui s'échappaient du camp lui révélèrent qu'il s'agissait bien d'une usine, mais d'un genre bien particulier : un centre de mise à mort. A l'instar de tous les soldats alliés qui découvrirent les camps d'extermination nazis à la fin de la guerre, Kosiek et ses hommes furent marqués à jamais par cette expérience. Derrière les hautes murailles et les doubles grillages électriques, ils découvrirent des milliers de prisonniers hébétés, dont beaucoup en état de prostration, prêts à périr. Les incessants *Appelle* que certains avaient subis pendant des années avaient eu raison de leur pudeur, et ils déambulaient nus sans s'en soucier. Dans le chaos des derniers jours du conflit, leurs hardes étaient tombées au sol ou leur avaient été arrachées par des détenus plus forts. Leur peau exposée était couverte de plaies et rongée par les maladies.

« C'est une vision que je n'oublierai jamais, dira l'adjudant Kosiek. Certains n'avaient qu'une couverture sur le dos, d'autres étaient complètement nus, hommes et femmes mélangés [...]. Le troupeau le plus famélique que j'ai jamais eu le malheur de rencontrer [...]. Ils avaient perdu apparence humaine. Certains devaient peser vingt kilos à peine [...]. Je me suis demandé comment ils avaient pu tenir. » En dépit de leur état de délabrement physique et psychique, certains prisonniers se battaient à la vue des troupes américaines pénétrant dans l'enceinte du camp, ou se mettaient à pleurer, à crier, pris d'une joie sauvage, à hurler dans toutes les langues.

Incitant les détenus au calme, l'adjudant Kosiek informa son quartier général de sa découverte par message radio. Des témoins rapportent qu'il eut le plus grand mal à expliquer ce qu'il voyait. Si Kosiek et ses soldats avaient déjà croisé des centaines de cadavres au bord des routes, des prisonniers tués par balle ou morts d'épuisement, ils n'étaient pas préparés au spectacle insoutenable des camps de concentration. En état de choc, Kosiek accepta la capitulation officielle des soldats allemands et autrichiens. Ceux-ci n'opposèrent aucune résistance et lui remirent leurs armes. Outre le fait que les soldats du Reich semblaient soulagés de se rendre aux Américains plutôt qu'aux Soviétiques, les libérateurs comprirent par la suite qu'en apercevant l'insigne des Thunderbolt, un éclair rouge rappelant l'insigne des SS, les vaincus avaient cru avoir affaire aux équivalents américains des SS.

Les fugitifs ou les gardes en pyjamas rayés qui tentaient de se faire passer pour des prisonniers furent repérés et tués, pour beaucoup par des détenus ivres de colère. Les derniers survivants russes, particulièrement, voulurent se venger de leurs tortionnaires à mains nues. Certains furent battus, pendus et jetés contre les grillages électrifiés où leurs corps restèrent accrochés pendant des jours. D'autres furent lacérés et massacrés. D'autres encore furent piétinés sous les sabots qu'ils avaient eux-mêmes distribués aux prisonniers.

Au camp annexe de Gusen, situé à quatre kilomètres de la forteresse, Kosiek et sa section avaient déjà assisté à des scènes similaires de lynchage collectif. Sur les vingt-quatre mille prisonniers du camp de Gusen, plus de cinq cents furent tués dans ces déchaînements de violence. A Mauthausen, partout où elle se rendit, la petite unité américaine fut suivie en masse par les rescapés. Les hommes de Kosiek assistèrent impuissants aux coups et aux pillages, notamment à la *SS Kommandantur* où les hommes emportèrent tout qu'ils pouvaient porter. Ils virent deux femmes se précipiter sur les grillages électriques, et apprirent peu après qu'elles s'étaient prostituées pour les nazis et ne voulaient pas être capturées par les détenus. Une émeute éclata dans les cuisines, que les prisonniers saccagèrent comme « une horde de sauvages ». Les hommes affamés attrapaient des poignées de farine et se les jetaient au fond de la gorge. Au sol, des détenus squelettiques se battaient à mort pour des miettes. En désespoir de cause, l'adjudant Kosiek tira trois coups de feu en l'air et s'adressa aux prisonniers en polonais pour les exhorter au calme.

Au milieu du chaos, les Américains eurent droit à une « visite guidée » menée par des détenus, dont un professeur parlant parfaitement anglais. Entre autres lieux, ils visitèrent le crématorium où les fours « brûlants » fonctionnaient « à plein rendement ». Au lieu d'incinérer les corps un par un, ils y étaient enfournés cinq par cinq ; le sol était jonché d'hommes récemment massacrés, aux crânes fendus et ensanglantés. Partout dans le camp, des cadavres méconnaissables étaient rongés par des rats. Le terme de cannibalisme parvint aux oreilles des soldats américains, qui découvrirent peu après un tas de corps humains empilés comme des bûches. Dans la chambre à gaz, d'autres cadavres les attendaient, habillés de pied en cap.

Comprenant que passer la nuit dans le camp avec ses hommes n'était pas sans danger, Kosiek chargea un comité de prisonniers de prévenir toute autre émeute et attaque punitive sur les kapos et les prostituées, et de superviser la distribution du peu de vivres restants. Il leur assura que si l'ordre n'était pas maintenu, les Américains se retireraient et les laisseraient aux mains des Allemands.

Encore révulsés par la puanteur de Mauthausen, les hommes de Kosiek quittèrent le camp en emmenant les quelques SS encore présents qui les avaient suppliés de les protéger. Ils promirent de revenir dès le lendemain avec davantage d'hommes et de matériel. Terrifiés à l'idée d'être abandonnés ou de voir réapparaître les nazis, les détenus les plus vaillants trouvèrent des armes et constituèrent des patrouilles, jurant de se défendre jusqu'à la mort.

« Les Américains sont repartis et nous avons recommencé à avoir peur, racontera Klara Löffová. Nous craignions que personne ne revienne nous nourrir (et vous pouvez imaginer combien cette idée nous effrayait) ou que les Allemands resurgissent. Ils n'avaient aucune raison de le faire, mais, du fait de la proximité de la ligne de démarcation [entre Russes et Américains], les autorités [alliées] ne savaient pas sous quelle juridiction nous tombions. »

Néanmoins, au soir du 5 mai 1945, les quarante mille prisonniers des KZ Mauthausen et Gusen furent officiellement libérés par l'adjudant Kosiek en personne, et mille huit cents Allemands se rendirent à ses hommes.

En 1975, Kosiek retourna à Mauthausen avec son épouse Gloria. Il franchit le portail de la forteresse en tête d'une colonne de vétérans à l'occasion du trentième anniversaire de sa libération. Il resta en contact avec nombre de ses hommes, ainsi qu'avec quelques survivants, notamment Tibor Rubin, un jeune Hongrois qui émigra aux Etats-Unis et s'engagea dans l'armée de terre. Rubin reçut plus tard la Médaille d'honneur, la plus haute distinction militaire aux Etats-Unis, pour sa bravoure en tant que soldat et prisonnier de guerre durant la guerre de Corée. Des années après la Libération, deux rescapés polonais firent le déplacement jusqu'à Chicago pour remercier personnellement Albert Kosiek. Il mourut en 1984, à soixante-six ans.

« Toute sa vie, mon père a eu le plus grand mal à partager cette expérience avec ses proches, dira son fils Larry. Mais quand j'ai étudié la guerre au collège, l'année de mes treize ans, il m'a donné à lire son compte rendu des événements. Il était au courant de la présence de bébés dans le camp. Mais il était surtout immensément fier de la bravoure de ses hommes. »

8

La libération

© KZ – Mémorial de Mauthausen

Rescapées alitées après la libération de Mauthausen

Ce fut par un éclat de rire – un son qu'elle n'avait pas entendu depuis des années – que Priska apprit l'arrivée des troupes américaines à Mauthausen. Bien plus tard, elle se souviendrait encore de ce carillon comme d'une « musique extraordinaire ». Elle eut également l'impression d'entendre quelques notes flotter dans l'air.

Elle se redressa péniblement sur son châlit couvert de paille souillée et jeta un regard vers la fenêtre de la baraque. Aveuglée par le soleil de midi, elle plissa les yeux, puis distingua trois véhicules militaires ornés de grandes étoiles blanches. A leur bord, plusieurs jeunes soldats, dont aucun ne portait d'uniforme allemand. « Voilà donc à quoi ressemblent les Américains ! » songea-t-elle, éberluée. Elle avait tant rêvé des libérateurs qu'elle crut d'abord avoir affaire à un mirage. Tout lui parut inhabituel : leurs uniformes, leurs casques, leur manière de marcher et de parler. Même leur odeur était différente.

Autour d'elle, de nombreuses prisonnières laissaient libre cours à leur joie. « Vive la paix ! », « Bienvenue ! », « Nous sommes libres ! » criaient-elles, chacune dans sa langue ; plus loin, d'autres demeuraient couchées, trop malades pour éprouver le moindre enthousiasme ; assises sur leur lit, les joues baignées de larmes, d'autres encore priaient pour que ces soldats souriants ne soient pas le fruit de leur imagination dérangée ; parmi les plus jeunes, celles qui rêvaient depuis toujours de rencontrer des GI's se sentaient brusquement gênées. Horrifiées par leur propre odeur, elles se pinçaient les joues pour les faire rosir ou tentaient en vain de lisser leurs cheveux grouillants de poux et raides de crasse.

Le caporal LeRoy Petersohn, technicien de cinquième classe, avait été incorporé dans la division comme infirmier. Agé de vingt-deux ans, cet employé du journal local de la ville d'Aurora, dans l'Illinois, avait traversé l'Europe avec l'état-major de la division de combat du général Patton. Il arborait une grande croix rouge sur son casque et une autre sur son brassard. Celui que tous surnommaient « Pete » avait déjà « retapé » de nombreux hommes tombés sous le feu ennemi. Gravement blessé par un éclat d'obus lors de la bataille des Ardennes, il avait fait preuve d'un courage qui lui avait valu le Purple Heart, l'une des décorations les plus prestigieuses de l'armée américaine. Entré dans le camp de Mauthausen le 5 mai 1945, il y passerait près de deux semaines. Sa hiérarchie l'envoya d'abord en reconnaissance dans les baraquements situés en deçà du secteur principal, pour secourir ceux qui avaient le plus besoin d'aide.

« J'avais vu pas mal d'horreurs avant d'arriver dans ce camp, déclarera-t-il des années plus tard. Mais rien n'était plus horrible que la vision de ces gens affamés qui n'avaient plus que la peau sur les os. » Dans une des baraques surpeuplées où les hommes dormaient à cinq par châlit, il découvrit un « squelette » au pouls très faible qui mourut sous ses yeux. « Toutes ces vies gâchées ! C'était un spectacle terrible, qui vous laissait sans forces. » Respectueux des consignes qui lui avaient été données, le jeune infirmier, qui ne portait pas d'armes, veillait à ne pas trop s'approcher des prisonniers et reculait lorsqu'ils voulaient l'étreindre, pour éviter d'être contaminé par les maladies infectieuses et les poux qui « pullulaient » dans le camp. Le premier jour, alors qu'il inspectait les baraques une à une pour examiner les malades et les mourants, il ne put intervenir lorsque des SS qui tentaient de se faire passer pour des prisonniers furent démasqués et battus à mort par des déportés ivres de vengeance.

© Brian Petersohn

Le caporal LeRoy Petersohn, qui a sauvé la vie de Hana.

Appuyée contre la petite fenêtre de sa baraque, Priska entendit les soldats parler entre eux. La jeune professeur de langues étrangères, qui avait donné des cours d'anglais à ses camarades dans le jardin de la maison familiale, reconnut aussitôt la langue dans laquelle s'exprimaient ses libérateurs. Elle les appela, rassemblant les quelques mots d'anglais que son esprit enfiévré parvint à lui souffler. « Je leur ai demandé en anglais de venir dans notre baraque. Par chance, l'un des soldats était infirmier. Il a baissé les yeux sur le petit paquet de langes blotti sur ma poitrine. Il l'a déballé et découvert ce minuscule nourrisson couvert de furoncles causés par la malnutrition. »

Pete fut stupéfait de sa découverte. Comment une jeune mère et son bébé avaient-ils survécu dans cette baraque insalubre et infestée de vermine ? Toutes deux étaient gravement déshydratées et sous-alimentées. Couverte de poux « plus gros qu'elle », l'enfant souffrait d'une « terrible infection ». Son examen terminé, Pete courut avertir le médecin de la division, le commandant Harold G. Stacy, qui se trouvait avec lui quand il avait été blessé par un obus en s'avançant sous la mitraille pour remplacer deux infirmiers tués lors de la bataille des Ardennes.

« Je lui ai dit : "Doc, pouvez-vous venir avec moi ? J'ai quelque chose à vous montrer." Il m'a accompagné jusqu'à la baraque où j'avais trouvé ce bébé, une petite fille, âgée de quelques semaines. Elle était née dans un autre camp. » Pete demanda comment s'appelait l'enfant. L'une des femmes lui répondit : « Hana, elle s'appelle Hana. » Pete apprit également que le bébé et sa mère avaient été sauvés par un incroyable concours de circonstances : « Elles auraient dû être tuées dès leur arrivée à Mauthausen, mais ce jour-là, les Allemands n'avaient plus de gaz. »

Les deux hommes comprirent vite que l'enfant avait peu de chances d'en réchapper : son corps affamé et épuisé par la maladie ne semblait pas en mesure de lutter. Débordés par les milliers de prisonniers en attente de soins, ils devaient aussi enrayer les épidémies qui se propageaient dans le camp. Pourtant, la compassion l'emporta : ils décidèrent de soigner immédiatement la petite fille pour tenter de la sauver.

Pete demanda à Priska la permission d'emmener son enfant à l'hôpital. Devinant ses réticences, il lui promit qu'ils feraient tout leur possible pour la garder en vie. Priska secoua la tête, affolée. C'était la seconde fois en moins d'une semaine qu'elle devait se séparer de sa fille, alors qu'elle s'était juré de ne plus la quitter. Trop paniquée pour continuer à parler anglais, elle les supplia en allemand de la laisser venir avec eux. Le commandant Stacy prit le temps d'apaiser ses craintes. « La mère voulait absolument nous accompagner, racontera Pete des années plus tard. Mon commandant [...] lui a expliqué en allemand que nous lui ramènerions son bébé et que nous allions bien la soigner, alors elle a fini par se calmer. » De toute façon, Priska était trop faible pour poursuivre la discussion. Lorsqu'ils sortirent de la baraque, elle n'était qu'à demi rassurée. Reverrait-elle sa chère Haníčka aux grands yeux bleus et au joli nez retroussé ?

Le médecin et l'infirmier sautèrent dans une jeep. Le commandant Stacy berça la petite Hana tandis que Pete les conduisait à quelques kilomètres de là, au 131e hôpital d'évacuation des forces alliées, installé à Gusen. Ils savaient tous deux qu'ils ne trouveraient pas plus près l'équipement nécessaire pour traiter l'enfant dans de bonnes conditions. Pete déposa le commandant et le bébé à l'hôpital, puis repartit aussitôt vers le campement du 81e bataillon médical, basé plus loin sur les berges du Danube. Le commandant Stacy l'avait chargé d'en rapporter quelques flacons de pénicilline, le « médicament miracle » qui venait d'être découvert, et que les médecins militaires stockaient dans des glacières spécialement prévues à cet effet.

Lorsque Pete revint à Gusen, le commandant était déjà à l'œuvre : il avait installé Hana dans l'antenne chirurgicale de l'hôpital de campagne et entrepris de percer un à un les furoncles qui menaçaient sa vie fragile. L'infection était si sévère qu'il devait parfois couper la peau entourant l'abcès afin d'éviter la propagation des bacilles. Pete entreprit aussitôt de l'aider : debout derrière lui, il nettoya le pus qui jaillissait après chaque intervention et tamponna les plaies avec des cotons imbibés de pénicilline. Le visage tordu de douleur, Hana se contorsionnait sur la table. Elle continua de hurler longtemps après que le médecin eut suturé les incisions les plus importantes – une opération dont elle garderait toute sa vie les cicatrices.

Priska ne la retrouva que le lendemain, après de longues heures d'attente et d'angoisse, au cours desquelles elle fut transférée dans une infirmerie de fortune. Lorsqu'une aide-soignante de l'US Army entra enfin sous la tente où elle se reposait, près de deux autres malades seulement, et chacune sur un lit de camp, pour lui rendre son bébé couvert de pansements, la jeune mère s'affola : de grosses larmes roulaient sur les joues de l'Américaine.

— Hana est morte ? s'écria Priska avec horreur.

— Non ! Elle est vivante. Tout va bien, assura l'infirmière en la plaçant dans ses bras.

Priska la berça tendrement en se promettant de ne plus jamais la laisser seule.

Au cours des jours suivants, le caporal Petersohn vint régulièrement examiner Hana pour s'assurer du bon déroulement de sa convalescence. Le commandant lui expliqua que les quinze jours de voyage dans un wagon à charbon avaient pratiquement tué l'enfant : « D'après ce qu'il m'a dit, elle avait attrapé une infection qui s'était répandue dans tout son corps. » Les deux hommes souhaitaient évacuer la jeune mère et son bébé vers les Etats-Unis dès qu'elles seraient assez rétablies pour supporter le trajet, mais Priska refusa de se laisser convaincre. « Mon commandant a essayé de la persuader d'emmener le bébé en Amérique, racontera Pete. Il était prêt à signer les papiers nécessaires à leur transfert [...] parce qu'il savait que l'enfant exigerait des soins plus élaborés. La mère n'a rien voulu entendre. Elle voulait retourner en Tchécoslovaquie [...] pour retrouver son mari. Elle espérait qu'il reviendrait, lui aussi. » Priska déclina leur offre et se prépara à quitter le camp. Elle plia les quelques vêtements de bébé qu'elle avait réussi à garder – dont la petite robe blanche et le bonnet brodé confectionnés par les déportées de Freiberg – en priant pour que l'enfant reprenne vite des forces. Elle avait tellement hâte de l'emmener chez elle !

Quelques baraques plus loin, le bébé d'Anka était toujours enveloppé dans le papier journal qui avait servi à le protéger du froid à sa naissance, et dans lequel il resterait emballé pendant les trois premières semaines de son existence. Anka n'avait ni lange ni morceau d'étoffe pour l'emmailloter – rien que du papier. Elle n'avait pas entendu parler de Priska et de Hana, ni de Rachel et de Mark. Chacune des trois femmes se croyait seule dans son cas et ignorait l'existence des deux autres « bébés miracles » de Mauthausen. La réaction extatique des soldats américains ne fit rien pour les détromper. « Quand les Américains sont arrivés, dira Anka, ils nous ont regardés comme si nous étions la huitième merveille du monde. Nous avons été filmés, le bébé et moi, pour les actualités. Ils n'en revenaient pas : une femme bien vivante de trente-cinq kilos avec son bébé d'un kilo cinq cents dans les bras... Ils n'avaient jamais rien vu de tel dans ce genre d'endroit ! »

Outre l'attention dont elle bénéficiait, Anka se souviendrait d'une barre de chocolat comme du plus beau cadeau que lui firent les soldats américains. « C'était merveilleux – le seul problème, c'est que nous ne pouvions pas croquer dedans. Ils nous disaient : "Vous pouvez l'avoir, mais pas le manger d'un seul coup." Imaginez un peu la torture qu'ils nous imposaient ! » Finalement, les aides-soignantes les autorisèrent à en avaler un petit carré à la fois.

Quelques jours après la libération, Anka appela une des infirmières près de son lit. « Je lui ai demandé si elle accepterait de donner un bain à mon petit garçon, qui n'avait jamais été lavé. Elle m'a regardée comme si j'étais devenue folle. "Comment ça, votre petit garçon ? C'est une fille !" Je suis devenue complètement hystérique – c'était la première fois que mes nerfs lâchaient après tout ce que j'avais enduré. Je n'y comprenais rien. Comment le bébé pouvait-il être une fille alors qu'on m'avait annoncé un garçon ? [...] Je ne savais plus que penser. Je n'avais jamais entendu une histoire pareille. »

Anka fit une telle scène que plusieurs médecins accoururent. Sur sa demande, chacun d'eux examina le bébé qu'elle avait nommé Martin et confirma qu'elle avait bien donné naissance à une fille. L'un des docteurs lui expliqua que ce type d'erreurs se produisait fréquemment lorsqu'il s'agissait de déterminer le sexe d'un prématuré ou d'un très petit nourrisson féminin, dont les organes génitaux paraissaient gonflés et disproportionnés. « J'étais ravie ! se souviendra Anka. J'avais toujours rêvé d'avoir une fille [...]. On aurait dit un ange. J'entourais ses petits pieds de mes mains pour les réchauffer. »

Lorsque l'infirmière lui rendit sa fille après l'avoir baignée, Anka décida de la prénommer Eva, car nul ne pourrait abréger ces deux syllabes dans aucune langue. Cette particularité lui semblait d'autant plus cruciale qu'elle-même venait d'échapper à un régime politique prompt à accorder une importance excessive au nom de ses administrés et aux langues qu'ils parlaient. Bien qu'elle ait donné naissance à son bébé le 29 avril, Anka se promit de lui fêter également un deuxième anniversaire le 5 mai de chaque année, jour de sa libération et de sa « renaissance » sous le nom d'Eva Nathanová, citoyenne libre. Priska et Rachel prirent également une décision similaire.

Le 6 mai, lorsqu'elle entendit des tirs d'artillerie, Sala fut la première des quatre sœurs Abramczyk à comprendre que les Américains avaient officiellement libéré le camp. L'adjudant Kosiek et ses hommes étaient entrés la veille dans la forteresse. Les SS encore présents s'étaient rapidement rendus, mais Sala et ses sœurs n'en avaient rien su. Intriguée par le bruit des tirs, elle sortit de sa baraque et fut stupéfaite de voir des GI's discuter sur le seuil des blocks. « Quand j'ai aperçu les jeep américaines remplies de soldats, je me suis mise à pleurer. Autour de moi, tout le monde criait. Ceux qui étaient trop faibles pour se lever applaudissaient sur leurs couchettes. Certains sont morts comme ça : en applaudissant et en remerciant les Américains d'être venus. Ces malheureux savaient qu'ils étaient arrivés, au moins… mais combien d'entre eux sont morts, ce jour-là ! Ils étaient trop malades, trop fatigués. Ils ont cessé de lutter. »

Sala était si impatiente de partager la grande nouvelle avec sa sœur aînée qu'elle se précipita dans sa baraque. « J'ai crié : "Rachel ! Rachel ! La guerre est finie !" Savez-vous ce qu'elle a fait ? Elle m'a giflée. Elle croyait que j'étais devenue folle ! […] Nous avons tous vécu cette journée comme une seconde naissance – en particulier pour le petit Mark. Les soldats américains ont été merveilleux avec nous. Que Dieu bénisse l'Amérique ! »

Rachel finit par admettre que sa sœur cadette ne lui avait pas menti, mais elle était trop faible pour aller voir à quoi ressemblaient leurs libérateurs : elle ne quitta pas sa couchette ce jour-là. Bien lui en prit, car le camp avait sombré dans un chaos indescriptible. Si les prisonniers avaient tous éprouvé un immense soulagement à la vue du drapeau blanc hissé à l'entrée du camp, la majorité d'entre eux avaient également cédé à une colère parfaitement légitime au regard des sévices qui leur avaient été infligés. Certains hommes pleuraient ; d'autres se comportaient comme des sauvages. L'aigle impériale en bois, ce *Reichsadler* colossal qui dominait le vaste hangar où les SS garaient leurs véhicules, fut jetée à terre et réduite en miettes par des mains vengeresses ; les gardes qui n'avaient pas encore fui furent passés à tabac, si sévèrement que peu en réchappèrent ; partout, des prisonniers en uniformes dépareillés s'assemblaient pour jouer de la musique sur des instruments désaccordés ou entonner des versions endiablées de leurs chants les plus patriotiques.

Le capitaine Alexander Gotz, un médecin incorporé dans le détachement médical du 41e escadron de reconnaissance blindé, se souviendrait d'avoir assisté, tout au long de la journée du 6 mai, à « un spectacle macabre et grotesque dont les acteurs principaux ressemblaient à peine à des êtres humains ». Même lorsque le calme revint et que les soldats américains eurent repris le contrôle de la situation, la mort continua de rôder dans le camp. Malades et épuisés, les rescapés durent affronter un ennemi nouveau et inattendu : la compassion.

Les soldats américains avaient reçu des consignes très strictes concernant l'alimentation des prisonniers : ils ne devaient les nourrir sous aucun prétexte avant qu'ils aient été examinés par un membre de l'équipe médicale. Lors de la libération des camps situés plus à l'est, les troupes alliées avaient appris à leurs dépens que les distributions de vivres aux affamés pouvaient leur être fatales. Les jeunes Américains de la 11e division blindée, qui n'avaient pas eu à affronter de tels dilemmes avant d'arriver à Mauthausen, furent souvent incapables de refuser un peu de nourriture à la multitude d'affamés qui les suppliaient de leur en donner. Ils leur offrirent volontiers ce qu'ils possédaient – y compris bonbons et cigarettes – sans mesurer les conséquences d'un tel acte. Les déportés qui n'avaient absorbé que des liquides depuis des mois, voire des années, agrémentés de lambeaux d'écorce arrachés aux arbres et de maigres brins d'herbe, gobèrent les cigarettes au lieu de les fumer ; ceux qui n'avaient jamais vu de chewing-gums les avalèrent tout rond ; d'autres ramassèrent des éclats de granit pour ouvrir fiévreusement des boîtes de haricots qu'ils engloutirent en un instant, avant de s'attaquer à une montagne de bacon, de fromage et de barres chocolatées, dévorant le tout sans pouvoir s'arrêter.

Après des années de privations et d'infections, leurs organismes s'étaient détériorés au point de ne plus pouvoir digérer les aliments solides. A Mauthausen, près de mille trois cents prisonniers affaiblis et déshydratés moururent des diarrhées provoquées par leur intolérance aux rations alimentaires qui leur furent offertes aussitôt la libération. Deux mille autres moururent de maladies dans les semaines suivantes, principalement du typhus et de la dysenterie.

Les trois jeunes mères et leurs nourrissons n'étaient pas non plus à l'abri du danger. Elles furent toutes transférées dans des dispensaires montés à la va-vite, mais propres et bien équipés, où elles reçurent à boire et à manger. C'est alors que les rescapées commencèrent à mourir comme des mouches autour d'elles. « Les Américains ne savaient pas du tout comment gérer la situation, dira Rachel. Ils n'avaient jamais vu d'affamés. Ils leur donnaient tout ce qu'ils avaient. »

L'un des GI's offrit à Rachel sa ration de chocolat enveloppée dans du papier brun. Elle demeura d'abord interdite, les yeux rivés sur le petit paquet. Il y avait si longtemps qu'elle n'avait pas vu une telle friandise ! Puis elle porta le chocolat à son nez et le huma, les yeux fermés. Le soldat se méprit sur son geste : croyant qu'elle ignorait ce que c'était, il lui expliqua, en détachant lentement les syllabes anglaises, qu'il fallait « mâcher le chocolat et l'avaler ». Il alla même jusqu'à mimer ses dires, ce qui provoqua chez Rachel une soudaine crise de larmes. « Il m'a demandé : "Pourquoi pleurez-vous ?" Comme je ne trouvais pas les mots pour lui répondre, il s'est éloigné. » Il revint un moment plus tard et reposa la même question.

« Pourquoi pleurez-vous ?

— Parce que vous m'avez expliqué comment on mange du chocolat », répondit-elle.

Rouge d'embarras, il lui présenta aussitôt ses excuses.

« Pardonnez-moi, mais… depuis combien de temps ne vous êtes-vous pas regardée dans un miroir ? »

Rachel réfléchit. Ce devait être un an auparavant, en mai 1944, quand elle vivait encore dans le ghetto de Łódź avec toute sa famille et son bien-aimé Monik.

« Quand nous sommes arrivés, nous avons pensé que vous étiez des sauvages, expliqua le soldat d'un air navré. Nous n'avons pas compris que vous étiez des gens normaux. »

Sa réaction était légitime. Les déportés n'étaient plus que l'ombre d'eux-mêmes. La « normalité » n'avait plus de sens pour eux depuis longtemps. Réduits à quelques fragments d'humanité, ils étaient parfois trop exténués pour savourer la liberté retrouvée, même après le départ des nazis. Une rescapée expliquera que leur esprit ne parvenait pas à assimiler les faits, quand bien même ils avaient tant rêvé d'être libérés. Ils se sentaient, dira-t-elle, « trop faibles et trop vides pour être heureux ».

Terrifiés à l'idée que les nazis puissent revenir, nombre d'entre eux sortirent en titubant, pressés de franchir les portes soudain battantes de la forteresse. Cet effort leur coûta souvent le peu d'énergie qui leur restait, et ils s'effondrèrent, saisis par la mort à quelques pas du camp. D'autres parvinrent à se traîner jusqu'au village et aux fermes voisines, où ils supplièrent les habitants de leur donner de quoi manger et se vêtir, une prière qui fut le plus souvent exaucée. Les prisonniers les plus perturbés se laissaient simplement glisser au sol, submergés par un trop-plein d'émotions.

Ce qui est sûr, c'est que l'immense majorité d'entre eux dut continuer à lutter pour survivre. Au cours des semaines et des mois suivants, seuls les plus solides parvinrent à se rétablir. Rares furent ceux qui apprirent la nouvelle de la capitulation allemande, signée le 7 mai 1945 dans une petite école en brique rouge près de Reims. Le lendemain, seule une minorité d'entre eux sut que la victoire des Alliés donnait lieu à un déferlement de joie à travers le monde. Dans les baraquements surpeuplés de Mauthausen, les rescapés aux corps meurtris et à l'esprit brisé par la perte de tant d'êtres chers avaient peu de raisons de se réjouir.

Dans les semaines qui suivirent la capitulation allemande, les Alliés se partagèrent l'immense territoire laissé vacant par le Troisième Reich. Cette information se répandit rapidement dans le camp, assortie d'une rumeur – vite avérée – selon laquelle la région de Mauthausen serait attribuée aux Soviétiques, bien que l'Armée américaine ait libéré le camp au début du mois de mai. La passation devait avoir lieu le 28 juillet 1945 : les Américains se retireraient alors au sud du Danube, et les Soviétiques prendraient le contrôle du camp ainsi que des rescapés qui s'y trouveraient encore. Pour les très nombreux Juifs qui redoutaient presque autant les Russes que les Allemands, le 28 juillet acquit une importance singulière, chacun d'eux se promettant d'avoir franchi la ligne de démarcation avant cette date.

Soucieux de contenir dans l'enceinte du camp les maladies infectieuses dont souffraient les déportés, les Américains refermèrent bientôt le portail de la forteresse en leur promettant qu'ils pourraient de nouveau sortir dès qu'ils seraient guéris. « Nous voulions tous rentrer chez nous, racontera Sala, qui se sentait mieux que la majorité de ses camarades. Les soldats ont tenté de nous en empêcher en nous racontant que de nombreux SS patrouillaient encore dans la région. Cette explication n'a pas plu à grand monde. Pressés de questions, les Américains ont fini par avouer qu'ils nous avaient mis en quarantaine. » Sala, qui tenait à se rendre utile, rejoignit l'équipe d'aides-soignantes de l'infirmerie provisoire, où les Américains avaient transféré près de six cents patients, et celle de l'hôpital de campagne dont les tentes accueillaient plus de mille personnes. Elle fit des piqûres, distribua des vitamines, et prit soin des malades et des agonisants pendant dix jours. « Je voulais vraiment faire quelque chose, même si ma contribution se limitait souvent à donner leur dernier repas aux mourants. »

Elle aurait volontiers travaillé plus longtemps si elle n'avait pas contracté le typhus. « Je ne me souviens quasiment de rien, parce que j'avais beaucoup de fièvre. On m'a placée en quarantaine. J'ai entendu un médecin italien affirmer que je n'avais aucune chance de m'en sortir. C'est ma sœur Ester qui m'a maintenue en vie. Elle entrait dans ma chambre par la fenêtre et me donnait à manger. Elle aurait pu attraper le typhus, elle aussi, mais elle s'en fichait. J'ai frôlé la mort pendant une semaine. Je ne pouvais plus marcher et je ne voyais plus rien. Ester n'a pas quitté mon chevet. Une fois, je lui ai demandé de m'apporter des fraises. Elle s'est débrouillée, je ne sais comment, pour en trouver, mais quand elle me les a données, je les ai repoussées. La fièvre me rendait délirante. "Je ne veux pas de fraises !" me suis-je exclamée. Pauvre Ester ! Elle m'a sauvé la vie. »

Rachel aussi fit de son mieux pour secourir les plus souffrants. Avec l'aide de la Croix-Rouge et d'autres associations de bénévoles, les Américains avaient constitué une équipe de cantinières chargées de préparer les repas, de vérifier l'apport nutritionnel de chaque plat et de les scinder en petites portions. Ces femmes furent vite débordées par les nuées de rescapés qu'elles devaient nourrir plusieurs fois par jour. Contraintes de faire appel à des soldats pour protéger les stocks de nourriture, elles finirent par comprendre qu'il valait mieux installer un réchaud dans chaque baraque et distribuer à ses occupants les denrées nécessaires à la préparation de trois ou quatre repas quotidiens. Rachel prit rapidement la direction des opérations dans son dortoir : endossant le rôle maternel qui avait toujours été le sien en tant qu'aînée de sa nombreuse fratrie, elle repoussa en riant les autres déportées qui tentaient de l'aider, et se chargea de préparer de la soupe pour tout le monde. « J'avais mon bébé à allaiter et mes sœurs à soigner, alors j'ai trouvé une marmite et j'ai fait la cuisine ! »

L'état de Sala continua d'empirer à mesure que le typhus se propageait dans son corps amaigri. Elle mit plusieurs semaines à se rétablir complètement. « J'étais vraiment très malade, confiera-t-elle. Je passais mon temps à courir aux toilettes, qui étaient perpétuellement bouchées. C'était répugnant [...]. Il y avait des morts partout. Des cadavres dans tous les coins. » Un matin, un docteur entra dans sa chambre et lui annonça que le mois de juin avait commencé. « Il m'a dit : "Ouvrons les fenêtres. L'été arrive et tout le monde va mieux." Et j'ai vraiment commencé à aller mieux. Je m'en suis sortie. »

Au cours des semaines suivantes, les trois mères et leurs bébés reprirent des forces, et même un peu de poids. Confinées dans des secteurs distincts, elles avaient été mises en quarantaine, comme l'ensemble des rescapés. Il restait encore plusieurs dizaines de milliers de déportés dans le camp, livré à ce que les Américains appelaient un « chaos organisé », à peine atténué par le fait que la majorité des résidents n'avaient pas l'énergie de quitter leur couchette.

Hormis Rachel, qui avait entendu parler des autres bébés du camp (sans avoir vérifié l'information par elle-même), les jeunes mères n'avaient pas conscience de l'existence de leurs compagnes d'infortune : alors qu'elles auraient pu se soutenir mutuellement et évoquer les épreuves endurées à Auschwitz, à Freiberg et dans le train, chacune d'elles continuait de se croire unique. Elles qui savaient ne devoir leur salut qu'à leur courage et à d'improbables concours de circonstances, ne pouvaient imaginer que d'autres femmes enceintes avaient enduré le même calvaire sans périr. En outre, elles avaient bien d'autres soucis en tête, à commencer par celui de regagner des forces et d'avoir l'air présentable le jour où elles pourraient enfin sortir du camp – et, espéraient-elles, retrouver Tibor, Monik et Bernd.

« Les Américains ne voulaient pas nous laisser sortir à cause des risques de contamination, expliquera Rachel. C'est pour ça que nous avons dû rester quatre semaines de plus à Mauthausen. Au bout de quelques jours, plusieurs filles ont réussi à descendre en ville, où les gens leur ont donné des robes et des vêtements. Nous nous sommes lavé la figure et nous avons peu à peu repris apparence humaine. » Celles qui savaient coudre déchirèrent des couvertures pour en faire des jupes portefeuilles ; elles raccourcirent des caleçons et des chemises d'homme trouvés dans les anciens dortoirs des gardes allemands ou ôtés à ceux qui avaient été tués ; elles arrachèrent les rideaux colorés et les dessus-de-lit qui ornaient les chambres des SS et des kapos pour s'en faire des blouses et des jupes bariolées. Les plus chanceuses parvinrent à pénétrer dans les anciens quartiers des SS les plus gradées et à faire leur choix parmi les tenues qu'elles avaient abandonnées. Esther Bauer, une des rescapées, se souviendra longtemps de sa joie lorsqu'elle reçut l'un de ces beaux vêtements : « On m'a donné un tailleur en laine vert foncé avec un col en fourrure. J'étais absolument ravie ! »

Lorsque les commandants alliés entrèrent dans le camp et constatèrent par eux-mêmes les horreurs dont leurs hommes les avaient informés, ils exigèrent que les habitants de la ville soient conduits dans la forteresse afin de mesurer l'ampleur des crimes que les nazis avaient perpétrés sur leur sol. Les Autrichiens furent contraints d'obéir. Ils déambulèrent en larmes dans le camp, un mouchoir plaqué sur le nez, jurant qu'ils n'avaient pas idée de ce qui se passait au sommet de la colline – en dépit de la puanteur permanente et de la fumée qui les recouvrait comme un linceul. Les autorités américaines leur « suggérèrent » ensuite d'aider les rescapés : les civils durent savonner les déportés et les rincer avec l'eau du Danube, stériliser ou brûler leurs vêtements et leur literie, et les vaporiser de DDT pour tenter d'éradiquer les poux dont ils étaient infestés.

Le splendide terrain de football où les Autrichiens venaient applaudir l'équipe des SS fut transformé en fosse commune : près de mille victimes y furent inhumées. La plupart des corps nus et déjà décomposés ne purent être identifiés. Les autorités américaines convoquèrent quelques unités de la Compagnie « A » du 56e bataillon d'ingénierie blindée : équipés de chars et de bulldozers, les hommes furent chargés de creuser des tranchées de deux mètres de profondeur et trente mètres de long sur trois mètres de large : « Nous avons dû creuser ces tranchées dans tout le terrain de football, même là où les SS avaient érigé une plateforme en granit, se souviendra le sergent Ray Buch, arrivé sur place le 10 mai 1945. C'était très difficile à faire avec le bulldozer. Il a fallu déterrer les plus grosses pierres à la pelle. Nous avons essayé de les faire sauter à la dynamite, mais le granit est l'une des roches les plus dures qui soient [...]. Après ça, ils ont essayé d'enterrer les gens tête-bêche [...] pour pouvoir mettre plus de corps dans les fosses sans devoir les empiler les uns sur les autres. Cinq cents par tranchée. Il y avait près de deux cents corps dans l'un des chargements. Ils étaient si serrés qu'on n'arrivait pas à les compter. »

Le cimetière et l'infirmerie de Mauthausen

Les prisonniers de guerre allemands détenus dans le camp, au nombre desquels figuraient d'anciens gardes et officiers de la SS, furent mis à contribution : les Américains les forcèrent à enterrer dignement les morts de Mauthausen. Les habitants de la petite bourgade qui avaient bénéficié pendant plusieurs années de la présence des SS furent également sommés d'assister aux inhumations « dans leur tenue du dimanche ». Comme les anciens gardes du camp, ils contribuèrent aussi aux travaux de terrassement et aidèrent en pleurant à sortir les cadavres des baraquements afin de les aligner, par groupes de cent cinquante, sur les nombreuses charrettes qui partaient au cimetière.

Après avoir inhumé les corps, les hommes couvrirent les tombes de terre fraîche et de cailloux, et les surmontèrent d'une croix blanche ou d'une étoile de David. Si beaucoup d'entre elles précisaient le nom et la date du décès, la plupart indiquaient seulement que le défunt était « inconnu ». Les commandants alliés firent ensuite réciter la prière traditionnelle des morts en présence des soldats, des rescapés, des prisonniers de guerre, des villageois et de leurs enfants.

Les rescapés continuaient d'exprimer leur colère à l'égard de leurs anciens bourreaux. A l'immense soulagement d'avoir été libérés avaient succédé l'incrédulité – comment pouvaient-ils être vivants quand tant d'hommes avaient péri ? – puis le désir de vengeance. Les prisonniers allemands qui ne travaillaient pas au cimetière furent contraints de nettoyer les latrines, de démonter et brûler les baraques les plus insalubres, d'extraire des blocs de granit de la carrière et d'effectuer les tâches humiliantes qu'ils avaient imposées aux déportés pendant des années.

Malgré les efforts des troupes américaines pour fermer les portes du camp pendant la quarantaine, les maisons, les exploitations agricoles et les boutiques avoisinantes furent prises d'assaut par des nuées de rescapés. Les habitants de la ville – horrifiés, honteux ou tenaillés par la culpabilité – distribuèrent nourriture, boissons et vêtements à la plupart des miséreux qui frappaient à leur porte.

Les conditions de vie dans le camp s'améliorèrent nettement avec les premiers beaux jours. Dès la mi-mai, un soleil généreux commença à réchauffer les survivants encore glacés jusqu'aux os. Des centaines d'entre eux se traînèrent hors des baraques en quête d'un peu d'herbe où étendre leur longue carcasse translucide. Baignés dans une lumière dorée, ces lieux porteurs de terribles souvenirs leur paraissaient moins rudes, et ils s'endormaient doucement, bercés par le chant des oiseaux. Si l'immense majorité d'entre eux souhaitaient quitter au plus vite l'endroit où ils avaient vécu l'enfer, ils étaient tout aussi nombreux à redouter la vie qui les attendait de l'autre côté des murs d'enceinte. Les Alliés avaient accepté de rapatrier tous les survivants libérés sous leur commandement, mais les Juifs allemands, polonais ou russes n'étaient guère enclins à regagner une « patrie » où des communautés entières avaient été massacrées au nom d'un antisémitisme encore très répandu. Ils vivaient dans l'angoisse constante de ce qui avait pu arriver à leurs proches et languissaient de retrouver les éventuels survivants, mais craignaient de s'exposer à l'inimitié de leurs concitoyens s'ils réclamaient les biens dont ils avaient été spoliés sous le Troisième Reich. Qu'en restait-il, d'ailleurs ? Avaient-ils encore une « maison » quelque part ?

Jeunes et moins jeunes avaient été si traumatisés par la déportation et l'internement qu'ils ne savaient plus ce qu'ils voulaient. Profondément meurtris, ils mettraient des années, parfois une vie entière, à tourner la page. Un grand nombre d'entre eux se suicida à la libération, terrassés par le gouffre qu'ils voyaient s'ouvrir entre leurs espoirs et la réalité de l'après-guerre. Ivres de liberté après des années d'enfermement, d'autres rêvaient d'un nouveau départ : ils furent plusieurs milliers à opter pour l'exil en « terre promise » – la région de Palestine qu'ils appelaient aussi « *Eretz Israël* » -, en Amérique, au Canada ou en Australie. Là-bas, espéraient-ils, ils pourraient refaire leur vie en toute sécurité. Cependant, ils n'ignoraient pas l'ampleur des difficultés qu'ils auraient à surmonter dans ces pays sourcilleux en matière de politique migratoire et peu disposés à accueillir des hordes de réfugiés dépourvus de toute ressource.

L'indécision dans laquelle se trouvait l'immense majorité des rescapés suscita bientôt une véritable crise, d'abord gérée par les militaires du commandement allié, avant que les gouvernements des pays libérés prennent la relève. La chute du Troisième Reich jeta huit à neuf millions de civils sur les routes : anciens déportés, travailleurs forcés ou prisonniers de guerre qu'il fallut loger dans des camps de réfugiés gérés par l'armée, ou par des organisations bénévoles telles que le Quaker Relief Team, la Croix-Rouge, l'Organisation internationale pour les Réfugiés ou l'UNRRA, l'Administration des Nations unies pour les secours et la reconstruction. Si certains petits camps de réfugiés furent installés dans des écoles, des hôtels ou des hôpitaux, la plupart d'entre eux s'établirent dans les endroits les plus à même d'accueillir un si grand nombre de personnes, à savoir les anciennes casernes, les camps de travail et les blocks où les déportés avaient été enfermés. Entre la mi-mai et la fin juillet 1945, l'ancien KZ Mauthausen devint l'un des deux mille cinq cents camps de réfugiés ouverts en Allemagne, en Italie, en France, en Suisse, en Angleterre et en Autriche. Dans l'enceinte autrefois électrifiée de la forteresse, ceux que les nazis avaient dépossédés de tout furent vêtus, logés, nourris, soignés, enregistrés et déclarés « prêts au rapatriement ». Il fallut ensuite attendre qu'un pays ou un de leurs proches installés à l'étranger accepte de les accueillir. Ces procédures durèrent parfois plusieurs années : la prise en charge des déracinés confrontés à un avenir incertain fut souvent accompagnée de moins de compassion qu'elle aurait dû l'être.

La Croix-Rouge fit néanmoins de son mieux pour accélérer le traitement des dossiers tandis que l'UNRRA créait un centre de ressources spécifique pour centraliser les avis de recherche et publier les listes de survivants dans la presse ou les diffuser à la radio. Des bénévoles se chargèrent d'interroger chaque rescapé afin de remplir les formulaires correspondant à leur situation. Ces diverses organisations parvinrent à rapatrier entre six et sept millions de personnes et aidèrent un million et demi de réfugiés à émigrer au prix d'un effort colossal étiré sur plusieurs années, et de manière souvent controversée.

Pour ceux et celles qui entreprirent de rapatrier les quelque quarante mille rescapés de Mauthausen, issus de vingt-quatre pays différents, vers l'endroit où ils avaient vécu autrefois ou qu'ils avaient choisi comme nouveau lieu de résidence, la tâche ne fut pas moins ardue. Confrontés à un véritable cauchemar logistique, ces militaires et ces bénévoles durent conseiller des milliers de survivants meurtris physiquement et moralement, dénués de vêtements, d'argent et de papiers d'identité. L'Europe était sens dessus dessous. En Autriche, la plupart des trains, des bateaux et des véhicules à moteur avaient été réquisitionnés pour transporter des vivres et du matériel, ou renvoyer les soldats et les armes lourdes dans leur pays d'origine. Dans ces conditions, comment rapatrier les milliers de rescapés maintenant rétablis et prêts à quitter le camp ? Comment faire voyager ceux qui souhaitaient s'exiler à l'autre bout du globe ? On leur avait annoncé qu'ils seraient rapatriés gratuitement, mais qui financerait leur retour : les Alliés ou les gouvernements qui avaient organisé leur déportation pendant la guerre ? Après une série de discussions, la quasi-totalité du financement fut également réparti entre les anciens belligérants.

Les organisations de réfugiés furent vite confrontées à un autre problème majeur : aucun des survivants des camps ne pouvait prouver son identité. Pour voyager et s'établir dans la localité de son choix, chaque homme, chaque femme, chaque enfant sorti vivant des camps de travail, de concentration et d'extermination nazis devrait produire un document permettant de l'identifier. Or l'immense majorité d'entre eux ne pouvaient présenter que le numéro tatoué sur leur bras ou celui qu'ils avaient mémorisé lors des *Appelle* quotidiens. Les nazis ayant brûlé ou emporté la plupart des dossiers, il semblait vain de chercher à vérifier d'où venaient leurs victimes, et comment elles s'appelaient.

Même lorsqu'ils furent munis de nouveaux titres d'identité, les survivants continuèrent de susciter une inquiétude croissante chez leurs libérateurs : à quoi pouvaient s'attendre des Juifs issus de communautés balayées de la surface de la terre ? Déjà, les histoires les plus terribles circulaient à propos de rescapés chassés ou assassinés à peine rentrés « chez eux ». Les femmes et les orphelins, jugés particulièrement vulnérables, furent bien souvent incités à émigrer aux Etats-Unis.

La toute jeune Klara Löffová, qui s'était liée d'amitié avec un GI de dix-neuf ans, originaire de Brooklyn, faillit se laisser convaincre. Max était aux petits soins pour elle : non content de lui apporter des vivres supplémentaires, il lui offrait aussi des cigarettes américaines, bientôt appelées à devenir une monnaie d'échange à l'intérieur du camp. Lorsque vint le moment de se séparer, il lui tendit la main en déclinant son identité, comme s'ils venaient d'être présentés à une soirée mondaine. Elle s'apprêtait à lui serrer la main, mais recula en rougissant à la pensée de ses ongles noirs de crasse et peut-être infestés de puces. Max prit malgré tout sa main dans la sienne et déposa un baiser au creux de sa paume. Elle n'oublia jamais ce geste. Lorsqu'elle émigra aux Etats-Unis quelques années plus tard, le souvenir du gentil soldat américain devint partie intégrante de l'histoire familiale, au point que l'un des petits-fils de Klara fut appelé Max en son honneur.

De sa baraque située sur les hauteurs du camp, Priska contemplait les eaux du Danube avec nostalgie. Bratislava lui manquait terriblement. Elle brûlait d'y emmener Hana au plus vite. Elle était convaincue que Tibor les attendait dans leur appartement, entouré de ses pipes et de ses carnets de notes. Plusieurs mois s'étaient écoulés depuis leur dernière entrevue – de chaque côté des grillages électrifiés d'Auschwitz – mais fidèle à sa promesse de ne « penser qu'aux belles choses », elle ne s'était jamais autorisée à imaginer que son mari n'ait pas survécu à la guerre.

Rachel et ses sœurs, toutes âgées d'une vingtaine d'années, n'envisageaient qu'une seule destination : « Notre père nous avait recommandé de rentrer à Pabianice après la guerre. Si nous étions séparés, disait-il, c'est là que nous nous retrouverions, confiera Sala. Nous avons décidé de nous y rendre dès que nous aurions toutes la force d'entreprendre le voyage. » Rachel espérait que Monik les rejoindrait également à Pabianice. Priant pour qu'il soit encore vivant, elle rêvait de lui présenter leur fils, dont il ignorait jusqu'à l'existence. Quant aux entreprises familiales, elle n'avait pas la moindre idée de leur statut :

en seraient-ils encore propriétaires ? Dans tous les cas, songeait-elle, ils devraient repartir de zéro et refaire courageusement leur vie.

Anka n'hésitait pas davantage sur sa destination : elle souhaitait emmener sa petite Eva en Tchécoslovaquie – mais qu'y trouverait-elle ? Cette question lancinante la plongeait dans « une sorte d'hébétude » : « J'avais déjà compris que mes parents et mes sœurs n'avaient pas survécu – simple affaire de logique – mais je n'avais pas la moindre idée de ce qui était arrivé à mon mari. » Que trouverait-elle en arrivant à Třebechovice pod Orebem ? Pourrait-elle faire valoir ses droits sur la maroquinerie de son père et la villa de sa sœur Ruzena ? A moins que les lieux aient été incendiés ? Souhaitait-elle vraiment rester en Europe si toute sa famille avait péri et qu'elle n'y possédait plus rien ?

L'incertitude et le chaos de l'immédiat après-guerre ajoutaient à leur angoisse. Le conflit n'avait laissé aucun pays d'Europe intact : le continent entier en sortait meurtri. Lancés à la poursuite des nazis, les Alliés commençaient à rassembler les preuves des atrocités qu'ils avaient commises. Des milliers d'Allemands étaient en fuite ou avaient été chassés de chez eux ; plusieurs centaines d'officiers SS et de membres du haut commandement nazi furent arrêtés pour être jugés, mais des centaines d'autres parvinrent à passer entre les mailles du filet, notamment Richard « Chara » Beck, l'*Unterscharführer* du camp de Freiberg, qui ne fut jamais traduit en justice.

Heinrich Himmler, le fidèle adjoint de Hitler et l'un des principaux instigateurs de la « solution finale », fut capturé le 23 mai 1945. Le *Reichsführer* de la SS, qui supervisait la gestion des camps de concentration et s'était rendu en personne à Auschwitz et à Mauthausen pour s'assurer de l'avancée des opérations d'extermination, mordit dans la capsule de cyanure qu'il avait dissimulée sous sa langue et mourut sans avoir été jugé.

En juin 1945, Josef Mengele, que les déportés surnommaient « l'Ange de la mort », fut arrêté par les Américains, avant d'être libéré par erreur un mois plus tard. Il se fit alors passer pour un ouvrier agricole, changea de nom et vécut dans la clandestinité jusqu'à la fin de sa vie. Il mourut en 1979 lors d'une baignade au Brésil où il s'était installé depuis plusieurs années. Son épouse avait demandé le divorce longtemps auparavant, et son fils le renia. Mengele lui-même ne manifesta jamais le moindre repentir et répéta jusqu'à sa mort qu'il n'avait fait « qu'obéir aux ordres ». Il n'entendit certainement jamais parler de Priska, d'Anka et de Rachel, qui avaient eu la chance d'échapper à ses longues mains blanches sur la place d'appel d'Auschwitz.

La chance, le courage et l'obstination avaient permis aux trois femmes de surmonter les épreuves accumulées sur leur parcours depuis l'avènement du Troisième Reich. A l'heure d'envisager leur vie « d'après », elles devaient mobiliser les mêmes qualités et espérer que la chance serait toujours de leur côté. Il ne restait rien de leur existence d'avant guerre. Où étaient leurs proches ? Qu'était-il advenu de leur mari ? Ces questions revenaient en boucle dans leur esprit, sans qu'elles puissent jamais leur apporter de réponse. Comme le résumerait une des déportées, « physiquement et émotionnellement, je n'étais qu'un point d'interrogation ».

Avant même de chercher à réserver une place sur le premier train ou bateau susceptible de les ramener chez elles, les jeunes mères avaient une formalité essentielle à accomplir : elles devaient déclarer la naissance de leur enfant à la mairie de Mauthausen, ce qu'elles firent toutes trois entre le 14 et le 17 mai 1945. Dès qu'elles eurent la force de se lever, Rachel et Anka descendirent la colline jusqu'en ville, réglèrent la somme requise au fonctionnaire de l'état civil et remplirent les formulaires adéquats. Priska, elle, n'eut pas le courage d'affronter les regards des passants. Elle demanda à Martin Gregor, le mari de son amie Magda Gregorová (qui avait retrouvé sa femme dans le camp), de s'en charger pour elle.

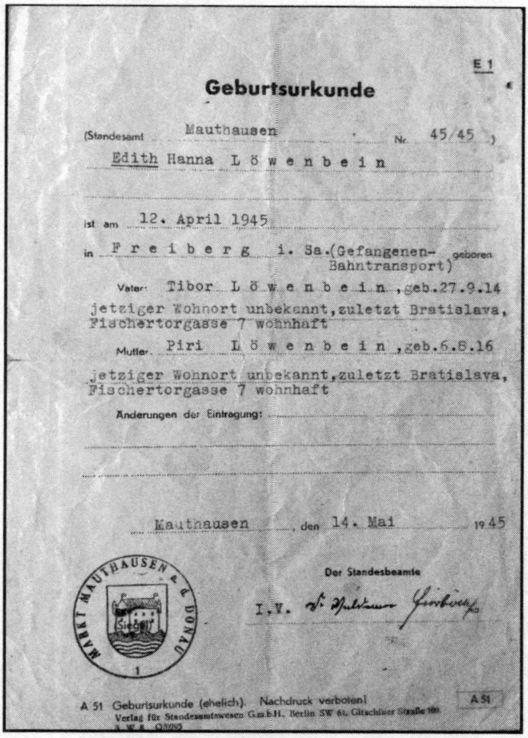

E 1

Geburtsurkunde

(Standesamt Mauthausen Nr. 45/45)

Edith Hanna L ö w e n b e i n

ist am 12. April 1945

in F r e i b e r g i. Sa.(Gefangenen-Bahntransport) geboren

Vater: Tibor L ö w e n b e i n ,geb.27.9.14
jetziger Wohnort unbekannt,zuletzt Bratislava, Fischertorgasse 7 wohnhaft

Mutter: Piri L ö w e n b e i n ,geb.6.8.16
jetziger Wohnort unbekannt,zuletzt Bratislava, Fischertorgasse 7 wohnhaft

Änderungen der Eintragung:

Mauthausen , den 14. Mai 1945

Der Standesbeamte

I.V.

A 51 Geburtsurkunde (ehelich). Nachdruck verboten! A 51
Verlag für Standesamtswesen G.m.b.H., Berlin SW 61, Gitschiner Straße 109.

L'acte de naissance de Hana

Chaque mère reçut alors un *Geburtsurkunde*, un acte de naissance officiel, dûment tamponné par l'administration autrichienne. Hana fut enregistrée sous le nom d'Edith Hanna Löwenbein (au lieu de Hana Edith, comme le souhaitait Priska), née à Freiberg le 12 avril 1945, avec la mention « *Gefangenen-Bahntransport* » (transportée en train). Naturellement, le document ne faisait pas mention de sa naissance sur une planche, sans antiseptique, dans une usine d'armement allemande, la veille de l'évacuation du camp où les nazis avaient réduit sa mère en esclavage. Le certificat précisait en revanche qu'elle avait Tibor pour père et « Piri » pour mère, chacun d'eux étant « sans domicile connu » (*jetziger Wohnort unbekannt*). Sous la mention « dernier domicile connu », Priska avait demandé à son ami d'inscrire l'adresse de leur ancien appartement de Bratislava.

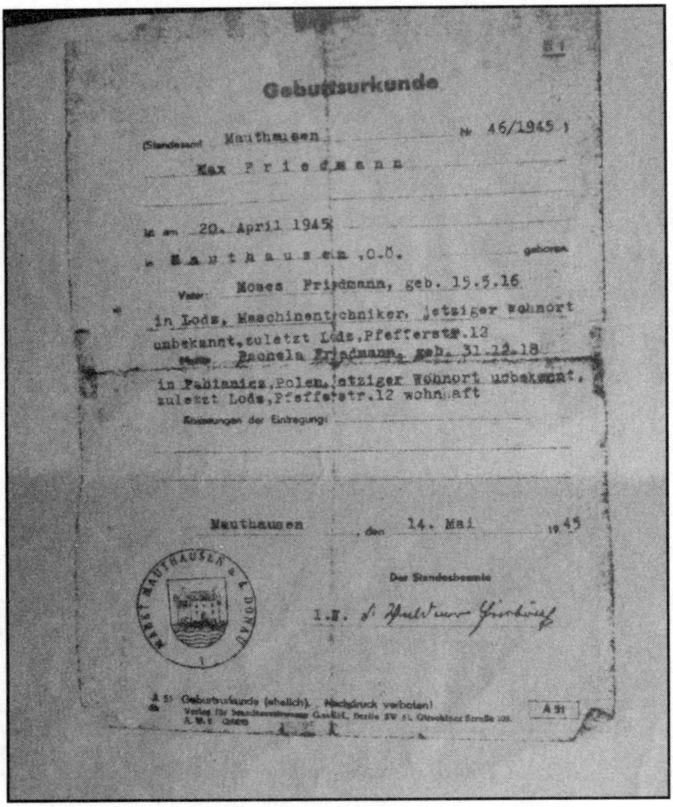
Geburtsurkunde

Standesamt Mauthausen Nr. 46/1945

Max Friedmann

am 20. April 1945

in Mauthausen, O.Ö. geboren

Vater: Moses Friedmann, geb. 15.5.16 in Lodz, Maschinentechniker, jetziger Wohnort unbekannt, zuletzt Lodz, Pfefferstr.12

Mutter: Rachela Friedmann, geb. 31.12.18 in Pabianice, Polen, jetziger Wohnort unbekannt, zuletzt Lodz, Pfefferstr.12 wohnhaft

Änderungen der Eintragung:

Mauthausen, den 14. Mai 1945

Der Standesbeamte

I.V.

© Mark Olsky

L'acte de naissance de Mark

Les certificats de Mark et d'Eva permirent d'attester qu'ils étaient nés respectivement à « Mauthausen » et à « *Mauthausen früheres Konzentrationslager* » (ancien camp de concentration de Mauthausen) les 20 et 29 avril 1945. Comme Hana, ils furent déclarés « sans domicile connu ». Le fonctionnaire qui signa l'acte de naissance de Mark ignorait certainement qu'il avait été mis au monde dans un wagon à charbon près de Most, sous une pluie battante. Le certificat de la petite Eva, née à l'arrière d'une carriole à quelques mètres de l'entrée du camp, indiquait qu'elle était venue au monde à 20 h 30, sans autre précision quant aux circonstances atroces qui avaient présidé à sa naissance.

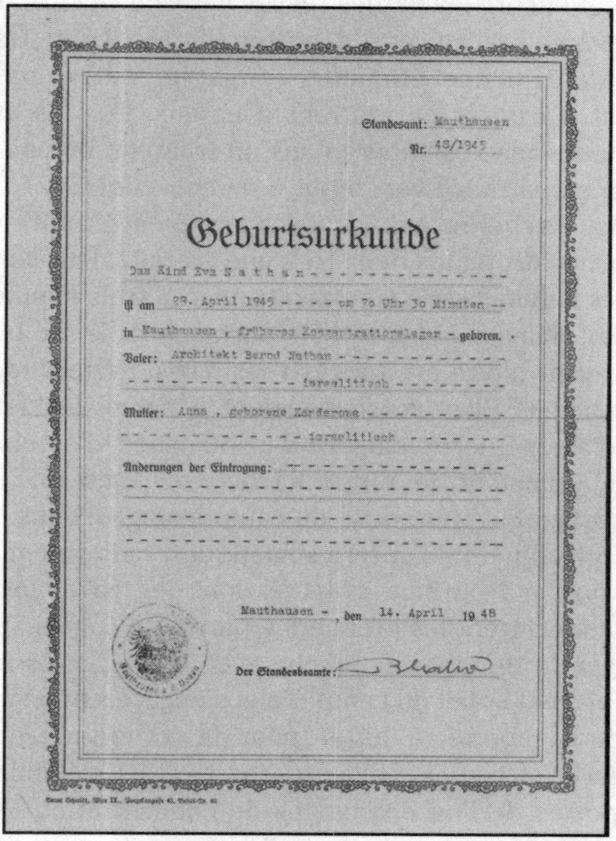

Standesamt: Mauthausen
Nr. 48/1945

Geburtsurkunde

Das Kind Eva Nathan
ist am 29. April 1945 um 20 Uhr 30 Minuten
in Mauthausen, früheres Konzentrationslager geboren.
Vater: Architekt Bernd Nathan
israelitisch
Mutter: Anna, geborene Kauderova
israelitisch
Änderungen der Eintragung:

Mauthausen, den 14. April 1948
Der Standesbeamte:

L'acte de naissance d'Eva

Munies de ces documents essentiels, ainsi que de cartes d'identité provisoires spécifiant leurs nom, prénoms et date de naissance, et d'attestations de la Croix-Rouge certifiant qu'elles avaient été déportées et internées en camp de concentration, les trois femmes reçurent enfin le feu vert de l'équipe médicale, qui les déclara « aptes à voyager ». Les autorités militaires leur remirent également un papier signé de l'adjoint du nouveau commandant de Mauthausen affirmant qu'elles n'étaient atteintes d'aucune maladie infectieuse. Les équipes de la Croix-Rouge distribuèrent autant de vêtements et de couvre-chefs que possible, habillant souvent de pied en cap des survivants qui portaient encore les hardes reçues à Auschwitz des années auparavant. Les anciens déportés s'arrachèrent les pull-overs dotés d'une étiquette « *Made in USA* » que tous rêvaient d'arborer en rentrant chez eux. Puis ils attendirent qu'une place se libère dans un train, un bateau ou un camion en partance vers le pays de leur choix.

Priska, Rachel et Anka avaient passé entre huit mois et quatre ans aux mains de la SS – une éternité, leur semblait-il. Agées de vingt-six à vingt-neuf ans, ces trois femmes, qui n'avaient jamais accordé d'importance à leurs origines juives avant d'être arrêtées par les nazis, avaient radicalement changé. Elles se souvenaient à peine de leur existence d'avant guerre, baignée d'insouciance, d'amour et de liberté. Comment le dirait Rachel : « J'étais une vieille femme quand je suis sortie du camp à vingt-six ans. »

Les prisonniers de guerre soviétiques, qui avaient réussi à survivre à l'extrême cruauté dont les SS avaient usé envers eux, furent les premiers à partir : le 16 mai 1945, ils échangèrent de vibrants adieux avec les déportés massés sur la place d'appel du camp. Tous s'engagèrent à suivre la voie de la liberté, à lutter pour la fraternité entre les peuples et la justice sociale partout où ils s'établiraient : « Les portes de l'un des camps de concentration les plus meurtriers se sont ouvertes », lancèrent-ils en prélude à leur « serment de Mauthausen », avant de poursuivre : « Nous sommes prêts à rentrer dans notre pays [...]. Les prisonniers libérés [...] remercient du fond du cœur les nations alliées victorieuses qui ont œuvré à leur délivrance [...]. Vive la liberté ! »

En prévision du voyage, les soldats américains et les bénévoles de la Croix-Rouge offrirent à chacun d'eux un colis de cigarettes, de vivres et d'affaires de toilette. Après un dernier adieu, les Soviétiques se dirigèrent vers les portes du camp sous le regard des autres rescapés. Ils partiraient bientôt, eux aussi. Dans quelques jours ou quelques semaines, ils renoueraient avec la vie « normale » qui se déroulait au-delà de ces murs de granit. Une vie dont ils avaient presque tout oublié, mais que les civils épargnés par la machine de mort du régime nazi commençaient à reconstruire : déjà, ils rebâtissaient leurs maisons détruites, réparaient les infrastructures de leurs villes, élevaient leurs enfants et en concevaient d'autres. Tous ces gens ordinaires renoueraient bientôt avec leur routine quotidienne. Ils s'efforceraient d'oublier la guerre, et inciteraient les rescapés à l'oublier aussi.

En regardant s'éloigner les prisonniers russes, les déportées se posaient une fois de plus l'éternelle question : et elles, que trouveraient-elles à leur retour ? Elles avaient déjà compris que de nombreux parents et amis ne reviendraient pas, mais elles espéraient que certains d'entre eux avaient échappé au massacre. Priska se demandait si Gizka, son amie d'enfance, vivait encore à Zlaté Moravce. Avait-elle réussi à préserver les quelques objets de valeur que les Rona lui avaient confiés avant d'aller s'installer à Bratislava ? Priska lui aurait volontiers téléphoné pour l'avertir de son retour, mais les lignes électriques et le réseau de télécommunications avaient été détruits d'un bout à l'autre de l'Europe. De toute façon, elle ignorait son numéro de téléphone. L'imminence du départ l'incita à promettre à son ange gardien, l'indéfectible Edita, de lui donner des nouvelles dès son arrivée en Slovaquie. Très émues, les deux femmes s'engagèrent à rester en contact et à se soutenir mutuellement dans les années à venir.

Rachel avait perdu la quasi-totalité des siens à Auschwitz, hormis ses trois cadettes, demeurées près d'elle pendant toute la guerre. Toutes quatre avaient vu assez de familles entièrement anéanties pour savoir que leur situation tenait du miracle. Très soudées, Rachel, Sala, Ester et Bala se préparaient à regagner ensemble le petit village polonais qui les avait vues grandir.

Quant à Anka, elle savait qu'elle pourrait compter sur l'affection de sa chère Mitzka. Toutes deux ne s'étaient pas quittées depuis quatre ans, et avaient tout traversé ensemble. Combien de fois avaient-elles failli périr ? Combien de fois s'étaient-elles encouragées à survivre ? Les liens tissés pendant ces années terribles ne se dénoueraient jamais, elles en avaient la certitude. Anka se savait aussi entourée d'autres amies : toutes les jeunes femmes qui avaient pleuré avec elle la mort du petit Dan et qui s'étaient réjouies à la naissance d'Eva.

Les trois mères ignoraient tout, en revanche, de leurs compagnons respectifs. Où étaient Tibor, Monik et Bernd ? Qu'était-il advenu du brillant journaliste, de l'honnête entrepreneur et du séduisant architecte, ces hommes sympathiques et pleins d'avenir qui avaient conquis Priska, Rachel et Anka et les avaient épousées quelques mois avant le déclenchement du cataclysme appelé à anéantir leur communauté d'un bout à l'autre de l'Europe ? Avaient-ils survécu, eux aussi ? Y avait-il une chance pour que les trois mères et leurs enfants forment avec eux la famille dont ils avaient tant rêvé, signant ainsi l'échec de la politique d'extermination totale mise en œuvre par le Troisième Reich ? Ou bien leurs rêves avaient-ils été réduits en poussière ? Il n'y avait qu'un seul moyen de le savoir. Et de découvrir ce qui restait de leurs régions natales.

Bien que toutes trois occupées par les nazis, la Slovaquie, la Pologne et la Bohême-Moravie avaient enduré des épreuves bien différentes au cours de la guerre.

La Slovaquie fut libérée par l'Armée rouge en avril 1945. Sa communauté juive, estimée à quatre-vingt-dix mille personnes avant la guerre, ne comptait que vingt mille rescapés au sortir du conflit. L'arrivée des troupes soviétiques prépara l'avènement d'un régime communiste acquis à l'URSS trois ans plus tard : intégrée au bloc de l'Est, la Slovaquie y resterait quarante ans. A la libération, les Slovaques commencèrent par expulser tous les résidents d'origine allemande et à organiser le retour des déportés. Les autorités envoyèrent plusieurs navires à Enns, un port fluvial autrichien situé à proximité de Bratislava, afin de ramener chez eux les citoyens slovaques qui avaient été détenus à Mauthausen. Priska et Hana remonteraient sur deux cent soixante-dix kilomètres les eaux désormais calmes du Danube, avant de débarquer au cœur de la capitale slovaque après quelques jours de voyage. Enfin revenue dans la ville si chère à son cœur, Priska n'aurait qu'une courte marche à effectuer pour se rendre à l'appartement où Tibor et elle avaient été arrêtés en septembre 1944, au lendemain de Yom Kippour. Au même moment, Edita regagnerait la Hongrie pour prendre des nouvelles de ses proches, si tant est qu'ils aient survécu à la catastrophe. Malgré la distance qui les séparerait, les deux femmes demeureraient amies jusqu'à la fin de leur vie.

Devenue l'épicentre de la Shoah du fait de sa position géographique et de l'importance de sa communauté juive – la plus nombreuse d'Europe –, la Pologne était méconnaissable. Détruite par les raids aériens, elle avait aussi perdu des millions de citoyens : la communauté juive était anéantie et la minorité de langue allemande avait été contrainte de fuir. A Mauthausen, beaucoup de déportés polonais, inquiets de savoir leur pays aux mains de l'Armée rouge, refusaient de rentrer chez eux : ils franchirent la ligne de démarcation pour tenter de s'établir dans la partie de l'Allemagne demeurée sous contrôle américain. Rachel et ses sœurs songèrent à les suivre, puis renoncèrent, par fidélité à la promesse qu'elles avaient faite à leur père.

Les autorités polonaises et alliées affrétèrent plusieurs centaines de wagons à bestiaux, qui vinrent chercher à la gare de Mauthausen les survivants désireux de regagner leur pays natal. Les convois avaient été lavés et les portes demeurèrent ouvertes afin que les passagers ne revivent pas le souvenir terrifiant de leur transfert jusqu'au camp, quelques semaines ou mois auparavant. Les sœurs Abramczyk et le petit Mark reçurent de l'eau et des vivres tout au long du voyage, qu'ils effectuèrent assis sur des banquettes. A l'issue de ce long périple de huit cents kilomètres, les quatre femmes et l'enfant arrivèrent dans un pays meurtri, qui avait vu périr la quasi-totalité de sa population juive et avait dû accueillir sur son sol le plus meurtrier des camps d'extermination nazis.

Malgré la courte distance qui la séparait de Prague, Anka savait qu'elle entreprenait un long voyage, elle aussi, car il ne s'agissait pas seulement de regagner le pays qu'elle avait connu. La capitale tchèque, située à deux cents kilomètres de Mauthausen, avait été le théâtre de trois jours d'émeutes sanglantes, commencées le 5 mai, le jour même de la libération du camp autrichien. Des soldats russes et tchèques avaient renversé les autorités d'occupation deux jours avant la capitulation du Troisième Reich, puis appelé sur les ondes à « mettre à mort tous les Allemands ». Des milliers de citoyens vengeurs avaient déferlé dans les rues, tuant soldats et civils allemands. Regroupés en milices, ils avaient transformé des centaines de SS et de soldats de la Wehrmacht en « torches humaines », tandis qu'une foule déchaînée pourchassait hommes, femmes et enfants sans chercher à connaître leur position pendant la guerre. Des médecins respectés furent exécutés, d'éminents professeurs d'université furent mutilés ou lynchés.

L'insurrection s'était achevée le 8 mai, veille de l'arrivée des troupes russes à Prague. Bientôt installés au pouvoir, les communistes avaient entrepris d'expulser quelque trois millions de ressortissants tchèques d'origine allemande tandis que les soldats de l'Armée rouge exécutaient plusieurs milliers d'entre eux. Anka, qui avait épousé l'un de ces immigrés de langue allemande, se trouva dès lors dans une situation complexe. En tant que Juif, Bernd avait été déchu de sa citoyenneté allemande par les lois de Nuremberg – ces mêmes lois qui avaient empêché Anka, sa nouvelle épouse, de devenir allemande à la suite de leur union. Après guerre, la situation s'inversa : les nouvelles autorités tchèques lui attribuèrent automatiquement, du fait de son mariage avec Bernd, la nationalité allemande qui lui avait été refusée par les nazis. Bien qu'elle n'ait jamais renoncé à sa patrie, Anka fut donc privée de sa citoyenneté. Avant même de rentrer à Prague, elle savait qu'elle avait tout perdu : sa famille, sa maison, sa nationalité – et peut-être son mari. Il ne lui restait que sa fille, âgée de quelques semaines et encore souffrante. Comment envisager sereinement son retour, dans ces conditions ? Pourtant, plus les jours s'écoulaient, ajoutant le mois de mai 1945 aux quatre années qu'elle venait de passer dans les camps, plus Anka languissait de rentrer chez elle.

Elle dut patienter encore une bonne semaine, du fait des pénuries d'essence qui affectaient l'Europe entière : démunies, les autorités tchèques furent d'abord incapables d'affréter un convoi jusqu'à Mauthausen, contraignant plusieurs centaines de leurs compatriotes à prolonger leur séjour dans l'enceinte de la forteresse. Soucieux d'accélérer le processus, les rescapés dépêchèrent à Prague le plus célèbre d'entre eux, le Dr Vratislav Busek, un professeur de droit de l'université Charles de Prague, interné cinq ans plus tôt par les nazis pour raisons politiques. Le professeur revint moins d'une semaine plus tard avec une bonne nouvelle : un train les attendait à la gare de České Budějovice. Ornés de fleurs fraîches, les wagons arboraient fièrement une immense bannière sur laquelle on pouvait lire *« Z pekla Mauthausen – domů ! »* (De l'enfer de Mauthausen jusqu'à la mère patrie). Anka, accompagnée de ses amies de Terezín, se rendrait avec son bébé en bus ou en camion jusqu'à la petite gare tchèque, puis en train jusqu'à Prague où toutes espéraient obtenir des nouvelles de leurs maris et de leurs proches.

Affublées de vêtements usagés et dépareillés, les trois mères et leurs nourrissons se fondirent dans la masse des rescapés qui quittèrent Mauthausen tout au long de l'été 1945. Les photos en noir et blanc prises à l'époque par les soldats américains montrent d'interminables colonnes de déportés jaillissant de la forteresse comme une rivière humaine, dont les méandres noircissent la colline jusqu'à la ville située en contrebas. Attendant patiemment leur tour de monter dans le camion de l'armée ou de la Croix-Rouge qui les emmènerait à la gare, au point de rassemblement ou au quai d'embarquement, ces milliers d'individus s'apprêtaient à rentrer chez eux les mains vides, dépossédés de leur avenir, de leurs biens et de leurs proches.

© Stephanie Sullivan

Rescapés quittant le camp de Mauthausen

Mêlées à la foule, Priska, Rachel et Anka n'eurent sans doute pas l'occasion d'admirer une dernière fois le cadre splendide qui avait servi de décor à une telle barbarie. Se retournèrent-elles pour jeter un regard aux grands murs sinistres de leur ultime prison, en se demandant à quoi aurait ressemblé leur vie si elles n'avaient pas commis le péché mortel – aux yeux des nazis – d'être nées de mères juives ? Sans doute pas. L'heure n'était plus aux réminiscences. Comme le dirait l'une d'elles, « nous pouvions enfin commencer à vivre ».

Leurs enfants aussi.

Depuis l'instant où leurs cœurs avaient émis leurs premiers battements à l'unisson de celui de leur mère, ils avaient couru un danger permanent.

Des milliers de bébés nés pendant la Seconde Guerre mondiale n'eurent pas la chance de survivre.

Des milliers d'autres furent tués ou moururent avant même de venir au monde.

En six ans, les nazis avaient assassiné des millions de non-Juifs et près de deux tiers des neuf millions et demi de

Juifs européens. Sur les mille femmes entassées dans l'interminable convoi parti de Freiberg en avril 1945, auxquelles s'étaient ajoutées plusieurs centaines d'autres prisonniers, seule la moitié était encore vivante à la fin de la guerre.

A la faveur de petits et de grands miracles, les trois jeunes femmes qui avaient été comptées et recomptées *Appell* après *Appell* par les nazis furent comptées une dernière fois – par les soldats américains – pour être ajoutées aux listes des survivants.

Enfantés à quelques jours de la libération par des femmes courageuses et pleines d'espoir, Hana, Mark et Eva furent les seuls prisonniers de Mauthausen à recevoir un nom au lieu d'un numéro. Comme un défi lancé à ces heures si sombres de l'histoire humaine, ils étaient inévitablement appelés à devenir les derniers survivants de la Shoah.

Pour tous les rescapés, le printemps 1945 marqua la fin d'un calvaire qu'ils mettraient des années à surmonter. Il marqua aussi l'avènement d'un sentiment que des générations entières n'éprouveraient jamais : celui qui vous saisit à l'aube d'un nouveau départ vers une vie pleine de promesses.

9

Une nouvelle vie

Priska

Le premier bateau de civils autorisé à naviguer sur le Danube après l'armistice quitta le port d'Enns le 19 mai 1945. Trois semaines s'étaient écoulées depuis la libération du camp de concentration de Mauthausen. Le ferry alourdi par de nombreux réfugiés, au nombre desquels figuraient Priska Löwenbeinová et son bébé, fit lentement route vers Vienne dans le sillage d'un navire chasseur de mines.

Le Danube, que Hitler avait placé sous gouvernance allemande, avait été contrôlé par les nazis pendant toute la durée de la guerre. Des flottilles de navires militaires y patrouillaient en permanence pour protéger ses ports clés et riposter aux attaques de l'aviation alliée. A la fin du conflit, des centaines de petits navires issus de la flotte de la mer Noire furent chargés d'explosifs et sabordés en travers du Danube afin de ralentir la progression des forces navales soviétiques. Pendant des décennies, ces épaves instables rendirent la navigation dangereuse sur le grand fleuve.

Le ferry dut s'arrêter à cent cinquante kilomètres d'Enns, aux abords de la ville historique de Tulln. Du fait de sa base aérienne, de sa raffinerie et de son pont ferroviaire, Tulln avait été lourdement bombardée. Les ruines du pont attendaient d'être déblayées, interrompant la navigation.

Pendant deux jours, le ferry et sa pitoyable cargaison humaine demeurèrent amarrés à l'ouest de la ville. Retenus sur la terre natale de Hitler, les survivants cédèrent à l'angoisse. Incapables de supporter cette attente supplémentaire, certains exigèrent d'être débarqués. Ils se rendirent à pied à la gare de Tulln, où ils prirent le train pour Vienne et d'autres destinations plus lointaines. Les cigarettes américaines, que les civils s'arrachaient à prix d'or, leur permirent de payer les billets.

Jeune maman d'un bébé malade, Priska n'eut pas cette liberté. Elle dut rester à bord et attendre que le lit de la rivière soit dégagé pour que le bateau reprenne sa course. Le 22 mai 1945, elle mit pied à terre à Zimný Prístav, le « port d'hiver » de Bratislava. Le centre historique de la capitale slovaque avait en grande partie survécu aux bombardements. Bien qu'elle brûlât d'aller voir si Tibor l'attendait à leur ancien appartement, elle accorda la priorité à sa fille. Les plaies du bébé s'étaient rouvertes pendant le voyage et ses pansements étaient gorgés de sang.

Craignant d'avoir rejeté un peu vite l'offre du commandant Stacy, Priska se rendit directement à l'hôpital pour enfants de la rue Duklianska. Après avoir examiné le nourrisson sous-alimenté et couvert d'abcès purulents dus à une grave carence en vitamines, le professeur Chura annonça à Priska qu'il fallait intervenir sur-le-champ. Pour la seconde fois en quelques semaines, les plaies de la petite Hana durent être incisées, désinfectées et recousues. Confinée dans la salle d'attente, Priska priait. « J'étais optimiste, car elle voulait vivre [...]. Elle voulait vraiment vivre ! » déclarera-t-elle plus tard. C'est exactement ce que lui annonça le professeur Chura en sortant de la salle d'opération.

Une fois le bébé hors de danger, les religieuses qui assuraient la gestion de l'hôpital conduisirent la jeune mère affamée aux cuisines. Avisant une casserole de haricots en sauce posée sur le fourneau, Priska l'attrapa et l'engloutit sous le regard médusé des personnes présentes.

« Personne n'a essayé de m'arrêter ou de dire quoi que ce soit. J'avais tellement faim ! »

Comprenant que Priska avait besoin de soins, les religieuses lui proposèrent de l'héberger en attendant que sa fille soit rétablie, ce qu'elle accepta avec gratitude. Son séjour à l'hôpital dura deux semaines. Un matin, elle laissa Hana dormir et se rendit enfin à l'appartement du quartier de la porte du Poissonnier où elle avait vécu avec Tibor. Elle ne trouva que des ruines : l'immeuble était l'un des rares de la vieille ville à avoir été bombardé. Bouleversée, elle errait parmi les décombres lorsqu'elle aperçut l'un des précieux carnets de Tibor, resté lisible malgré tout. Elle le conserverait comme un talisman jusqu'à la fin de sa vie.

De grands panneaux d'affichage avaient été dressés dans le centre de Bratislava, notamment par la communauté juive, afin que les rescapés puissent y laisser des messages à l'attention de leurs proches. Priska inscrivit qu'elle et l'enfant avaient survécu, et indiqua l'adresse de l'hôpital, où elle retourna aussitôt pour attendre Tibor et les autres survivants de sa nombreuse famille. Au fil des jours, amis et parents resurgirent au compte-gouttes. Sa sœur cadette, Anička, et son oncle, le Dr Gejza Friedman, revinrent de leur refuge des monts Tatras. Ils apprirent à Priska qu'après avoir réussi à échapper aux rafles, son grand-père maternel était mort en chutant accidentellement d'une fenêtre. Gejza suggéra qu'ils emménagent ensemble. Avec le temps, celui qu'elles appelaient affectueusement l'oncle « Apu » deviendrait un père de substitution pour la fillette et la jeune mère devenue orpheline.

Bandi, le frère aîné qui avait émigré en Palestine, envoya des nouvelles : il allait bien et s'était marié à une femme déjà mère d'une petite fille. Janko, le jeune frère courageusement engagé dans la Résistance, réapparut peu après, plus sûr de lui, mûri, les cheveux aux épaules. Ses exploits de résistant lui valurent toutes sortes de privilèges, dont celui de pouvoir choisir un logement. Il tendit à Priska les clés de quatre grands appartements en lui demandant d'opter pour celui qu'elle préférait. Priska refusa de se glisser dans « les chaussures d'un mort », car ces lieux avaient très certainement appartenu à des familles juives disparues. Elle redoutait également de s'éloigner de son ancien domicile, de peur que Tibor ne la retrouve pas.

Après son séjour à l'hôpital et grâce à une petite aide financière de la Croix-Rouge et de son oncle, Priska loua un appartement près de son ancien logement pour pouvoir s'y rendre une fois par jour. L'appartement se trouvait à l'arrière d'un bel immeuble de trois étages de la place Hviezdoslav, dans la partie réservée aux domestiques. Humide et infesté de rats, il comprenait une petite chambre à coucher, une salle de séjour et une cuisine dans laquelle Priska fit installer une baignoire.

Priska et Hana en 1946

Pendant des semaines, elle attendit un signe de ses parents, Emanuel et Paula Rona, les honnêtes cafetiers de Zlaté Moravce déportés à Auschwitz en 1942. Des amis de la famille lui apprirent bien plus tard que ses parents avaient été gazés un mois après leur arrivée à Birkenau. Boežka, sa grande sœur célibataire qu'elle avait tenté de sauver de la déportation en mars 1942, ne revint pas non plus. Des années plus tard, Priska apprendrait que ses talents de couturière lui avaient épargné la chambre à gaz et qu'elle avait été nommée responsable du service de confection d'Auschwitz. Pendant trois ans, elle avait cousu et reprisé les uniformes et les vêtements des SS. Elle avait également fermé les yeux, au péril de sa vie, quand les filles de son service raccommodaient leurs propres habits ou ceux des prisonnières. Priska eut le cœur brisé par un témoignage invérifiable, selon lequel sa sœur se serait tuée en se jetant sur les grillages électriques, en décembre 1944, un mois avant la libération du camp. Plus tard, cependant, une femme qui avait bien connu Boežka à Auschwitz démentit les faits et déclara qu'elle était morte de la typhoïde. Une version à laquelle Priska choisit de croire.

L'été 1945 s'écoula sans que Tibor donne signe de vie. Contrairement à ce que Priska imaginait si souvent, elle n'eut jamais le bonheur de le retrouver par hasard au coin d'une rue. Piégée dans l'enfer de l'attente, elle ne pouvait se résoudre à quitter Bratislava, ni même à retourner à Zlaté Moravce, au cas où Tibor arriverait enfin dans la capitale slovaque. Avec un bébé malade, elle ne pouvait pas travailler et n'avait aucune ressource. Elle ne savait pas non plus ce qu'il adviendrait de son pays. Malgré la réunification de la Tchécoslovaquie et la chute de Jozef Tiso, l'ancien président slovaque pendu pour collaboration, quatre-vingts pour cent de la population juive du pays avait été exterminée et l'avenir du pays, passé sous contrôle soviétique, demeurait très incertain.

Un jour, alors qu'elle se rendait une fois de plus dans le centre-ville, en compagnie de Hana, pour consulter les panneaux d'affichage, Priska croisa M. Szüsz, une connaissance d'avant guerre. Il la salua chaleureusement et lui apprit que Tibor et lui avaient été internés ensemble à Auschwitz, avant d'être transférés, avec mille trois cents autres prisonniers, à une vingtaine de kilomètres, dans le camp de travail de Gliwice (Gleiwitz) qui fournissait sa main-d'œuvre à la *Reichsbahnausbesserungwerk*, l'usine des chemins de fer du Reich. Là, les déportés avaient été contraints de fabriquer des briques et de réparer des wagons. Tandis que Priska tentait d'assimiler cette masse d'informations, M. Szüsz ajouta que Tibor ne reviendrait pas. « Il ne croyait pas que vous et le bébé survivriez, déclara-t-il. Il a cessé de s'alimenter et il est devenu trop faible pour prendre soin de lui-même. Il répétait sans cesse : "Je ne veux plus vivre. Que vaut la vie sans ma femme et mon enfant ?" »

Quand le sens de ces propos pénétra enfin l'esprit de Priska, elle prit rapidement congé de son interlocuteur, préférant pleurer seule la mort de son époux bien aimé. Elle était de toute façon trop bouleversée pour en entendre davantage. Plus tard, grâce à d'autres témoignages de rescapés ayant connu son mari au camp de Gliwice, elle en apprit assez pour se faire une idée des circonstances de sa mort. Au cours des froids terribles de janvier 1945, par des températures atteignant moins vingt degrés, les mille trois cents prisonniers de Gliwice partirent à pied vers l'énorme usine pétrochimique de Blechhammer située à quarante kilomètres de là. Vêtus de pyjamas et chaussés de galoches de bois, ils durent progresser en rangs serrés à travers les congères glacées. Les retardataires étaient abattus par les nazis. En chemin, ils rejoignirent une longue procession de quatre mille âmes en route pour Gross-Rosen, l'un des derniers camps de concentration encore opérationnels, situé à deux cents kilomètres de Gliwice. De toutes les « marches de la mort », celle-ci fut l'une des plus meurtrières. Des centaines de prisonniers trop épuisés pour tenir sur leurs jambes furent tués sur place et traînés dans des fossés creusés à la hâte.

Un survivant de la marche déclara à Priska que Tibor avait renoncé à continuer. « La faim l'a tué à la fin janvier 1945 [...]. Il est tombé sur le bas-côté, et il est resté là... Il a probablement été abattu par un garde. »

Tibor Löwenbein – le souriant journaliste à la pipe, l'employé de banque, l'époux, le futur père – était mort au bord d'une route quelque part en Silésie, quatre mois avant la fin de la guerre, à l'âge de vingt-neuf ans. Priska n'avait aucune dépouille à pleurer, nul corps pour lequel réciter le kaddish, nulle pierre tombale sur laquelle déposer des petits cailloux ou une bougie pour le *Yarhrzeit*, le jour anniversaire de la mort. Nul rituel d'adieu, de quelque confession que ce soit.

La jeune veuve ne se remit jamais de cette disparition. Toute sa vie, elle refusa de se remarier. « Nous étions très heureux, mon mari et moi, dira-t-elle. Je suis restée seule parce que je savais que je ne retrouverais jamais un homme comme lui, et que je ne pourrais vivre avec personne d'autre. »

Priska eut la chance de récupérer les quelques objets de valeur que Gizka et d'autres amis d'enfance avaient cachés en attendant son retour. Parmi ceux-ci se trouvaient des photographies de son mariage et de sa famille disparue, quelques lettres de Tibor, la montre de gousset et la chaîne de son grand-père, les boucles d'oreilles préférées de sa mère et son médaillon, qu'elle portait sur une jolie chaîne en or.

Priska décida de se plonger dans les études. Elle embaucha une jeune fille du quartier pour s'occuper de Hana et s'inscrivit à l'université, où elle obtint un diplôme de français et d'anglais. Comme elle l'avait toujours souhaité, elle devint professeur. Sitôt diplômée, elle fut nommée à l'école primaire de la rue Karpatská, à Bratislava. En 1947, après que l'inspecteur du secteur se fut plaint de « s'emmêler la langue » sur son nom de famille, elle en changea. « De sa propre initiative, une de mes collègues avait déclaré à l'inspecteur que j'avais décidé d'adopter un nom à consonance plus slovaque. Par conséquent je l'ai fait. » Comme elle aimait particulièrement la sonorité française du mot « l'homme », elle choisit de se faire appeler « Lom », auquel s'ajoutait « ová », la marque slovaque du féminin. Son choix la ravit plus encore lorsqu'elle apprit par une collègue que l'acteur d'origine tchèque Herbert Lom était une grande vedette.

La petite Hanka hérita aussitôt de ce nouveau patronyme. Priska la fit baptiser et mit tout en œuvre pour lui offrir une bonne éducation. « J'étais sa mère, sa conseillère et son amie, dira-t-elle. Nous vivions l'une pour l'autre. Elle ne m'a jamais déçue. »

Hana et Priska en 1949

Priska resta cinq ans à Bratislava avant d'admettre que Tibor ne reviendrait pas. Sa sœur Anička, qui s'était remariée, resta dans la capitale jusqu'à la fin de ses jours. En

1948, Janko partit rejoindre Bandi en Israël. En 1950, sur l'insistance de l'oncle Gejza, Priska et Hana le suivirent à Prešov, dans l'est du pays, où il partait diriger le service de pneumologie d'une nouvelle clinique. Il trouvait préférable qu'une « enfant souffreteuse » comme Hana – sujette à des problèmes de végétations, de saignements de nez et de digestion – grandisse à la montagne et à proximité d'un centre médical.

Pendant plusieurs années, Priska enseigna l'anglais, l'allemand et le français dans différentes écoles secondaires de Prešov. Puis elle créa le département de langue et littérature anglaises à l'université de la ville et devint professeur assistant du département de philosophie. En 1965, tandis que Hana poursuivait ses études supérieures à Bratislava, Gejza Friedman mit fin à ses jours, convaincu qu'il souffrait d'un cancer des poumons. L'oncle adoré avait soixante-cinq ans. Priska, qui découvrit le corps à leur domicile, faillit en être brisée. De nouveau seule, à quatre cents kilomètres de sa fille unique, elle décida de retourner à Bratislava.

Hana avait découvert ses origines à l'âge de six ans, quand quelqu'un l'avait traitée de « sale Juive ». Elle s'était précipitée vers sa mère pour le lui raconter.

« Viens là, répondit Priska. Je vais te montrer des photos de ton grand-père et de ta grand-mère, qui étaient juifs. »

La fillette examina les clichés avec attention, puis déclara :

« Très bien. Je veux être juive, moi aussi. Est-ce que je peux retourner jouer, maintenant ? »

Dès lors, elle n'eut plus aucun problème avec cette question, dira-t-elle plus tard. Quant aux circonstances de sa naissance, elle ne les évoque que très rarement : « Ce n'est pas un sujet de conversation », assure-t-elle.

Priska veilla cependant à raconter sa propre histoire à sa fille dès qu'elle fut en âge de l'entendre : elle lui montrait souvent les photographies et les lettres de Tibor, et lui racontait toutes sortes d'anecdotes le concernant. Parfois, elle ouvrait également son carnet de notes ou lui faisait admirer la précieuse collection de timbres qu'il avait confiée à un ami pendant la guerre. « Je voulais que Hana sache qui était son père et ce que nous avions traversé. Mais je voulais aussi qu'elle ait de belles images en tête, qu'elle ne soit pas hantée par les horreurs de la guerre. Je souhaitais qu'elle se sente proche de son père et qu'elle sache comment était la vie avec lui [...]. Je me souvenais de tout et le lui racontais. »

Hana décrira sa mère comme une « furie inexorablement déterminée » à porter, puis à mettre au monde son enfant. Pendant des années, la jeune fille s'accrocha à l'espoir que son père ait survécu aux camps. Elle dévisageait tous les hommes moustachus, blonds et aux yeux bleus qu'elle croisait. Elle avait une petite vingtaine d'années lorsqu'elle accepta enfin sa disparition.

Mère et fille restèrent en contact avec Edita, l'ange gardien de Priska. Installée à Vienne, Edita leur rendit une visite mémorable quand la jeune fille fêta ses dix-neuf ans. « Je n'arrêtais pas de la prendre dans mes bras ! » confiera Hana. En 1944, Edita avait promis à Tibor de prendre soin de son épouse. Elle en avait fait son devoir moral, sa *mitzvah*. En aidant Priska à survivre, elle espérait survivre, elle aussi, et se marier après la guerre. Ses vœux avaient été exaucés : elle avait épousé un rabbin. « Son mari était très réservé. Ils avaient deux petits garçons, racontera Hana. Elle ne cessait de répéter combien ma mère avait été courageuse. »

Priska tenta de retrouver l'autre Edita – le Dr Mautnerová, qui l'avait aidée à accoucher à Freiberg et avait réussi à s'évader lorsque leur convoi s'était arrêté une nuit sur une voie de garage. « Nous avons été très peinées d'apprendre qu'elle était morte quelques années après la guerre, dira Hana. Je n'ai jamais pu la remercier. » Priska organisa une rencontre avec d'autres rescapées des camps, notamment son amie Magda et Chava Livni, afin que sa fille les connaisse. Hana rencontra également Martin Gregor, l'acteur qui avait déclaré sa naissance à la mairie de Mauthausen. « Tu as bien meilleure mine ! » déclara-t-il en riant, avant de la serrer dans ses bras. Plus tard, elle fit la connaissance d'un ancien collègue de son père : ils avaient travaillé ensemble pour l'un des journaux de Bratislava avant la guerre. Cet homme fondit en larmes en apprenant qu'elle était la fille de Tibor : il ne s'était jamais remis de la disparition de son ami.

Priska montre à Hana l'endroit où le convoi s'est arrêté dans le village de Horní Bříza

En 1960, lorsque Hana eut quinze ans, Priska l'emmena à Horní Bříza pour remercier personnellement les villageois de ce qu'ils avaient fait pour elles. Le chef de gare, M. Pavliček, était décédé, mais de nombreux habitants du village évoquèrent chaleureusement sa mémoire lors d'une petite cérémonie organisée en leur honneur. Les deux femmes déposèrent des pierres là où les trente-huit corps des déportés avaient été initialement enterrés, près de la voie ferrée. Puis un hommage très suivi fut rendu au cimetière du village où furent transférés les corps. En novembre 1945, leur apprit-on, les Soviétiques étaient venus avec plusieurs officiers SS, et leur avaient fait exhumer à mains nues les cadavres en décomposition. De nombreux habitants du village avaient assisté à cette scène, dont Vaclav Stepanek et Jaroslav Lang, les deux adolescents qui avaient si longuement observé le convoi en avril 1945. Jaroslav avait alors éprouvé un sentiment de réparation : « Ça nous a fait du bien. C'était une juste punition après ce qui s'était passé. Il fallait que les Allemands payent », confiera-t-il des années plus tard.

Au cimetière, les dépouilles des trente-huit victimes furent dignement portées en terre sous un impressionnant monument funéraire en bronze représentant un homme agonisant accroché à des barbelés. La sculpture, commanditée par la municipalité, était l'œuvre de J. Matěj, un artiste tchèque de renom. Lors d'une demande de financement adressée aux autorités régionales en 1949, plusieurs villageois avaient écrit : « Nous ne connaissons ni leurs noms ni leurs nationalités. Nous savons juste qu'ils moururent sous l'implacable botte nazie pour que nous puissions vivre. »

La visite de Priska et de Hana fut soigneusement commentée et photographiée : les coupures de presse figurent encore au musée de la ville. Leur venue est également mentionnée sur une plaque apposée à l'extérieur de la gare. A la suite de ce voyage, Priska écrivit la lettre suivante aux habitants du village pour les remercier :

« J'ai toujours pensé que nous n'aurions pas survécu sans l'aide des courageux habitants de Bohême occidentale. Ma fille, en particulier, leur doit certainement la vie. Nous sommes très reconnaissantes à la ville de Horní Bříza [...] pour ces moments inoubliables. Lors des entretiens que nous accordons, nous ne manquons jamais d'évoquer ce que les gens de cette ville ont fait pour nous durant notre terrible détention. »

Dans les années 1960, à l'occasion d'un voyage organisé par une association antifasciste, la jeune Hana accompagna Priska à Mauthausen. Ce fut un choc terrible, particulièrement lorsqu'elle se trouva devant les clichés des personnes gazées la veille de l'arrivée de sa mère. « Je l'ai très mal vécu, au contraire de ma mère, qui discutait et partageait ses souvenirs avec d'autres rescapés. » Hana ne put y revenir que quarante ans plus tard. Priska, quant à elle, n'y retourna plus.

Priska et Hana en vacances en Slovaquie en 1965

En 1965, Priska fut également l'une des invitées d'honneur de la ville de Freiberg, désireuse de rendre hommage aux déportées qui avaient travaillé à l'usine Freia. Pour remercier les élus de leur « chaleureuse invitation », elle leur écrivit une lettre dans laquelle elle précisa : « Mon Hana, la plus belle enfant du monde [...] avec sa tête bien ronde, ses cheveux blonds, ses yeux bleus, je l'ai copiée sur les magnifiques enfants de Freiberg dont les grands yeux m'émerveillaient matin et soir lors de nos trajets surveillés. » Mère et fille visitèrent l'usine, mais ne furent pas emmenées au cimetière municipal, où les autorités avaient fait ériger un monument en pierre sur lequel on pouvait lire *KZ Freiberg*, suivi d'un court hommage aux *sacrifices du fascisme*.

Hormis les abcès qui avaient failli lui coûter la vie dans ses premières semaines, et qui lui laissèrent une trentaine de petites cicatrices, Hana ne souffrit d'aucun trouble majeur en grandissant. Elle développa toutefois une réaction allergique aux piqûres d'insectes, due vraisemblablement au grand nombre de parasites qui l'avaient infestée dès sa naissance.

Elle garda aussi une « aversion pathologique » pour les cris et les hurlements, due selon elle à ce qu'elle avait entendu *in utero*, puis au cours de son premier mois d'existence. « Si quelqu'un me parle sur un ton agressif, je n'ai qu'une envie : fuir et me cacher. N'oublions pas que je suis née les poings serrés et refermés sur les oreilles ! »

En 1968, Hana, récemment mariée, attendait un enfant. Elle avait vingt-trois ans. Lors de cette grossesse, elle assista avec inquiétude au Printemps de Prague, l'insurrection des étudiants tchèques contre le régime communiste. En août 1968, lorsque cinq cent mille soldats du bloc soviétique envahirent la Tchécoslovaquie pour « rétablir l'ordre », elle décida de quitter définitivement son pays. « Sans doute à cause des circonstances de ma naissance, quand j'ai vu les tanks et entendu les coups de feu, j'ai su que je ne pourrais pas élever un enfant dans ce monde-là. » Elle quitta la Slovaquie pour Israël, où elle accoucha de son fils Thomas, vite surnommé Tommy, au mois de décembre. En 1972, elle obtint un doctorat de chimie. Onze ans plus tard, elle émigra à Chicago, le pays de ses libérateurs. Après deux mariages (avec des hommes de confession juive), elle rencontra son troisième époux, Mark – un médecin non-juif spécialiste des pathologies du rein. Ensemble depuis vingt-quatre ans, ils travaillent tous deux pour l'industrie pharmaceutique et vivent en Californie, près de San Francisco. Hana a deux petits-enfants, Jack et Sasha.

© Hana Berger Moran

Hana, son fils Tommy, sa belle-fille Julie,
et ses deux petits-enfants, Sasha et Jack

De son séjour dans les camps, Priska garda l'horreur du froid et la peur de manquer. « Quand j'étais petite, elle ouvrait sans cesse la porte du réfrigérateur et des placards en demandant "Est-ce qu'on a assez à manger ?" confiera Hana. Heureusement, nous habitions un logement assez exigu, ce qui l'empêchait de stocker autant de vivres qu'elle l'aurait voulu ! » Priska appréciait aussi le luxe de pouvoir dormir tout son saoul. En vieillissant, elle accorda une importance croissante à son lit et à sa literie.

« J'ai vécu une belle vie avec ma fille, après [...] lui avoir donné le jour dans un camp de concentration, déclarera-t-elle quelques années avant sa mort. Ma fille m'est très chère. Je remercie le bon Dieu de me l'avoir envoyée, et je souhaite à toutes les mères d'aimer leurs enfants comme je l'aime. C'est une très bonne mère et une bonne fille. Elle adore son fils. C'est une bonne personne. » Toujours optimiste et tournée vers les belles choses, elle ajoutera : « J'ai survécu. Nous sommes là. Je suis revenue des camps avec mon bébé. C'est tout ce qui compte. »

Lorsqu'elle évoque sa mère, Hana ne manque jamais de souligner sa force de caractère et sa détermination : « En slovaque, son mot préféré est *presadi*, un verbe qui signifie "aller de l'avant", ou "faire arriver quelque chose". Je crois que pendant son séjour dans les camps, elle était farouchement résolue à survivre et à me garder en vie. »

Priska, qui fut atteinte de démence sénile à la fin de son existence, vécut assez longtemps pour connaître son unique petit-fils Tommy. La maladie s'aggravant, elle se mit à répéter constamment à sa fille : « Pardonne-moi, je t'en prie ! » Hana ne comprenait pas ce qu'il fallait pardonner, mais force lui fut de constater que le passé était revenu coloniser l'esprit de sa mère.

© Yuri Dojc

Priska à Bratislava, à plus de quatre-vingts ans

En août 2006, après avoir fêté ses quatre-vingt-dix ans, Priska Löwenbeinová dut être placée en maison de santé, où sa garde-malade établit des rapports quotidiens pour Hana.

Trois semaines plus tard, la vieille dame fut hospitalisée. Hana vint passer plusieurs semaines à son côté, avant que ses obligations professionnelles la contraignent à rentrer aux Etats-Unis. Priska réintégra la maison de retraite, où elle passa deux semaines à dormir, avant de mourir paisiblement dans son sommeil le 12 octobre 2006.

Cette femme, à qui la guerre avait pris trois bébés, son cher Tibor et de nombreux membres de sa famille, avait voué sa vie à son « bébé parfait », né sur une planche dans une usine nazie, en plein raid aérien.

En 1996, dix ans avant la mort de Priska, Hana légua au Musée américain de la Mémoire de l'Holocauste, à Washington, la minuscule robe et le petit bonnet que lui avaient confectionnés les femmes de Freiberg, et que sa mère avait soigneusement conservés pendant plus de cinquante ans.

Les cendres de Priska sont conservées dans le cimetière de Slávičie Údolie – littéralement, « la vallée de l'alouette » – à Bratislava, sur une colline arborée située à moins d'un kilomètre du Danube. Elle y repose entourée de beauté pour l'éternité.

Les cendres de Priska reposent
dans le caveau familial de Bratislava

Rachel

Bien qu'elles aient promis à leur père de rentrer en Pologne aussitôt après la guerre, les sœurs Abramczyk durent patienter jusqu'à la mi-juin, Sala étant trop souffrante pour se déplacer : « Quand nous avons compris que j'étais hors de danger, nous avons décidé de partir dès que j'en aurais la force », expliquera-t-elle.

Les quatre jeunes femmes se sentaient liées à leur pays par un fil invisible, mais leur avenir, lui, semblait extrêmement incertain. Sur les 3,3 millions de Juifs qui vivaient en Pologne avant la guerre, seuls trois cent mille avaient survécu et mille cinq cents d'entre eux furent lynchés par la population à leur retour. Les nouvelles de ces atrocités terrifièrent très probablement Rachel et ses sœurs. Mais avaient-elles le choix ? Effarés par le nombre croissant de rescapés qui cherchaient à s'exiler, beaucoup de pays avaient fermé leurs portes. La France, le Canada et l'Angleterre acceptèrent des milliers de survivants, mais les autorités britanniques bloquèrent l'accès à la Palestine, où de très nombreux Juifs souhaitaient s'installer. Les quatre cent mille réfugiés que les Etats-Unis finirent par accepter ne représentaient qu'une petite portion de ceux qui auraient souhaité y refaire leur vie. Refusés partout, beaucoup de Juifs polonais durent se résigner à retourner en Pologne, entrée dans le giron de l'URSS.

Du haut de ses vingt-six ans, Rachel, à la fois jeune mère et aînée de sa fratrie, tenta de prendre la meilleure décision pour elle et pour son bébé, mais aussi pour ses trois sœurs, Sala, Ester et Bala, alors âgées de vingt-trois, vingt et dix-neuf ans. Ces six dernières années de leur jeunesse, appelées à être merveilleuses, s'étaient écoulées entre les ghettos et les camps. Elles n'avaient pas d'autre avenir que celui qui leur restait peut-être à Pabianice ou à Łódź. Elles se raccrochaient à la seule nouvelle encourageante qu'elles avaient réussi à obtenir depuis la libération : deux amis polonais croisés à Mauthausen leur avaient assuré que leur père et leur frère étaient encore vivants à Bergen-Belsen deux semaines auparavant. Si rien de dramatique ne leur était arrivé depuis, Shaiah et Berek retourneraient le plus vite possible à Pabianice. Peut-être les y attendaient-ils déjà.

L'air un peu « dépenaillées », les quatre jeunes femmes entreprirent un long voyage, en bus puis à bord d'un train de marchandises ralenti par la pénurie d'essence et l'état déplorable du réseau de chemin de fer. Elles ne s'attardèrent pas à Varsovie, défigurée par les bombardements allemands, et sautèrent dans un énième train bondé, puis dans un tramway qui les déposa enfin à Pabianice.

Leur ville natale était méconnaissable. La plupart des Juifs avaient été assassinés ou expulsés. Le bel appartement familial était occupé et leurs précieux objets avaient disparu. Un ancien employé de l'usine s'était installé chez elles. Il refusa de partir, prétendant que les lieux ne leur appartenaient plus et qu'il avait été choisi par les autorités communistes pour prendre soin de l'immeuble.

Les amis et les voisins avec qui elles avaient grandi avaient fait main basse sur leurs biens. La jolie maison de leur enfance, toujours remplie de fleurs, n'était plus qu'un souvenir. Les œuvres d'art et la porcelaine avaient disparu. La musique et les rires qui avaient bercé leurs jeunes années ne résonnaient plus que dans leur mémoire. Les sœurs ne récupérèrent que quelques objets de valeur, confiés par leurs parents à de fidèles employés qui les leur retournèrent gentiment. Bouleversées et sans domicile, elles se tournèrent vers les autorités locales en charge du relogement des réfugiés. Elles obtinrent un petit appartement, où elles attendirent pendant des semaines, pleines d'espoir, le retour « imminent » de leur père et de leur frère. Pour survivre, elles vendirent un à un les quelques objets qu'elles venaient de récupérer. Leurs espoirs s'amenuisaient au fil des jours. Sala se remit à la couture pour gagner un peu d'argent. Profondément choquées, les quatre jeunes femmes commencèrent à comprendre qu'elles avaient perdu pratiquement tout ce qui les reliait à leur vie d'autrefois.

Sur les douze mille Juifs de Pabianice, cinq cents seulement avaient survécu. Mark était le seul bébé de cette communauté décimée. A chaque fois que les sœurs se rendaient en ville, dans ces rues dont elles gardaient tant de souvenirs, elles ne croisaient que des regards méprisants. Pas une fois, on ne leur souhaita la bienvenue. Rachel entendit même une femme déclarer : « Ils ont eu beau les brûler, il en reste encore plein ! »

« Nous n'étions plus chez nous, dira Sala. La ville entière me paraissait déplaisante. J'avais l'impression de marcher dans un cimetière. » La jolie blonde, qui avait tant d'amies autrefois, ne reconnaissait plus aucun visage familier. Elle décida d'aller trouver son ancien professeur d'arts plastiques pour l'informer de son retour. « Cette professeur m'aimait tellement à l'époque qu'elle avait peint un portrait de moi. J'ai dit à mes sœurs : "Elle sera ravie de me voir ! Je vais lui raconter ce qui nous est arrivé." Au lieu de cela, elle a ouvert la porte et m'a lancé : "Tu es toujours vivante ?" Puis elle a ajouté : "Je ne peux rien pour toi." Elle ne m'a posé aucune question. Elle a juste refermé la porte. C'est comme si j'avais été giflée. »

Un mois après leur retour, les sœurs reçurent une lettre d'un oncle installé à New York. Celui-ci avait contacté les autorités polonaises qui l'avaient informé que leur frère Berek était hospitalisé en Suède. Transféré par la Croix-Rouge, il se remettait de la perte d'un œil et de diverses infections contractées dans les camps. Bouleversées, les sœurs contactèrent aussitôt Berek, qui leur envoya une photo de sa tête lourdement bandée. « Il n'a pas mentionné papa, et c'est ainsi que nous avons compris qu'il ne s'en était pas sorti », déclarera Sala.

Leur frère Moniek, parti si vaillamment avec les jeunes enfants lors de la liquidation du ghetto de Pabianice, ne donna jamais signe de vie. Averties de ce que les SS infligeaient aux prisonniers emmenés à Chelmno, les jeunes femmes n'entretenaient guère d'espoir à son sujet. Elles n'eurent pas davantage de nouvelles de leur mère Fajga, internée avec ses autres enfants : Dora et Heniek, les jumeaux de quatorze ans, et Maniusia, l'adorable petite dernière, qui aurait eu douze ans. Suffisamment au fait de ce qu'il se passait à Auschwitz, les jeunes femmes durent se forcer à admettre que les voix rieuses de leurs êtres chers s'étaient tues à jamais. Elles espéraient simplement qu'ils avaient pu rester ensemble jusqu'au bout et n'avaient pas trop souffert. Sala dira : « Ils étaient jeunes et beaux. Leur vie aurait dû l'être aussi. »

Bala, qui avait toujours été très proche de Berek, décida subitement de partir en Suède pour s'occuper de lui. « Il a besoin de moi », déclara-t-elle. Elle se débrouilla pour parvenir à destination et s'occupa de son frère pendant des années. Elle informa ses sœurs que Berek avait perdu son œil en voulant aider son père à Bergen-Belsen. Il avait été passé à tabac en guise de punition. « Pendant des mois, il avait réussi à protéger notre père, qui était trop vieux et trop faible pour travailler. Mais ce jour-là, on lui a ordonné de ne pas l'aider dans sa tâche. Berek a voulu le faire malgré tout. Un garde l'a frappé au visage et il a perdu un œil. » Leur père Shaiah fut abattu par balle trois jours avant la libération du camp.

Toujours sans nouvelles de son mari, Rachel en vint à se demander s'il ne l'attendait pas à Łódź, dans la ville où se trouvait son usine, qu'il était peut-être en train de remettre sur pied. Malgré les sérieux obstacles causés par l'absence de transports publics, Rachel entreprit le voyage sous la protection d'amis masculins. Sur place, elle découvrit que l'usine avait été saisie. Il ne restait que quarante mille Juifs à Łódź, qui en comptait deux cent mille avant guerre. La plupart des survivants finirent par émigrer. La famille de Rachel avait tout perdu.

« A ce moment-là, nous avons compris que nous ne voulions pas rester en Pologne. Plus rien ne nous retenait », expliquera Sala. Dans le tumulte de l'après-guerre, Rachel, Sala et Ester partirent pour Munich, en zone américaine. De là, leur avait-on assuré, elles pourraient émigrer vers le pays de leur choix. Lorsqu'elles arrivèrent dans la ville dévastée par les bombes, elles ne possédaient qu'une ou deux valises. Au fil des semaines, de plus en plus de survivants de leur région de Pologne convergèrent vers la ville allemande. Une communauté soudée se constitua à mesure que familles et amis se retrouvaient. Rachel interrogeait systématiquement les nouveaux venus au sujet de son mari, mais elle n'obtint aucune information fiable et n'eut jamais la joie de le voir réapparaître.

Au bout de quelques mois, sans connaître les détails de sa fin, ni même l'endroit où se trouvait sa dépouille, elle dut admettre qu'il ne reviendrait pas. Elle crut longtemps qu'il avait été déporté à Auschwitz et gazé. Mais un ami de Berek lui affirma que Monik avait réussi à éviter le dernier convoi, qu'il était resté dans le ghetto de Łódź et avait fini par se faire abattre par « un Allemand armé d'un revolver ». Quelle que fût sa fin, Monik mourut sans savoir que sa femme avait survécu et donné naissance à un fils. Il reposerait pour toujours dans une tombe imaginaire sur laquelle Rachel et leur fils ne pourraient jamais se recueillir.

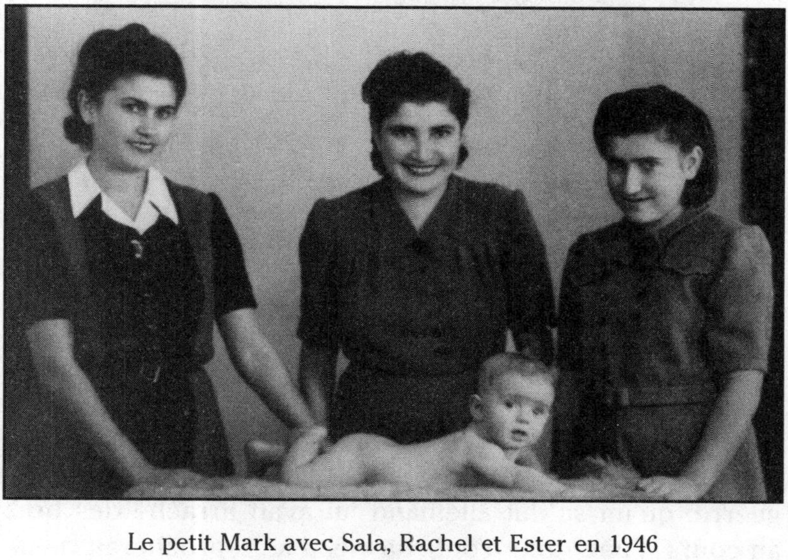

© Mark Olsky

Le petit Mark avec Sala, Rachel et Ester en 1946

Endurcie par le chagrin et décidée à offrir un bel avenir à son enfant, Rachel resta quatre ans à Munich. La première langue du petit Mark fut l'allemand. Sa mère et ses tantes ne parlaient polonais que lorsqu'elles voulaient éviter qu'il les comprenne. Le 19 mars 1946, Rachel épousa Sol Orviesky (qui deviendrait Sol Olsky), un Juif de quarante ans qu'elle avait connu avant la guerre. Elle savait que ce talentueux joaillier serait un bon père pour Mark, ce qui ne l'empêcha pas de se sentir coupable de s'être remariée si vite. Elle se demanderait longtemps ce qu'elle ferait si Monik se présentait sur le pas de sa porte. « Je me suis remariée parce que c'était très dur pour une femme seule d'élever un enfant en manque de père », dira-t-elle.

Rachel et Mark en 1949

Sol appartenait à une famille orthodoxe originaire de Pabianice. Il avait été marié et avait eu un fils avant la guerre, qu'un soldat allemand lui avait arraché des bras au cours d'une rafle. Toute sa vie, il se reprocherait de ne pas lui avoir opposé plus de résistance. Seuls son neveu Henrike et deux frères partis en Amérique avaient survécu à la catastrophe : Sol avait perdu sa femme, son fils et l'ensemble de sa famille. Il avait passé la guerre à trier les affaires des morts dans un camp de travail et pesait trente kilos à la libération. Ses dents tombèrent une à une, et il souffrit toute sa vie de graves problèmes de santé.

Après la guerre, c'est lui qui aida les rescapés de sa famille et les sœurs Abramczyk à se remettre à flot. Le chimiste allemand avec lequel il travaillait avait développé un procédé permettant de redescendre le degré de pureté du lingot d'or européen au niveau du standard américain, répondant à un taux de pureté moindre. Les Américains semblant plus disposés à traiter avec les rescapés qu'avec les Allemands, Sol Olsky obtint le contrat de transformation de l'or des banques allemandes destiné à partir à l'étranger. Rachel et ses sœurs participaient à la gestion de l'entreprise. Le mark allemand ayant perdu toute valeur, les clients payaient en dollars. Ainsi, ils gagnèrent décemment leur vie dans une ville qui se reconstruisait à grand-peine. Ils purent même accueillir et aider des rescapés originaires de Pabianice.

Trois ans après leur mariage, quand il devint possible d'émigrer vers l'Etat naissant d'Israël, Rachel, qui avait embrassé le sionisme à l'adolescence, persuada son époux de prendre un nouveau départ. La famille embarqua au départ de Marseille et s'installa à Petach Tivka, à côté de Tel Aviv. Ils y restèrent dix ans. Sol, qui ne put s'établir là-bas comme joaillier ou marchand d'or, devint ouvrier dans une usine sidérurgique.

Rachel avait perdu toutes les photos de son premier mariage et de son défunt époux. En Israël, elle croisa par hasard une ancienne petite amie de Monik, qui possédait un cliché de lui à l'époque où il était étudiant. Rachel convainquit cette femme de s'en défaire et le garda toute sa vie, afin de le transmettre à Mark.

Rachel s'était promis de protéger son « bébé miracle » envers et contre tout. Elle refusa d'avoir un second enfant de peur que Sol ne lui accorde la préférence. En 1958, pour éviter que Mark ne soit appelé sous les drapeaux israéliens, elle persuada une fois de plus Sol de partir et opta cette fois pour les Etats-Unis, alors qu'aucun d'eux ne parlait anglais. Sol reprit ses activités de joaillier et d'horloger. Après plusieurs crises cardiaques, il mourut en 1967, à l'âge de soixante et un ans. Rachel travailla « comme un chien » pour faire fructifier leur commerce et protéger son fils du besoin.

A Munich, Ester avait épousé Abe Freeman, un ami de Berek, originaire comme eux de Pabianice. Abe avait passé presque quatre ans à Auschwitz et portait un tatouage sur le bras. Les membres d'une organisation caritative juive, rencontrés lors d'une exposition commerciale à Munich, leur ayant assuré que Nashville se trouvait « tout près » de New York, ils décidèrent d'y emménager. Une fois arrivés, ils comprirent que Nashville était « au milieu de nulle part », mais ils y menèrent néanmoins une vie heureuse et prospère. Ils ne quittèrent jamais le pays de leurs libérateurs, où ils mirent au monde deux filles, Shirley et Faye, qui leur donnèrent cinq petits-enfants. Ester mourut en 2003.

Sala se maria avec Henrike, ou Henry, le neveu de Sol Olsky, qu'elle avait rencontré dans le ghetto de Pabianice et retrouvé dans celui de Łódź. Déporté à Auschwitz, Henry fut transféré à Mauthausen puis vers le sous-camp d'Ebensee et ses tunnels, où il faillit succomber au typhus. Après la guerre, Sala n'eut de cesse de le retrouver. « J'ai toujours su que nous ferions notre vie ensemble [...]. Huit semaines à peine après son retour, il m'a demandé si j'accepterais de l'épouser. J'ai dit oui. Et nous avons vécu soixante-quatre années de bonheur. » L'un des oncles de Henry, installé en Amérique, accepta de se porter garant pour leur permettre d'émigrer. A Munich, Sala et Henry suivirent des cours d'anglais afin de préparer leur départ. Ils vécurent d'abord à New York, puis à Chicago. Plus tard, ils s'installèrent à Nashville pour se rapprocher d'Abe et Ester. Sala devint « Sally ». Henry et elle eurent deux filles, Ruth et Deborah, qui en eurent elles-mêmes trois.

Bala resta en Suède, où elle épousa Jakob Feder, un Juif polonais. Ils eurent deux fils, David et Mikael, qui eurent quatre enfants à eux deux. Elle ne parla jamais à ses enfants de ce qu'elle avait vécu pendant la guerre et décéda en 1986 d'un cancer du sein. Après sa disparition, ses fils émigrèrent en Israël.

En 1956, Berek quitta la Suède pour s'installer définitivement à San Francisco, où il travailla dans la restauration. Il épousa Pola Nirenberg, qui avait survécu à la Shoah, elle aussi. Ils eurent deux enfants, Leif et Steven. Ce dernier est neurochirurgien à Nashville et a quatre enfants. Mark, le « bébé miracle », rencontra son oncle Berek pour la première fois à l'âge de seize ans. Les deux hommes s'entendirent aussitôt à merveille. Les cinq survivants de la fratrie Abramczyk considèrent leurs neuf enfants et vingt petits-enfants comme leur « *happy end* » personnel.

Comme nombre de survivants de la Shoah, ces cinq frère et sœurs s'efforcèrent d'effacer les souvenirs de leur mémoire et n'en parlèrent quasiment jamais, car c'était « trop dur ». A une époque où la notion de thérapie était encore très nouvelle, beaucoup de rescapés du génocide se sentirent coupables d'avoir survécu là où tant d'autres avaient péri. Ils cherchèrent bien souvent l'oubli dans le travail, l'alcool, la vie de famille ou le suicide. Esther Bauer, une rescapée de la déportation, résume leur trajectoire en ces termes : « Les vingt premières années, nous étions incapables d'en parler. Les vingt suivantes, personne ne voulait en entendre parler. Et depuis vingt ans, tout le monde nous pose des questions. »

Chacun s'arrangea comme il put avec les souvenirs gravés au fond de lui-même. Les survivants apprirent à vivre avec les images atroces que le moindre détail pouvait faire resurgir : le bruit d'un marteau-piqueur, le raté d'un moteur de voiture, un mur en pierre trop haut, la vue d'un train de marchandises, une personne parlant allemand, une odeur de cheveux roussis, un tas de vêtements en désordre ou un aboiement de chien. A la vue d'une tondeuse électrique, chez le coiffeur, un survivant s'effondra.

Certains développèrent la phobie des insectes et des mouches à viande. D'autres étaient saisis de panique dans les métros bondés. Dans un monde redevenu « normal », les survivants marqués à jamais par la peur perdaient tout sens des proportions.

Malgré tout, ils s'accrochèrent à l'existence, comme ils l'avaient fait dans les camps. « Nous savions que les autres membres de la famille avaient vécu les mêmes choses que nous, et cela nous suffisait, dira Sala. Nous avions tout laissé derrière nous. » En août 2010, elle accepta, après de longues discussions, d'accompagner Mark et d'autres membres de sa famille à Louisville, dans l'Etat du Kentucky, pour l'ultime réunion de l'Association des vétérans de la 11e division blindée des Thunderbolt qui avait libéré Mauthausen. Parmi les quatre cents participants se trouvaient quatre-vingt-un vétérans et quelques rescapés des camps. Après un hommage touchant, rendu dans les locaux du Musée Patton par de jeunes recrues de l'école militaire de Fort Knox, les invités participèrent à un dîner dansant animé par un *big band* qui joua des airs des années 1940. Selon Mark, l'ensemble de la journée fut très émouvant, et sa tante, qui n'avait jamais assisté à une cérémonie commémorative, fut « profondément touchée ». Elle eut l'occasion d'échanger avec quelques-uns des vétérans, et déclara ensuite : « Survivre à un pareil enfer ne fut qu'une question de chance. Nous avons eu la chance d'en revenir. Il n'y a rien d'autre à ajouter. »

Sa sœur Rachel était du même avis. « C'est comme de gagner ou de perdre à la loterie, dira-t-elle un jour à son fils. Nous étions à la merci de gens qui passaient sans crier gare de la gentillesse à la pire des cruautés. Certains survivants se sont targués d'avoir survécu parce qu'ils étaient plus malins ou plus forts que les autres, mais des centaines de déportés bien plus malins ou plus forts qu'eux sont morts. La seule chose qui faisait la différence, c'était la chance. »

© Mark Olsky

De gauche à droite : Rachel, Sala, Berek, Bala et Ester en Israël dans les années 1980

Elle avait beau prétendre avoir laissé le passé derrière elle, à la trentaine Rachel vit ses cheveux blanchir et pratiquement toutes ses dents tomber. Son dentiste lui expliqua que son fœtus avait absorbé ses réserves de calcium ; le peu qui restait s'était enfui après l'allaitement. Le temps n'effaça jamais les souvenirs. Toute leur vie, Rachel et Sol souffrirent d'insomnie. Mark les entendait souvent crier dans leur sommeil ou arpenter la maison au milieu de la nuit en quête d'un apaisement qui ne venait pas.

Dès son plus jeune âge, il sut où il était né. Toutefois, en Israël, entouré comme il l'était par des enfants de survivants, les circonstances de sa naissance lui semblèrent relativement normales. Hormis quelques difficultés respiratoires (il était sujet à des crises d'asthme et au rhume des foins), il grandit sans poser de soucis de santé à ses parents. Comme nombre de leurs amis israéliens, ces derniers refusaient de posséder un quelconque objet ou véhicule allemands. Sans grande surprise, lorsque les gens lui demandaient ce qu'il voulait faire plus tard, Mark répondait : « Tuer le plus d'Allemands que je pourrai ! » Rachel le grondait en répliquant : « Nous avons perdu tous les nôtres. Si nous perdons notre humanité, nous renoncerons au seul bien qu'il ne faut jamais perdre. » Il lui fallut cependant toute une vie pour admettre que la génération qui avait été responsable de la Shoah n'était plus de ce monde.

Aux questions de Mark sur son existence pendant la guerre, elle répondait : « Il n'y a rien à retenir. C'était horrible. La seule leçon à en tirer, c'est qu'il faut te protéger. Si tu sens qu'il faut fuir, prends tes jambes à ton cou. » Puis elle se fâchait et ajoutait : « Inutile de chercher à savoir. Tu ne peux même pas imaginer l'horreur que c'était. » Quelques semaines plus tard, elle était capable de lui reprocher de ne jamais lui poser de questions. Elle ne retourna jamais sur les lieux des anciens ghettos, des camps ou de l'usine de Freiberg. Elle ne lut aucun livre sur la Shoah et ne vit qu'un seul film sur cette époque : *La Liste de Schindler*, qu'elle jugea « assez bon ».

Mark ignorait que Sol n'était pas son père biologique jusqu'à ce qu'il découvre par hasard son acte de naissance. Il avait quatorze ans. Lui et sa mère n'en discutèrent jamais vraiment. « A ma naissance, quelque chose s'était déclenché chez ma mère, dira-t-il. Elle s'est promis de me protéger envers et contre tout [...]. Je me suis simplement dit que mon père avait dû mourir pendant la guerre. » Cette mère « opiniâtre » – ce « bourreau de travail » comme la décrirait Mark – le poussa à étudier et à devenir quelqu'un. Quant à Sol, il fut « un père fantastique ». Rachel et Sol furent tous deux très fiers de le voir devenir médecin urgentiste. Mark et Mary, une non-Juive, se sont mariés en 1969. Ils ont quatre enfants et quatre petits-enfants et partagent leur temps entre le Wisconsin et l'Arizona.

Comme Anka et beaucoup de femmes de sa génération, Rachel avait aimé *Autant en emporte le vent*, qu'elle avait lu en Pologne. Après la guerre, s'étant promis de ne plus jamais se retrouver à la merci des événements ou dans l'impossibilité de nourrir sa famille, elle citait souvent le serment de Scarlett O'Hara : « Je jure devant Dieu que je ne me laisserai pas abattre. J'aurai le dernier mot. Et lorsque ce cauchemar sera terminé, je ne connaîtrai jamais plus la

© Mark Olsky

Rachel (assise à droite) en 2002 avec, de gauche à droite, son petit-fils David, sa belle-fille Mary, son fils Mark, son petit-fils Charlie et sa petite-fille Margaret

faim. » Toute sa vie, elle veilla à ce que ses deux hommes n'aient jamais faim et tint à assumer seule la cuisine et les tâches ménagères, même après des journées de travail de quatorze heures, car c'était là son « apanage », disait-elle.

Lorsqu'elle regardait *Autant en emporte le vent* avec son petit-fils Charlie, particulièrement les scènes de souffrances durant la guerre de Sécession, elle lui disait : « Ils trouvent que ça, c'est dur ? » Plus tard, elle emmena une partie de ses petits-enfants au *Yad Vashem Museum* à Jérusalem, où elle répondit à leurs questions comme elle ne l'avait jamais fait avec Mark.

Vers la fin de sa vie, Rachel fut accablée par les problèmes de santé : diabète, hypertension, problèmes cardiaques, surdité. En outre, elle souffrait d'une déficience neurologique aux jambes et ses os, fragilisés par l'ostéoporose, lui valurent des fractures multiples à la colonne vertébrale. Son manque de mobilité la faisait souvent s'exclamer : « Je dis à mes jambes où aller, mais elles ne m'écoutent pas ! » Mark expliquera que passés quatre-vingts ans, sa mère devint « fragile et fatiguée, après des années de santé et d'énergie [...]. Elle avait de plus en plus de mal à apprécier la vie et attendait la fin ». Néanmoins, elle poursuivit son bénévolat à l'hôpital de son quartier jusqu'à quatre-vingt-trois ans, et fêta en famille ses quatre-vingt-quatre ans, le 31 décembre 2002. Deux mois plus tard, devant subir une intervention de routine à la vessie, elle s'arrangea pour la programmer au moment où Sala et Ester seraient à Hawaï, de façon à « ne pas les inquiéter ».

Mark fit le déplacement à Nashville depuis son domicile du Wisconsin. Au sortir de l'opération, tandis qu'il était à son chevet, elle fut victime d'un arrêt cardiaque. « Elle a ouvert brièvement les yeux et s'est tournée vers moi », confiera son fils. Rachel Olsky mourut le 19 février 2003.

© Wendy Holden

La tombe de Rachel à Nashville, aux Etats-Unis

A cinquante-sept ans, après une vie consacrée à se montrer digne de sa naissance extraordinaire, Mark devint subitement orphelin. Rachel, cette femme inébranlable, qui avait frôlé la mort dans sa jeunesse, accouché dans un wagon à charbon, perdu deux époux et affronté tant d'épreuves, minimisa toute sa vie ce qu'elle et son fils avaient enduré. « Tu fais toute une histoire d'une chose si simple ! » aurait-elle dit à Mark si elle l'avait entendu louer son parcours hors du commun.

Rachel repose paisiblement dans l'un des cimetières juifs de Nashville, entourée de magnifiques cornouillers.

Anka

Après trois semaines de convalescence à l'infirmerie de Mauthausen, Anka et Eva purent enfin quitter l'Autriche. En apprenant qu'elles seraient bientôt rapatriées à Prague, les soldats et les bénévoles du camp avaient inondé la jeune mère de cadeaux et de layette, faisant de la minuscule Eva un bébé « très bien équipé ».

Aux alentours du 20 mai 1945, munie de l'acte de naissance de sa fille et de nouveaux papiers d'identité pour elle-même (débarrassés du tampon « J » imposé par les nazis), Anka fit ses adieux aux médecins, soldats et infirmières qui les avaient sauvées, et monta avec Eva dans un bus à destination de České Budějovice, où les attendait le fameux train tchèque décoré de fleurs fraîches.

Elle connut, comme Priska et Rachel, un voyage long et mouvementé, marqué par de nombreux arrêts. La plupart des gares manquaient de personnel, mais grouillaient de réfugiés pressés de rentrer chez eux. Ceux qui le pouvaient se glissaient dans les wagons déjà bondés ; les plus téméraires voyageaient sur le toit des voitures. Les anciens prisonniers tchèques de Mauthausen arrivèrent tard, une nuit de la fin mai, à la gare Wilson de Prague. Anka la connaissait bien pour y être souvent descendue lorsqu'elle rendait visite à sa tante installée place Wenceslas. C'était aussi à la gare Wilson qu'elle était arrivée de Třebechovice en 1936, à la veille de la rentrée universitaire. L'*Anschluss*, puis l'occupation de la Bohême-Moravie par les nazis avaient interrompu ses études deux ans et demi plus tard. Comme tout cela lui semblait loin, à présent !

Loin de la joie attendue, ses retrouvailles nocturnes avec une capitale tchèque meurtrie par la guerre, l'occupation et plusieurs jours d'insurrection se révélèrent profondément déprimantes : « Pendant toutes ces années, j'avais dû me battre pour survivre. Il fallait éviter de réfléchir et de se faire trop de souci. L'essentiel était de s'accrocher, expliquera-t-elle. Je n'avais pas vraiment compris, avant d'arriver à la gare de Prague, que personne ne viendrait me chercher [...], ni mes parents ni mes sœurs [...]. Le quai était vide et je n'avais nulle part où aller. » Ce fut « une prise de conscience terrible [...]. Le pire moment de toute la guerre ».

Outre les récents dégâts causés par les quatre jours d'émeutes, la ville portait les stigmates des bombardements massifs menés sur Dresde en février 1945 : Prague en avait été la victime collatérale, des pilotes américains l'ayant ciblée par erreur. Le réseau électrique et les transports publics, lourdement touchés, demeuraient défaillants. Privés de courant, des quartiers entiers passaient la nuit dans l'obscurité la plus complète. Abattue, sans argent ni énergie, Anka se raccrochait à son unique projet : aller frapper à la porte de sa cousine Olga. Elle était convaincue que sa parente avait été épargnée par les nazis parce qu'elle s'était mariée à un non-Juif avant la guerre. La nuit étant bien avancée, Anka résolut d'attendre le lever du jour pour mettre son projet à exécution. Elle patientait, entourée de ses amies, dans le hall de la gare, lorsque des employés de la Croix-Rouge vinrent enfin les chercher pour les loger, comme convenu, à l'hôtel Graaf, situé à quelques mètres des voies.

Levées de bonne heure le lendemain matin, Anka et Eva se rendirent à la station de tram la plus proche. Elles éveillèrent vite la curiosité des passants, encore peu accoutumés au triste spectacle qu'offraient les survivants de retour chez eux. Bien que les images des camps peuplés de rescapés faméliques aient fait le tour du monde, les Praguois furent choqués par la misère de cette jeune mère squelettique, aux cheveux ras, encore affublée des vêtements dépareillés qu'on lui avait donnés à Mauthausen. Pris de pitié, ils furent nombreux à lui tendre quelques pièces de monnaie. « Je voudrais juste de quoi acheter un ticket de tramway », assura-t-elle en refusant de prendre plus d'argent que nécessaire.

Désormais éclairée par le soleil matinal, la ville semblait presque intacte, mais Anka était si troublée qu'elle mit un moment à trouver son chemin. Lorsqu'elle parvint devant l'immeuble de la rue Schnirchova, près du Palais des expositions de style Art nouveau, 10 heures venaient de sonner. Elle grimpa les deux étages menant à l'appartement de sa cousine et fut surprise de trouver du pain et du sel sur le pas de la porte. C'était avec ces aliments essentiels qu'on accueillait traditionnellement les visiteurs dans toute l'Europe de l'Est. Etait-ce elle qu'on attendait ? Elle frappa à la porte, qui s'ouvrit aussitôt sur Olga, son mari Ivan, et leurs deux enfants. Ils avaient entendu dire qu'elle avait survécu et la guettaient depuis plusieurs jours avec émotion. « On n'a pas de poux ! » s'écria Anka avant de se jeter dans leurs bras, et de pleurer pour la première fois depuis des mois. En fait, Eva et elle étaient couvertes de parasites, mais ses proches ne s'en soucièrent guère, tout à la joie des retrouvailles.

« Pouvons-nous rester quelques jours chez vous ? » demanda Anka avec embarras. La réponse fut oui. Au lieu de quelques jours, elles restèrent trois ans et demi, aux petits soins d'Olga et de sa famille, qui les hébergèrent chaleureusement et mirent tout en œuvre pour leur offrir un nouveau départ. « Ils ont été adorables. Ils nous ont accueillies pendant tout ce temps dans leur petit appartement, où leurs deux adolescents manquaient déjà de place. »

Anka passa les premiers jours à manger et à dormir. Traumatisée par les privations, elle se levait discrètement en pleine nuit pour boire autant d'eau qu'elle le souhaitait ou grignoter ce qui lui tombait sous la main. S'il y avait du courant, elle allumait le four et pétrissait avec Olga de quoi faire de belles miches de pain, qu'elle engloutissait sans pouvoir s'arrêter.

Lorsque les poux tant redoutés commencèrent à infester la demeure d'Olga, Anka se rendit avec Eva à l'hôpital le plus proche. Les médecins lui annoncèrent qu'elles souffraient aussi de la gale, et entreprirent de les soigner à l'aide d'antibiotiques et de lotions antiparasitaires. Le traitement dura plusieurs jours, au cours desquels Olga leur rendit de fréquentes visites. De vingt ans son aînée, elle se montrait extrêmement patiente et attentive, répondant gentiment à toutes les questions d'Anka. Elle lui raconta qu'elle-même et sa sœur Hana, également mariée à un non-Juif, avaient échappé aux rafles pendant presque toute la durée de la guerre. Arrêtées six mois avant l'Armistice, elles avaient été envoyées à Terezín et séparées de leurs époux, incarcérés avec des non-Juifs dans un autre camp en Tchécoslovaquie. Tous avaient survécu.

Olga lui annonça ensuite, le plus doucement possible, qu'ils n'avaient reçu aucune nouvelle des autres membres de sa famille : ni Stanislav et Ida, ni Ruzena et son fils Peter, ni Zdena et son mari Herbert ne s'étaient manifestés. Olga montra à Anka la carte postale que Zdena avait écrite sous la contrainte à Birkenau, et dans laquelle elle avait réussi à glisser le mot « *lechem* » pour indiquer à sa cousine qu'ils souffraient de la faim. Zdena, la sœur si tendrement aimée d'Anka, cette jeune femme belle, drôle, passionnément éprise de la vie et de son mari, s'était éteinte aux mains des nazis comme une petite bougie qu'on mouche entre deux doigts.

Olga n'avait pas davantage de nouvelles de ses propres parents, dont Anka s'était occupée à Terezín jusqu'à leur « réinstallation à l'est ». Et elle n'avait pas la moindre idée de ce qui était arrivé à Bernd. Les deux femmes signalèrent toutes ces disparitions aux autorités compétentes, puis commencèrent à attendre. A mesure que les jours se changeaient en semaines sans apporter la moindre information, Olga et Anka furent saisies d'une appréhension grandissante. Etaient-elles les seules survivantes de leur nombreuse famille ?

Comme pour ajouter à ses souffrances, le lait maternel d'Anka, pourtant si abondant, s'était brusquement tari depuis son arrivée à Prague. « A croire que son organisme avait compris qu'elle pouvait désormais se procurer du lait en poudre ou me nourrir de bouillies, racontera Eva. Epuisé, son corps avait dit : "Ça suffit !" Le pire, c'est que le père de Peter venait justement de lui envoyer d'Angleterre un colis rempli de boîtes de lait Ostermilk, grâce auquel elle aurait pu me nourrir sans difficulté. Mais elle m'a emmenée chez un pédiatre qui lui a conseillé de s'en débarrasser, sous prétexte que c'était une mauvaise marque. Elle lui a obéi aveuglément et elle a tout jeté à la poubelle. »

Dès lors, toutes les tentatives d'Anka pour allaiter Eva s'achevèrent sur des larmes de douleur et de frustration – pour la mère comme pour l'enfant. Anka n'avait plus de lait et sa poitrine à vif la faisait souffrir au moindre contact. Quand le pédiatre lui affirma qu'Eva devait « manger, manger et manger », la jeune mère paniquée décida de l'alimenter de force. La minuscule Eva, allongée sur le canapé, dut ingurgiter de la soupe à la cuillère. Cherchant à téter, elle recrachait le tout en hurlant. Anka persistait, encore et encore, jusqu'à ce que l'enfant parvienne à avaler le précieux liquide. Ce fut une expérience traumatisante pour toute la famille.

Anka et Eva à Prague en 1949

A ces soucis de santé s'ajoutèrent vite des tracas administratifs : déchue de sa nationalité tchèque du fait de son mariage avec Bernd, Anka craignait d'être expulsée en même temps que les milliers d'Allemands qui résidaient en Tchécoslovaquie. Déterminée à recouvrer sa citoyenneté, elle frappait à tous les bureaux et remplissait tous les formulaires possibles, en compagnie d'Eva, bien installée dans sa poussette.

Malgré le silence assourdissant qui entourait le sort de Bernd et des autres membres de la famille, Anka refusait de perdre espoir. « Bernd va bientôt rentrer, se répétait-elle. Il est en chemin. » Elle interrogeait toutes les personnes susceptibles d'avoir été déportées ou internées avec ses proches. Peu à peu, par le biais de ses connaissances, elle parvint à découvrir ce qui était arrivé à sa famille. Ses parents, ses sœurs et son beau-frère, ainsi que son neveu Peter avaient été internés, dès leur arrivée à Birkenau, dans le « camp des familles » conçu pour apaiser les inquiétudes de la Croix-Rouge. Stanislav, le père d'Anka, dont les lunettes – et la fierté – avaient été brisées à Terezín, mourut de pneumonie quelques semaines plus tard. La souriante Zdena et son mari Herbert furent envoyés à la chambre à gaz dès le démantèlement du « camp des familles ». Le petit Peter, âgé de huit ans, subit le même sort après avoir été violé par des SS. Anéantie par tant d'horreurs, Ida, la matriarche joviale qui tenait la caisse de la maroquinerie et faisait rire ses clientes, devint folle et fut certainement gazée à son tour. « L'homme qui m'a raconté que ma mère [avait perdu l'esprit] cherchait peut-être à me ménager. Je ne sais toujours pas si c'est vrai, mais je préfère le croire », confiera Anka des années plus tard.

Alors qu'elle tentait encore d'assimiler ces terribles nouvelles, Anka croisa tout à fait par hasard un ami de Bernd : « Je l'ai aperçu sur une très belle avenue appelée Na Příkopě […]. Je suis incapable de me souvenir de ce qui m'avait amenée dans ce quartier. Lui, je l'ai reconnu tout de suite. Je l'avais rencontré avant la guerre, mais j'ignorais qu'il avait été interné dans le même camp de travail que Bernd [...]. Il m'a aperçue à son tour et s'est approché en souriant, très content de me voir. Nous nous sommes salués, puis il m'a dit : "Vous ne savez rien ? Inutile d'attendre votre mari. Il a été tué juste avant la libération. Je l'ai vu tomber." Je lui suis éternellement reconnaissante de m'avoir annoncé la nouvelle de cette façon. Il n'a pas cherché à me mener en bateau. Il m'a tout avoué d'un seul coup, sans me faire languir. »

En discutant plus longuement avec lui, Anka apprit que Bernd avait été jugé « apte au travail » lors de son arrivée à Auschwitz-Birkenau en septembre 1944. Transféré peu après au camp annexe de Bismarckhütte, en Silésie, il avait travaillé plusieurs mois dans une fabrique de munitions. Situé à Chorzów Batory, près des aciéries Bismarck gérées par la compagnie Berghütte, qui possédait également l'usine de munitions, le camp employait deux cents prisonniers, tous Juifs, à des travaux forcés. Alors qu'il avait survécu aux rigueurs de l'hiver 1944, Bernd fut contraint d'entreprendre une « marche de la mort » après l'évacuation du camp par les SS le 18 janvier 1945. Il neigeait abondamment, et les trente kilomètres qui les séparaient de Gliwice, leur destination, se muèrent vite en calvaire pour ces hommes exténués. Il se peut que Bernd et ses camarades aient alors rejoint la colonne de déportés dans laquelle se trouvait Tibor, le mari de Priska, mais nous ne saurons jamais si les deux hommes se sont côtoyés, voire parlé, lors de ces heures terrifiantes.

Tous ceux qui ralentissaient ou trébuchaient étaient exécutés d'une balle dans la nuque et abandonnés sur le bord de la route. Ce fut le cas de Tibor. Ceux qui parvinrent à destination furent entassés à demi morts dans des wagons à bestiaux et envoyés vers les camps de Buchenwald ou de Nordhausen-Dora. Bernd avait entamé cette ultime partie du voyage, lorsqu'il fut abattu par un SS devant le train. Où, exactement ? Qu'avait-on fait de son corps ? Des mois plus tard, personne ne put renseigner son épouse. Elle ne sut jamais s'il avait été enterré. Et si c'était le cas, à quel endroit d'Allemagne ou de Pologne elle pouvait aller lui rendre hommage.

Anka ne parvint jamais non plus à savoir pour quelle raison Bernd avait été tué. Elle continua longtemps de s'interroger, même si, pour avoir passé cinq ans aux mains des nazis, elle pressentait que son mari était sans doute mort sans raison aucune. L'Armée rouge était arrivée quelques jours plus tard dans la région de Gliwice. Si Bernd n'avait pas été assassiné, il aurait été libéré et aurait pu retrouver sa femme et son enfant à l'issue de la guerre.

Terrassée par sa disparition, Anka eut le sentiment que son cœur se changeait en pierre. Elle refusa pourtant de céder au désespoir : ne devait-elle pas se soucier d'Eva avant tout ? A force d'obstination, elle parvint à se relever, à mettre un pied devant l'autre et à continuer d'avancer. « Je n'avais pas le temps de pleurer. Quand on me demandait gentiment "Ça va ? Tu t'en sors ?", je répondais : "Je ne sais pas. Je fais ce qu'il faut faire, c'est tout." Et c'était déjà bien assez, vu que j'ignorais la veille où je trouverais l'argent du lendemain. »

Les mauvaises nouvelles n'en finissaient pas de s'accumuler. Son ancienne femme de ménage, à laquelle elle avait confié ses biens les plus précieux avant de partir à Terezín, se présenta chez Olga d'un air penaud pour restituer à Anka la pendule de Bernd et quelques bibelots. Elle lui avoua ensuite qu'elle avait vendu les grands rideaux de soie verte et brûlé toutes ses photographies, par crainte d'être arrêtée si on les trouvait chez elle. « Je l'aurais tuée ! Les photos, c'était ce qui comptait le plus à mes yeux. » Pour les déportés qui avaient tant perdu, les biens matériels n'avaient plus guère d'importance. En revanche, ils chérissaient le moindre souvenir comme un trésor. Les objets qui évoquaient ou représentaient les disparus valaient pour eux tout l'or du monde. Et voilà que cette femme venait dire à Anka qu'elle avait tout détruit ! Furieuse, elle se rendit chez le photographe qui avait pris leurs photos de mariage. L'homme avait été déporté, lui aussi, et n'était pas revenu des camps. Mais les négatifs étaient toujours là, bien rangés dans ses archives. Anka commanda aussitôt de nouveaux tirages, et les conserva toute sa vie.

Pour l'heure, sa priorité se résumait en un mot : Eva. « Je devais m'occuper d'elle, et c'est ce qui me maintenait en vie [...]. Elle est tout ce que j'ai, et l'a toujours été, confiera-t-elle des années plus tard. Chacun de nous adore ses enfants, mais dans mon cas, j'ai l'impression que le cordon ombilical n'a pas été coupé [...]. Je savais qu'elle ne pourrait pas survivre sans moi. Je devais pourvoir à tous ses besoins, tant physiologiques que psychiques. »

Quand Olga, Ivan et leurs enfants partirent en vacances au cours de l'été 1945, Anka résolut de se rendre à Třebechovice pod Orebem pour voir ce qui restait de la maison et de l'entreprise familiales, réquisitionnées pendant la guerre. Elle installa Eva dans sa poussette, jeta quelques vêtements dans une valise et se rendit à la gare Wilson, d'où partaient les trains à destination de sa ville natale, berceau d'une enfance radieuse. « Je n'avais pas d'argent et je ne pouvais pas travailler, parce qu'Eva avait besoin de moi en permanence. Comme j'étais l'unique héritière d'une petite usine qui tournait encore, j'ai décidé d'aller trouver les gérants nommés par le Parti communiste pour leur demander de nous aider, mon bébé et moi. »

A peine avait-elle franchi les grilles de l'ancienne propriété familiale qu'un flot d'images poignantes remonta à sa mémoire. Combien de repas avait-elle pris sous cette tonnelle en compagnie des siens ? Combien de livres dévorés dans ce coin du parc, confortablement appuyée sur un oreiller ? La haute cheminée en brique qui lui faisait si peur dans sa petite enfance lui évoquait maintenant d'autres cheminées, plus hautes et bien plus sinistres. La gorge nouée, elle dut se faire violence pour traverser l'ombre qu'elle projetait dans la cour de la fabrique.

Elle demanda à parler aux nouveaux directeurs, qui acceptèrent, à sa grande surprise, de lui allouer une petite rente mensuelle : « Ce n'était pas grand-chose, mais ça valait mieux que rien. »

La villa de style Bauhaus de sa sœur Ruzena avait été réquisitionnée, elle aussi, pour loger l'un des employés. Après avoir parlementé avec la direction, ce fidèle communiste les installa de mauvaise grâce dans une petite chambre quasiment dénuée de mobilier, loin de la cuisine et de la salle de bains. « Ils m'ont traitée comme un chien », dira Anka.

D'abord ravie de respirer l'air de la campagne et de bénéficier d'un espace personnel après des années de vie en collectivité, Anka céda bientôt à l'angoisse. Les voix des êtres chers semblaient bruire autour d'elle, accentuant son désespoir. Son rêve tournait au cauchemar. Où était la belle maison pleine de rires qu'elle espérait retrouver ? Et les bras chaleureux, les visages aimants qui l'accueillaient autrefois ? Le passé s'était enfui, l'enfermant dans une nouvelle sorte de camp, presque aussi cruel que ceux dont elle revenait à peine.

Piégée dans cette prison dénuée de murs, elle n'avait même pas le droit d'aller cueillir une tomate dans l'immense potager où elle avait gambadé autrefois. Lorsqu'elle s'aventurait en ville, les réactions des passants l'isolaient encore davantage. Un matin, alors qu'elle promenait Eva dans sa poussette, une vieille femme la reconnut. « Encore un bébé nazi ! » s'écria-t-elle. Piquée au vif, Anka fondit en larmes. « Les Tchèques m'ont vraiment mal accueillie, et ça m'a fait beaucoup de peine. Nous avions grandi ensemble, pourtant ! Je n'attendais rien des Allemands, mais les Tchèques et la valetaille des communistes m'ont donné l'impression que j'aurais mieux fait de mourir, moi aussi. C'était affreux. »

Elle fut tout de même l'objet de gentilles attentions, qui la prirent au dépourvu. En apprenant son retour, plusieurs amis de ses parents vinrent lui rendre visite. Elle ignorait que Stanislav et Ida avaient confié leur argenterie, leur plus beau service en porcelaine, leurs tapis et leurs bijoux à ces loyaux voisins. Ils les avaient courageusement cachés pendant la guerre et les restituèrent à Anka lors de son séjour à Třebechovice. Elle les remercia du fond du cœur. « J'ai presque tout récupéré », précisera-t-elle. Aussi loyaux fussent-ils, ces rares amis ne suffirent pas à égayer son retour. Tout avait changé, et elle ne se sentait pas la bienvenue dans cette petite ville. Quand sa cousine Olga apprit où et comment Anka vivait avec Eva, elle insista pour qu'elles reviennent à Prague, ce qu'elles firent sans tarder.

Peu après, elles reçurent la visite de Karel Bergman, un ami de Tom Mautner, le beau-frère d'Anka. Toujours installé en Angleterre, Tom l'avait chargé de leur remettre de nombreux cadeaux et des vêtements de sa part. Karel avait hérité du savoir-faire paternel, qui possédait une petite fabrique de perruques et de filets à cheveux pour les femmes de la communauté juive. Anka le connaissait depuis longtemps, mais l'avait perdu de vue à la fin des années 1930 : comme Tom, Karel était parti vivre en Angleterre dès l'invasion de la Tchécoslovaquie par les nazis. Il y était resté, et travaillait comme interprète du commandement de la Royal Air Force.

Hébergée par ses proches et titulaire d'une modeste rente mensuelle, Anka se trouvait dans une situation difficile. Elle savait qu'elle ne pourrait rester éternellement chez Olga, et devrait, un jour ou l'autre, voler de ses propres ailes. Elle fut flattée et soulagée quand Karel commença à lui témoigner de l'intérêt, mais les blessures de la guerre étaient encore vives chez lui comme chez elle. Bien qu'Anka fût persuadée de la justesse de son choix, il leur fallut trois ans pour se décider : « Je savais que c'était la bonne personne, pas tant pour moi – ça ne comptait pas vraiment – que pour Eva. J'étais convaincue qu'il serait un très bon père pour elle. Et si j'ai eu raison une fois dans ma vie, c'est bien cette fois-là ! » Ils finirent par se fiancer, mais ne purent se marier avant plusieurs mois, car Anka n'avait pas encore recouvré la nationalité tchèque.

Sur ce point, elle continuait d'aller plaider presque quotidiennement sa cause auprès des fonctionnaires du gouvernement. Elle laissait Eva dans sa poussette à l'entrée des bureaux et la retrouvait invariablement entourée d'adultes souriants, réjouis par ce « beau bébé ». Toutefois, elle comprit rapidement que les nouvelles autorités avaient tout intérêt à rejeter sa demande : en effet, tant qu'elle ne serait pas officiellement redevenue tchèque, elle ne pourrait pas leur réclamer la maroquinerie de ses parents, ni même exiger une compensation financière à hauteur de la spoliation subie. Les manœuvres dilatoires des fonctionnaires éclatèrent au grand jour lorsque l'un d'eux, avec lequel elle était en pourparlers depuis trois ans, s'écria brusquement : « Maîtrisez-vous seulement notre langue ? » alors qu'ils conversaient en tchèque depuis le début.

Dès qu'elle eut enfin persuadé les autorités de son pays qu'elle était tchèque, et non allemande, Anka devint Mme Karel Bergmanová. On était le 20 février 1948. Les communistes venaient de provoquer la démission de onze ministres taxés de « bourgeois », un coup d'éclat qui aboutirait à la prise de pouvoir par des communistes prosoviétiques cinq jours plus tard. Anka avait trente ans, Karel en avait quarante-cinq. Il avait fui le protectorat de Bohême-Moravie en 1939 et s'était rendu en Grande-Bretagne afin de s'engager dans la RAF. Jugé trop âgé pour devenir pilote, il s'était vu offrir un poste d'interprète, qu'il avait accepté.

© Eva Clarke

Anka épouse Karel Bergman en 1948

Quand les mariés eurent obtenu les documents nécessaires, ils préparèrent leurs valises et réservèrent deux places dans le premier train à destination des Pays-Bas. Ils avaient l'intention de rejoindre la petite communauté de Juifs tchèques réfugiés à Montréal. Lorsqu'ils arrivèrent avec Eva en Hollande (où Anka revit brièvement Louis, le père de Bernd, qui avait survécu à la guerre), ils modifièrent leur projet initial pour se rendre au Pays de Galles, où Karel avait accepté de gérer une maroquinerie spécialisée dans la ganterie. « C'est seulement pour quelques mois », pensaient-ils en arrivant à Cardiff. Ils s'y plurent tant qu'ils n'en repartirent jamais. Karel racheta la ganterie cinq ans après leur arrivée, et ils s'établirent définitivement au Royaume-Uni. Dès les premières semaines de leur installation dans un petit meublé au premier étage d'un immeuble de Cathedral Road, Anka se déclara ravie par son nouveau port d'attache : elle adorait sa nouvelle vie dans ce pays où elle se sentait libre et en sécurité. « Nous habitions un petit appartement miteux, mais je n'avais jamais été aussi heureuse. Pourtant, je n'avais pas un sou. Je ne sais même pas comment je faisais les courses ! Mais je pensais sans cesse à ma mère, qui aurait été tellement soulagée de me voir de nouveau installée dans la vie. »

Ce qu'elle aimait par-dessus tout dans cette nouvelle existence, c'est qu'elle lui permettait de retourner au cinéma. Dès qu'Eva fut en âge d'aller à la crèche, puis à l'école, Anka profita de ses heures de loisir pour hanter les salles obscures : elle y allait seule, presque tous les jours. « Peu importe ce qui passe, disait-elle. L'essentiel, c'est de pouvoir y aller ! »

Petite, carencée et souvent malade, Eva semblait accuser un retard de développement qui inquiétait ses parents : à vingt-deux mois, elle ne marchait toujours pas. Anka courait les pédiatres de la ville, effarée à l'idée que son enfant soit atteinte d'une pathologie irréversible. Elle se faisait un sang d'encre chaque fois qu'Eva se trouvait en présence d'une autre petite fille du même âge, qui semblait avoir six mois d'avance sur elle. Ses inquiétudes finirent par s'apaiser, cependant, à mesure que l'enfant rattrapait son retard nutritionnel : elle forcit, acquit de l'énergie et « grandit admirablement ». A cinq ans, elle maîtrisait déjà parfaitement l'anglais et commença à s'attirer les félicitations de ses instituteurs britanniques. Elle mangeait avec appétit, affichant une prédilection pour les plats tchèques que sa mère cuisinait volontiers, avec une dextérité héritée des nombreux festins imaginaires cuisinés dans les baraquements de Freiberg.

La petite Eva manifesta rapidement une véritable hantise des marteaux-piqueurs : le vacarme qu'ils produisaient sur les chantiers de la ville la faisait hurler, contraignant Anka à couvrir ses oreilles pour la calmer, voire à demander aux ouvriers de s'interrompre le temps qu'elles se soient éloignées. En y réfléchissant, Anka acquit la conviction qu'Eva avait entendu *in utero* le martèlement insupportable de la riveteuse qu'elle utilisait au KZ Freiberg.

Elle parla très tôt à sa fille des nombreux membres disparus de leur famille, et lui apprit assez vite que Karel n'était pas son père biologique. La discussion survint par hasard, alors que la petite Eva, âgée de quatre ans, s'intéressait à un cabas à provisions accroché derrière la porte de la cuisine. Cousu main par une des amies praguoises d'Anka, il était orné de ses anciennes initiales : A.N., pour Anka Nathanová.

« Nous étions dans la cuisine, racontera sa mère, quand Eva s'est exclamée : "Maman, pourquoi il y a écrit A.N. sur ce sac, alors que ce devrait être A.B. ?" J'ai pensé que le moment était venu de lui parler de son père, et j'ai répliqué : "Tu sais que tu es née pendant la guerre, n'est-ce pas ?" Elle a hoché la tête, alors j'ai ajouté : "Eh bien, ton père a été tué pendant la guerre, et il s'appelait Nathan [...]. Après, j'ai épousé papa. Depuis, je m'appelle Bergman, ce qui fait que tu as deux papas !" Eva est retournée jouer avec les petits voisins. Une minute plus tard, je l'ai entendue déclarer : "Moi, j'ai deux papas, et toi, tu n'en as qu'un !" Depuis ce jour-là, je sais que personne ne pourra jamais lui faire de mal. »

© Eva Clarke

Anka et Eva à Cardiff en 1952

En grandissant, Eva en apprit davantage sur l'histoire récente de l'Europe. Elle se mit alors à raconter à ses amis qu'elle était née dans un camp de concentration – sans vraiment mesurer les implications de cet aveu. Il lui fallut attendre l'adolescence, et sa lecture du *Journal d'Anne Frank*, pour comprendre toute l'horreur contenue dans ces quelques mots. Il lui arrivait parfois d'imaginer que son premier papa avait survécu et qu'il reviendrait enfin à la maison. Mais elle aimait tant son second père que de telles pensées lui venaient rarement à l'esprit.

Anka se sentait prête à avoir un autre enfant, mais Karel préféra qu'Eva reste enfant unique. Il l'avait adoptée et la considérait comme sa propre fille. « Ma mère voulait m'offrir un foyer stable et aimant, dira Eva. Karel m'a adoptée, et il est le seul père que j'aie connu. »

Karel, qui avait perdu sa mère, sa sœur jumelle, le fils de celle-ci, ainsi que de nombreux autres proches pendant la guerre, évoquait rarement, voire jamais, la douleur que lui avait causée leur disparition. Anka adopta l'attitude inverse : elle développa une véritable obsession pour l'histoire de la Shoah et visionna pratiquement tous les films et les documentaires qui sortaient sur le sujet. Elle vit *La Liste de Schindler* dès sa sortie en salles et jugea « presque parfaite » la reconstitution des camps de concentration. Elle fut particulièrement touchée par l'une des scènes montrant les déportés entassés dans un train de marchandises aux portes fermées. On y voit des SS se moquer des cris plaintifs poussés par les prisonniers assoiffés, dont les mains jaillissent des grilles d'aération du wagon dans l'espoir d'obtenir de l'eau. Puis Schindler s'empare d'un tuyau d'arrosage et asperge le convoi comme pour se rire d'eux, lui aussi, alors qu'il cherche secrètement à étancher leur soif.

Anka possédait des dizaines d'ouvrages sur la Shoah. Plusieurs d'entre eux comportaient des photos de Josef Mengele, qu'elle avait reconnu sans peine sur les premières images diffusées après la guerre : comme pour Rachel et Priska, le visage souriant du médecin, ses manières étrangement courtoises, ses longs gants à manchettes et ses dents du bonheur étaient restés gravés dans sa mémoire. Comment aurait-elle pu oublier l'homme qui s'était chargé des sélections sur la rampe de débarquement et sur la place d'appel d'Auschwitz pendant ces quelques semaines clés de l'automne 1944 ?

Mengele n'était pas le seul à retenir l'attention d'Anka : ses étagères regorgeaient de biographies consacrées aux dirigeants nazis, ce qui surprenait toujours ses visiteurs. Chaque fois qu'on lui demandait pourquoi elle lisait ce genre d'ouvrages, elle répondait : « Parce que j'essaie encore de comprendre. » Elle passait aussi de longues heures à scruter la liste des personnes décédées à Terezín et à Auschwitz, afin de savoir quand et comment ceux qu'elle avait côtoyés autrefois avaient trouvé la mort.

Après la « révolution de velours » qui renversa les communistes tchèques en 1989, Anka recouvra enfin la pleine propriété de l'entreprise familiale, toujours en activité à

Třebechovice. « Je l'ai vendue sur-le-champ, et à bas prix, parce que j'ignorais tout de ce métier, et que je ne voulais pas m'en mêler. » Elle en éprouva une vive culpabilité, qui continua de la hanter jusqu'à la fin de sa vie. « Je pensais à ce que mon père m'aurait dit s'il l'avait su. "Les Allemands nous l'ont prise, se serait-il exclamé, puis les communistes. Et maintenant que tu l'as récupérée, tu la vends de ton plein gré ? Comment as-tu pu faire une chose pareille ?" »

Anka ne retourna jamais à Auschwitz et fit tout son possible pour éviter de côtoyer des Allemands. Comme Rachel, elle refusait de posséder le moindre objet de fabrication allemande ; elle s'opposa vigoureusement à la construction du tunnel sous la Manche car, affirmait-elle, « les Allemands pourraient nous envahir ! ». Bien des années après la guerre, quand de nouvelles machines-outils furent installées dans l'usine de son époux, un ingénieur de nationalité allemande fut dépêché pour expliquer leur fonctionnement aux employés. Karel invita cet homme à dîner. Anka prépara le repas et lui servit à manger, mais lorsque, à la question de Karel, leur hôte déclara être originaire de « Freiberg, en Saxe », elle quitta la pièce et ne lui adressa plus un mot.

Quand Anka emmenait Eva à Londres depuis la gare de Cardiff, leur train passait devant l'immense usine sidérurgique de Newport, dont les hauts-fourneaux crachaient flammes et fumée. A chaque fois, Anka détournait la tête. En vieillissant, elle développa un syndrome de Ménière, qui affecte l'oreille interne. Un spécialiste lui expliqua que cette maladie frappait essentiellement les personnes soumises à un très haut niveau de décibels : mineurs, ouvriers sidérurgiques ou chanteurs de rock. Perplexe, il ne comprenait pas comment la vieille dame qu'il avait en face de lui pouvait avoir contracté une telle pathologie – jusqu'à ce qu'elle lui en dise plus long sur sa vie.

En 1968, à vingt-trois ans, Eva épousa Malcolm Clarke, d'origine non juive, futur professeur de droit à l'université de Cambridge. Le couple eut deux enfants, Tim et Nick, et trois petits-enfants, Matilda, Imogen et Theo, qu'Anka eut la chance de connaître. « Ma mère était ravie, dira Eva. Elle n'arrivait pas à croire que nous avions toutes deux survécu, puis que j'avais eu deux enfants qui lui avaient donné à leur tour des arrière-petits-enfants. C'était un vrai miracle. »

Lorsqu'elle rencontra pour la première fois Kenneth Clarke, le père de son gendre Malcolm, Anka apprit qu'il avait été pilote de la RAF durant la guerre. Il lui montra son journal de bord : en date du 13 février 1945, à 17 h 40, tandis qu'Anka et ses compagnes étaient cloîtrées dans l'usine de Freiberg, Kenneth avait survolé les lieux dans un Avro Lancaster pour aller bombarder Dresde, avant de regagner sa base anglaise à 10 h 10. Le vieil homme qu'il était devenu referma le carnet et se tourna vers Anka, les yeux brillants de larmes. « J'aurais pu vous tuer toutes les deux ! » s'exclama-t-il. Anka le rassura d'un sourire : « Mais vous ne l'avez pas fait ! »

Anka avec Eva, ses petits-fils Tim et Nick,
et ses arrière-petits-enfants Matilda, Imogen et Theo,
en Angleterre.

A la fin des années 1960, alors qu'elle vivait avec son mari et ses enfants à Singapour, Eva demanda à sa mère d'écrire le récit complet de son histoire afin de le transmettre à ses petits-fils. Anka accepta. En lisant le texte qu'elle était en train de rédiger, Karel découvrit pour la première fois ce qui était réellement arrivé à son épouse au cours de la guerre. Il en fut bouleversé.

Plus tard, Anka revint au ghetto de Terezín en compagnie de sa fille pour lui montrer les lieux où elle avait vécu et failli mourir. En retournant par la suite dans l'ancien ghetto, Eva fut très touchée de constater que le nom de son frère Dan avait été ajouté à la liste des disparus sur l'un des murs commémoratifs. C'était l'unique trace physique de ce bébé, dont la mort avait permis à Eva d'exister.

Hana, une cousine d'Anka, qui devait probablement sa survie au fait d'avoir épousé un non-Juif, publia après la guerre un recueil de poèmes et de dessins des enfants de Terezín, dont le titre, *I never saw another butterfly*[1], est tiré d'un poème du jeune Pavel Friedman, l'un des adolescents du ghetto assassiné à Auschwitz. Hana devint également conservatrice du Musée juif de Prague et contribua à faire inscrire les noms des victimes tchèques du nazisme sur les murs de la synagogue Pinkas, au cœur de la vieille ville. En entrant dans cette bâtisse du XVIe siècle, on peut lire les noms de Bernd et des quinze membres de la famille d'Anka morts aux mains de la SS.

Après avoir travaillé toute sa vie dans les services administratifs de divers établissements scolaires, Eva consacre une grande partie de sa retraite à sillonner l'Angleterre avec le *Holocaust Educational Trust* pour faire connaître l'histoire de sa mère dans les écoles primaires. Ces conférences ont inspiré une chorégraphie à une compagnie de danse de Cambridge : intitulée *Anka's Story*, l'œuvre s'est jouée au Festival

1. *I never saw another butterfly: Children's Drawings and Poems from the Terezin Concentration Camp, 1942-1944*, traduit du tchèque, Schocken Books, 1993. Cet ouvrage n'est pas disponible en français.

d'Edimbourg. Par ailleurs, Eva se rend régulièrement à Auschwitz avec des groupes d'élèves britanniques. A chaque visite, lorsqu'elle se trouve à proximité du *Sauna* de Birkenau, elle ne peut s'empêcher de scruter le sol dans l'espoir de retrouver l'alliance et la bague de fiançailles de sa mère.

En 1985, pour ses quarante ans, elle emmena son époux et ses fils à Mauthausen, devenu depuis un lieu de mémoire qui accueille gratuitement les visiteurs du monde entier. Lors de cette première visite, cependant, seuls les survivants entraient gratuitement. Eva eut beau affirmer à l'employé chargé de vendre les tickets qu'elle était bien une rescapée, celui-ci éclata de rire, la jugeant trop jeune pour avoir été internée dans le camp. Bouleversée par ce déni, Eva fondit en larmes.

Non croyante, Anka n'avait pas changé d'avis sur la question religieuse. « Nul ne peut répondre à la question : "Où était-Il ?" Personne n'a résolu ce grand mystère. Et nous ne comprendrons jamais pourquoi nous avons eu droit à pareil traitement. » Toujours optimiste, elle ajoutait : « S'il était écrit que je devais subir ces épreuves, alors elles me sont arrivées au bon moment, car j'étais jeune et solide [...]. Comme je l'ai dit très tôt à ma fille pour tourner la page, ou tenter de le faire [...], je crois que j'ai surmonté tout cela relativement bien. Mon enfant est en bonne santé physique et mentale. C'est une personne équilibrée. Donc, pour moi (mais uniquement pour moi, et non pour ma famille), les choses se sont terminées du mieux possible [...]. Eva m'a reliée à la vie. Elle m'a permis d'aller de l'avant et de rester saine d'esprit. »

Karel succomba à une crise cardiaque en 1983, à l'âge de quatre-vingt-un ans. Lors de sa crémation, en voyant une fumée noire sortir de la cheminée, Anka s'écria en frémissant : « Pourquoi fallait-il que je regarde ? » Ses cendres furent répandues en République tchèque, dans un cimetière juif près de Drevikov, sa ville natale. Non loin de là, le nom de Karel figure sur un imposant mémorial en hommage aux habitants de la région qui ont quitté le pays pour combattre le nazisme depuis l'étranger ou qui sont morts dans les camps. Après avoir répandu les cendres de son époux, Anka demanda à sa fille de faire de même pour elle après sa mort, bien que l'incinération ne soit pas une coutume juive. « Après tout, plaisanta-t-elle, c'est ainsi qu'a fini toute ma famille ! »

Anka passa ses trois dernières années chez Eva et Malcolm, à Cambridge. A plus de quatre-vingt-dix ans, l'esprit vif et clair, elle mettait toujours un point d'honneur à se coiffer et se vêtir avec élégance. A quelques jours de sa mort, la femme qui avait autrefois recourbé ses cils avant d'aller rejoindre son mari au ghetto de Terezín se maquilla pour accueillir l'aîné de ses petits-fils. Immensément fière de sa fille et de son travail de mémoire auprès des jeunes générations, Anka aurait été enchantée de savoir que son histoire ferait l'objet d'un livre. « Plus les gens sauront ce qui s'est vraiment passé, moins cela pourra se reproduire. Mon histoire doit permettre de prouver que de telles atrocités ne doivent plus jamais arriver », disait-elle.

© Eva Clarke

Anka le jour de son quatre-vingt-quinzième anniversaire, avec son arrière-petite-fille Matilda

Eva confirme : « Il est important de se souvenir des millions de victimes. Particulièrement celles dont les familles et les communautés furent entièrement détruites et auxquelles personne ne pense. Il nous incombe de raconter cette histoire pour tenter d'éviter qu'elle se reproduise. »

Anka Bergman décéda dans son lit le 17 juillet 2013. Eva était à son chevet. Selon sa volonté, ses cendres reposent au même endroit que celles de son second époux, dans le paisible cimetière forestier de Drevikov.

Après soixante-cinq années passées en Angleterre, pays qu'elle adorait mais où elle s'était toujours sentie étrangère et réfugiée, Anka est enfin revenue dans le pays qu'elle avait tant aimé.

© Wendy Holden

La tombe d'Anka, en République tchèque

10
Retrouvailles

© Hana Berger Moran

Les « bébés de Mauthausen » et leurs libérateurs, les Thunderbolt

« Les Thunderbolt nous ont libérés, puis ils nous ont réunis », déclarera Hana Berger Moran, depuis son domicile américain. Elle est bien placée pour le savoir. C'est elle qui, au cours de l'été 2003, décida de retrouver les médecins qui lui avaient sauvé la vie cinquante-huit ans plus tôt.

« Ma mère était encore en vie, à Bratislava. J'ai voulu savoir si Pete vivait encore, lui aussi, pour le rencontrer et le remercier en personne. » Ses recherches sur Internet la conduisirent sur le site de l'association des vétérans de la 11e division blindée. Elle apprit notamment qu'une réunion annuelle se tiendrait prochainement dans l'Illinois. Elle envoya une lettre aux vétérans, qui fut publiée dans *Thunderbolt*, le magazine trimestriel de l'association.

Après avoir exposé les circonstances de sa naissance, elle ajoutait « lors de la libération de Mauthausen, j'avais tout juste trois semaines. Ma chère mère aime répéter que les chars arboraient des étoiles blanches et que les soldats étaient merveilleusement jeunes. Elle se souvient également avoir entendu la chanson *Roll Out the Barrel* [...]. Les chirurgiens qui m'opérèrent pensaient que, sans traitement approprié, je ne survivrais pas. Ils insistèrent pour que ma mère les accompagne aux Etats-Unis. Elle a refusé, expliquant qu'elle devait rentrer à Bratislava pour attendre son époux, mon père [...]. J'aimerais beaucoup connaître le nom du ou des chirurgiens en question, et pouvoir entrer en contact avec les personnes qui ont aidé les prisonniers après la libération [...]. J'aimerais exprimer ma profonde gratitude à tous les libérateurs du camp de concentration de Mauthausen. »

Comme Hana aime à le rappeler, le « petit vermisseau maigrelet » qu'elle était à la naissance n'a absolument aucun mérite dans cette histoire : « C'est ma mère qui était extraordinaire. » Ses démarches mirent un certain temps à aboutir. Enfin, en 2005, elle reçut un message de Max Rodrigues Garcia, le représentant américain du Comité international de Mauthausen, qui avait lu sa lettre et habitait non loin de chez elle, à San Francisco. Interné dans le camp annexe d'Ebensee, Max Garcia avait dix-neuf ans à la fin de la guerre. Il invita Rachel à participer aux commémorations du soixantième anniversaire de la libération de Mauthausen, ajoutant que « Pete » LeRoy Petersohn serait peut-être du voyage, malgré ses quatre-vingt-deux ans. En mai 2005, Hana et son époux Mark s'envolèrent vers l'Autriche depuis San

Francisco. LeRoy Petersohn et son fils Brian firent de même depuis Chicago. Les vétérans, leurs familles et quelques survivants se réunirent dans la salle à manger de l'hôtel Wolfinger situé sur la grande place de Linz, pour partager leurs souvenirs. Hana se trouvait dans la pièce bondée quand un groupe arriva, coiffé des casquettes jaune et blanc des Thunderbolt. Au milieu du groupe se trouvait un homme âgé, plus fatigué que les autres. Elle sut immédiatement qu'il s'agissait de Pete. Une fois que l'homme fut installé à une table excentrée, Hana vint s'asseoir discrètement à son côté au milieu des conversations animées. Max Garcia, qui était assis non loin, dut se couvrir la bouche de la main pour refréner un cri d'exaltation.

Au bout de quelques instants, Pete finit par sentir la présence de Hana. Il cessa de parler et se tourna vers l'inconnue, les larmes aux yeux. Puis il murmura : « Hana. »

Pendant de longues minutes, le vétéran et la survivante demeurèrent enlacés, incapables de parler.

« J'ai cru qu'elle allait me tuer. Elle me serrait si fort dans ses bras ! » dira le vieil homme.

Soixante ans s'étaient écoulés. Hana ne gardait évidemment aucun souvenir des événements, mais étreindre l'homme qui avait convaincu son supérieur de tenter de la secourir – dans ce lieu où tant de rescapés avaient besoin de soins urgents – fut l'une des expériences les plus émouvantes de sa vie. Les joues baignées de larmes, elle le remercia de lui avoir sauvé la vie. Elle lui montra quelques-unes des cicatrices sur ses bras et son torse, laissées par l'intervention subie à l'antenne chirurgicale de l'armée américaine.

Quelques semaines après la libération de Mauthausen, Pete s'était installé devant une machine à écrire pour tenter de mettre en ordre ses souvenirs de guerre, illustrés par les centaines de photos qu'il avait prises.

Hana retrouve en 2009 l'ancien infirmier américain qui lui a sauvé la vie à Mauthausen

La guerre ne l'avait pas laissé indemne. Dans un entretien accordé en 2008 à l'historien Michael Hirsch, LeRoy Petersohn déclara : « Je me suis effondré [à Mauthausen]. J'avais tellement travaillé [...]. J'avais besoin de repos [...]. J'avais des saignements de nez et de l'oreille interne. Je n'arrivais pas à dormir [...]. Mon supérieur m'a ordonné de me reposer pendant deux jours. Je lutte encore aujourd'hui... J'ai des problèmes psychiques qui nécessitent des soins [...]. Quand je vais me coucher le soir, je crois que je vais bien dormir, mais les corps commencent à apparaître [...], les piles de cadavres et les rats qui les mangent [...]. Je consulte des psychiatres, mais je ne suis pas sûr qu'ils puissent encore quelque chose pour moi [...]. Avec les années, les troubles ont empiré [...]. Je pense qu'ils me suivront jusque dans la tombe. »

En s'informant au sujet du commandant Stacy, Hana fut navrée d'apprendre son décès. La famille du commandant confirmerait qu'à l'instar de nombreux vétérans, Stacy ne parla jamais de ses souvenirs de guerre et ne mentionna à personne le bébé qu'il avait contribué à sauver.

En discutant plus longuement avec Pete, Hana comprit enfin le sens de la question que sa mère ne cessait de lui poser à la fin de sa vie : « Me pardonneras-tu ? » Le vétéran associait ces propos au fait que Priska avait « abandonné » deux fois son bébé : une première fois à une kapo en arrivant à Mauthausen, une seconde fois aux médecins américains. A chaque fois, elle ignorait si elle la reverrait vivante. « Selon Pete, ma mère était très "courtoise", rapportera Hana. Elle savait qu'ils cherchaient à l'aider. "J'ai été très impressionné par ce qu'elle a fait, m'a-t-il dit. Elle vous a placée dans mes bras. Elle ne savait pas si elle vous retrouverait vivante. Elle m'a confié votre vie, avec le sentiment que je vous ramènerais." Je crois que sa culpabilité venait de là. »

Hana surnomma affectueusement son sauveur « *Dad* » ou « *Daddy* Pete ». Les années suivantes, ils restèrent en contact par mail et par téléphone. Peu après ces retrouvailles, Pete écrivit à Hana : « J'ai passé d'excellents moments [en Europe], mais le meilleur de tous fut de vous retrouver soixante ans après notre première rencontre. Les bons souvenirs me sont revenus à l'esprit en vous voyant, et j'ai enfin obtenu la réponse à la question que je me posais si souvent : s'en sont-elles sorties ? Combien de fois ai-je prié pour que vous alliez bien, votre mère et vous ! Mes devoirs sur le terrain étaient achevés depuis longtemps, mais je priais pour ceux que j'avais soignés, et pour que les traitements que j'avais prodigués aient porté leurs fruits. Et puis, il y avait le bébé de Mauthausen, un bébé qui me revenait très souvent à l'esprit alors que j'essayais de laisser toute cette période derrière moi. »

A cette époque, Priska était déjà trop malade pour rencontrer Pete et le remercier en personne. Elle mourut un an plus tard. Hana resta en contact avec Pete et lui rendit visite en 2010, alors qu'elle venait d'être nommée membre d'honneur perpétuel de l'association des vétérans de la 11e division blindée. Pete, qui avait alors quatre-vingt-huit ans, mourut peu après. Il laissa quatre fils, treize petits-enfants et dix arrière-petits-enfants. Malgré l'impact de la guerre sur sa vie, LeRoy Petersohn répéta souvent que le fait d'avoir sauvé un bébé demeurait sa plus belle expérience sur le terrain.

Si une porte se referma à la mort de Pete, une autre s'ouvrit. En 2008, Eva Clarke – dont la mère, Anka, était alors nonagénaire – découvrit elle aussi le site Internet de la 11e division blindée et décida d'entrer en contact avec ses représentants. Le 20 mai 2008, elle envoyait un courriel de remerciement à tous les vétérans qui les avaient libérées, puis ajoutait la requête suivante : « Je suis née à Mauthausen le 29 avril 1945. Ma mère, Anka Bergman, m'a dit que les soldats américains ont pris des centaines de photos de nous, mais nous n'en avons jamais trouvé aucune. Nous vous serions très reconnaissantes de nous signaler l'existence de toute photo de mère et de bébé. Notre histoire a été publiée dans [le magazine] *Thunderbolt.* »

De l'autre côté de l'Atlantique, Hana repéra l'article et n'en crut pas ses yeux. Un autre bébé ? Né à Mauthausen ? Avant la libération ? Des années plus tôt, lors de la parution en Allemagne d'un livre sur les registres du KZ Freiberg, Hana avait appris avec stupeur qu'il y avait eu d'autres femmes enceintes à Freiberg et dans le train, notamment une kapo polonaise. Mais d'après ses informations, aucun bébé n'avait survécu, et seules quelques-unes des mères s'en étaient sorties. (Plus tard, elle découvrit qu'un garçon – nommé Robert, du nom de l'obstétricien yougoslave qui l'avait mis au monde – était né à Mauthausen après la libération. Il était mort au bout de quelques semaines. Sa mère, Gerty Kompert, la cousine de Lisa Miková, était également décédée.)

Hana répondit au message d'Eva via le site des Thunderbolt. Ainsi, à six mille kilomètres de distance, les deux « bébés » entrèrent en contact. Eva fut bouleversée d'apprendre qu'une autre femme avait connu des épreuves comparables à celles de sa mère. En compulsant les anciens numéros du magazine *Thunderbolt*, elle lut la lettre de Hana et fut frappée par la similitude du parcours de leurs mères respectives. Noyées dans la masse des déportées, Priska et Anka ne s'étaient jamais parlé et n'avaient jamais su qu'elles n'étaient pas les seules futures mères du KZ Freiberg. Pourtant, elles avaient toutes deux miraculeusement accouché de bébés qui avaient tous deux survécu.

Après une série de courriels échangés entre elles et les autorités autrichiennes – qui, dans les années 1960, avaient transformé le KZ Mauthausen en lieu de mémoire, en partie sur l'insistance des Thunderbolt –, Hana et Eva décidèrent de participer au soixante-cinquième anniversaire de la libération du camp, le 8 mai 2010. Pour des questions d'âge et de santé, cette date marquerait celle du dernier voyage officiel pour la plupart des anciens soldats américains. Conscient de la diminution du nombre de vétérans et de survivants du génocide, le ministère de l'Intérieur autrichien décida d'organiser un grand événement auquel plusieurs chefs d'Etat furent conviés. Quand le programme fut annoncé sur le site des Thunderbolt, ainsi que la nouvelle réjouissante de la venue d'Eva et Hana, une seconde porte s'ouvrit.

A l'autre extrémité du continent américain, en plein cœur de New York, Charlie Olsky tomba sur ce programme alors qu'il consultait le site des Thunderbolt pour se renseigner sur les hommes qui avaient libéré son père. Fils cadet de Mark et Mary Olsky, Charlie avait alors trente-deux ans. Directeur de la publicité dans une société de distribution de films, Charlie était le petit-fils auquel Rachel avait livré le plus d'informations à propos de la guerre. C'est lui qui, enfant, avait arpenté avec elle le musée de l'Holocauste de *Yad Vashem*, et c'est lui qui décida d'organiser un anniversaire-surprise à son père.

Celui-ci s'en souvient très bien : « Charlie m'a dit : "Je vais à Mauthausen pour tes soixante-cinq ans et tu viens avec moi." Je n'y étais jamais retourné, alors que j'avais visité Dachau, à cinquante kilomètres de là. Plusieurs fois, j'avais demandé à ma mère si elle voulait s'y rendre, mais elle ne le souhaitait pour rien au monde. "C'était un camp laid, horrible, infernal.

Et le pire de tout, c'est qu'il se trouvait dans l'un des plus beaux coins de la terre", me répliquait-elle. »

A l'insu de son père, Charlie organisa minutieusement le voyage et les retrouvailles avec Hana et Eva. Puis, quelques jours avant le départ (sur les conseils de sa mère qui s'inquiétait du choc que cette surprise causerait à Mark), il informa son père.

« "J'ai quelque chose à te dire", m'a-t-il annoncé. Puis il m'a appris l'existence des deux autres "bébés" et m'a déclaré que je les rencontrerais à Mauthausen. J'étais abasourdi. Ma mère avait entendu dire qu'il y avait d'autres nourrissons dans le camp, mais elle ne les avait jamais vus et n'y croyait pas vraiment. En tant que médecin, je n'avais jamais envisagé la possibilité que d'autres enfants aient pu survivre à tant d'épreuves. Avant même que je puisse assimiler toutes ces informations, nous étions déjà dans l'avion. »

C'est donc au cours de ce vol vers l'Europe que Mark eut le temps de réfléchir à cette rencontre et d'imaginer qui étaient ces deux autres « bébés ». « J'ai commencé par me dire qu'il s'agissait d'un pur hasard, et qu'en dehors de leur âge, des lieux et des circonstances de leur naissance, ces deux personnes n'avaient rien à voir avec moi. Je refrénais mes attentes. Je relativisais et me disais que la rencontre serait sympathique, mais que je ne voudrais sans doute pas de ces personnes pour voisines. »

Les représentants officiels et les organisateurs accueillirent chaleureusement les « bébés » et les installèrent à leurs hôtels de Linz pour qu'ils se reposent avant les commémorations du lendemain. Il était convenu que Hana, Eva et Mark se retrouveraient quelques heures plus tard dans un café, sur la grande place pour laquelle le Führer avait nourri des projets monumentaux. Ils se sentaient tous trois étrangement nerveux.

Arrivés tôt, Eva et son époux s'installèrent à une table. Puis vinrent Hana et son mari, et enfin Mark et son fils Charlie.

« Nous nous étions à peine salués que déjà nous pleurions et riions ensemble, dira Eva. Ces premières retrouvailles ont été extraordinaires. Elles nous ont paru complètement naturelles et nous avons construit un vrai lien de cœur. »

Les trois survivants discutèrent tout l'après-midi, tandis que Charlie les filmait. Les maris de Hana et d'Eva s'étaient éclipsés afin de laisser les trois survivants parler de leurs mères respectives et partager ce qu'ils savaient de leur naissance. Tous trois se quittèrent à regret, mais se retrouvèrent un peu plus tard pour dîner ensemble dans un restaurant du quartier. Là, ils reprirent leur conversation comme de vieux amis.

© Pr Albert Lichtblau

Eva, Mark et Hana se rencontrent en 2010 à Mauthausen

« En les rencontrant, je les ai trouvées gentilles, douces, jolies, agréables, se souvient Mark. Puis nous nous sommes mis à discuter et là, je me suis dit : "Voilà deux personnes merveilleuses et passionnantes ! Ce n'est pas une simple coïncidence. Elles ont des vies très intéressantes. C'est comme si elles faisaient partie de la famille !" C'est exactement le genre de personnes dont j'apprécie l'amitié. Je ne me l'explique pas, mais j'ai eu le sentiment de les retrouver. Nous avons instantanément tissé des liens d'amitié profonds et chaleureux. J'avais l'impression de rencontrer des membres de ma famille. La seule ombre au tableau, c'était que ces retrouvailles se produisaient si tard dans nos vies, à cause de la dispersion de l'après-guerre. »

Ces trois enfants uniques surent immédiatement qu'ils resteraient amis. « C'est merveilleux de connaître des gens qui partagent la même histoire que vous, dira Mark. Tant de gens ont été torturés, [tant d'autres] ne s'en sont pas sortis. Nous, oui. C'est comme si j'avais été enlevé à ma famille originelle, et que je la retrouvais par miracle ! »

« Le hasard nous a réunis, dira Hana, mais notre lien est devenu indéfectible et nous formons un groupe très uni. Je suis ravie de pouvoir les appeler mon frère et ma sœur. » Hana (née le 12 avril) aime taquiner sa nouvelle « fratrie » en leur rappelant qu'en tant qu'aînée ils lui doivent le respect. Mark (né le 20 avril) réplique que des égards lui sont dus en tant que seul garçon du groupe. Eva, la petite dernière (née le 29 avril), se plaît à leur rappeler qu'elle est bien plus jeune qu'eux. « Nos mères étaient des femmes extrêmement fortes, et nous leur en sommes très reconnaissants », ajoute-t-elle.

Le jour suivant, ils se rendirent ensemble au mémorial de Mauthausen et sentirent le lourd poids de l'histoire peser sur leurs épaules. Malgré une précédente visite, Eva fut bouleversée par le grand portail menaçant, à l'ombre duquel elle était née. Les baraquements situés en bas de la colline, où Mark et Hana avaient été conduits avec leurs mères, n'existaient plus. En revanche, le panorama qui s'étendait des collines autrichiennes jusqu'aux Alpes correspondait exactement à celui que leur avaient décrit leurs mères.

Les corps enterrés dans le charnier en contrebas du terrain de football avaient été dignement inhumés dans le paisible cimetière clos, construit au centre du camp. Sur les terrasses où s'alignaient autrefois les interminables rangées de baraquements, s'étendait désormais un jardin soigneusement entretenu ponctué d'une émouvante série de monuments aux morts, en pierre ou en métal, érigés par les différents pays d'origine des *Häftlinge* déportés à Mauthausen.

© Wendy Holden

Le mémorial tchécoslovaque à l'entrée du camp

Muets d'émotion, les « bébés » descendirent ensemble les quelques marches menant à l'entrée de la chambre à gaz aux murs carrelés de blanc et à la sinistre tuyauterie noire. Si les nazis étaient arrivés à leurs fins, c'est dans cet espace étouffant qu'ils auraient dû tous trois rendre leur dernier souffle, dans les bras de leurs mères agonisantes. Le destin en avait voulu autrement. Chacun d'eux avait grandi avec la certitude d'être le seul à avoir survécu aux circonstances infernales de sa naissance. Une certitude que venaient balayer ces retrouvailles inattendues.

En janvier 2011, un an après leur visite à Mauthausen, les trois « frère et sœurs de cœur » se donnèrent à nouveau rendez-vous, en Angleterre cette fois, pour participer à la cérémonie commémorative de l'Holocauste organisée au Guildhall de Cambridge, la ville d'Eva. Là, ils purent enfin rencontrer Anka, alors âgée de quatre-vingt-treize ans. Le corps fragile mais l'esprit vif, Anka fut très touchée de rencontrer les deux autres enfants survivants et les serra chaleureusement dans ses bras. « Ce fut une immense émotion de rencontrer Anka, dira Hana. J'aurais tant aimé que ma mère la connaisse. "Tu es aussi ma fille", m'a-t-elle dit, et c'est vraiment ce que j'ai ressenti. »

Le témoignage de Mark confirme ses dires : « Ce fut extraordinaire. Anka était une femme merveilleuse, joyeuse, intelligente, dotée d'un grand sens de l'humour et d'une mémoire intacte. »

Deux ans plus tard, le 8 mai 2013, les « bébés » retournèrent ensemble à Mauthausen. Ce fut l'occasion d'inaugurer une nouvelle exposition, où figurait une remarquable reproduction de la layette de Hana, dont la robe et le bonnet originaux se trouvent au musée de l'Holocauste à Washington, aux Etats-Unis. Anka, qui venait de fêter son quatre-vingt-seizième anniversaire, était trop faible pour être du voyage. Elle décéda deux mois plus tard. Ses funérailles se tinrent à Cambridge et furent diffusées via Internet afin que son petit-fils et sa famille, installés en Australie, puissent participer à la cérémonie. Hana et Mark la suivirent également à distance pour faire leurs adieux à la dernière des trois mères survivantes.

Ces femmes remarquables avaient non seulement trouvé la volonté de surmonter l'insurmontable pendant la guerre, mais aussi la force et le courage d'assurer la survie de leurs nouveau-nés. Eux-mêmes eurent à leur tour des enfants, créant ainsi une deuxième, puis une troisième génération. Tous mènent leur vie avec passion et profitent pleinement de l'existence au mépris des projets de Hitler, qui souhaitait les effacer de l'histoire et de la mémoire des hommes.

Le souvenir de leurs mères, et celui des millions de victimes de la guerre, exige que leurs épreuves soient racontées et gravées à jamais dans les esprits. Comme le dit Hana : « Nous nous efforçons de vivre du mieux possible et de combler des vides immenses. En souvenir des morts, chaque jour nouveau est une promesse. »

Liste des disparus

Les trois femmes qui sont au cœur de ce livre ont perdu plus de vingt membres de leurs familles respectives aux mains de Hitler et de ses alliés. La liste des victimes du régime nazi s'étend bien au-delà du cercle de ces familles autrefois si unies : on y trouve aussi des grands-parents, des oncles et tantes, des cousins et des parents par alliance. Ensemble, ils forment plusieurs générations et des communautés entières rayées de la surface de la terre.

Les noms et les visages de ces êtres chers ne représentent qu'une infime partie des millions d'hommes, de femmes et d'enfants qui périrent sous le joug d'un régime qui s'arrogeait un droit de vie et de mort sur ses administrés.

Un grand nombre de ces victimes ne seront jamais nommées.

Aucun d'eux ne repose sous une pierre tombale.

Nul lieu pour marquer la fin brutale qui fut la leur.

Nul endroit où aller pour se souvenir de leurs regards autrefois confiants.

Mais ils sont ici, sur cette page…

Epoux et pères

Tibor Löwenbein (1914-1945)
Monik Friedman (1916-1945)
Bernd Nathan (1904-1945)

Parents

Emanuel Rona (1884-1944)
Paula Ronová (1889-1944)
Shaiah Abramczyk (1870-1944)
Fajga Abramczyk (1898-1944)
Stanislav Kauder (1870-1944)
Ida Kauderová (1882-1944)
Selma Nathanová (1880-1944)
Ita Friedmann (1899-1944)

Frères et sœurs

Boežka Ronová (1910-1944)
Moniek Abramczyk (1923-1943)
Heniek Abramczyk (1931-1944)
Dorcka Abramczyk (1931-1944)
Anička 'Maniusia' Abramczyk (1933-1944)
David Friedman (dates inconnues)
Avner Friedman (dates inconnues)
Zdena Isidorová (1904-1944)
Herbert Isidor (1916-1944)
Ruzena Mautnerová (1906-1944)

Enfants

Peter Mautner (1935-1944)
Dan Nathan (février-avril 1944)

Nulle journée ne doit vous effacer
de la mémoire des siècles.

VIRGILE

Sources et bibliographie

Témoignages recueillis par l'auteur et documents inédits

- Entretiens menés par l'auteur avec Hana Berger Moran, Mark Olsky, Eva Clarke, Sally Wolkoff, Gerty Meltzer, Esther Bauer, Lisa Miková, Werner Reich, Max R. Garcia et Bronia Snow, survivants de la Shoah.
- Entretiens menés par l'auteur avec Charlie Olsky, Shirley Speyer, Jana Zimmer, Brian K. Petersohn, Jean Gore, Larry Kosiek, Stephanie Sullivan, Julie K. Rosenberg, David Feder, Miki Feder, et John Tygier, tous proches parents de survivants.
- Voyages d'étude effectués par l'auteur à Cracovie, Auschwitz I et II, Łódź, Pabianice, Chelmno, Prague, Terezín, Horní Bříza, Třebechovice pod Orebem, Zlaté Moravce, Hradec Králové, Drevikov, Bratislava, Sered', Freiberg, Linz, Most, Plzeň, České Budějovice, et au camp de Mauthausen.
- Documents et photographies transmis par l'historien Michael Düsing ; entretiens menés par l'auteur avec ce professeur et avec Mme Cornelia Hünert, du département des Affaires culturelles de la ville de Freiberg, en Allemagne.
- Entretiens menés par l'auteur avec Pascal Cziborra, de la faculté d'histoire, de philosophie et de théologie de l'université de Bielefeld, en Allemagne.
- Entretiens menés par l'auteur avec Zdeněk Procházka, maire de la commune de Horní Bříza, avec sa fille

Michaela, avec l'historienne Bozena Royová, ainsi qu'avec Jaroslav Lang et Vaclav Stepanek, habitants de la commune de Horní Bříza, en République tchèque.

- Entretien mené par l'auteur avec Dita Valentová à Třebechovice pod Orebem, en République tchèque.
- Entretien mené par l'auteur avec Martin Winstone, employé du National Holocaust Centre and Museum, Nottinghamshire, au Royaume-Uni.
- Entretien mené par l'auteur avec la sage-femme Abby Davidson, à Londres.
- Récit autobiographique inédit écrit en 2009 par Anka Bergman à l'intention de sa fille Eva Clarke.
- Récit autobiographique inédit écrit en 2000 par Klara Löffová pour sa fille Jana Zimmer.
- Lettre inédite envoyée en 1990 par Priska Lomová à l'Union britannique des combattants antifascistes afin de relater son internement dans les camps de concentration nazis.
- Correspondance inédite entre Tibor Löwenbein et son épouse Priska, 1941.
- Entretiens menés en 2007 avec Anka Bergman par Frances Rapport, professeur d'études et d'entretiens qualitatifs dans le domaine de la santé publique, à l'université de Swansea au pays de Galles.
- Lettres inédites de rescapés, documents, photographies et registres officiels fournis par l'administration ferroviaire tchèque et reproduits avec l'aimable autorisation du musée de Horní Bříza, en République tchèque.
- Documents et photographies fournis par le musée du Mémorial d'Auschwitz, et reproduits avec son aimable autorisation ; entretiens menés en Pologne par l'auteur avec le Pr Wojciech Płosa, directeur des archives du Mémorial, avec le Pr Piotr Setkiewicz, son directeur des recherches, et avec Anna Ren, l'une des guides du site.
- Documents et photographies fournis par le Musée juif de Prague, et reproduits avec son aimable autorisation ; entretiens menés en République tchèque par l'auteur avec les archivistes Julie Jenšovská et Radana Rutová.

Films documentaires et témoignages enregistrés (en anglais uniquement) :

- Bergman, Anna, Interview 28239. Web 2013 *Visual History Archive*. USC Shoah Foundation (sfi.usc.edu)
- Freeman, Abraham, Interview 16384. Web 2014. *Visual History Archive*. USC Shoah Foundation [Archives historiques en images, Fondation de recherches sur la Shoah de l'Université de Californie du Sud] (sfi.usc.edu)
- Lomová, Priska, Interview 15134. Web 2014. *Visual History Archive*, USC Shoah Foundation (sfi.usc.edu)
- Meltzer, Gerty, Interview 1686. Web 2014. *Visual History Archive*. USC Shoah Foundation (sfi.usc.edu)
- Olsky, Rachel, Interview 15161. Web 2014. *Visual History Archive*. USC Shoah Foundation (sfi.usc.edu)
- Wolkoff, Sally, Interview 12886. Web 2014. *Visual History Archive*. USC Shoah Foundation (sfi.usc.edu)
- Entretien filmé avec Anka Bergman par Jean Laurent Grey et Solomon J. Salat pour le Mémorial de Mauthausen
- *The Baby Born in a Concentration Camp*, documentaire d'Emily Davis produit et diffusé par la BBC en 2011
- *Defiant Requiem: Voices of Resistance*, documentaire de Doug Schultz, produit et diffusé par PBS en 2012
- *Liberation of Mauthausen (and KZ Gusen I, II & III)* [La libération de Mauthausen et des sous-camps de Gusen I, II et III], racontée par l'ancien adjudant Albert J. Kosiek. Article publié dans la revue *Thunderbolt*, de l'association des Anciens de la 11e division blindée, vol. 8, n° 7, mai-juin 1955, et reproduit avec l'aimable autorisation de son fils Larry Kosiek
- *Nazi Propaganda Film About Theresienstadt/Terezin*. Film ID 2310, Steven Spielberg Film & Video Archive [*Film de propagande nazie sur le ghetto de Terezín*, Archives cinématographiques et vidéo Steven Spielberg, United States Holocaust Memorial Museum ; http://www.ushmm.org/online/film/docs/about.php]
- Entretien avec Anka Bergman mené en 2003 par Helga Amesberger pour le Mauthausen Survivors Documenta-

tion Project [Projet de recherches sur les survivants de Mauthausen]

- Entretien avec Priska Lomová mené en 1980 par Eva Richterová, rédactrice en chef de la revue *Bojovník*, publiée par Sväz Protifašistických Bojovníkov [l'Union des combattants antifascistes]

Bibliographie (ouvrages non traduits en français, sauf mention contraire)

- *A Time to Speak*, Helen Lewis, The Blackstaff Press, 1992
- *After the Holocaust*, Marek Jan Chodakiewiczs, Columbia University Press, 2003
- *Against All Hope : Resistance in the Nazi Concentration Camps 1938-1945*, Hermann Langbein
- *All Hell Let Loose, The World at War 1939-45*, Max Hastings, Harper Press, 2011
- *Anus Mundi, 1500 Days in Auschwitz/Birkenau*, Wieslaw Kielar, Times Books, 1972
- *Beyond Violence: Jewish Survivors in Poland and Slovakia, 1944-48*, Prof Anna Cichopek-Gajraj, Cambridge University Press, 2014
- *Bomber Command*, Max Hastings, Pan, 1979
- *Doctor 117641, A Holocaust Memoir*, Louis J. Michels MD, Yale University, 1989
- *Dresden,* Frederick Taylor, Bloomsbury, 2004
- *Five Chimneys*, Olga Lengyel, Academy Chicago, 1947
- *Forgotten Voices of the Holocaust*, Lyn Smith, Avebury Press, 2005
- *Fragments, Transcribing the Holocaust*, Frances Rapport with Anka Bergman, Terry Farago and Edith Salter, Hafan Books, 2013
- *Helga's Diary,* Helga Weiss, Penguin, 2013
- *Holocaust Poetry*, Hilda Schiff, St Martin's Griffin, 1995
- *L'Homme barbelé,* Béatrice Fontanel, Grasset & Fasquelle, 2009
- *I Never Saw Another Butterfly*, Shocken Books, 1993

- *In the Shadow of Death: Living Outside the Gates of Mauthausen*, Gordon J. Horwitz, The Free Press, 1990
- *Jamais plus : une histoire de la Shoah,* Martin Gilbert, traduit de l'anglais par Marie-Brunette Spire, Tallandier, 2001
- *Jews are Coming Back*, David Bankier, Berghahn Books, 2005
- *Je me suis évadé d'Auschwitz,* Rudolf Vrba, traduit de l'anglais par Jenny Plocki et Lili Slyper, J'ai Lu, 2004 [1e éd. Ramsay, 1988]
- *Les Juifs : la traversée du siècle,* Martin Gilbert, traduit de l'anglais, Calmann-Levy, 2002
- *Les Justes : les héros méconnus de la Shoah,* Martin Gilbert, traduit de l'anglais par Elie Robert-Nicoud, Calmann-Lévy, 2004
- *Kunst Und Kultur Im Konzentrationslager Mauthausen 1938-1945,* Die Austeller, 2013
- *KZ Freiberg*, Pascal Cziborra, Lorbeer Verlag, 2008
- *Landscapes of Memory*, Ruth Kluger, Bloomsbury, 2003
- *Landscapes of the Metropolis of Death*, Otto Dov Kulka, Penguin, 2014
- *Lodz Ghetto Album,* by Thomas Weber, Martin Parr, Timothy Prus, Chris Boot, 2005
- *Mauthausen : histoire d'un camp de la mort,* Evelyn Le Chêne, traduit de l'anglais par Paul Alexandre, Belfond, 1974
- *Mauthausen ville d'Autriche*, Gordon J. Horwitz, traduit de l'américain par André Charpentier, Le Seuil, 1992
- *Mengele*, Gerald L Posner & John Ware, First Cooper Square Press, 2000
- *Les Naufragés et les Rescapés : quarante ans après Auschwitz*, Primo Levi, traduit de l'italien par André Maugé, Gallimard, 1993 [1e éd. : 1989]
- *« Nous ne savions pas » : les Allemands et la solution finale, 1933-1945*, Peter Longerich, traduit de l'allemand par Raymond Clarinard, LGF, Livre de Poche, 2009
- *Pearls of Childhood,* Vera Gissing, Pan Books, 1988
- *People in Auschwitz,* Hermann Langbein, The University of North Carolina Press, 2004

• *Poetry of the Second World War, An International Anthology*, edited by Desmond Graham, Pimlico, 1998
• *Prague in Danger : The Years of German Occupation, 1939-45*, Peter Demetz, Farrar, Straus and Giroux, 2009
• *Railways and the Holocaust : The Trains that Shamed the World,* Robin Jones, Mortons Media, 2013
• *Refus de témoigner : une jeunesse,* Ruth Klüger, préface d'Alain Finkielkraut, traduit de l'allemand par Jeanne Etoré, Viviane Hamy, 2003 [1e éd. : 1997]
• *Shoah,* Claude Lanzmann, Gallimard, coll. Folio, 2001 [1re éd. : Fayard, 1985]
• *Singing for Survival : Songs of the Lodz Ghetto, 1940-45,* Gila Flam, 1992
• *St. Georgen-Gusen-Mauthausen. Concentration Camp Mauthausen Reconsidered.* BoD, 2008
• *Survival*, produced by the Holocaust Centre
• *Survival, Holocaust Survivors Tell Their Story*, Quill, 2003
• *The Cap or the Price of a Life*, Roman Frister, Weidenfeld & Nicholson, 1999
• *The Chronicle of the Lodz Ghetto, 1941-44*, edited by Lucjan Dobroszycki, Yale University Press, 1987
• *The Concentration Camp Mauthausen 1938-1945,* New Academic Press, 2013
• *The Diary of Dawid Sierakowiak : Five Notebooks from the Lodz Ghetto*, edited by Alan Adelson, Bloomsbury, 1997
• *The Emperor of Lies,* Steve Sem-Sandberg, Farrar, Straus and Giroux, 2011
• *The German Trauma, Experiences and Reflections 1938-2000,* Gitta Sereny, Penguin, 2000
• *The Holocaust Sites of Europe : An Historical Guide,* Martin Winstone, I.B. Tauris, 2010
• *The Last Album : Eyes from the Ashes of Auschwitz-Birkenau,* Ann Weiss, W.W. Norton & Co, 2001
• *The Last Goodbye,* Edith Hofman, Memoirs Publishing, 2012
• *The Liberators, America's Witnesses to the Holocaust,* Michael Hirsh, Bantam Books 2010

- *The Terezín Diary of Gonda Redlich,* edited by Saul. S. Friedman, University Press of Kentucky, 2008
- *The Terezín Ghetto,* Ludmilla Chladková, Pamatnik Terezín, 2005
- *The Tin Ring,* Zdenka Fantlová, Northumbria Press, 2010
- *The Trains of the Holocaust*, Hedi Enghelberg, Engpublishing, 2014
- *The Visible Part, Photographs of Mauthausen Concentration Camp,* Mandelbaum, Vienna, 2005
- *To the Bitter End, The Diaries of Victor Klemperer,* Trafalgar Square, 1999
- *Triumph of Hope,* Ruth Elias, Wiley & Sons, 1998
- *Un certain Adolf Hilter*, Sebastian Haffner, traduit de l'allemand par Ole Hansen-Løve (et Sylvie Courtine), Grasset, 1979
- *Wir Waren Zum Tode Bestimmt*, Michael Düsing, Forum Verlag Leipzig, 2002
- *Witnesses to the Holocaust*, Martin Berenbaum, Harper Collins, 1997

Autres sources de documentation :

- *Musée et Mémorial d'Auschwitz-Birkenau* (http://auschwitz.org/en/ ; quelques pages sont traduites en français sur le site)

- *Mémorial de Terezin* (http://www.pamatnik-terezin.cz)

- *Mémorial du KZ Flossenbürg* (www.gedenkstaette-flossenbuerg.de)

- *Musée et Mémorial de Mauthausen* (http://www.mauthausen-memorial.at/)

- *United States Holocaust Memorial Museum* (http://www.ushmm.org)

- *Yad Vashem* (http://www.yadvashem.org)

- *Jewish Virtual Library* (www.jewishvirtuallibrary.org)
- *The Foundation for Commemorating the Victims of Slave Labour in Auschwitz* (www.fcsla.org)
- *Janusz Korczak Communication Centre* (www.korczak.com)
- *The Museum of Jewish Heritage* (www.jewishgen.org)
- *Information Portal to European Sites of Remembrance* (www.memorialmuseum.com)
- *The 11th Armoured Division* (www.11tharmoreddivision.com)
- *The Jewish Museum in Prague* (www.jewishmuseum.cz)
- *Holocaust Educational Trust* (www.het.org.uk)
- *The National Holocaust Centre and Museum* (www.holocaustcentre.net)
- *The Educational Website Holocaust CZ* (http://www2.holocaust.cz/en/main)
- The Imperial War Museum (www.iwm.org.uk)

Remerciements

Lorsque nous explorons des événements passés dont la plupart des acteurs ont disparu, nous, les auteurs, sommes immensément redevables aux personnes qui prirent soin d'enregistrer ou de retranscrire leurs expériences. C'est le cas ici. Sans l'extraordinaire générosité des êtres humains qui traversèrent ces événements inconcevables et des historiens qui les étudient consciencieusement, le présent ouvrage n'aurait pas vu le jour.

Avec humilité et gratitude, je salue en premier lieu le courage et la ténacité de Priska, Rachel et Anka, ces trois mères dont la farouche volonté de survie constitue le fil rouge de ce livre. Bien à regret, je ne les ai pas rencontrées en personne, mais après de si longues heures passées en leur compagnie, j'ai le sentiment que ce fut le cas. J'ai eu la chance d'avoir un accès illimité aux récits personnels, oraux et écrits, qu'elles partagèrent avec leurs familles, ainsi qu'à tous les témoignages filmés, enregistrés et écrits qu'elles livrèrent aux nombreux chercheurs qui les interrogèrent. Grâce à elles, un vent d'optimisme souffle sur tous ces documents.

Une grande part de mon travail n'aurait pas été possible sans l'assistance généreuse de leurs trois « bébés » – Hana, Mark et Eva, qui, pour ma plus grande fierté, ont fait de moi leur sœur honoraire. Sans la gentillesse, la patience et l'esprit de coopération avec lesquels ils m'ont aidée à compléter les récits de leurs mères, le présent ouvrage aurait été bien moins riche. J'espère simplement qu'il rendra honneur à leurs histoires incroyables. Je tiens également à remercier leurs proches pour la gentillesse et la générosité avec lesquelles ils m'ont accueillie – et je pense ici à Mary et Charlie Olsky, à Shirley Speyer, à Mark Moran, à Julie Z. Rosenberg, à David et Miki Feder et au professeur Malcolm A. Clarke.

En 2013, c'est par Eva Clarke, la fille d'Anka, que j'ai découvert l'existence des bébés de la Shoah. J'étais alors convaincue qu'elle était la seule à avoir survécu au terrifiant voyage de sa mère. Lorsqu'elle m'apprit l'existence de Hana et Mark, ses « frère et sœur de cœur », je sus que je devais imbriquer leurs trois histoires en un seul et même récit couvrant plus d'un siècle d'histoire. Ainsi fut conçu *Naître et Survivre – les bébés de Mauthausen.*

La longue gestation de ce projet fut facilitée par de nombreuses personnes et organisations, dans huit pays différents : des rescapés et leurs familles, des auteurs, des représentants de diverses organisations et nombre d'employés de départements d'archives. Tous ont aimablement mis à ma disposition leur temps et leurs connaissances. Pour les souvenirs qu'ils acceptèrent de me confier, je tiens à remercier tout particulièrement les survivants des camps de concentration : Sally Wolkoff, qui vit dans le Tennessee ; Gerty Meltzer (née Taussig) installée dans l'Arizona ; Lisa Miková à Prague ; Esther Bauer à Yonkers ; Max R. Garcia à San Francisco ; Werner Reich à New York ; et Bronia Snow dans le Surrey. Je suis également redevable à Jana Zimmer, qui réside en Californie, pour m'avoir donné accès aux précieux témoignages de sa regrettée mère Klara Löffová ; à Brian K. Petersohn, de Chicago, pour les mémoires de son père LeRoy « Pete » Petersohn ; à Larry Kosiek, installé dans l'Illinois, pour les récits de son père, l'adjudant Albert J. Kosiek ; et à Jean Gore pour les souvenirs de son père, le commandant Harold G. Stacy. Merci à Stephanie Sullivan de m'avoir donné accès aux photographies de son père Paul E. Soldner, l'un des libérateurs de Mauthausen, et à mon ami John Tygier à Londres pour avoir partagé certaines des expériences vécues par des membres de sa famille à Łódź, à Treblinka et en Russie.

Placé sous la direction du professeur Barbara Glück, le Mémorial de Mauthausen, rattaché au ministère de l'Intérieur à Vienne, m'a témoigné un accueil et un soutien exceptionnels. Je sais gré au ministère d'avoir accepté que le lancement du présent livre ait lieu sur le site où mères et bébés furent libérés et entamèrent ainsi leur « renaissance ». Je tiens à remercier l'équipe pédagogique du site de Mauthausen, particulièrement Thomas Zaglmeier, mon guide lors de ma première visite, pour son discret et profond engagement envers la mémoire des survivants.

Je remercie également Christian Angerer, Peter Egger et Helga Amesberger du *Mauthausen Survivors Documentation Project*[1] qui m'ont consacré du temps et donné accès à leurs archives. Je sais gré au professeur Albert Lichtblau de l'université de Salzbourg pour son aide et son soutien. Au siège viennois du Mémorial de Mauthausen, je remercie Stephan Matyus, Jochen Wollner, Doris Warlitsch et Renate Paschinger. Je salue l'historien et archiviste Robert Vorberg, d'un professionnalisme incomparable, qui a eu l'amabilité – avec son collègue Christian Dürr – de relire et vérifier les passages concernant Mauthausen. A Munich, je tiens à remercier Ulrich Fritz à la *Stiftung Bayerische Gedenkstätten*[2] pour son travail sur les camps annexes des camps de concentration de Bavière.

A Freiberg, Michael Düsing a travaillé sans répit pour préserver le souvenir des prisonnières des camps de travail forcé et faire en sorte que les habitants n'oublient jamais leur existence. Il a recherché les survivantes, écrit plusieurs ouvrages sur le sujet, lancé des projets commémoratifs avec les enfants de la ville et fait apposer une plaque en l'honneur de celles qui vécurent et moururent

1. Projet international de collecte des témoignages écrits et oraux des survivants de Mauthausen.

2. Fondation des mémoriaux de Bavière.

sous le joug nazi. Dans sa tâche, il a été efficacement assisté par Cornelia Hünert des services culturels de la ville de Freiberg. Tous deux ont fait le maximum pour m'assister dans mes recherches et ont généreusement sacrifié un week-end pour me faire visiter les lieux.

Concernant la partie consacrée à Freiberg, Johannes Ibel, le directeur du département historique du mémorial du camp de concentration de Flossenbürg, m'a témoigné une infinie patience. L'historien et écrivain Pascal Cziborra du département d'histoire, de philosophie et de théologie de l'université de Bielefeld a eu, lui aussi, l'amabilité de répondre à mes interminables listes de questions. Merci également au professeur Peter Schulze à Hanovre, pour les recherches qu'il a effectuées en mon nom.

Ma première visite à Auschwitz, dont je redoutais l'impact émotionnel, me fut rendue supportable grâce à mon excellente guide, Anna Ren, et à la sobriété de ses récits. Je loue également la disponibilité des professeurs Wojciech Płosa et Piotr Setkiewicz, respectivement directeurs des archives et du département de recherche du Mémorial d'Auschwitz, qui ont accepté de répondre à mes questions lors de ma venue, m'ont aidée à trouver les photographies *ad hoc* et à naviguer dans la base de données. Alicja Bialecka me fut également d'une aide précieuse. Enfin, mon voyage en Pologne fut grandement facilité par mon guide, chauffeur et traducteur, l'irremplaçable Łukasz Jaros.

En République tchèque, je tiens à remercier Julie Jenšovská et Radana Rutová du Musée juif de Prague. A l'Institut d'initiative de Terezín[1], je salue Aneta Plzáková, Tomáš Fedorovič, le responsable des artefacts, et Eva Němcová à la documentation.

1. *Institut Terezínské Iniciativy*. Il a pour objectif de soutenir et de poursuivre les recherches concernant l'application de la « solution finale » en Bohême-Moravie et l'histoire du ghetto de Terezín, et de partager les résultats de ses recherches avec le grand public.

Les habitants de Horní Bříza méritent ici une mention particulière. L'accueil que m'ont réservé le maire, M. Zdeněk Procházka, et sa fille Michaela, m'a donné une idée de la grande gentillesse de leurs ancêtres à l'égard des prisonnières du convoi. Je suis également redevable à l'historienne locale, Mme Bozena Royova, à Jaroslav Lang et à Vaclav Stepanek pour leurs émouvants témoignages, partagés publiquement pour la première fois.

A Třebechovice pod Orebem, je remercie Dita Valentová, l'actuelle propriétaire de l'usine familiale d'Anka, d'avoir accepté de me montrer les lieux. En Slovaquie, je remercie Eva Richterová pour l'entretien si sensible qu'elle a conduit avec Priska. A la Swansea University, au Pays de Galles, je sais gré au professeur Frances Rapport de m'avoir donné accès aux transcriptions de ses entretiens médicaux avec Anka Bergman pour l'*International Journal of Qualitative Method*. Je souhaite également saluer la productrice Emily Davis et l'équipe de la BBC pour leur remarquable documentaire sur Anka, *The Baby Born in a Concentration Camp*[1], qui m'a permis de la voir et de l'écouter parler. L'*Elevation Youth Dance Company* de Cambridge a créé un ballet intitulé *Anka's Story* qui a été joué au Festival d'Edimbourg et auquel Eva et moi avons eu la chance d'assister, les joues baignées de larmes.

Je rends hommage à la *USC Shoah Foundation*[2] pour son travail d'archivage des témoignages qui donne voix à tant d'histoires jamais racontées, et je salue le courage de ceux qui ont enregistré leurs souvenirs pour que jamais nous n'oubliions ce que certains auraient préféré effacer de l'histoire. Je remercie tout particulièrement le conservateur Crispin Brooks pour son aide, ainsi que Dough Ballman et Georgiana Gomez, au service des archives en ligne de *l'Institute for Visual History and Education*. En Angleterre,

1. « Le bébé né dans un camp de concentration ».

2. Fondation d'études sur la Shoah attachée à l'University of South California.

je remercie Russell Burke, de la Bedford Library à l'université de Londres, qui m'a permis de consulter certains documents de la *Shoah Foundation* non accessibles au public.

En Angleterre toujours, au *National Holocaust Centre and Museum*, ma reconnaissance va à James Cox, le directeur des relations avec le public, et tout particulièrement à mon confrère Martin Winstone qui m'a fait la gentillesse de relire le premier jet du manuscrit. A *Yad Vashem*, je tiens à remercier Maaty Frenkelzon, au service des archives photographiques, pour son aide. Merci également à Francesca Rosés, au *Museu d'Història de Catalunya*, de m'avoir informée sur leur fonds photographique.

Aux Presses Universitaires du Kentucky, je suis redevable à Fred M. McCormick, responsable des cessions de droits et de la publicité, pour m'avoir autorisée à utiliser des extraits des journaux de Gonda Redlich. Ma gratitude va également à Dan O'Brien, l'éditeur du site Internet de la 11e division blindée, à tous les survivants et aux descendants des Thunderbolt, dont beaucoup ont pris contact avec moi. Je remercie tous les confrères qui m'ont aidée et consacré du temps, notamment Michael Hirsh et Ken Breck, qui m'a généreusement ouvert son carnet d'adresses pour la partie concernant la libération.

Merci à l'extraordinaire sage-femme Abby Davidson pour ses éclairages concernant le processus de la naissance et les exigences médicales en cas de malnutrition des mères ou des nourrissons. Je dois à mon ami Michael Bröllochs plusieurs bières pour ses précieuses traductions de l'allemand, et à Anne Gray une bouteille de Montrachet pour ses traductions du français.

J'ai la chance d'être accompagnée à Londres par une merveilleuse équipe éditoriale, dirigée par le brillant Adam Strange chez Little Brown, dont l'enthousiasme n'a jamais fléchi depuis que je lui ai lu la page d'introduction du projet, qui a bien failli lui tirer des larmes. Je pense que nous avons réussi à concevoir le récit et l'hommage dont il rêvait. Merci également à l'irremplaçable Ursula Mackenzie, directrice éditoriale chez Little Brown, avec qui j'ai toujours travaillé avec succès, ainsi qu'à l'éditrice Rhiannon Smith et à l'assistant d'édition Steve Gove. Enfin, je salue pour leur soutien les as de la recherche iconographique, de la publicité et du marketing que sont Victoria Gilder, Kirsteen Astor, Zoe Hood, Linda Silverman et Charlie King, ainsi que Sophie Burden pour la conception de la couverture britannique de l'ouvrage.

Au service des cessions de droits internationaux, Andy Hine, Kate Hibbert et Helena Doree m'ont accompagnée sans relâche à travers les délicats processus de négociations. Je sais gré à Sarah Burton et à Kate Pool, l'indéfectible duo de la *Society of Authors* à Londres, de m'avoir aidée à trouver mon chemin dans l'enchevêtrement des contrats et des questions juridiques. Je souhaite également saluer l'enthousiasme des différentes maisons d'édition étrangères lors de l'édition 2014 de la London Book Fair, et à tous les agents internationaux, traducteurs, directeurs artistiques, responsables de marketing et commerciaux qui ont brillamment contribué à mettre au jour cette histoire incroyable. Je suis tout particulièrement redevable à mon éditrice polonaise, Sonia Draga, qui m'a rejointe à Auschwitz. En Hollande, je remercie Joeska de Wijs chez House of Books ; en Espagne, Anja Benzenhöfer chez RBA Libros ; en Italie, Claudia Coccia chez Edizioni Piemme SpA ; en Suède, Henrik Karlsson chez Massolit Forlagsgruppe AB ; au Danemark, Kirsten Fasmer chez Rosinante & Co. ; en Russie, Nikolay Naumenko chez AST ; Marcus Strecker et Mauro Palermo chez Globo Editora, au Brésil ; en France, Frédérique Polet aux Presses de la Cité ; en République tchèque, Antonín Koči chez Milada Fronta ; Juhami Korolainen chez Minerva, en Finlande ; Gisela Lal Aghighi chez Weltbild, en Allemagne ; et Guilherme Pires, à 20/20 Editoria, au Portugal.

Chez Harper Collins US, je remercie ma directrice d'édition Claire Wachtel, elle-même fille d'une survivante de l'Holocauste et l'éditrice Hannah Wood qui l'assiste avec compétence. Je remercie également Leslie Cohen, responsable de la communication ; Penny Matras, responsable marketing, et Milan Bozic, qui a conçu la couverture de l'édition américaine. Aux Etats-Unis, je salue également le brillant scout littéraire qu'est Mary Anne Thompson pour avoir su promouvoir le projet comme personne. Lucy Ferguson, ma bonne fée et fidèle amie, m'a assuré que j'étais sur le bon chemin. Carly Cook, dont je salue ici l'intuition exceptionnelle et l'immense talent éditorial, m'a fait l'honneur de jeter un œil professionnel sur le manuscrit avant que je le montre à d'autres. Je lui en suis profondément reconnaissante.

Mes contacts presque quotidiens avec ma très chère amie Clare Arron m'ont permis de garder le sens des proportions face à ce projet d'une rare intensité. La force, le courage et la bonne humeur inébranlable dont elle fait preuve devant l'adversité ne cessent jamais de m'inspirer. Ensemble, nous avons ajouté une année supplémentaire à notre grande amitié.

Pour finir, je remercie du fond du cœur mon époux et fidèle compagnon, Chris – l'homme au rire irrésistible, aux grandes mains réconfortantes, et au cœur encore plus grand et plus réconfortant. A nouveau, il m'a perdue pendant des mois. Non seulement il ne s'est jamais plaint, mais il s'est immergé dans l'histoire. Il m'a accompagnée, soutenue et apporté d'innombrables verres de thé et de gin tonic en urgence. Pardonne-moi pour les cauchemars.

Table

MIXTE
Papier issu de sources responsables
FSC® C003309
FSC www.fsc.org

Composition et mise en pages
Nord Compo à Villeneuve-d'Ascq

Cet ouvrage a été achevé d'imprimer en avril 2015
dans les ateliers de Normandie Roto Impression s.a.s.
61250 Lonrai (Orne)
N° d'impression : 1501817
Dépôt légal : mai 2015

Imprimé en France